台灣原住民 50

原住民神話大系 06

文化・生活・哲學

魯凱族
神話與傳説
〔新版〕

田哲益（達西烏拉彎・畢馬）
───────── 著

晨星出版

推薦原序

1995 年田哲益君應廣西民族研究所，邀請台灣學者到廣西從事學術交流，並展開壯族與苗族的田野考察，從此我們建立了良好的持續性的學術交往。

1996 年吾亦經國務院對台辦公室批准，到台灣進行學術訪問，考察台灣原住民的歷史文化與風俗習尚。在台期間承蒙哲益君鼎立相助，研究順利，收穫豐碩。深情厚誼，刻骨銘心，終生難忘也。

哲益君是吾所認識在民族文化沃野辛勤耕耘的學者之一。哲益君是研究民族文化與民間文學著作頗豐的台灣布農族學者，其已出版成書的著作有二十多部，著作類型非常廣泛，研究領域包括台灣原住民、中國少數民族、中國民俗學、中國科學等。

哲益君海郵寄來五千頁的書稿，是其已經撰述完成的巨型著作之一，是一套台灣原住民神話與傳說口傳文學叢書，計分為十冊：《泰雅族神話與傳說》、《賽夏族神話與傳說》、《布農族神話與傳說》、《邵族神話與傳說》、《鄒族神話與傳說》、《魯凱族神話與傳說》、《排灣族神話與傳說》、《阿美族神話與傳說》、《卑南族神話與傳說》、《達悟族神話與傳說》等。

知悉哲益君又完成了多部著作，心裡非常欣奮，哲益君要我寫個序文，樂意之至。在大陸雖然也有一些有關台灣原住民民間口傳文學的著作，但是由於並非實地調查，對於台灣原住民文化的認識不夠，因此，閱後總有隔山望水之感。台灣也有一些台灣原住民的民間口傳文學著作，不過都是「總」的撰述，對於各族的民間口傳文學只能予人模糊而不完整的輪廓與概念。

無疑的，哲益君撰寫多年的這套台灣原住民神話與傳說口傳文學叢書，是目前大陸與台灣地區，用力最多也最深切的著作，而且是十族分別撰述與詮釋，對於研究台灣原住民文化將是最重要的參考資料。

　　仔細拜讀後，有以下體會，略寫於後，供海內外讀者與學術界、文化界參考：

　　原住民神話與傳說叢書具有龐大的訊息量與資訊，包含巨大的學術容量，給人以多方面的啟迪，方便吾人以後繼續作深入的研究。

　　原住民神話與傳說叢書收集龐大的材料，不管是書籍的、報章的、雜誌的、日據的、現代的、日人的、國人的、作者的皆所收錄，為目前原住民民間口傳文學收錄最多者，是作者數十年來收集積累的成就。

　　原住民神話與傳說叢書的每一則神話傳說故事都是實錄，沒有增添臆測或加油添水，忠於事實的真相與本質，這是民族人類學研究者最基本的學術態度。

　　原住民神話與傳說叢書以族群為主體分別撰述，作者把握該族群的文化特色，加以詮釋與註解，便於族外人理解。

　　原住民神話與傳說叢書的每一則神話傳說故事，作者皆作分析與說明，使故事的意義明朗易解。

　　原住民神話與傳說叢書對於同類型式的神話傳說故事會作比較之研究，使故事內涵更明白易懂。

　　原住民神話與傳說叢書，作者運用了夾敘夾議的手法，適度的提出批評與討論，有時亦會褒貶撻伐故事中的人物，體現了正直學者的學術良知。

　　原住民神話與傳說叢書，作者善於運用該族的文化以解釋該族傳說故事的內容與意義，此種以文化解釋民間口傳文學的功力，實非長期研究與觀察者所能為之。

　　原住民神話與傳說叢書，作者以該族文化為主體釋意，這樣對於口傳文學的解釋就不致偏離軌道，甚至牛頭不對馬嘴。因此作者對於該族口傳文學的詮釋，無懈可擊。

原住民神話與傳說叢書，作者會投入民族情誼，表示讚賞與認同，並且有積極性的建議與觀點。表明了作者身為原住民的一員的鮮明態度，表達了作者崇高的情操和深切的人文關懷。

原住民神話與傳說叢書，作者均投入民族感情，又不帶民族偏見與民族溢美。作者雖有原住民布農族身分背景，而最大的忌諱之一便是以民族偏見去研究本民族，而導致只視優長之處而無視於缺點的溢美問題，作者顯然正視此問題，對於其所見之缺點，絕不護短，該指責則貶之。體現了作者作為一個學者的科學、求實的態度。

原住民神話與傳說叢書，貫寫了作者濃郁的民族憂患意識，表達了一位原住民學者對民族文化發展前途的殷切期望，對於他深厚的民族責任感，我們深受感動。

原住民神話與傳說叢書，作者建立了理論體系，台灣原住民民間口傳文學的理論構架系統從模糊臻於明確化。

原住民神話與傳說叢書，分類獨具一格，符合台灣原住民各族的歷史實際，為學術界深化對原住民歷史與文學的認識有所斐益，也為民族人類學界和歷史學界研究中國和世界各民族民間口傳文學提供了頗有典型意義的實例，豐富了中國少數民族研究的資料寶庫。

原住民神話與傳說叢書，從各書章節的標題可以看出，結構設置條理基本掌握住了原住民各族群的社會與文化的主要內容，構思是全面與周詳的。對讀者了解台灣原住民歷史發展的脈絡頗具參考價值。

原住民神話與傳說叢書，作者謀篇布局周詳，與作者對材料的熟悉程度密切相關，這又得益於作者長期研究與厚實田野調查的積累，體現一個民族學者的特殊觀注。

原住民神話與傳說叢書，表現了一個客觀的人類學者調查和研究各民族的文化，需要正確對待和慎重處理的態度，顯然作者的論述，符合了這個條件。

原住民神話與傳說叢書，作者運用了社會學、語言學、文化人類學、醫學、地質學、考古學、歷史學、地理學、科學等學科旁證，以增

加說服力。這些特點在各書中都有生動的體現。作者正是依靠多學科材料的梳理辨析,從線索中解釋口傳文學,得出科學、可靠的學術結論。

原住民神話與傳說叢書,作者十分重視這些神話傳說故事中蘊藏的歷史真實與史料價值,透過分析考證某些具體的歷史問題,是民族學者習用的研究方法,作者能夠得心應手,運用自如,加以辯證之。

原住民神話與傳說叢書,作者微觀論析具體,顯然做到了駕馭和使用各類原始材料的能力。如果作者沒有很好的文學修養,顯然是不行的。因此閱讀作者的每一部著作,文筆流暢,讀之順暢無礙。

原住民神話與傳說叢書,作者既有宏觀的整體把握,又有微觀的細部深入,宏觀與微觀兩者進行辯証統一的研究,構成了這位原住民學者的一個顯著研究特色。

原住民神話與傳說叢書,作者發揮其身為原住民布農族的優勢,為民族文化與文學的發展、繁榮作出了重要貢獻。

原住民神話與傳說叢書,作者以樸實、流暢的文字為我們描繪了一幅幅生動鮮活的畫卷,一步一步導引我們走入原住民的心靈世界,使我們深切地感受到原住民的生命意識與熱愛生命的氣息。

原住民神話與傳說叢書,作者收錄材料豐富,描述細緻、具體,但沒有給人以臃贅之感,實力難得之佳作。作者論述頗中肯綮,實力不刊之論。

總而言之,我從哲益君的著作中,獲益匪淺,我們對於哲益君這部台灣原住民神話與傳說叢書這部著述的評語:這是一部台灣布農族學者寫作的台灣原住民族民間口傳文學優秀的民族學與文學著作,作者體現了他熱愛民族的抱負。台灣原住民神話與傳說叢書是頗有學術份量與說服力的巨著,在中國民族學學科領域增添了新鮮的材料,作出了可貴的貢獻。我們也看到了台灣少數民族學術隊伍的實力,我們衷心地祝賀哲益君的學術成就。

覃聖敏 序於廣西民族研究所

作者原序

　　從日治時代至今，不知有多少中外人士在不同的時間與空間進入了台灣土著原住民族的生活領域，進行人類學研究調查訪問，搜集原住民族的口述歷史文化史料與文學材料，俾便整理出原住民的發展來源與進化的歷史過程，經過科學分析與研究，從而整理出原住民的發展史、來源、語言、藝術、文學、宗教、信仰、道德、法律、風俗、習慣等，將研究成果公諸於世，原住民神祕的的歷史文化於是日臻明朗化，這些成果皆歸功於這些默默辛勤調查研究的前輩學者們。

　　人文社會科學研究，總是在前賢的基礎上前進的，有了前人篳路藍縷的開拓荊棘，後人才有平坦寬廣的大道；有了前人種樹，後人才有陰涼的地方乘涼；有了前人深入不毛之荒涼境地開拓學術領域，才有後人綻放開花而結果。

　　前賢探索原住民的民間口傳文學，或從宏觀的角度去研究，或從細部的微觀深入，兩者都已經有了相當的成績，從而自民間口傳文學中獲得一個民族的族群發展、社會制度、經濟生活、信仰祭儀、生命禮俗、生活習尚、藝術表現、邏輯思維等等的大致輪廓。

　　後人便踩踏著前人的足跡，就前賢的成績，繼續豐富之，又據新的材料使之更為充實與完整。這一套台灣原住民神話與傳說叢書即是前賢研究成績的完滿呈現，是前賢們的集體成就。

　　台灣原住民自古以來即無書寫文字，因此口耳相傳的神話傳說故事就成了傳遞民族文化、歷史薪火相傳的唯一工具，所以研究原住民的文化歷史，研究民間口傳文學是最直接的途徑之一。

　　冀望本叢書能夠對於台灣原住民的文學、歷史與文化的研究有所助益，願望原住民繁衍不息，如烈日般熊熊發亮，原住民的智慧永續承傳，原住民的生活快樂健朗。

　　謝謝恩師政治大學中文研究所黃志民博士引領進入中國民俗學的研究領域，謝謝曾經指導過我田野調查的俄羅斯漢學家李福清 B.Riftin 博士。

　　謝謝逢甲大學歷史與文物管理研究所陳哲三教授對於拙著台灣原住民神話與傳說叢書，提出許多寶貴的意見，使本書更具價值；亦謝謝廣西民族研究所研究員覃聖敏先生的飛函推薦，使筆者備感榮幸。

　　台灣原住民神話與傳說叢書，得以成書，感謝內子全妙雲女士不畏風雨與辛勞陪伴著我到部落田野訪查，充擔我的私人司機，使我能夠安心從容的從事民族文化的研究工作。更感謝的是長期觀注原住民的晨星出版社陳銘民先生，以及編校筆者台灣原住民神話與傳說叢書的薛尤軍小姐。

　　筆者資材駑鈍，恐多疏漏與未逮之處，祈願拋磚引玉之效，尚祈海內外專家學者與讀者，不吝指導與糾正，祝福您生活美滿。

田哲益　序於山水居

作者新序

王明珂《華夏邊緣：歷史記憶與族群認同》說：「記憶是一種集體社會行為，人們從社會中得到記憶，也在社會中重拾、重組這些記憶」。

每一個民族都有其社會群體的集體記憶，藉此該記憶得以凝聚與延續，但是對於一個沒有文字的民族而言，對於過去發生的事情，因為太多了，繁不勝記，因此常常是採取選擇性的，或合理化的建構。這種心理傾向使我們無法全面性的徹底理解該民族的原始社會文化與歷史脈絡及傳承。

許多人類學家多承認一個原始民族的文化、生活、信仰、歷史、習俗、觀念、器物、服飾、技藝、哲思等，從其神話傳說故事中，就可以得知該民族的歷史與文化傳承與延續的大概輪廓，可以這麼說，神話傳說故事是一個原始民族創建文化的基礎，也是保護民族繼續繁衍生存的憑藉。

台灣原住民族各族群，無憂無慮的居住在此地數千年，所以在這塊土地擁有最早的生活經驗，累積最原始集體記憶，創造了綿延的文化至今。部落的肇建、領袖的形成、家族的建立、社會習俗之遵行、社會制度的推廣、民族意識之建構等等，都能在神話傳說故事的敘述中找到相關的證據。即使敘述的是相當久遠的故事，連結到現實的情境，已經跟具體的歷史產生連結。

從人類最初的起源傳說，該族就建立了天地宇宙觀，接著生養於天地山川之間，不論是個體微小的存在，以及聚落整體生命的維繫，以迄最後生命的終止，神話傳說故事都有完整而特殊的安頓型態。

　　這些文化內涵，在聚落成員共同傳續的口碑中獲得不斷的詮釋、增添與調整，是永不停滯一直前進的活水泉源脈絡。這些初始的共同思維，渾融著自然與人類複雜的心理，深刻的鑿刻在該族群與聚落生活的空間領域。神話傳說口碑是原始民族奇特的經歷，與跟這塊土地最綿長密切的關係與盟約。

　　然而在現實面上，神話傳說故事口碑的採錄與研究還是遠遠不足的，這使得我們架構一個族群的歷史與文化仍然有很大的限制。

　　有一回，我與台中晨星出版社的胡文青編輯討論原住民族的口傳文學議題，我提出了台灣原住民族口傳文學的採錄實在是非常少，因此到目前為止，原住民族的歷史與文化都還沒有清晰完備的建構，補足的方法就是大量的採集原住民各族的口碑文學，以作為該族歷史文化構建的輔助，相信對於原住民各族群遠古的歷史才會揭開神祕面紗，有所裨益。

　　我也順便提議原住民十族的【原住民神話大系】十部（本套書曾榮獲 2003 年聯合報讀書人最佳書獎），是否可以增修，出版社毫不猶豫的應允了。因此開始增修十族的神話大系新版。各族都增加了許多內容，在編次上也有所調整，相信會讓讀者或研究者讀之能有更明朗清晰的意念與理解。是為序。

田哲益 又序於南投水里山水居

2021 年 12 月 20 日

目錄

原住民神話
與傳說

導讀

「文化」一詞，可以說是生活的總稱，是一個綜合的整體，為一個民族的根與文治教化。人類社會由野蠻而至文明，其努力所得之成績，表現於各方面者，為科學、藝術、宗教、信仰、道德、法律、風俗、習慣等，以及其他作為社會一份子所獲得的任何能力與習慣，其綜合體，則謂之「文化」。

文化可看作是成套的行為系統，而文化的核心則是由一套傳統觀念，尤其是價值系統所構成，由此而形成一個民族的特殊表現。

一個民族，「文化」正是其根本命脈。一個民族如果沒有文化，便等同滅族了，相對的，一個民族要興旺，必須讓自己的文化特質，使之發揚光大。

原住民的歷史信史時代雖然只不過只有短短的四百年，但是其神話與傳說故事內涵稱得上博大精深、淵遠流長。

不過原住民與漢系文化交融以及在西洋文化的衝擊下，原住民文化的內涵，幾乎就要漸漸淡出，如何讓固有優良文化，得以保留和傳承，甚至發揚光大，確實有待吾人努力。

台灣原住民是沒有文字的民族，其文化的傳承即是僅靠口耳相傳的神話與傳說故事。原住民神話與傳說故事是先民走過的路和累積的經驗，是地方發生過的事件與歷史，曾經造成原住民生活上的重大影響。

因此，原住民的文化是可以透過整理，編成史料傳承下來，為先代保存歷史的見証，為後代點燃開創的啟示。亦可補充原住民史前時代之空白歷史。

原住民神話傳說故事是台灣文學重要的部分，原住民的口傳文學，包括神話、傳說、民間故事、笑話、諺語、民間歌謠及祭辭等等。原住民口傳文學的起源，首先是因為原住民沒有文字，文學傳述的方式都是口耳相傳，很容易被遺忘，在這樣的情況之下，原住民一定要在歷史文化的脈絡裡面建構出自己的系統。台灣的文學如果沒有原住民的文學，尤其是神話傳說之類的作為基礎的話，對台灣文學的發展是一個非常嚴重的遺憾。

今日時局，原住民文化的內容多只強調文物的展示而已，而忽略了文物內涵中的「風化」與「教化」作用。換言之，在整個文化內涵的表現上，只有實物等部分的呈現，而風化與教化的影響，卻一點都看不出來。

族人的文化氣質並沒有提升，原住民社會依然充滿了各種迷惑、失落與媚外的現象，令人擔心與憂懼。

台灣原住民文化從何緣起？其文化特色為何？有趣的是，台灣本島原住民族群並非由單一民族所構成，按語言、風俗、習慣、生理特質與民族性，都有其截然明顯的分界。本套叢書則是以各族群為主體，透過個別化來處理，以避免在理論架構上犯了概念籠統的忌諱。

神話是一個民族的夢，台灣原住民的神話傳說非常純真與無邪，是追求理想與企圖突破困境的渴求。原住民的神話與傳說故事是構成其文化的最主要依據，內涵豐富繁多，其有諸多之特色：

原住民的神話與傳說故事在許多不同之族群或地方上的觀念是共通的，也有許多神話與傳說故事是相同的。

原住民的神話與傳說故事大多小巧玲瓏，但是情節豐富複雜，長篇巨構的神話傳說故事並不多見。

原住民的神話與傳說故事不離於道，即「真理」與「因果」，凡事皆顧慮到「天理人情」，闡明因果真理，因此能夠產生移風易俗的風化與教化作用。

原住民的神話與傳說故事強調群性的勸戒與教化，絕少標榜個人與師心自用，以免陷入自我為主與不顧天理人情、不講因果，甚至違背真理之事實。

照現代台灣原住民的生活上面觀察，原住民同胞很開朗、健壯、誠實、擅長歌舞與運動等等，其神話傳說故事亦粗獷、原始、幽默有趣、真心誠摯。

原住民神話傳說故事是原住民日常生活實踐行為的準則，傳說中有許多禁忌信仰與宗教儀式故事等，皆是族人的行儀規範。原住民的禁忌信仰蘊藏著經驗智慧的思考，他們就是靠著這些傳說故事避過一次又一次的天災人禍。古代原住民知識未開，沒有辦法以進化論和生物學的觀點告誡子孫，因此藉神話傳說故事禁忌信仰，告誡子孫不要違反自然的規則。這樣的思考，以今天生態學的發展過程來看，是非常進步的一種生態思考。

原住民的神話傳說故事蘊藏著很獨特的思維模式，其中蘊含了一種對上天的尊敬。人只是生命網路中的一部分，不是生命界的全部，只有和

自然界保持和諧，才能夠找到救贖。

原住民神話傳說故事多具勸戒性，這顯然就是希望藉諸一些人為的創作來從事改變部落社會的塑造功夫，當然，成效如何，關鍵就在於人為的力量怎樣去強力實施與實踐。

原住民神話傳說故事裡祖先的教訓，是無時無刻存在的，以強化口傳的權威性與實踐面。族人的行為習俗有了既定的規範，和可循的方針，就不致發生驚世駭俗逆倫之事。

原住民神話傳說故事可以說是原住民各族群整個歷史動力的來源，原住民各族群皆有豐富的族群創世說、來源說及發展說等神話與傳說故事。

原住民神話傳說故事是一種集體性的創作力量，並且進而成就一個族群作為主體所具的「個體性」。原住民各族群難免有許多相似或重疊的神話與傳說故事，但是其所具的意涵卻是不盡相同，有其個別特殊的意義。

原住民神話傳說故事有其個別的、具體的獨特性。三百多年前，西班牙及荷蘭時代便用懷柔愚惑政策，企圖以宗教教義歸化原住民，明鄭及有清時代雖略有經營，但成效不彰。日治時代之隔離與奴化政策，使「順良日本臣民」的「皇民化」陽謀也付諸東流，原住民文化千百年的傳統獨特性，卻沒有消失或變質，僅是在生活起居上微波蕩漾，稍有變異而已，這就是靠著神話傳說故事繼續著其文化的延續。

原住民神話傳說故事具有外塑的力量，潛移默化，讓部落族人一體遵行，並且有因果與神罰的意識。

原住民神話傳說故事具有「人文化成」的人格論，著重個人的修養、努力與成就，例如織布、狩獵、道德修養、英勇禦敵等的成績，皆為族人所敬重。

原住民神話傳說故事，男子狩獵於林野間等於是他們生命與自信的泉源，狩獵文化對原住民而言，扮演了生命禮俗及社會組織化的實質過程。透過生態教育認清自己的渺小，而更謙卑仁厚地跟萬物相處，尊重每一物種的生存權，適度地運用而不巧取豪奪。

原住民神話傳說故事，歌謠與舞蹈是原住民族長久以來情感與肢體協調及精神氣度活化的結晶。原住民的歌舞與神話傳說文化的脈絡有著緊

密關係，他們唱歌不僅僅只是要表現個人的情感，很多的部分其實是集體向天神去表達虔誠的心聲。

原住民神話傳說故事，自古以來即重視男女兩性教育，實施軍事教育、宗教教育、禁忌教育、倫理教育、工藝與技藝教育、生活教育、狩獵漁撈與農耕教育等等。不容否認的，原住民神話傳說故事中的宗教教育與禁忌教育，影響原住民最深刻也最重大。

原住民神話傳說故事，祖靈崇拜（祭祖）涵蓋著原住民的人生觀、價值觀與社會觀和邏輯觀。

原住民神話傳說故事如日常生活所用的服飾、裝飾與器用等等具物質性介體之背後，都有其象徵意涵。可惜原住民豐富的文物，在缺乏認識、鑑賞及運用下，失去文化推廣、教育與利用功能，殊為遺憾，畢竟人類諸多偉大的藝術與發明，都是啟發自這些智慧文物。

原住民神話傳說故事具有道德與倫理的涵育與實踐，例如：親情的倫理與道德、民族的倫理與道德、父子的倫理與道德、母子的倫理與道德、兄妹的倫理與道德等等。

原住民神話傳說故事具有生命境界的培育，大凡一個人自出生開始即必須透過各種生命儀式進階人生的生老病死，死後還有「善界」、「祖靈之境」、「鬼界」、「鬼靈之界」等概念。

原住民神話傳說故事對於整體人類具有反省、有批判、有想像、有創意、且有特色的反應。

▲ 傳說雲豹曾經帶領族人遷徙覓地／田哲益提供

　　原住民神話傳說故事對於勤儉善良者予以褒獎，暴戾者予以懲罰，甚至使之消聲匿跡，隔離人寰。

　　原住民神話傳說故事的本質是具集體性的，所以其內容則必然是跨世代的，即從上一代傳給下一代，而且，可以連續好幾代一直流傳下去。

　　原住民神話傳說故事可知古代原住民是過著群體生活的社會，服從、互助、協調性極高，是樂天知命的民族。

　　原住民神話傳說故事具有用集體的力量來成就整體，基本上是運用透過種種具體性的社會制裁來推動，最後付之實踐，使它具形化。展現這樣具形化的現象，最具體而微的就是表現在生活方式上面。

　　原住民神話傳說故事具有企圖透過神話政治的手段來捍衛土地與經濟利益，推動部落政治體制的基本歷史形式。

　　某些原住民神話傳說故事具有創造階級屬性的特殊形式，例如排灣族、魯凱族之貴族與平民制度。卻帶動了整個部落的活潑氣息與發展，舉凡雕刻藝術、建築藝術等蓬勃展開。

　　從原住民神話傳說故事中可以看出，原住民生活中不變的核心價值觀念是土地、植物、動物和同族群的和諧，原住民的小孩從小時候起就被教育要在土地、植物、動物和同族群族人之間保持和諧。

　　台灣原住民的經濟在歷史發展的過程中，絕對不會離開它的基本生產要素土地，亦即在台灣這塊土地上種植農作物、畜養牲畜、涵養森林和撒網捕魚。因此原住民各族群都有大量有關土地、農耕、作物、狩獵、動物、植物等等的傳說故事。

　　原住民各族群由於居住的地區與地域不同，就產生不同的文化，這些都很明顯的反映在神話傳說中的慶典、宗教、建築、藝術、物產、語言、風習以及歷史傳統上。

　　從原住民神話傳說故事中可以看出，原住民各族群是互助、分享的社會生活方式，是將有限的自然資源做最有效的分配和分享。

　　從原住民神話傳說故事中可以看出，原住民各族群尊重大自然，學習與大自然、土地，共榮、共存，這是現今全球對人類反省的共識和人權主張的原則。自然界擁有繁複多樣的生態資源，人類的生命來自大地，原住民對於所賴以安身立命的大自然恆常存有一顆感恩、孺慕與敬畏的心。

原住民神話傳說故事之創作孕育思考者，都蘊含著自然生態思考。

從原住民神話傳說故事中可以看出，古代原住民對於大自然的各種災禍例如：洪水、地震、海嘯、颱風、瘟疫等等，有著危機處理的意識和應變的能力。

台灣原住民分布的範圍很廣，因為區域性的不同，因此文化的表現也不盡相同，本叢書對於不同的原住民族群，考慮其獨特性與個別性，予以分別詮釋，亦即將原住民十個族群分別立說，以使各族群的文化有一個完整的輪廓形象與整體的觀念思維。

自古以來，台灣原住民社會一直持續的變化，不同時期的原住民社會環境和社會關係不斷的改變。原住民納入複雜社會後，社會形式改變，而其原來社會與文化的基礎已然處於消失和脫離的狀態。由於進入當代社會之後，原住民在社會體系層面受到外在社會的影響，文化的象徵面相便顯得特別重要。本叢書纂述台灣原住民十族神話與傳說故事，即是冀望原住民傳統文化表徵之重現，而原住民獨特的傳統神話、傳說、故事，實為建構原住民文化與生活的依據之一。

明末延平王鄭成功東征，驅逐荷蘭人，重兵屯墾，台灣始正式編入中國閩粵文化的版圖。自清朝閩粵移民之入台至日人的強奪，台灣可說歷盡滄桑，而原住民也就在近代由原始生活的狀態，一下子在短短的時間裡捲入文明社會的洪流裡。無疑的，生長在此時代的原住民同胞們，生活形態正面臨著另一種空前急遽的變遷。

▲ 魯凱族頭目宣示魯凱族傳統領域
（2006.06.28）／田哲益提供

　　際此同時，原住民文化必須面對新的挑戰，最主要的是在現代化急流中原住民文化將何去何從？又將以甚麼姿態繼續繁衍下去？這是吾人所最關心的問題，本叢書是將原住民最精華的神話傳說故事文化整理出有系統的一系列套書，對於原住民文化、文學、神話、傳說、故事、生活、宗教、政治、祭儀等等的研究，或可造成影響與貢獻。

　　在今日社會一般評價原住民則給予低劣的印象，譬如嗜酒、不善儲蓄、自卑，過著沒有前瞻性的生活，這種蓋棺論定的評論，在邅變的原住民社會步伐過程中，實在令人不敢苟同，將過渡時期之特例視為原住民文化千百年來之傳統代表，不但失之以偏概全，而且論斷之幼稚令人可笑。過去的原住民在未受到現代大文化的衝擊時，絕不是過著嗜酒、不善儲蓄、自卑的生活，反而是過著自信與積極的生活態度。論者不但沒有給予關心與伸出友誼的同情，企圖解決原住民當前的困境，尋求原住民的出路與前途，甚至可以說是污衊了原住民的先人。

　　一個國家，不論是由一個或多個種族所形成，一旦成為一個國家，便應存異求同，形成多元一體的文化。

　　台灣原住民文化亦是台灣文化重要的資產，如何整頓、提倡、維護、澆灌，實為當務之急，而不是淪為口號。

　　以關愛國家提倡文化，這才是「智者」的行為，今日，國人多有自卑而崇洋的現象而忽略了自己本身的文化之美，更忽略了少數族群或民族的優美文化。

　　社會的發展乃一整體性的演進，雖然原住民社會的一些舊秩序，則將不可避免要面對絕望的、悲劇的、無能為力的、逐漸被消化殆盡的下場。為了防範淪為滅族的命運，揆諸各民族都不免帶有自尊的成分與優越的色彩，尤其原住民族更應拿出自信心，相信自己的歷史文化，堅守優良的傳統，並自信有能力解決所遭遇的任何荊棘與困頓。

　　用心關懷原住民，舉凡文物的維護與保存、民俗的提倡與發揚，具體地在各鄉鎮設立原住民文物館、各縣市設立原住民文化中心或研究開發中心等等，原住民文化的再生與再造開拓才有可能。本叢書本著歷史性的契機與文化深耕的舞台，務使原住民文化重整旗鼓與發揚光大。

　　本叢書在原住民優美文化涵育下建立原住民神話與傳說口傳文學完

整體系，冀望原住民文化薪火不絕。

由於台灣地區的原住民沒有自己的文字、文化背景特殊、生活環境資源貧乏，導致原住民社會逐漸解體，文化瀕臨消失，本叢書的撰述，對於原住民的文化教育，希望產生啟迪的影響作用。

過去對於原住民的探討，非常缺乏從原住民的神話與傳說的民間口傳文學觀點去了解原住民的文化，台灣原住民各族嚴格說是一個尚未創作文字的民族，因此其所賴以生存的文化空間即存於神話與傳說中和由此空間所形成之民族個性與表現。本叢書即是企圖將原住民的深層文化展現出來，除了從外在社會去檢討外，更從原住民內部的文化去著手詮釋。如此則原住民社會的親族制度、部落制度、經濟制度、宗教制度、社會制度、傳統風俗、思想邏輯等等，都將提供很好的思考切入點。

原住民文學不僅在內容上可以豐富台灣文學，在語言的譯解運用上，亦能使漢系族群文學的構辭及修辭意涵，得到更多的創造空間。

台灣是多元文化的社會，多元文化所賦予的符號意義是什麼呢？基本上就是「差異」，因此創造多元文化的意義，就是創造具有美感的「差異」。

多元文化之原則是基於尊重各原住民族傳統風俗、信仰與文化差異，使各民族與各族群保有各自獨特的生活方式與文化，並在一個相互依存、尊重、平等及包容的關係上共同互賴生活。

當前台灣原住民面對的真正困境可能還不是發展的問題，而是民族生存的問題，只有落實多元文化價值，原住民本身自立自強，才能建立雙贏互利。

尊重原住民族傳統對文化孕育之土地、場所，應該予以保存，並培養國民尊重、鑑賞不同民族文化之態度與觀念。

尊重原住民的歷史、語言，促進多元民族文化。肯定原住民族維護與發展自己民族的社會、文化、財產、政治，及價值觀的自主權利。只有尊重原住民文化，才能對台灣的文化內涵做出貢獻。

為了原住民的生存與延續，不管在政治、經濟、教育、文化與語言方面的扶持，都應以國家的力量特別予以保護。

確認原住民族是台灣歷史的起點，台灣任何有關的主張與宣示，必須從這個本質與演變的脈絡概念開始，進行台灣歷史詮釋的認識和基礎研

究，整體政策規劃的權利重組才有真正的族群正義。

　　協助編輯原住民各族的鄉土文化教材，以促進原住民文化保存與傳承。整合資源，促使原住民部落歷史重建、文化藝術及語言復振，有系統發揚原住民族的文化。

　　政府應依原住民族意願與尊重、平等、多元而發揮社會正義精神，絕對保障原住民族教育文化權，充分發展原住民教育，並保有其持色及文化傳統，建立多元發展的教育制度。

　　國民教育應納入多民族文化之差異，相互尊重等概念。在現行教育體制下，儘速增設原住民文化教育機構，以推廣與保存文化機制，有效傳承與發揚原住民優良傳統文化，培育原住民多方面的人才。事實上，原住民族教育政策不僅在於民族文化的「挽救」，更在於促進民族文化的再生。

　　文化的重要性，在於它是各種制度的生命內涵，在於它是一個民族和社會精神之所依托，所以世界上任何一個文化如果不能夠建立自主性，則其不能自我向上昇華。

　　台灣由於特殊的歷史環境與歷史的經驗，台灣文化最早的根源是南島語系的原住民文化以及閩粵文化，讓台灣的文化景象非常的多元，充滿生命力、創造力與充滿多元性。

　　台灣的文化如同一道絢爛的彩虹，原住民文化也是其中亮麗的一種色彩，如果少了這樣的色彩，彩虹就不再美麗與燦爛。

　　由於現代文明的引入，使原住民文化在久經壓制與衝擊之後，有逐漸流失和衰頹的趨勢。但是學術界和民間團體的長期關懷和努力，使原住民文化仍能達到相當程度的保存。然而這種保存僅是一種靜態的文物展示和學術研究資料，仍缺乏一種動態性生機和前瞻性的開展。如果原住民教育的目標僅著重於「維護」文化，顯示它仍是一種靜態的、被動的、非生機性的目標，欠缺積極發展的功能。當前原住民族群的當務之急，不僅是如何透過教育制度來維護、傳遞、擴散文化，更需要透過教育而融合外來文化，創造文化，開展文化的生機。當然守住自己的文化也是要靠自己自我意識的覺醒與努力。

　　我們期盼生活在台灣的原住民各族群的人民，能夠正視自己優良的傳統文化，重構自己的根，大聲的唱著自己的歌，乃至於宗教儀式、藝術

活動、傳統手工藝、道德價值觀、宇宙觀等等都能復振起來，以原住民文學藝術與生活樣態，特別是以神話傳說與宗教為素材的音樂、舞蹈、文藝、影藝等創作，也如雨後春筍般的出現。

本書《魯凱族神話與傳說》新版，收錄了各種版本的故事，可以讓讀者有所比較與吸收。魯凱族人約有一萬多人，居住在阿里山以南、大武山以北地區，分屬於高雄市的茂林區，屏東縣的三地、霧台鄉及台東縣的卑南鄉等地。

魯凱族與排灣族一樣，同是貴族階級社會，所不同的是魯凱族是長男嗣系，接收父母親的資產；排灣族則是長子嗣系，無論是男孩或女孩，只要是第一個孩子，就是父母親財產與土地的繼承者。

魯凱族是貴族階級的社會，所以神話與傳說多與貴族有關，例如創世神話、遷徙史、宗教祭祀、圖騰傳說、文身刺青、服裝、裝飾、器物、建築等，都與貴族頭人密切聯繫。

魯凱族巴嫩公主鬼湖之戀膾炙人口，在原住民族群中是最突出的愛情故事。另外也有許多愛情故事也很浪漫或悲悽。古代魯凱族有文身刺青的習俗，這也是魯凱族貴族特殊的裝飾。服裝華麗，裝飾美觀、器物精美，這些都是由於貴族階級才有的文化。器物與建築都繪有魯凱族的圖騰，例如太陽紋、百步蛇紋、百合花紋、人頭紋、人蛇紋等。

魯凱族的祭典文化、飲食文化及服飾文化也很特別，從本書可以領略魯凱族文化的核心。遠古的洪水神話、征伐太陽的傳說，傳述了人類奮鬥進取的精神。魯凱族人的祖先對於宇宙大地也有探討，例如〈地底人與小矮人〉的傳說；亦有對愛情的敘說，例如〈人與神情〉、〈愛的痛苦與殉情〉、〈異族情誼〉、〈偏私的愛〉、〈人與動物情〉等。

古代醫療不發達，巫祝與巫術口傳故事，可以看出古人對於醫藥與治療，是多麼地迫切與需要。從本書中可以窺探古代魯凱族人農耕、狩獵、漁撈與採集的原始生活。總之，透過本書，有關魯凱族的文化大概泰半於本書中了。

魯凱族創世神話口傳文學

第一章

人類依其本能及豐富的想像力，創造族群誕生與開天闢地之動人史詩，壯闊生動地銜接了人類的歷史殘缺。

居住在中央山脈南段的魯凱族，在群山氤氳的孕育下，造就魯凱族成為狩獵的族群；在川流潺潺的哺乳下，創造出多采多姿的神話傳說與宗教信仰；反映在日常生活中，則處處可見族人們將自然融入藝術的生活巧思。（註一）

在魯凱族的奇特傳統裡，有很多是超越常理的，如果從生物學的角度看，簡直荒謬且不可思議，如果從民俗學與人類學觀之，這反而是珍貴的古老文化傳說，原始的、傳統的根源思想。魯凱族的始祖創生傳說，正說明了遠古圖騰社會的信念。

魯凱族為一貴族階層化的社會，貴族階層於該部落中的神聖地位，往往來自於其本身血統上直系宗家的性質，或是部落創建起首之家的歷史，因此每個部落對於其遷移、傳承的系譜關係及始祖創生神話故事都賦予相當重要意義且含蘊豐富內容。（註二）

一、魯凱族始祖花生說傳說故事

〈始祖花生傳說〉

在好茶有一則關於頭目始祖乃花生的傳說：遠古時代的時候，傳說有一名女神，因為她專注著欣賞著美麗的花朵，在花朵中竟然誕生了頭目家的始祖。

本則故事謂好茶村頭目家始祖，乃由一位女神把美麗的花朵「看」出生了頭目家的始祖，饒富趣味。後來魯凱族人喜歡頭戴花飾，或許與本則故事有關。

洪田浚〈讓百合花文化永不凋零：好茶魯凱族文化簡述〉載「始祖花生傳說」：（註三）

傳說，大武山上的女神「摩阿該以該以」，在百合花盛開的春天，巡視祂的領地，突然，祂凝神專注，被一種超凡脫俗的花朵給吸引住了，那是一種小喇叭型的潔白花朵。這時在微風中搖曳的花朵和女神的心靈相互感應，從子房中誕

生出一名男孩，就是「凱坦吉南」家的始祖。

本則傳說故事是「凱坦吉南」家的始祖傳說，女神「摩阿該以該以」與百合花感應而從子房中孕育男孩。從此百合花成了魯凱族的神花，百合花所蘊涵的文化內容，非常的優雅雄邁，是美神眷顧的族群。

二、魯凱族始祖太陽卵生說傳說故事

《生番傳說集》載「始祖太陽卵生說」：（註四）

> 有一天，太陽在山上產了兩個卵，一個是白色的，另一個是紅色的。有一條蛇 Vunun 前來孵卵。不久，一對男女神成形，孵化而生，他們就是這個部落頭目的祖先，其他的平民則是從另一種青色的蛇，產下的卵所孵化生出的。

本則傳說故事謂魯凱族頭目的始祖是太陽所產下的一白一紅的卵，經 Vunun 蛇孵化成人；至於平民則為青蛇產下的卵所孵化。

本則故事牽涉到「太陽」、「Vunun 蛇」、「青色蛇」，且有「頭目」與「平民」階級之分。推測這種傳說已在階級社會形成之後，故區別了 Vunun 蛇孵化了頭目的祖先，青蛇則孵化平民的後代。而頭目祖先的源頭，則是「太陽圖騰族祖」與「靈蛇圖騰族祖」通婚以後，兼併承傳了太陽與蛇的崇拜。（註五）

奧威尼・卡露斯《魯凱族：多情的巴嫩姑娘》載「卡巴哩彎」：

> 很久很久以前，魯凱族的始祖原本來自達露巴淋湖附近的卡里阿罕（語意是生命第一道曙光降臨的意思），這裡正是生命第一道曙光降臨的地方。那時候，大地一片混沌，沒有任何生命，唯獨卡里阿罕一個神祕洞穴裡頭的陶壺中，有兩粒太陽的蛋；每當東方第一道曙光乍現，便正好照射在這兩粒蛋上。陽光日復一日的照耀著。有一天，這兩粒蛋破殼，誕生了一對兄妹：男孩子名叫依拉伊勞，女孩子名叫阿拉優沐。他們兩人後來成為夫婦，生了一對兄妹，男孩子叫阿喇琉，女孩子叫冒都都姑。阿喇琉和冒都都姑長大後又成為夫婦，那時，正好遭遇大地洪水氾濫，生活環境非常惡劣，所

生的幾個孩子都雙目失明，相繼夭折；最後生下來唯一存活的小女兒名叫凱亞卡德，也是瞎子。冒都都姑很想再生個小男孩許配給凱亞卡德，可是丈夫年已老邁，不能再生小孩，她很為女兒的未來擔憂。有一天，天色朦朧，東方出現一道曙光，從天窗照射下來，隨後掉落一粒檳榔，冒都都姑撿起來往嘴裡咀嚼，於是懷孕生了蘇馬拉拉伊（「曙光之子」之意）。慶幸的是，凱亞卡德和蘇馬拉拉伊成為夫婦之後，生養了很多健康的子子孫孫，開始繁衍族群。當大洪水慢慢退去，凱亞卡德和蘇馬拉拉伊夫婦帶著年邁的雙親，向東方順著洪水消退的谷地，走到洪水退盡的一處平原台地定居下來。由於洪水剛退，台地黏糊糊的，便稱這個地方叫里都古阿。過了一代又一代，族中人數成長得很快。到了凱亞卡德和蘇馬拉拉伊不知第幾代的子孫阿東蓋亞和娥稜夫婦，生了兩個兄弟，卡里瑪勞和巴沙卡拉尼，兩兄弟都覺得族人這麼多，必須再找其他地方定居。哥哥卡里瑪勞認為時機成熟，便對弟弟巴沙卡拉尼說：「黏糊糊的地實在不容易生存，為子子孫孫的將來，我們必須另外尋找更寬暢的地方。卡里瑪勞又說：「往山上走，應該比較容易尋找食物！」於是，卡里瑪勞和弟弟巴沙卡拉尼各帶一群族人出發，找尋適合居住的土地。卡里瑪勞這一支隊伍便到了肯都爾山。巴沙卡拉尼所帶領的這一群人，則沿著海岸線經過古拉拉烏（指今屏東縣來義鄉古樓村），起初來到瑪底阿讚（指今屏東縣霧台鄉佳暮村派出所後面的一座山丘），後來因為地勢不理想，又常受外來侵擾，於是又遷移到卡巴哩彎（在今天的屏東縣霧台鄉大武村的東北方一處台地）。在魯凱人心目中，卡巴哩彎就是他們永久的家鄉。（註六）

遠古時大地渾沌，一道生命曙光直射神祕洞穴中的陶壺，不分晝夜孕育著陶壺中的兩粒太陽蛋，最後太陽蛋破裂生出一對男女，魯凱族的始祖誕生了，為了讓生命延續，他們結為夫妻，歷經挫折和失敗，終於

繁衍出健康的子孫，也尋覓到魯凱族人永遠的家鄉卡巴哩彎（指現在的大鬼湖）。（註七）

三、魯凱族始祖太陽、月亮、土生說傳說故事

喬宗宓《臺灣原住民史魯凱族史篇》載 labuan 傳說「始祖太陽、月亮、土生」：（註八）

> （Labuan）貴族頭目有兩家，分別為 Laputon 及 Kazagiran。傳說貴族頭目家是太陽和月亮的後代，一般平民則是土的後代。相信 Tiadigul 及 Varokobok 湖附近，是 Tomas（靈）與 Adidiŋa（神）居住的地方。

本則傳說故事情節要述如下：

（一）傳說 Labuan 貴族頭目家是太陽和月亮的後代，一般平民則是土的後代。

（二）Labuan 地方認為 Tiadigul 及 Varokobok 湖附近，是靈與神居住的地方。

四、魯凱族始祖陶壺之卵生說傳說故事

屏東縣霧台鄉好茶村目前有二家大頭目，大頭目家族來源除了生出於花朵外，還有許多傳說，有謂誕生自陶壺，這也是頭目家壁上「人站陶壺」圖案之由來；另一說為神明有感於村中族人不團結，必須要有一人來領導，故須指派一人作為頭目，世代相襲。

〈始祖陶壺之卵生說〉

> 傳說，遠古時代，在海邊飄來一個陶罐，裡面有兩顆蛋，這兩顆蛋後來孵化成為兩條百步蛇，這就是魯凱族人的祖先。後來魯凱族人的陶藝製作，會在陶罐上畫上兩條百步蛇圖紋，而圖案上的圓圈代表團結，三角形則

▲ 魯凱族有太陽卵生說故事／田哲益提供

代表山脈，橫紋則代表河川。

本則傳說故事敘述魯凱族的祖先是海上飄來陶罐裡的兩顆蛋，卵孵化為兩條百步蛇，此即魯凱族人的祖先。

據本則故事謂魯凱族最初的初祖是兩條百步蛇。本則故事也敘述了現代陶藝上的象徵圖案，陶罐上的圖紋是懷念祖先的意涵，圓圈為團結，三角形為山，橫紋為河。

本故事中，魯凱族祖先誕生的程序是：陶罐生兩顆蛋→兩顆蛋孵化成兩條百步蛇→百步蛇成為魯凱族人的祖先。

〈去露社始祖陶壺之卵生說〉

　　陶壺中有一個卵，經過晨光長時間的照射，陶壺中的卵孵化成去露社的大頭目。

本則傳說故事謂去露社的大頭目為陶壺的一個卵孵化所生，也提到陶壺中的卵因為經過晨光長時間的照射因此孵化。

依本故事敘述始祖的生成過程是陶壺生下卵，卵經晨光照射孵化成去露社的大頭目。

細道陶壺的來源，已經無據可考，但從陶壺表面的圖騰：百步蛇及蛇形紋來看，來源一定是從魯凱和排灣任何一族打造出來的。至於打造的技術為什麼突然失傳呢？這跟二個民族特性：「特種技藝的隱密性」有很大的關係。（註九）

奧威尼·卡露斯《雲豹的傳人》載「去露社始祖陶壺之卵生說」：（註十）

　　相傳，給怒朗人多，如果沒有貴族（大頭目）來統治恐難團結，於是在發祥地茄苳樹下放置陶壺，果然神明把一粒卵放置其中，陽光在早上一定的時間照射陶壺中的卵，最後孵化成人類，這便是給怒朗的大頭目卡拉瓦蘭（Kadravathane）。陶壺旁原有個洗濯盆，是蘇給拿為米給這個嬰孩大頭目洗澡用的，但最近突然失蹤，可能有人有心保存。給怒朗部落從古代以來的社會制度，蘇給拿為米一直扮演著創始者的角色，而卡拉瓦蘭是統治者的角色，直到現

在還沒有改變過。給怒朗一個小小的部落，沒有被敵人打敗過，跟這個家族的合作無間有密切的關係。

本則傳說故事情節要述如下：

（一）魯凱族頭目的產生緣於「如果沒有貴族（大頭目）來統治恐難團結」。

（二）神明把一粒卵放置於陶壺中，孵化給怒朗的大頭目卡拉瓦蘭。

（三）據說陶壺旁原有個洗濯盆，是蘇給拿為米給這個嬰孩大頭目洗澡用的。

（四）據說給怒朗此一小小的部落，沒有被敵人打敗過。

五、魯凱族始祖陶壺生說傳說故事

《民族所集刊》，任先民，1960 年載「Todna 社祖先男女陶壺生傳說」：（註十一）

> 太古之時，有一 Tboaniradan 家中藏著一男性陶壺，名叫 Makie lu lu san；而在另一 La lvawan 家中則藏著一個女性陶壺，名叫 Makai tvewn，相傳 Todna 社的祖先，就是由這對男女陶壺所生。

本則傳說故事是 Todna 社祖先的起源傳說，據本傳說 Todna 社可能是後起的人，因為在其之先，已有 Tboaniradan 家中藏著一男性陶壺，La lvawan 家中則藏著一個女性陶壺，而 Todna 社的祖先則是由這對男女陶壺所生。

阮昌銳《台灣的原住民》載「茂林社陶壺生傳說」：（註十二）

> ……後來，Ladalia 家的 Rikar 到 Oavala 家遊玩，他家的一個陶壺裂開出生，一個女孩叫 Molilio，後來 Rikar 和 Molilio 結婚生了一女 Ruvai，Ruvai 與 tatair 結婚。……

本則傳說故事敘述：

▲ 陶壺和百合花／田哲益提供

（一）Ladalia 家的 Rikar 到 Oavala 家遊玩。

（二）Oavala 家的一個陶壺裂開生出一個女孩叫 Molilio。

（三）Rikar 和 Molilio 結婚生了一女 Ruvai，Ruvai 與 Tatair 結婚。

喬宗忞《臺灣原住民史魯凱族史篇》載「多納社陶壺生傳說」：（註十三）

> 以前，Parirayan（即 Toa）聚落中，由陶壺中生出三個人，長男 Paŋtər、長女 Tuku 及次女 Tair。Tuku 是 Parirayan 的始祖，Tair 是 Tovasavasai（今屏東縣三地門鄉青山村）的始祖。長男 Paŋtər 則和 θaŋiradan 的女兒結婚，為尋找獵場曾到 Taipoan，那時 Arapisan（位於自 Mantauran 上溯的支流旁）的貴族頭目家男子 Taur-opan 曾來訪，並娶了 θaŋiradan 家的女兒，生了名為 Kurkur 的女兒。當時已不知距創始之時有多少世代了。

本則傳說故事情節要述如下：

（一）Parirayan 聚落由陶壺中生出三個人，長男 Paŋtər、長女 Tuku 及次女 Tair。

（二）後來長女成為 Parirayan 的始祖；次女成為 Tovasavasai 的始祖。

（三）長男 Paŋtər 則和 θaŋiradan 的女兒結婚。

在傳說中，魯凱族人的祖先有從陶壺中出生的，所以魯凱族人視陶壺為神，只有貴族才能擁有，每逢豐年祭或婚禮時，貴族將陶壺拿出來祭拜，平時是不容易看見的。魯凱族的陶壺多呈菱形，外觀看起來古拙厚重，表面飾以百步蛇紋，有把手，很有原始的美感。（註十四）

六、魯凱族始祖太陽、陶壺生說傳說故事

〈太陽、陶壺生卵創生〉

> 傳說遠古時代，太陽愛上了陶壺，他們生下了蛋，由百步蛇守衛保護，後來孵出魯凱族男祖與女祖。

本則傳說故事謂魯凱族先祖為太陽與陶壺生下的蛋，蛋是由百步蛇保衛而得以孵出魯凱人的男女先祖。

魯凱族人很尊敬太陽與陶壺，因為他們是太陽與陶壺所生的孩子。

馬淵東一著、楊南郡譯《台灣原住民族移動與分布》載「太陽和古甕結婚」：（註十五）

達迪爾社傳說：距離部落現址不遠處的舊社，太陽和一個古甕結婚所生者，其後代的一個女子和 Daloparinɡə 系統的一個男子結婚，所傳的後代子孫住在達迪爾社。

「Daloparinɡə 系統」是指高雄茂林區與台東縣延平鄉交界處的大鬼湖主人——神話故事中的湖神。

七、魯凱族始祖太陽、陶壺、岩石、百步蛇生說傳說故事

〈太陽、陶壺、岩石、百步蛇創生傳說〉

從前只有神祇尚無人類時，在現在的阿禮部落因太陽與陶壺結婚，生出一個女性的卵。這個卵又與 Lavoan 社，Pocoan 家從岩石所生的男子結婚。生下了一名女子瓦容。瓦容又與百步蛇結婚，再生下兩兄弟，弟弟就是阿禮部落頭目家的祖先。

這則神話情節內容較為複雜，也見於排灣族部落。阿禮部落的頭目家祖先起源雖然也與「卵」有關，但並不是卵直接所生，而是太陽與陶壺結婚生卵，卵與「岩石」結婚生下女子，女子再與百步蛇結婚所生。「太陽」、「陶壺」、「百步蛇」都是魯凱族與排灣族的重要文化象徵，神話可說融合了部落重要的族群標誌。（註十六）

〈阿禮社太陽、陶壺、岩石、百步蛇創生傳說〉

太古的時候，太陽與壺結婚，生下了蛋（女性），這個蛋又與岩石生出的男子結婚。這個時候，宇宙只有神靈，還沒有人類。太陽與壺所生之「蛋」與岩石所生之男子，二人結婚後生下一位女孩，這個女孩又與百步蛇結婚，生下二個男孩子。後來，百步蛇夫婦和長男昇天，留下次男 Canovak 在人間，創建阿禮社頭目家。

本則故事是魯凱族阿禮社頭目家的始祖傳說，頭目家與「太陽」、

「壺」、「岩石」及「百步蛇」關係甚為密切。

本則傳說故事情節要述如下：

（一）太陽與壺結婚，生下了蛋（女性）。

（二）蛋（女性）與岩石生出的男子結婚，生下一位女孩。

（三）女孩又與百步蛇結婚，生下二名男孩子。

（四）百步蛇夫婦和長男昇天，留下次男 Canovak 在人間，創建阿禮社頭目家。

《民族所集刊》，任先民，1960 年，亦見於《排灣族信仰體系》載「太陽、陶壺、岩石、百步蛇創生傳說」：（註十七）

太陽和陶壺結婚，生下一女性的蛋，此蛋又和 Lavoan 社的 Pocoan 家的由岩石出生的男人結婚，生一女孩，名叫 Voa lon，這女孩又和山裡的百步蛇結婚，生二男孩，弟弟名叫 Tschono vak，後來成了阿里社的創社頭目。

本則傳說故事敘述與上則相同，唯人名交代得比較清楚。

《臺灣高砂族系統所屬の研究》，1935 年載「阿禮社太陽、陶壺、岩石、百步蛇創生傳說」：（註十八）

從前，在一部落，也就是現在的阿禮村，當時只有神祇而尚無人類，因太陽與陶壺結婚而生出一個女性的卵。這個卵又與 Lavoan 社 Pocoan 家從岩石所生的男子結婚，然後生下一名 Valon。Valon 又與百步蛇結婚，再生下兩個兄弟，弟名為 Canovak，在阿禮社創立了頭目的家。然而，那名與百步蛇結婚的 Valon 和百步蛇，以及他們的長子後來都升天了。

本則故事與上兩則故事相似，惟比較詳細。

本則傳說敘述太陽與陶壺結婚而生一個女性的卵，這個卵又與岩石所生的男子結婚，所生女子又與百步蛇結婚。如此看來，遂形成了「太陽」、「陶壺」、「岩石」、「百步蛇」等圖騰的混合血統，顯示這種傳說是在原始氏族與他種氏族通婚之後，擴散衍變融合，遂混合了多種圖騰信仰，且這部落的人文明顯受到東部卑南族與鄰近排灣族的影響。（註十九）

八、魯凱族始祖土地、陶壺生說傳說故事

喬宗忞《臺灣原住民史魯凱族史篇》載「始祖土地、陶壺生故事」：
（註二十）

> Maka 又稱 Tolo 有三個貴族頭目家系：Latilia、θavola、Titiwa。Titiwa 來自 Tona 的 Lalukuan 家，娶了 Latilia 家的女兒後成為貴族頭目。……太古時代，Latilia 家裡，從土地中生出一個男孩，叫做 Vikar。之後，下方的 θavola 家也有煙冒出，從土地中生出 Tatair 和 Ruŋuna 兩個男孩。一天 Vikar 到 θavola 家遊玩，恰好有一個壺破裂，生出一個女孩，名字叫做 Molili。Vikar 和 Molili 結婚生下女兒 Ruvai，Ruvai 和 Tatair 結婚，成了 Latilia、θavola 兩家的祖先。

本則傳說故事情節要述如下：

（一）Latilia 家裡，從土地中生出一個男孩，叫做 Vikar。

（二）θavola 家也有煙冒出，從土地中生出 Tatair 和 Ruŋuna 兩個男孩。

（三）Vikar 到 θavola 家玩，有一個壺破裂，生出一個女孩，名字叫做 molili。

（四）Vikar 和 Molili 結婚生下女兒 Ruvai。

（五）Ruvai 和 Tatair 結婚，成了 Latilia、θavola 兩家的祖先。

九、魯凱族祖先太陽、土地生說傳說故事

喬宗忞《臺灣原住民史魯凱族史篇》載多納社 θaŋiradan 家「太陽、土地創生故事」：（註二一）

> 在 Tona 之西北，濁口溪之北有一個叫作 Apilan 的地方。從 Alipan 的土地中生出男女各一人，二人結婚後，生了很多孩子，但只有一個女兒養育成人。這個女兒和太陽發生關係，並向太陽要了首飾。後來生下一男一女的雙胞胎，只有女孩長大，這個女孩子便是 θaŋiradan 家的祖先，但迄今有多少

世代不詳。在 Alipan 時，以 Paatsuŋan 為家名後來又移到東

北方的 Taraŋran，再移到現址。其下有廿六戶。

本則傳說故事情節要述如下：

（一）在多納的西北方 Apilan 此地，從 Alipan 的土地中生出男女各一

　　　人。

（二）土生男女結為夫妻，生了很多孩子，但只有一個女兒養育成人。

（三）女兒和太陽發生關係，並向太陽要了首飾。

（四）女兒後來生下一男一女的雙胞胎，只有女孩長大，這個女孩

　　　子便是 θaŋiradan 家的祖先。以 Paatsuŋan 為家名。

（五）θaŋiradan 家後來又移到東北方的 Taraŋran，再移到現址。其

　　　下有二十六戶。

十、魯凱族太陽、女子生說傳說故事

林建成〈喚起記憶的傳統圖紋〉載女子吃太陽的檳榔生子：(註二二)

東魯凱族達魯瑪克部落太陽之子的傳說提到，一女子吃

了太陽賜予的檳榔與石灰，生出了太陽的孩子，取名叫斯木

啦賴（Samalalai），是部落信仰和崇拜的對象。

在達魯瑪克部落集會所內有專為其雕刻的人像、頂上頭冠刻著繁複

的太陽紋與飾物，額頭上則鑲上了一排貝殼圓片，象徵能力高強。

十一、魯凱族始祖蛇生說傳說故事

魯凱族與排灣族都自認為是「蛇的兒子」，也都尊崇百步蛇，認為

百步蛇是頭目的祖先。在頭目家屋的門楣上可看到百步蛇的雕刻，傳統

服飾也會有蛇形的刺繡。(註二三)

依能嘉矩 1906 年採集〈始祖蛇生故事〉：(註二四)

從前，有一天，兩條靈蛇產下許多卵，於是，就從這些

卵中誕生出來許多人，是我們這族的祖先，所以，不可殺傷

這些蛇類。

靈蛇產卵，又從卵中誕生人的祖先，直接說明了人形祖先的源頭，

是靈蛇，那麼靈蛇就是始祖，系統單純而直接。此種說法推測可能是最古老的，且是最原始的圖騰崇拜來源。（註二五）

魯凱族在1970年代，尚相信百步蛇是神靈的化身或使者，決不敢加以捕捉或宰殺，可是年輕一輩的卻已經開始沒有這種信仰了，因被利誘而捉蛇，再送到台北去高價出售給蛇店供老饕們享用的消息，時有所聞。（註二六）

十二、魯凱族人蛇創生傳說故事

施翠峰《台灣原始宗教與神話》載「人蛇創生傳說故事」：（註二七）

古時候，大武（Raibuan）社的達德魯小村（現在仍存）住有一個妙齡女人，她正在尋找配偶，有一天她意外地遇見了一位美男子，一見鍾情，終於與他結婚了，可是村人卻看出他是一隻百步蛇，可是她不相信。他倆結婚所生的便是魯凱族的子孫。

本則傳說故事情節要述如下：

（一）古時候，大武社的達德魯小村有一位妙齡女子。

（二）這位妙齡女子正在尋找配偶，有一天遇見了一位美男子，遂一見鍾情而與他結婚了。

（三）這位男子是一條百步蛇，可是她不相信。

（四）他們倆結婚所生的孩子便是魯凱族的子孫。

桃源鄉公所《桃源鄉誌》期末報告載「魯凱族是人蛇的子孫」：（註二八）

古時候，在大鬼湖住著一隻叫「阿達里歐」的巨大百步蛇，牠看上了大武山中的達德勒部落的「巴倫」公主。阿達里歐化成一位俊美的男子，與巴倫公主相戀，兩人婚後生下的子孫就是魯凱族人。

本傳說敘述魯凱族人是人蛇的子孫。

十三、魯凱族百步蛇與女神創世神話

施翠峰《台灣原始宗教與神話》載「百步蛇與女神創世神話」:(註二九)

　　好茶部落古代有一個青年在山谷中發現一個古甕,甕中有一枚百步蛇蛋,他把它抱回家,每天由於陽光照射而得到溫暖,七天後即孵化出一個男嬰,是百步蛇之子,長大後與一個下凡的女神結婚,因而從此魯凱族一代一代繁衍。

本則傳說故事情節要述如下:

(一)有一青年在山谷中發現一個古甕,甕中有一枚百步蛇蛋。

(二)青年把古甕抱回家。

(三)古甕由於陽光每天照射而得到溫暖,七天後即孵化出一名男嬰,是百步蛇之子。

(四)百步蛇之子後來與一名下凡的女神結婚,因而從此魯凱族一代一代繁衍。

從本則故事來看魯凱族的祖先亦是蛇與女神的後代。

桃源鄉公所《桃源鄉誌》期末報告載「百步蛇與女神創生故事」:(註三十)

　　好茶村:在古代,有一個青年某日在山谷中發現了一個古甕,甕中有一枚百步蛇蛋,於是他便把這個甕帶回家去。七日後,百步蛇蛋孵出一名男嬰,這個男嬰長大後與一位下凡的女神結婚。這位百步蛇之子與女神婚後非常的幸福,並且生下了許多的子女,這就是魯凱族人的祖先。

本則故事與上則故事相似。

十四、魯凱族始祖樹生說傳說故事

喬宗忞《臺灣原住民史魯凱族史篇》載「魯凱族樹生傳說」:(註三一)

有一部分 Kinuran 的住民傳說，在聚落東邊的 Kidparats 殘留著一棵茄苳樹，Kinuran 的祖先是從茄苳樹幹分岔處生出來的。

本則傳說故事情節要述如下：

（一）傳說在 Kinuran 聚落東邊的 Kidparats 殘留著一棵茄苳樹。

（二）這棵茄苳樹幹的分岔處生出了 Kinuran 的祖先。

簡榮聰〈台灣原住民族的樹神崇拜：魯凱族篇〉載「魯凱族樹生傳說」：（註三二）

> 在 Kitobats 地方有大樹，由其枝幹樹杈出生男女二人，子孫繁殖為我們的祖先。

去怒社始祖樹生的傳說，反映了遠古族群生活和樹的密切關係。樹在現代人類看起來不過是不會運動的植物，但在原始及上古人類心目中卻是活生生的並與人等同具有生命的生物！因此，「始祖樹生」的思想信仰，在他們而言並非不可能。（註三三）

樹生的傳說，在東南亞區域中分布很廣，在東部和東南部的島上，他們的傳說皆認為人類的祖先是生自一顆樹。這麼看來，魯凱族去怒社的傳說，似乎也意味著與東南亞島嶼土著的人文類緣。近幾十年來，中外學者大都認為台灣土著原住民，仍有許多東南亞古文化的特質，那麼，台灣原住民族的「始祖樹生」傳說，應可說是可貴的信仰文化資產。（註三四）

十五、魯凱族祖先岩石生傳說故事

中央研究院民族學研究所編譯《番族慣習調查報告書第五卷》載「魯凱族岩石生傳說」：（註三五）

> 下三社群芒仔社〈魯凱族石生說〉：太古時，部落所在地是一個大池塘。有一天，不知從哪裡來了一隻靈犬來池塘邊喝水，喝著喝著池水竟然被喝光見底了，在池塘底出現兩個石頭。石頭裂開生出了男人與女人，兩人長大後結婚，成為部落始祖。

本故事敘述一隻狗喝完池塘的水，現出兩塊石頭，生出了一男一女，成為部落始祖。

奧威尼・卡露斯《雲豹的傳人》載「魯凱族岩石生傳說」：(註三六)

西魯凱有一小小的部落，從霧台社區步行約需煮熟一鍋地瓜時間的路程，部落雖然小，但他們有自己獨立創造給怒朗（Kinolan）人類的口述歷史。而這個原始給怒朗的始祖是蘇給拿為米（Sokinadrimi）家族，即現在的孫家瓦路古魯・蘇給拿為米（Varokoro Sokinadrimi）。他們自稱是從岩石縫誕生出來的。在給怒朗下方大約有一箭之遙，那裡有一棵大茄苳樹，樹下便是他們的發祥地。給怒朗的大地之母的形貌還在；下方兩三步便是泉水。據說第一個給怒朗的人類在這裡沐浴過，並且繁衍下一代，從雛形發展到社會制度的建立，一直是他們的飲用水。從發祥地向西便是枯榕樹，旁邊有一石板屋，可能是最原始的石板屋模式。再走大約五十步，便是他們原始的靈屋。根據現場遺留殘存的石板來看，採石板的年代可能還沒有鐵器，因為每一石板粗糙又笨重，重量大約在兩百公斤以上，按照魯凱人的身材和為氣絕不可能是二、三個人能搬動的；給怒朗的人說是矮人（Tharikaegele）為我們興建的靈屋。

本則傳說故事情節要述如下：

（一）給怒朗的始祖是蘇給拿為米，自稱是從岩石縫誕生出來的。

（二）在給怒朗下方有一棵大茄苳樹，樹下便是他們的發祥地。

（三）發祥地下方有泉水，第一個給怒朗的人類在這裡沐浴過，並且繁衍下一代，從雛形發展到社會制度的建立，一直是他們的飲用水。

（四）發祥地向西便是枯榕樹，旁邊有一石板屋，可能是最原始的石板屋模式。再走大約五十步，便是他們原始的靈屋。

（五）此地的石板屋每一石板粗糙又笨重，重量大約在兩百公斤以上，傳說是矮人為他們興建靈屋。

陳美玲編著《魯凱之歌》載「去露人的祖先是從大石中冒出來的」：
（註三七）

> 去露人說最初天神由一塊中間有水流出的岩石中創造了
> 一對男女，男的名為「古勒勒樂」，女的名為「摩阿該該」，
> 後來他們結了婚生了小孩並繁衍成為一個部落，這個部落就
> 是現在的去露社區。

本則傳說故事情節要述如下：

（一）最初天神由一塊中間有水流出的岩石中創造了一對男女，此即
去露社之始祖。

（二）從岩石中創造出的一對男女，男的名為「古勒勒樂」，女的名為
「摩阿該該」。

（三）男女始祖結婚生子，繁衍成為一個部落，這個部落就是現在的
去露社區。

《蕃族調查報告書》載「大南社巨石創生說」：（註三八）

> 太古在卡里阿朗山頂有一巨石，某日突然裂開而出現一
> 男叫「荷馬里里」。為覓食而到處徘徊之際，卻遇見一異樣
> 動物，然而靠近一看，始知其貌姿或形態與自己相差不多，
> 竟結為夫婦，其後裔就是大南社族人。

本則傳說故事情節要述如下：

（一）太古時代，在卡里阿朗山頂上有一巨大的岩石。

（二）有一天，巨石突然裂開，巨石裡出現一位男子叫做「荷馬里
里」。

（三）「荷馬里里」為了尋找食物而到處徘徊，他遇見了與自己貌姿
或形態差不多的人。

（四）兩人結為夫婦，其後裔就是大南社族人。

喬宗忞《臺灣原住民史魯凱族史篇》載「Kinuran 社岩石生說」：（註三
九）

> 岩石生出始祖 Mwakai，其子 Kululu 生出許多小人，其
> 中大部分死亡，存活者便形成今之 Kinuran。

本則傳說故事情節要述如下：

（一）岩石生出始祖 Mwakai。

（二）始祖 Mwakai 之子 kululu 生出許多小人。

（三）Kululu 生出的許多小人，其中大部分死亡，存活者便形成今
　　　之 Kinuran。

喬宗忞《臺灣原住民史魯凱族史篇》載「岩石創生說」：（註四十）

　　在 Kachapoŋan 有如下的傳說：Kinuran 下方湧泉之處有一
個巨石，石破生出一個男孩，叫做 Saul。成年後娶 Kachapoŋan
的 Kazakiran 家的女兒 Salakad 為妻。他們以對唱的方式，做出
許多住民。

本則傳說故事情節要述如下：

（一）Kinuran 下方湧泉之處有一個巨石，石破生出一個男孩，叫做
　　　Saul。

（二）Saul 成年後娶 Kachapoŋan 的 Kazakiran 家的女兒 Salakad 為妻。

（三）本則故事特殊的地方是 Saul 與 Salakad 結為夫妻，他們以對唱
　　　的方式，做出許多住民。

王偉昶主編《山林的智慧：台灣原住民文化園區導覽手冊》載「岩
石創生說」：（註四一）

　　相傳，去露社下方有山泉湧出處，一日，巨石裂開，生
出一名男嬰，該社居民舒基納為家族將他撫養長大，並娶好
茶頭目的女兒為妻，繁衍的後代就是去露社的頭目，也就是
今日卡拉巴揚 Kalapayan 頭目家族的祖先。

據王偉昶謂：昔日為嬰兒洗澡、有一凹槽的石頭目前還保存在部落
裡，而山泉湧出口，依然汩汩地訴說著頭目誕生的故事。該社創社的社
民後代舒基納為瑪目路，現在還居住在去露。（註四二）

移川子之藏《台灣高砂族系統所屬の研究》載「岩石創生說」：（註四
三）

　　大南社西方 Taidungul（湖名）之北，有 Daloaringa 湖，
湖南有一地名 Kaliala 大南社始祖 Homariri 在此地由大石出

生，還有一女人 Sumurimu 由地下出生，二人結婚，生一男二女。

本則故事謂魯凱族大南社遠始男始祖由大石出生，女始祖則是由地下所生。

（一）Daloaringa 湖之南有一地名 Kaliala，大南社男始祖 Homariri 在此地由大石出生。

（二）大南社女始祖 Sumurimu 由地下出生。

（三）由大石出生的男始祖 Homariri 與由地下出生的女始祖 Sumurimu 結婚，生一男二女。

陳美玲編著《魯凱之歌》載「去露人的祖先」：（註四四）

「去露人的祖先是從大石中冒出來的」。去露人說最初天神由一塊中間有水流出的岩石中創造了一對男女，男的名為古勒勒樂，女的名為摩阿該該，後來他們結了婚生了小孩，並繁衍成為一個部落，這個部落就是現在的去露社區。

十六、魯凱族始祖地生說傳說故事

阮昌銳《台灣的原住民》載「始祖地生說傳說」：（註四五）

太古時，洪水氾濫之後，在社內 Ladalia 之地有煙霧升起，而在地中生出一個男孩叫 Rikar，據口傳，Oavala 家之地冒煙，亦從地中生出二個男孩，Tatair 和 Runguna。

本則傳說故事情節要述如下：

（一）本則傳說是魯凱族洪水故事之後。

（二）茂林社內 Ladalia 之地有煙霧升起，而在地中生出一名男孩叫 rikar。

（三）Oavala 家之地冒煙，亦從地中生出二個男孩。

十七、魯凱族始祖石生、岩洞生說傳說故事

范燉欽〈歐布諾伙的故事〉載「歐布諾伙的故事」：（註四六）

高雄縣茂林鄉是魯凱族聚居的地方，那裡山高林密、溪

流蜿蜒，流傳著許多故事。據說，魯凱族的祖先是從石頭生出來的，與西遊記裡孫悟空誕生的傳說，非常相似。不同的部落有不同的始祖起源傳說。萬山村著稱歐布諾伙，村中的老人說：他們的祖先是從一個深洞裡生出來的，當祖先長大以後，就把那個出生地封住了。

本則傳說故事情節要述如下：

（一）魯凱族的祖先是從石頭生出來的。

（二）歐布諾伙的祖先是從一個深洞裡生出來的，當祖先長大以後，就把那個出生地封住了。

十八、魯凱族岩石、土地生說故事

喬宗忞《臺灣原住民史魯凱族史篇》載「Taromak 社石生與土地生傳說」：（註四七）

祖先來自 Tiadigul 湖（即 bayu 湖）北方、Daloariŋa 湖南方的 Kalila，由石頭生出來的男孩 Homariri 和自土地生出來的女孩 Sumurimu 結為夫妻，是為 Abalius 家的始祖。兩人生的長女 əalən 搬到中央山脈以西的 Soaroal 地方，成為該地的始祖。長男 Gilagilau（亦名 Mugilau）和次女 Murayal 在 Kalila 成婚。生下長子 Adarin、長女 Matokotok，二兄妹又成婚。此時天色驟暗，持續下雨造成大水。兩人藉著一枝帶鐵的木棒，塗上豬油點火，而避難於 Kindoʔor。在 Kindoʔor，兩人連續生了兩個男孩子均殘障。接著又生了一個女兒 Gayagad，雙目失明。有一天，Matokotok 織布時，由天上落下一顆帶著石灰的檳榔，Matokotok 吃了之後便懷孕，生下健全的 Sumararai。由於帶著石灰的檳榔，咀嚼後有紅色汁液流出，如同月經，據說是月經之始。Sumararai 出生時，由天上落下黃銅製的蓆子、杵臼、槍等，以及十八枚大貝殼、兩個有百步蛇紋的陶壺、銀箕、銀杵臼、棕櫚製的大帽子。直到 Sumararai 長大成人，大水仍未退去，而 Kindoʔor 已日顯狹小，不敷使用。於是 Matokotok

便對 Sumararai 說，你是天的孩子，帶著天上掉下來的東西去退水吧！Sumararai 便先用杵把低垂的天幕往上頂，又用銀箕作巫術，使大水退向東邊，形成今天的大海。Sumararai 和失明的姐姐 gayagad 結婚，生下兒子 Atugaya。Atugaya 到 əalən 邊住的 Soaroal 的 Maðiatsan 聚落，娶回她的孫女 Dəmədəma 為妻。至 Atugaya 之曾孫 Karimadao 及 Vasakara，已是第八代。兩兄弟受母命出去探險，尋找新的土地。兩人先到 Soalrəoal 的 Maðiatsan 去，當時只有 Maðiatsan 的人在那兒居住再往南到 Soarəba（今大武地區）、Soaridoka（今台東美和），均尚無人居住。兩人在 Ana-anaya（今知本）休息，Vasakara 搬了石頭給 Kalimadao 坐，自己則把竹杖插在地上。後返回 Kindoʔor 向母親報告勘察的結果。母親又命兩人到北邊 Takəvul（今新武呂溪岸的布農族部落）去，剛好布農族人都出門去了，聚落中空無一人。又往東到海岸，仍無人居住。沿著海岸回到 Ana-anaya，遇到一名女子，名叫 Rihimi。Rihimi 向兩人表示，她是從 Kalimadao 所坐的石頭生出來的，另一個名叫 Arakaroma 的男性，則是由 Vasakara 插在地上的竹子中生出來的，他是卑南族的祖先。哥哥 Kalimadao 則留在 Kindoʔor，到了兒子 Homahomi 時，移住到 Taromak 舊址，海拔高度比現今之 Taromak 為高，且有相當距離。此一家族一直綿延至今，為 Ratsuŋ-abalius 家族。另有一種說法則是 Kalimadao 和 Vasakara 是 Sumararai 和 Gayagad 的兒子，親子一同到了 Kindoʔor，為尋找土地出去探險，北到 Mateasan 才有人煙。

本則傳說故事情節要述如下：

（一）本故事是 Abalius 家的始祖傳說。

（二）Abalius 家的始祖來自 Tiadigul 湖北方、Daloariŋa 湖南方的 Kalila，由石頭生出來的男孩 Homariri 和自土地生出來的女孩 Sumurimu 結為夫妻。

（三）石生男與土生女的長女 əalən 搬到中央山脈以西的 Soaroal 地

方，成為該地的始祖。

（四）長男 Gilagilau 和次女 Murayal 成婚，生下長子 Adarin、長女 Matokotok，二兄妹又成婚。

（五）二兄妹成婚遇到洪水避難於 Kindoʔor，兩人連續生了兩個男孩子均殘障。接著又生了一個女兒 Gayagad，雙目失明。

（六）有一天，Matokotok 織布時，天上落下一顆帶著石灰的檳榔，吃下便懷孕，生下健全的 Sumararai。

（七）由於帶著石灰的檳榔，咀嚼後有紅色汁液流出，如同月經，據說是女子月經之始。

（八）Sumararai 出生時，天上落下黃銅蓆子、杵臼、槍、十八枚大貝殼、兩個有百步蛇紋的陶壺、銀箕、銀杵臼、棕櫚製的大帽子。

（九）Sumararai 長大成人，大水仍未退去，於是母親便對他說，你是天的孩子，帶著天上掉下來的東西去退水吧！Sumararai 便先用杵把低垂的天幕往上頂，又用銀箕作巫術，使大水退向東邊，形成今天的大海。

（十）Sumararai 和失明的姐姐 Gayagad 結婚，生下兒子 Atugaya。Atugaya 到 əalən 遷住的 Soaroal 的 Maðiatsan 聚落，娶回她的孫女 Dəmədəma 為妻。

（十一）Abalius 家族至 Atugaya 之曾孫 Karimadao 及 Vasakara，已是第八代。

（十二）Karimadao 及 Vasakara 兩兄弟受母命出去探險，尋找新的土地。

（十三）最後哥哥 Kalimadao 留在 Kindoʔor，到了兒子 Homahomi 時，移住到 Taromak 舊址。此一家族一直綿延至今，為 Ratsuŋ-abalius 家族。

本則傳說故事亦兼述卑南族始祖石生與竹生說的故事：

（一）當 Karimadao 及 Vasakara 兩兄弟受母命尋找新土地，兩人在 Ana-anaya（今知本）休息，弟弟搬了石頭給哥哥坐，自己則把

　　竹杖插在地上。

（二）此後兩兄弟沿著海岸回到 Ana-anaya。

（三）兩兄弟遇到名叫 Rihimi 的女子，自稱是從哥哥所坐的石頭生
　　　出來的；另一個叫 Arakaroma 的男子，則自稱是由弟弟插在地
　　　上的竹子中生出來的，他是卑南族的祖先。

許晉榮《茂林風華》載「地生、石生傳說」：（註四八）

　　　　魯凱族依口述歷史的和傳說，遠古祖先之發祥地在遙拜
山一帶，而創生神話則以「地生」和「石生」之起源為主；
而在傳說中通常都會伴隨著濃煙或雲霧自地表或湖泊中昇
起，因此魯凱人視「嘟拉巴陵」大鬼湖一帶雲霧彌漫的神祕
原始森林為祖靈安息聖地，不能夠隨便靠近獵捕動物或砍伐
林木，甚至經過此區也必須身著素服，不能配戴琉璃飾物，
身上隨身的配刀要以白布包裹以表示對祖靈的尊敬。

本則敘述：

（一）大鬼湖一帶為祖靈安息聖地。

（二）大鬼湖一帶不能夠隨便靠近獵捕動物或砍伐林木。

（三）經過大鬼湖一帶，必須身著素服，不能配戴琉璃飾物。

（四）經過大鬼湖一帶，身上隨身的配刀要以白布包裹以表示對祖
　　　靈的尊敬。

潘英《台灣原住民族的歷史源流》載「大南社始祖故事」：（註四九）

　　　　大南社西方，Taidungul（湖名）之北，有 Daloaringa 湖，
湖南有一地名 Kaliala。大南社始祖 Homariri 在此地由大石出
生。還有一女人 Sumurimu 由地下出生，二人結婚，生一男二女。

　　這是大南社始祖的故事，男始祖 Homariri 由大石生出，女始祖
Sumurimu 則是從地下出生，他們就是魯凱族的創世祖。

　　馬淵東一著、楊南郡譯《台灣原住民族移動與分布》載「大南社始
祖故事」：（註五十）

　　　　大南社傳述：在中央山脈主脊上，Dalo'aringə 湖（Dalulə
社語 Daloparingə）的南側，石生的男子，和土生的女子結婚，

成為大南社始祖。

如果拿大南社的口碑傳說，與西部隘寮溪流域的四個古老魯凱族部落，作一個比較，則發現大南社的傳說大致上吻合達迪爾社（Dalulə），以及舊大武社（Labuanə）的口碑傳說。（註五一）

十九、魯凱族岩石與女子創生說故事

桃源鄉公所《桃源鄉誌》期末報告載「大南社石頭生男子與女子結婚」：（註五二）

> 大南社：太古時期，在卡里阿朗（Kalialon）山頂有一塊巨大的石頭，某一天，從石頭中誕生了一個男子，名叫何馬里里（Homalili）。某日何馬里里看見一名和自己形態相似的女子，便與她結婚，其後裔就是魯凱族的祖先。

此則描述大南社石生人叫何馬里里（Homalili）與女子結婚的故事。

二十、魯凱族始祖煙生與壺生傳說故事

《大南社》，余萬居譯，載「始祖煙生與壺生傳說」：（註五三）

> 在 Laisadan 地方，Bibikaru 跟著煙誕生，他看到在 Zabulna 誕生了 Tateli。兩人相互寒喧，成了朋友。Bibikaru 有一個壺上面鋪著布。在那個壺中生出的人叫 Kalemdo，於是人越來越多了。

本則傳說故事情節要述如下：

（一）Bibikaru 跟著煙誕生。

（二）Bibikaru 有一個壺上面鋪著布，在那個壺中生出的人叫 kalemdo。

《大南社》，余萬居譯，載「魯凱族煙生創世傳說」（註五四）

> 在 Tok-lulu 山上，有鬼怪出現，會變成豬、羌、猴，羊、鹿。而在 Laisadona 和 Saburna 這二個地方冒著煙，此時，Bibikalu（人名）出現了，看見在 Saburna 有人，便往那走去，見著了在 Zubula 的 Tateli，兩人便一同下山。

本故事敘述魯凱族煙生說，在 Laisadona 和 Saburna 這二個地方冒著煙，此時，Bibikalu（人名）出現了。

二一、魯凱族始祖神生傳說故事

小林保祥《排灣族の傳說》載「始祖神生傳說」：（註五五）

> 昔日，女神 Rukuraw 由 Takaraws（大武山）降臨於 Tavatava。後來，女神和 Rawpurun 結婚，此人陽物甚大，女神受不了而殺之。結果從此男人手指出生平民，四肢生出頭目家臣，胸部生頭目，為 Tsalisn 的祖先。

本則故事謂 Tsalisn 的祖先是女神，其男祖因陽物甚大被女神所殺。本故事也兼述了貴族頭目與平民的出處。男祖被女神殺死後，其手指出生平民，四肢生出頭目家臣，胸部生頭目。本故事很奇怪的是為什麼不是女神來生，而是由男人來生育！本故事謂女神與 Rawpurun 結婚，故事中沒有敘述 Rawpurun 為人或神？

劉寧顏總纂《重修台灣省通志卷三住民志同胄篇》載「阿禮部落始祖神人傳說」：（註五六）

> 阿禮部落 Apaliusu 貴族頭目家始祖為一神人名叫 Pəluluŋan，原本便出生自本部落附近的 Lautaudal 坡地，其子 Pəlon 將家屋遷至本部落上方取名 Talapaðan，經歷 Tsa-əvu 及 Tina-uluts 二代，因 Tina-uluts 之妹嫁與去露部落（Kinulan）大頭目為妻，不知經過若干代，其子女中有貌美的女孩也叫 Pauləs 的。一日在家中做事，不料卻有一名大南村的男子 Vulugu 來本部落獵頭。他從天窗窺見 Pauləs 驚為天人，不但打消獵頭的念頭，反而奔回大南央求長老來去露提親；二人婚後生下一子名為 Tsgau。Tsgau 很喜歡阿禮，進而想在該地設立家屋，母親 Pauləs 以其本人原出於阿禮，認為阿禮本來也可以算是 Tsgau 的家，於是在 Tsgau 和來自霧台的 Pauləs 成婚後，便在現址設立了房屋，取 Apaliusu 為家名，這段神話故事乃該家創始之緣由。

二二、魯凱族歌唱創生故事

台灣總督府臨時台灣舊慣調查會《番族慣習調查報告書第五卷：排灣族》載「歌唱創生傳說故事」：（註五七）

Capungan 社，往昔有 Muakai、Sakinu 的男女祖神出現，皆唱歌而創造許多的人，成為我們魯凱族的祖先。

本則故事敘述男女祖神唱歌創造許多的人，成為魯凱族的祖先。

上則同書另載「歌唱創造人民」：（註五八）

往昔在現社東方約三丁之處有一大樹，從其樹幹分叉處生出男女兩人，長大後兩人結婚成為我們的祖先。該處稱為 Kituvaace（社的開基。與 Vuculj 番的 Qinizingan 相同），有茄苳大樹數棵。又說，在本社的下方有泉水湧出之地，昔時在此處有一顆大石頭，破裂生出一男兒，名為 Caʔl。長大之後與 Capungan 社頭目 Kazangiljan 家之女 Saralc 結婚，兩人一起歌唱創造人民，此為頭目 Kalavayan 家之祖。

這是魯凱族 Inulan 社傳說故事，敘述在本社一棵大樹，從其樹幹分叉處生出男女兩人，即為本族的祖先。也敘及岩石生說，岩石生的男孩與 Capungan 社頭目 Kazangiljan 家之女結婚，兩人一起歌唱創造人民，此為頭目 Kalavayan 家之祖。

町（ちょう）是日本的尺貫法有關長度（距離）與面積的單位，為了區分長度和面積單位，分別記作丁（長度）和町步（ちょうぶ，面積）。其中長度單位：里（り）町、丁（ちょう）、丈（じょう）、間（けん）、尺（しゃく）、寸（すん）、分（ぶ）、厘（りん）。1 町／丁 = 36 丈 = 60 間，約 109.09m，1 間 = 6 尺，約 1.818m。

二三、魯凱族始祖的故事

遠古時期，在大洪水侵襲之前，在大鬼湖（也就是達露巴淋湖）附近，稱作「卡里阿罕」（意思是生命第一道曙光）的地方，誕生了一對魯凱族的始祖。那個地方高山峻嶺、環境險惡，生存不容易，但是魯凱人

自己發明了在高山上生存的方法、溝通情感的語言，以及共同生活的倫理道德，稱自己為「高山民族」或「住在山地的人」。(註五九)

二四、魯凱族大南社創世神話

林道生編著《原住民神話故事全集(二)》載大南社〈大南社創世神話」:(註六十)

太古時代，有阿達流和牟特庫特克兩位兄妹，因為在收穫祭時不小心觸犯了禁忌，天神大怒，使白晝的大地變成一片黑暗，下起傾盆大雨一刻也不停，終於造成大洪水。兄妹兩人害怕的躲進屋子想點亮松枝卻點不著，直到把肥豬肉插在松枝上才點亮。兩人藉著松枝火把的光亮往山上逃，洪水不斷暴漲，當他們逃到山頂時，山腳下四周早已被大洪水所淹沒而看不到陸地了，許多野獸、鳥類也都逃到山上避難。但是不知怎麼的火把突然熄滅了，正不知道該如何是好的時候，看到了對面遠方海上的一個島（Sansan 島，今之綠島）有點點火光，就叫羌游去該島取火，但是沒成功。這時候又見眼前的綠豆蠅在挖樹頭，挖久了竟然摩擦生火，他們才從綠豆蠅學得了鑽木取火的技巧，從此有了火，有了熟的食物，過著快樂的生活。那時候天地離得很近，有一天從天上掉下來一顆檳榔，妹妹吃了又吐出紅色口水，不久便懷了孕，生下一個男孩取名叫斯馬拉萊，意思是「太陽之子」，這時太陽正照射著他們，同時從天上掉下來布、帶子、揹布、搖籃、胸兜、矛、大藤蓆、白、杵等九件嬰兒用品。太陽神還叫他們用大藤蓆消退洪水，用杵把天頂高。太陽神又教他們把兩個鍋相扣在一起，插上矛用力轉動，口中念咒語：「天亮時，要聽到孩子的哭聲」，果然天亮時有兩個一男一女的孩子在哭，從此他們就有了鄰居，這兩人長大後結成夫妻，可是因為是同胞的近親婚姻，生下了一個瞎眼的，一個跛腳的。這一對夫妻就是大南社最先的貴族。

註釋

註一：《台灣空中藝術文化學苑學員通訊》6 期，財團法人台灣省文化基金會，2001 年 5 月。

註二：劉寧顏總纂《重修台灣省通志卷三住民志同冑篇》第一冊，台灣省文獻委員會，1995 年 5 月。

註三：洪田浚〈讓百合花文化永不凋零──好茶魯凱族文化簡敘〉，《台灣時報》，1994 年 8 月 27 日。

註四：尹建中《台灣山胞各族傳統神話故事與傳說文獻編纂研究》，1994 年 4 月。

註五：簡榮聰〈魯凱族的靈蛇崇拜（二）〉，《台灣新生報》，1997 年 11 月 23 日。

註六：奧威尼‧卡露斯《魯凱族多情的巴嫩姑娘》，新自然主義有限公司，2003 年 1 月。

註七：同註六。

註八：喬宗忞《臺灣原住民史魯凱族史篇》，台灣省文獻委員會，2001 年 5 月。

註九：歐威尼‧卡露斯〈貴族生命的標誌──低倫〉，《台灣時報》，1993 年 10 月 27 日。

註十：奧威尼‧卡露斯《雲豹的傳人》，台中，晨星出版社，1996 年 10 月。

註十一：同註四。

註十二：阮昌銳《台灣的原住民》，台北，台灣省立博物館，1998 年 4 月。

註十三：同註七。

註十四：陳美玲編著《魯凱之歌》，屏東縣立文化中心，1999 年 6 月。

註十五：馬淵東一著、楊南郡譯《台灣原住民族移動與分布》，原住民族委員會、南天書局，2014 年 8 月。

註十六：劉秀美、蔡可欣《山海的召喚：台灣原住民口傳文學》，國立台灣文學館，2011 年 12 月。

註十七：同註四。

註十八：同註五。

註十九：同註五。

註二十：同註八。

註二一：同註八。

註二二：林建成〈喚起記憶的傳統圖紋〉，《台灣原 young》41 期，2012 年 5 月。

註二三：同註一。

註二四：同註五。

註二五：同註五。

註二六：施翠峰《台灣原始宗教與神話》，台北，國立歷史博物館，2000 年 9 月。

註二七：同註二六。

註二八：桃源鄉公所《桃源鄉誌》期末報告，2003 年。

註二九：同註二六。

註三十：同註二八

註三一：同註八。

註三二：簡榮聰〈台灣原住民的樹神崇拜──魯凱族篇〉，《台灣新生報》，1997 年 12 月 17 日。

註三三：同註三二。

註三四：同註三二。

註三五：台灣總督府臨時台灣舊慣調查會《番族慣習調查報告書第五卷：排灣族》，中央研究院民族學研究所編譯，2003 年。

註三六：同註十。

註三七：同註十四。

註三八：同註二六。

註三九：同註八。

註四十：喬宗忞《臺灣原住民史魯凱族史篇》引《蕃族慣習調查報告書》第五卷載 kachapoŋan 傳說，台灣省文獻委員會，2001 年 5 月。

註四一：王煒昶主編《台灣原住民文化園區導覽手冊》，屏東，台灣原住民文化園區管理處，1996 年 7 月。

註四二：同註四一。

註四三：同註四一。

註四四：同註十四。

註四五：同註十二。

註四六：范熾欽〈歐布諾伙的故事〉，《山海文化雜誌社》。

註四七：同註八。

註四八：許晉榮《茂林風華》，高雄縣茂林鄉所，2002 年 2 月。

註四九：潘英《台灣原住民族的歷史源流》，台原出版社，1998 年 10 月。

註五十：同註十五。

註五一：同註十五。

註五二：同註二八。

註五三：同註四。

註五四：同註四。

註五五：同註四。

註五六：同註二。

註五七：台灣總督府臨時台灣舊慣調查會《番族慣習調查報告書第五卷：排灣族》，中央研究院民族學研究所編譯，2003 年。

註五八：同註五七。

註五九：同註六。

註六十：林道生編著《原住民神話故事全集（二）》，台北，漢藝色研文化事業有限公司，2002 年 1 月。

魯凱族遷徙口傳文學

第二章

　　據說，魯凱族原來都住在台東大南溪上游右岸，舊大南部落和知本主山之間，魯凱人稱為 Shikipalichi 的地方。西元 1340 年左右，與住在附近的太麻里土著為了某些原因反目成仇，而被壓迫西遷，越過大武山定居於好茶村（舊好茶）。約過了三百年（約 1640 年）又一小部分人自好茶遷到阿禮村；又過了一百年（約 1740 年）又有一小部分人自好茶遷到霧台村。魯凱人的遷移，除了他族的壓力外，選擇更好的生活環境是很重要的原因。（註一）

　　魯凱族群主要分布在台灣南部中央山脈西側的高雄市茂林區和屏東縣霧台鄉的山區，以及台東卑南鄉。從荷蘭文獻中判斷，魯凱族自 17 世紀中葉以後，就沒有什麼移動，只有一小部分越過了中央山脈向東和東南遷徙，最後融入了卑南族和排灣族的東北支，目前在台東縣卑南鄉大南村的族群咸認是魯凱族落居台東唯一的一小分支。（註二）

　　固有的魯凱族之中，除了大南社單獨位於鄰近台東平原的位置以外，其餘的全部座落於中央山脈西側的山地，亦即隘寮南溪與北溪的上游。西部山區的部落，一共有舊大武社（Labuanə）、達迪爾社（Dadulə）、去怒社（Kinulanə），以及好茶社（Kotsaponganəo）等四社；其他各社都是其分脈，有的是單獨形成，有的是複合而成的。東部的大南社和西部的四社，共五社，都相當古老。部落成立以前，族人曾經在近距離內移動過；有關祖先的來歷，口碑傳說都和神祕的發祥傳說聯結在一起，所以縹緲不可測。下三社群以外的 Rukai Proper，分布於接近中央山脈主脊的西部山區。大南社現址靠近東部的平地，但是早期年代的祖居地，位於中央山脈主脊東側的肯杜爾山頂，二、三處的舊社也建立在大南溪中游北岸山坡地，所以 Rukai Proper 就是世居於內山地區的古老民族。（註三）

一、魯凱族三群

　　魯凱族居住台灣南部之中央山地，因居住地域的不同分三群。魯凱族的三個群，分散在台東、高雄和屏東三區，看起來好像距離很遠，其實這三區是連在一起的，也就是大武山以北的中央山脈兩側。以前魯凱族人曾自稱為「澤利先」（tsa-risen），意思是「住在山地的人」。

「這三群之文化不盡相同，何者代表比較原始的魯凱族文化，至難斷言，但以居住地域的地理環境言之，大南群與卑南族毗鄰，言語風俗均受卑南族的影響，殆盡失其固有形態；濁口群與布農族接境，向被視為魯凱族之一較遠分脈，其系統所屬亦尚未能確言；隘寮群與大南群雖出自同源，但其移居現居地後孤立較久，今日其居住地域周圍諸社雖因文化接觸面有改變，如 Tokubul 及 Paiwan 二社均已失卻其固有言語而漸為排灣族所同化」，由此陳奇祿認為，其中心區之霧台鄉可能仍保存有比較原始之魯凱族文化。（註四）

（一）大南群（Taromake）：又稱東魯凱群，以台東大南社為中心，包括台東縣卑南鄉的大南村。

（二）隘寮群：又稱西魯凱群，以屏東霧台（Budai）為中心，包括屏東縣霧台鄉的好茶、去露、霧台、佳暮、大武。

在屏東縣三地鄉的青葉村及瑪家鄉的南三和村，也有魯凱族群的村落，這些村落是西魯凱群因遷移而形成的。青葉社區，原來是 Talamakau 及 Dadel 兩個社區，在日治時期合併為現在的青葉社區。

（三）下三社群：又稱濁口群，位居高雄濁口溪沿岸，包括高雄茂林區的茂林、萬山及多納。

從日治末期以至國民政府初期，為了交通上的便利及統治方便，於是強迫魯凱族人遷移到方便統治的區域，居住在霧台鄉的部分魯凱人，遷移到接近平地的瑪家鄉三和村及三地門鄉的青葉村。在台東的族人也漸漸地遷往平地，並在卑南鄉的大南村（東興社區）建立了家園。而在高雄茂林區一帶的魯凱族人，則與布農、拉阿哇族、平埔等族群緊緊相鄰，因此在文化、語言、生活習俗上受到這些族群的影響較深。（註五）

相傳魯凱族原來都居住在台東大南溪上游。西元 1340 年左右族群越過大武山定居現稱「舊好茶」的地方，約莫三百年後，有一部分人從「舊好茶」遷出到「阿禮村」，再過一百年又有一小部分人遷往現今的「霧台鄉」。這段傳說証實了魯凱族在六、七百年前族群遷徙的路線。20世紀，魯凱人又發生了一次較大規模的遷村行動。位於屏東縣霧台鄉的

好茶村，是一個新興的魯凱族部落，這裡的居民全部都是由北大武山的舊好茶部落於1978年集體遷移而來的。（註六）

居住在屏東縣霧台鄉的魯凱族人，因地緣關係，受到他族影響較少，因此保存了大部分的文化傳統。（註七）

緊鄰三地鄉東側的霧台鄉，是屏東縣地勢最高的鄉鎮，氣候溫暖宜人。霧台鄉是魯凱族的故鄉，魯凱族的「霧台」是指許多村社聚集成的「大社」之意。本鄉四周環繞伊拉、去露、阿禮、佳暮、大武、好茶六個村落。喜愛原住民文化的遊客，多會於8月中旬的豐年祭，趕到這終年白霧瀰漫的台地。而豐富的魯凱文化，石板屋及百步蛇圖騰，更深深表現在教堂建築藝術裡，格外顯得莊重而深具特色。（註八）

魯凱族三群分布區域分散，雖然高雄下三社三個部落的語言，顯出和其他群有所不同，但他們有大致相同的社會制度、道德觀念以及文化習俗。例如百合花對男女的價值意義，及大冠鷲的羽毛及帝雉尾羽，在男性榮耀意義上是相同的，而價值標準是一致的。（註九）

〈魯凱族遷徙與分支〉

魯凱族自古發跡於高雄、屏東、台東三縣交界山區，嗣後歷經遷徙流離而分為三大支族，一支族西遷高雄縣茂林鄉，一支族南遷北隘寮溪上游，聚落於舊大武、去露及笛得勒（現大武村址），另一支族東遷台東大南舊社、大南支系經若干年後，有部分西遷好茶舊社，其後再分為好茶、霧台、阿禮、神山、佳暮等部落。

本則傳說故事情節要述如下：

（一）魯凱族自古發跡於高雄、屏東、台東三縣交界山區。

（二）魯凱族嗣後歷經遷徙流離而分為三大支族：

    1、一支族西遷高雄縣茂林鄉。

    2、一支族南遷北隘寮溪上游，聚落於舊大武、去露及笛得勒。

    3、一支族東遷台東大南舊社、大南支系經若干年後，有部分西遷好茶舊社，其後再分為好茶、霧台、阿禮、神山、佳暮等部落。

二、古茶布安系統遷徙傳說

古茶布安系統魯凱族聚落包括：

（一）Kochapongan 新好茶。

（二）Adel 阿禮。

（三）Lalugulawan → Kavetatan → Tadokodokolo → Vedai 霧台

（四）Kabarayan 神山。分出 Kanamodisan 佳暮

〈舊好茶及霧台鄉的遷徙傳說〉

傳說祖先由東部海岸上岸後，在肯杜爾山下居住，後來逐漸遷移至屏東縣的舊好茶及霧台鄉。

本則傳說故事情節要述如下：

（一）魯凱族祖先從東部海岸上岸。

（二）魯凱族祖先先居住在肯杜爾山一段時間。

（三）後來魯凱族祖先逐漸遷移至屏東縣的舊好茶及霧台鄉。

魯凱人的遷居，除了他族的壓迫外，選擇更好的居住環境是主要原因。

奧威尼‧卡露斯《雲豹的傳人》載「霧的故鄉——好茶村的故事」：（註十）

傳說，從前有兩位兄弟，哥哥叫伯聲（Beseng）、弟弟叫蔦拉勒（Kedrare），他們在古茶布安（今之舊好茶）是屬把拉喔拉喔（Palhungelhenge）家族。有一次，他們從古茶布安經過井步山（Alhoane），來到一處風景優美的地方打獵，他們的獵犬流戀不願回去。兩兄弟覺得上天可能有意叫這一個地方成為部落，於是他們便留下定居，並取名叫卡烏達丹（Kavenathane），漢名「霧台」。古代的人稱霧台村為「田寮」，稱古茶布安為「家園」，意思是根同本源，霧台像是由家園向外分出來的田間小屋一般。據說，他們第一夜夢占時，霧台是屬「霧」的村落。老人家解釋說：將來人口必大大的興旺，如「霧」瀰漫山谷。確實如此，霧台在短短

時間內，以驚人的速度人口不斷增加，不僅人口比其他村落多還分出友社卡拉幕得散尼（即佳幕村 Kayamedesane）。「霧台」的確是「霧」的故鄉。冬天時，每天有半日是在「霧」中生活；有時，霧的濃度使十步內的人影，只見下半身，上半身卻隱在霧裡。霧台的另一個藝名叫古得勒什麼（Kodilesem），只用在吟頌歌唱時，或許是因為音韻動人之故。一般在吟唱時，「di」音可改為「zi」音，可使歌聲韻律更美。那麼，古得勒什麼又是什麼意思呢？它是「五穀雜糧永不缺乏」之意。霧台因霧氣遮蔽夏日炎陽，農作物不致枯乾，霧台人從不缺糧。論到他們的精神，這個村落人好勝心特別強，「榮譽性」特別高，形成他們在每一樣事情無論大小，都以競賽的性質來看待而且非贏不可。過去省運長跑健將，有多位即來自霧台，他們以矮人一等的身材，蟬連多次冠軍，除了因為他們天生所具備的驚人耐為外，應該歸之於「榮譽性」這個精神的核心。而值得一提的是，在中霧台的上方，有個聚落叫都翁（Tovong），這個小聚落是以長跑速度出名，幾乎來自霧台鄉的長跑者血源一定跟「都翁」有關係。因此，運動的性向最重要的可能是遺傳，其次是環境，然後才是後天的培養與訓練。再說到他們的智慧，也正如「霧」的神祕詭異。歷代以來，他們的木雕藝術，其造型與想像為十分傑出。這種睿智的特性，善於領導的本能，似乎早在拓荒者伯聲的影像中具現了。大約從清朝末年起，到日治時期、光復之後，他們就一直居於主導西魯凱族群的地位，甚至凌駕古茶布安這個西魯凱群源頭的部落之上。外來者由此打開西魯凱群的門戶，因此霧台和外界接觸較早之外，善於擴張與學習的特質，更令霧台人能有今日。

本則傳說故事情節要述如下：

（一）有兩位兄弟，哥哥名為伯聲、弟弟名為葛拉勒，從古茶布安經過井步山到達霧台。

（二）兩位兄弟攜帶的獵犬流戀不願回去，於是他們遷移至此。

（三）兩位兄弟第一夜夢占時，老人家解釋說：將來人口必大大的
　　　興旺，如「霧」瀰漫山谷。

（四）霧台又叫「古得勒什麼」亦即「五穀雜糧永不缺乏」之意。

（五）霧台村曾經培養過無數省運長跑健將。

（六）大約從清朝末年起，到日治時期、光復之後，他們就一直居
　　　於主導西魯凱族群的地位，甚至凌駕古茶布安這個西魯凱群
　　　源頭的部落之上。

奧威尼・卡露斯《雲豹的傳人》載「水源——拉喀拉勒」：（註十一）

　　拉喀拉勒（Drakerale 水源地）是加者膀眼社的人最難忘
的地方，尤其在台灣河川、溪流、水源普遍都受到污染的今
天，想到拉喀拉勒水源，莫不使我們倍加的想念。它是源源
流自阿魯安（Alhoan 井步山）的山頂，山頂是古代在乾旱時，
祈求雨的地方。流自阿魯安的許多條溪流中，流到加者膀眼
社的最大最美麗的一條，水質好，又清涼，居民生喝都不會
生病。傳說，有兩兄弟帶著兇猛的雲豹，從希給巴里基經北
大武山及霧頭山之間的中央山脈，也就是巴魯谷安（好茶的
聖地），翻山越嶺來到加者膀眼社的拉喀拉勒水邊，雲豹舔
水後賴著不走。兩兄弟感覺神明有意讓這塊地變成聚落，於
是命其弟弟回到希給巴里基，接他們的族人移到加者膀眼，
從此居民靠著拉喀拉勒水源生活，並生育子子孫孫。它不僅
是魯凱人的生命之源，也是魯凱文化的搖籃。

「加者膀眼社」是清代稱呼「舊好茶」的名稱。

黃世民《雲豹之鄉：隘寮群魯凱部落田野集》載「雲豹的故事」：（註
十二）

　　古茶布安的祖先，從舊大南部落與知本主山之間的西基
巴利奇出發，先到達巴魯谷安（Balukuan），再向西來到卜
居之地魯敏安（Rumingane），也稱古好茶，由於腹地狹小、
地形陡峭的魯敏安，糧食逐漸不能充足分配。當獵人布拉魯

丹（Pururudan）帶領著雲豹，上溯太麻里溪翻越重山峻嶺，來到霧頭山與北大武山狩獵之際，他的雲豹卻駐留在古茶布安（Kochapongan）的水源地，舔嚐甘美的山泉，久久不願離去，布拉魯丹這才警覺此地山明水秀且富有靈氣，是個居住的好地方。回到西基巴利奇的布拉魯丹，便帶領族人與親屬前來拓墾定居。古茶布安即是今日之「舊好茶」，清國稱之「加者膀眼」。

相傳祖先由台東的海岸上岸，隨即向山上走，來到中央山脈南段的肯杜爾山定居。「過了一些時日，部分族人在部落領袖領導下，由一隻通靈的雲豹領路、老鷹在空中引導，翻山越嶺來到舊好茶，雲豹停佇良久，不肯離開，族人遂在舊好茶建立了部落。之後，一部分族人又遷移至霧台鄉的阿禮、去露（吉露）、霧台等部落。」因此魯凱族被稱為雲豹的故鄉，族人為了感恩禁止狩獵雲豹和老鷹。（註十三）

奧威尼‧卡露斯《雲豹的傳人》載「好茶部落遷徙史」：（註十四）

好茶最早的祖先是從西來巴西基（Shilaipalhichi）翻山越嶺，經過中央山脈的巴魯古安（Palhokoan），再到魯敏安（Rumingan）。在魯敏安居住相當久的時間，但是由於人口眾多，加上當地土地貧瘠，布拉路丹（Pulaluthaw）便和弟弟帶著一隻獵犬（亦有說是雲豹）尋找新部落的位置。來到古茶布安時，獵犬在一處泉水飲水後，便不肯再走。布拉路丹認為應該是神靈安排，就吩咐弟弟回到魯敏安，告訴族人遷移到新部落。後來魯凱族的部落如霧台（Budai）、下霧台、達都古路等都是由好茶分出去的。

「西來巴西基」（Shilaipalhichi）位於今台東縣，數百年前，魯凱族即自台東遷移至屏東地區。

〈雲豹、靈鷲帶領族人發現舊好茶〉：

相傳好茶社的開基祖 Purauayan 和妻子 Toko，率領一些族人，從東部發祥地 Shiki paricchi 出發。他們是由一隻雲豹帶領，翻越大武山的巴魯谷安，來到一處名叫 Karasugan 的

地方的時候，雲豹就停止不前進了，族人認為雲豹指示在這裡創社，族人就在這裡建立了舊好茶部落。而當他們翻越大武山的巴魯谷安的時候，一隻靈鷲鳥也一起引領他們，因此族人不會傷害鷹鷲和雲豹。

本則故事謂好茶社的開基祖為 Purauayan 和妻子 Toko。他們是自東部遷移至此，由於遷移時獲得鷹鷲和雲豹的引領，所以族人很尊重鷹鷲和雲豹，好茶人不會傷害牠們。

魯凱族好茶部落是雲豹和靈鷲帶領族人找到的佳地，所以族人在那裡建立了部落。

本則傳說故事情節要述如下：

（一）好茶社的開基祖 Purauayan 和妻子 Toko，率領一些族人，從東部發祥地出發。

（二）雲豹帶領著族人翻越大武山巴魯谷安，來到 Karasugan 時，雲豹就停止再前進，意示在此創社，於是族人在此建立了舊好茶部落。

（三）族人在遷徙的過程中有一隻靈鷲鳥也一起引領他們。

（四）據說好茶人不會傷害鷹鷲和雲豹，因為牠們曾經有恩於人們。

喬宗忞《臺灣原住民史魯凱族史篇》載「Kachaponan 遷徙傳說」：（註十五）

Kachaponan 的始祖是 Puraruyan，妻子是 Tuku。最早由 Shiki-parichi 到 Karuskan（在今 Kachaponan 上方），其實是豹（Likulau）變成的人。他自 Shiki-parichi 出獵，到了杳無人煙的 Karuskan，所帶的獵狗便不肯回去，其實那隻獵狗不是狗而是豹。獵人回去後再訪此地，在旁邊小池子盥洗時，變成了豹。因此將豹當成神靈（Tomas），且為祖先，所以不獵殺豹。Shiki-parichi 的位置在太麻里的 Tavoari 和 Kachichipol（今知本）之間，現已成為廢墟，只剩下竹林和石頭。……Kachaponan 附近的神靈禁忌之地有三處：Karuskan、Tamaonəlu 及 Chipochipo。族人均不願靠近，這

三個地方都是舊聚落或舊家屋所在地。傳說尚保存著小陶壺。

本則傳說故事亦同其他故事謂 Kachaponan 的始祖是 Puraruyan，妻子是 Tuku。因為獵狗（豹）到了 Karuskan 便不肯回去，於是遷移至此。據說 Kachaponan 附近的神靈禁忌之地有三處：Karuskan、Tamaonəlu 及 Chipochipo。族人均不願靠近。

林道生編著《原住民神話故事全集（一）》載「雲豹的故鄉」：（註十六）

> 好茶部落的始祖普拉路央，是個強壯有為的好獵人。有一次普拉路央帶著一隻雲豹利庫勞，從台東的太麻里社到知本社間的拉蘭多山中，溯太麻里溪越過一層層的山，來到霧頭山及北大武山打獵。利庫勞雲豹到了好茶的卡路斯康地方，停下來休息後竟不願意離開，雲豹不再往前走，普拉路央才知道雲豹的意思，因此決定遷來此地建立新部落。普拉路央回去台東率領族人翻山越嶺來到好茶建立新部落。然後又向西越過萬重山經過茂林來到魯敏康地方。魯敏康（Lumingan）是魯凱族語「寂寞的高山」。他們在定居此地之前，普拉路央的雲豹曾經在經過卡列斯南（Kalesnan）地方時變幻成人，普拉路央為了紀念這一段靈異事件，便在這裡搭建家屋並取名為卡列斯南，然後把舊家屋做為靈屋，供族人祭祀之用。

本則傳說故事情節要述如下：

（一）好茶部落始祖普拉路央帶著一隻雲豹利庫勞，從台東的太麻里社到知本社間的拉蘭多山中，溯太麻里溪越過一層層的山，來到霧頭山及北大武山打獵。

（二）雲豹到了好茶的卡路斯康地方停下來休息不願意離開，雲豹不再往前走，普拉路央領悟其意，遂決定遷來此地建立新部落。

（三）普拉路央回去台東率領族人翻山越嶺來到好茶建立新部落。

（四）其後又向西越過萬重山經過茂林來到魯敏康地方。

（五）普拉路央的雲豹曾經在經過卡列斯南時變幻成人，為紀念此

靈異事件，即便在這裡搭建家屋並取名為卡列斯南，然後把舊家屋做為靈屋，供族人祭祀之用。

劉寧顏總纂《重修台灣省通志卷三住民志同胄篇》第一冊載「好茶部落開創神話」：（註十七）

相傳好茶部落的始祖 Puraruyan 是個孔武有力的獵人，約在距今六、七百年前，從台東縣太麻里社至知本間的 Rarando 山中腹突出轉彎處，名叫 Shichipanchi 的地方，帶著一隻雲豹溯太麻里河翻越重山竣嶺來到霧頭山和北大武山狩獵。他的雲豹（Likulau）在好茶的 Tataudaiwan 區的 Karusgan 地方不願離去，Puraruyan 這才發現好茶真是個風景優美富於靈性的地方。Puraruyan 便回到台東率領族人和親屬來此定居，再次向西越過連綿高峰以及霧頭山的 Manakual 茂林和低矮叢林，下到 Luminganw 台地。Luminganw 的意思是高山靜寂之所，今可測得其標高為一千八百公尺，部分族人留在此處居住，另五、六戶約四十餘人來到好茶。由於在定居之前，Puraruyan 的雲豹曾經在 Kaləsŋan 地方變幻成人，為了紀念這靈異事件，便在此處建立家屋，家屋規模宏大，有八個窗戶並定其名為 Kaləsŋan。日後，Puraruyan 後代在 Katsyanlan 區另建家屋並命名為 Kazaŋilan，或稱 Talalian，而把舊屋當成靈廟，專供祭祀之用。

薛煒〈山中古道傳奇：知本越嶺道生死戀〉載「雲豹帶領族人遷徙」：（註十八）

傳說好茶社的祖先由東部的大南社往西部遷移時，有一隻靈異的雲豹帶領族人翻越中央山脈。來到一處「白榕樹繁茂之地」後，帶路的雲豹就不再走，似乎指示此處是創社良地。

本則傳說故事情節要述如下：

（一）好茶社的祖先是由東部的大南社往西部遷移。

（二）遷移時是一隻靈異的雲豹帶領族人翻越中央山脈。

（三）雲豹走到一處「白榕樹繁茂之地」，就不再繼續前進，暗示族人此地是創社良地。

奧威尼・卡露斯〈回家的雲豹——西魯凱好茶人〉載：（註十九）

好茶最早的祖先是從幾巴里基 Shilaipalhichi 出發。翻山越嶺經過中央山脈的巴魯谷安 Balho koane 來到魯敏安 Rumingane。當時在魯敏安的時候戶數有三百戶，那裡有三層梯田，每一層有一百戶。後來一位村莊裡的長者布拉路丹 Pulaluthaw 帶著雲豹來到古茶布安 Kuchapongane 現在的舊好茶。在魯敏安居住了相當久的時間，但是由於人口的密集外加上魯敏安的土地貧瘠、土地與人之間的供需不能平衡之下，布拉路丹和弟弟不得不去尋找新的空間來解決當時的困境。帶著一隻獵犬（雲豹）來到古茶布安。當他們來到古茶布安的時候這隻獵犬卻在一處流著山泉的地方舔著泉水賴著不走。布拉路丹深覺此靈性動物不想走似乎是上天有意安排此地為聚落的最佳地方。就吩咐其弟弟告知魯敏安之人遷移到古茶布安。因此魯敏安的族人就遷移到此處。其他村落的發展，是由一位巴喔芬 Pavelhao 從古茶布安的地方去尋找工作地方，在一個阿禮這個地方開始立工寮之後，其他族人順序跟去。之後有上霧台、下霧台，最後是達都古路社。上霧台社的族人又接著到佳暮、下霧台社的卡瓦尼丹到伊拉。德文社的排灣區據說是佳暮分出去的。而這些系統稱為古茶布安系。

據奧威尼・卡露斯所載，古代魯凱族人自東部地區向西部遷移，最早的落腳地是「魯敏安」（Rumingane）。當時魯敏安的人口就已經有三百戶了，並且有三層梯田，每一層有一百戶。

本則傳說故事情節要述如下：

（一）好茶的祖先是從幾巴里基出發，經過巴魯谷安來到魯敏安。

（二）魯敏安的住戶當時有三百戶從事農耕，那裡有三層梯田，每一層有一百戶。

（三）從魯敏安帶著雲豹又遷移到古茶布安，現在的舊好茶。

（四）他們到達古茶布安，一隻獵犬（雲豹）卻在一處流著山泉的地方舔著泉水賴著不走。族人於是遷移此處。

（五）巴喔芬在阿禮這個地方建築工寮之後，其他族人順序跟去。

（六）之後上霧台、下霧台及達都古路社陸續創社。

（七）上霧台社的族人接著到佳暮。

（八）下霧台社的卡瓦尼丹到伊拉。

（九）據說德文社的魯凱人是佳暮分出去的。

（十）以上之創社系統稱為古茶布安系。

洪田浚〈讓百合花文化永不凋零：好茶魯凱族文化簡述〉載「從魯敏安遷居古茶布安」：（註二十）

> 受到人口過剩所困擾的魯敏安，急著尋出出路。村裡的長者布拉路丹，帶著他所飼養的獵豹來到了古茶布安。這隻大武山的台灣雲豹，是部落裡最具靈活的，牠在一處流著山泉瀑布的地方，舔飲甘涼的泉水，然後依著山壁趴下來休息，任主人怎麼吆喝，牠總是賴著不走。布拉路丹認為此地是祖靈安排的桃花源，就吩咐他弟弟回到魯敏安，轉告大頭目，將村民遷到古茶布安來居住。從此，舊好茶六百年歷史文化，綻放了百合花文化的芬芳，開滿大武山隘寮溪流域。

本則傳說故事情節要述如下：

（一）魯敏安因為人口過剩產生經濟生活困難，布拉路丹帶著所飼養的獵豹來到了古茶布安。

（二）獵豹在古茶布安一處山泉瀑布舔飲甘涼泉水，就依山壁趴下賴著不走。布拉路丹認為此地是祖靈安排的桃花源。

（三）布拉路丹吩咐其弟回魯敏安報告大頭目，將族人遷移至古茶布安來居住。

洪田浚謂魯凱族人自東西遷，以魯敏安為落腳地，後遷移到古茶布安（即舊好茶）。

此後，從舊好茶又分出了阿禮部落、上霧台部落、下霧台部落、阿烏（達都古路）部落、佳暮部落、伊拉部落和德文部落等七處。

奧威尼‧卡露斯《雲豹的傳人》載「遷徙加者膀眼社」：（註二一）

> 傳說有兩個兄弟帶著兇猛的雲豹，從希給巴里基經北大

武山及霧頭山之間的中央山脈，也就是巴魯谷安（好茶的聖地）翻山越嶺來到加者膀眼社的拉喀拉勒水邊，雲豹舔水後賴著不走。兩兄弟感覺神明有意讓這塊地變成聚落，於是命其弟回到希給巴里基，接他們的族人移到加者膀眼，從此居民靠著拉喀拉勒水源生活，並生育子子孫孫。

奧威尼・卡露斯是魯凱族史官的後裔，著作及論文很多，以發揚魯凱族文化為己任。

台灣總督府臨時台灣舊慣調查會《番族慣習調查報告書第五卷：排灣族》載「Capungan社遷徙傳說」：(註二二)

> Capungan社，頭目家的祖先是名叫Sikipalic的神人，從大南社帶著豹來此地區狩獵。當時此地為一片榕樹林，故人們如猴或豹般從一樹躍到另一樹上通行。Sikipalic的獵豹到Kalesengan（現在為祖先的舊址，成為禁忌的森林）時，趴著不動，Sikipalic只好就這樣回去大南社。可是怎麼等也不見豹歸來，Sikipalic於是再率領部下來該地狩獵，發現那豹竟自行獵捕鹿、羌、羊等。於是Sikipalic判斷該處才是有利於狩獵之地，遂在此開創部落，此即今Capungan社。

本則是魯凱族Capungan社的遷徙傳說。

台灣總督府臨時台灣舊慣調查會《番族慣習調查報告書第五卷：排灣族》載「好茶部落開創神話」：(註二三)

> 好茶部落的始祖Puraruyan是個孔武有力的獵人，約在距今六、七百年前，從台東縣太麻里社至知本間的Rarando山中腹突出轉彎處，名叫Shichiparichi的地方，帶著一隻雲豹，溯太麻里河翻越崇山峻嶺，來到霧頭山和北大武山狩獵。他的雲豹（Likulau）在好茶的Tataudaiwan區的Karusgan之地不願離去，Puraruyan這才發現好茶真是個風景優美而富於靈性的地方。

魯凱族人的傳統觀念，包括好茶、阿禮、霧台、神山、達都古魯、佳暮、卡哇達那呢、伊拉等部落，均自稱「雲豹的傳人」，他們不殺雲

豹，也不穿雲豹皮，因為雲豹是他們的獵犬，殺死或觸碰其屍體是重大的禁忌。（註二四）

《台灣空中藝術文化學苑學員通訊》12期載「舊好茶定居」：（註二五）

相傳好茶的人在 Shilcipalhichi 這個地方時，因外族的壓力而離開，且翻山越嶺千辛萬苦的抵達魯敏安（Romingan）後定居。不久，好茶的布拉魯達安（Polalodan）和弟弟又由魯敏安帶著兇猛的雲豹向前推進，抵達舊好茶，而雲豹就在舊好茶的卡勒斯安（Kadresengan）一地賴著不走，於是兩人只得在此落腳，並將原居住在魯敏安的親人遷移至此定居。據說跟隨至此的尚有另外五個家族，於是此地亦慢慢形成部落，組織社會；然後更因人口的逐漸興盛而向外發展。於是他們就稱自己是雲豹的一群，後更擴大成整個魯凱族人自稱為雲豹的傳人。

本則傳說故事情節要述如下：

（一）好茶的人住在 Shilcipalhichi 時，因外族的壓力而離開抵達魯敏安後定居。

（二）布拉魯達安和弟弟又由魯敏安帶著雲豹抵達舊好茶，雲豹在舊好茶的卡勒斯安賴著不走，兩兄弟就此落腳，並將親人遷移至此定居。

（三）跟隨至此的尚有另外五個家族，此地慢慢形成部落組織社會。

（四）他們自稱是雲豹的傳人。

施翠峰《台灣原始宗教與神話》亦有關於好茶的一段敘述〈舊好茶分衍子社〉：（註二六）

好茶的祖先，傳說係居住在台東地區的魯凱族首領「普拉魯洋」（Buraluyan），由一隻通靈的雲豹引路，率領族人翻山越嶺尋找新天地，最後雲豹走到好茶村（舊蹟）附近就不再往前走，其族人認為既然神的旨意如此，則就地定居下來。他們在定居好茶之後，果然人丁逐漸興旺，但不久便變成部落土地不夠分配，狩獵的範圍有限，因此族人再分散到霧台、阿禮、

去怒、伊拉等村落，所以好茶是西側台灣的魯凱族文化發祥地，
也是魯凱族精神生命的誕生母胎。自古以來，這裡就流傳著有
關太陽與百步蛇的創世神話故事，許多文化形象已經大異於其
祖籍台東地區的所謂「東魯凱」了。往昔的原住民族之間經常
會爭地盤或水源而發生大小戰鬥，所以為了防禦外敵，寧願捨
水源亦要據天險，然而好茶卻擁有水源與天險兩者，因地處深
山高地，而且村落後方有一瀑布，水質甜美，經常清澈見底。
不過，好茶村民因一九七九年由深山遷村至南隘寮溪畔，建立
新好茶村，當時將「舊好茶」的一百多戶最正宗的石板屋遺棄，
讓它們淹沒在荒煙蔓草之中，如今古蹟大多坍塌，僅剩十二戶
比較完整的石板屋，其他悉數變成了斷垣殘壁，供人憑弔。雖
然在一九九二年以後，陸陸續續有族人起而呼籲重建舊好茶的
桃花源，以期族人重返舊鄉圓夢，然而數年來只聞樓梯響，不
見人下來。

地處霧台鄉的魯凱族流傳著由於雲豹的引領而展開遷徙的傳說。

林道生編著《原住民神話故事全集（一）》載「從台東遷徙至屏東」：
（註二七）

> 好茶部落的始祖普拉路央，是個英勇的獵人。有一次普
> 拉路央帶著一隻雲豹利庫勞，從台東的拉蘭多山中，溯過太
> 麻里溪越過一層層的山，來到霧頭山及北大武山打獵。利庫
> 勞雲豹一到了好茶的卡路斯康這個地方，停下來休息後就不
> 願意走了。普拉路央知道雲豹利庫勞的意思，因此決定遷來
> 此地建立新的部落。普拉路央回到台東去率領族人翻山越嶺
> 來到好茶建立新部落，然後又向西越過萬重山經過茂林來到
> 魯敏安地方。

魯凱部落中也流傳著「獵狗引領指示」，或者「帶領遷徙的祖先普
拉路央即為雲豹化身」的說法。與雲豹帶領族人遷徙到適居之地的普
拉路央，是部落中的英雄人物，也可歸入傳奇人物傳說一類。一個部族會
遷離舊居地，通常為人口過剩且居地不足、異族攻打侵擾、旱耕田地地

利耗竭、部落天災病疫或有不祥之事發生等因素引發,因此幾乎各部落家系都有關於遷徙的過往記憶。這些經歷透過口述流傳,融入族人所深信的信仰、兆示,增添了傳奇性而成為傳說。目前居住在好茶、阿禮、霧台、神山、達都古魯、佳暮、卡哇達那呢、伊拉等魯凱族部落,均自稱為「雲豹的傳人」,不管殺死或觸碰雲豹,都是族人的大禁忌。(註二八)

魯凱族與排灣族的巴達因可能有密切的淵源。

奧威尼‧卡露斯《雲豹的傳人》載「族親——巴達因和好茶人」:(註二九)

　　巴達因(Padaini)是排灣族的發祥地,位置在舊好茶南方,隔隘寮南溪,也就是北大武山的西北方,在一個突出的平台上,正好與筏灣社(Parivan)遙遙相望。因為巴達因有其獨特的創世神話故事,好茶人相信有一部分的人是從巴達因而來的,所以當我們板祭(是一種木板大約 30 ㎝ ×25 ㎝,專用來排放每一種神的牌位,其中有一份是供奉巴達因創世之母的)時有一份是奉獻給巴達因創造人類的世祖毛都都古(Maototoko 男性)和默阿該該(Moakaikai 女性)。這個地方有其古老的創世古廢墟及一處泉水,相傳人類第一個嬰孩即在此泉水沐浴過,這個地方我們稱為撒拉灣(Salavane)。巴達因人向來視好茶人是族親,歷代以來互相往來。排灣族中能夠講流利魯凱語的,大概只有巴達因人。好茶人與排灣敵對時,巴達因是好茶人的避難所,可想而知巴達因和好茶人關係之密切。相傳北大武山之北方有一座山叫卡布隆安(Kabolhongan),排灣語意謂最老之意,因此它應該比北大武山高出許多。不知什麼原因突然山崩,灰塵瀰漫鄰近之地,巴達因人直接受其害,沒有辦法工作,生活成了很大的問題,於是他們暫時遷離,其中有部分的人來到舊好茶避難,就在蒲葵樹下方建立他們的居處,住了相當長的時期,何時遷回去已不可考。

本則傳說故事情節要述如下:

（一）巴達因是排灣族的發祥地，好茶人相信有一部分的人是從巴達因而來的。

（二）魯凱族板祭時有一份是奉獻給巴達因創造人類的世祖毛都都古（男性）和默阿該該（女性）。

（三）撒拉灣有一處泉水，相傳人類第一個嬰孩即在此泉水沐浴過。

（四）巴達因人向來視好茶人是族親，好茶人與排灣敵對時，巴達因是好茶人的避難所。

（五）北大武山之北方有一座山叫卡布隆安突然山崩，巴達因人有部分來到舊好茶避難，就在蒲葵樹下方建立他們的居處，住了相當長的時期，何時遷回去已不可考。

古好茶有一部分人遷移到下方的達都古魯（長壽村）：

〈古好茶遷徙達都古魯〉

傳說，有一位丈夫經常到南隘寮溪源頭的溪谷去工作，他懷孕的妻子經常蜿蜒小徑上下，為他送飯菜，非常的不方便。於是妻子要求她的丈夫，乾脆就在此地搭建一間工寮，索性就住在那裡吧！這樣就可以免於懷孕的妻子奔波之勞累，後來這個地方發展成為一處有二十幾戶人家的小部落，就是達都古魯社。

本則故事是達都古魯社的創社傳說：

（一）丈夫到南隘寮溪源頭的溪谷工作，懷孕之妻經常為他送飯菜，非常不方便。

（二）妻子要求丈夫在此地建築工寮後就地居住。

（三）後來陸續有人遷移到此生活，此即達都古魯社。

黃世民《雲豹之鄉：隘寮群魯凱部落田野集》載「霧台的由來」：（註三十）

有一日，古茶布安的柏遜（Beseng）與古拉魯（Kulalu）兩兄弟，帶著他們的獵犬（也可能是雲豹），來到井步山下在今日霧台上方的拉魯古拉灣（Lalugulawan）一帶狩獵。工作終了，正整裝要返回部落時，那獵犬卻執意留滯原地，兄

弟無奈，只得將牠置於該地之獵寮。兩兄弟回到部落，將此事告知父親，父親說：「那可能是個好所在，可以成為一個部落的地方」。後來，古拉魯的夢境出現許多螞蟻，那是表示霧台將來會成為一個大社（杜巴男）。

「古茶布安」即「舊好茶」，是魯凱族人自東部遷移到屏東的第一個居駐點。

黃世民《雲豹之鄉：隘寮群魯凱部落田野集》載「神山之由來」：（註三一）

> 一個來自古茶布安 Theveng 家族，名為 Pulhalhudane 的獵人協同其夥伴、獵犬，前來此地狩獵。要返回部落時，那獵犬卻不肯回家，伏地掘土吠叫。那時候獵人們同時看到 Kabalhivane 的地方有炊煙，前往察看時，正有一位給奴拉怒部落叫 Talhunu 的人在那裡農耕。Talhunu 聽完獵人們的描述之後說，獵犬伏地掘土吠叫的地方，可能適合定居吧！」後來遷入的族人漸多，狩獵所得之貢禮，較早居住在此地的給奴拉怒貴族 Palhibulhung 家與 Putuane 家相互退讓不收，禮只好天天掛在樹頭，最後族人決定請原部落古茶布安的大頭目 Karhangilhane 家族的 Tanubake 與 Lhavausu 夫婦前來擔任部落大頭目，並以都瑪拉拉特 Dumalhalathe）為家名統領此地（巴神一）。

「神山」部落是自「舊好茶」分出來的部落。

〈霧台、阿禮之由來〉

> 相傳舊好茶社開基祖普拉 Pulalugan 自汐基巴里基 Shiki-parichi 的地方（台東縣卑南鄉大南社附近），由一隻通靈的雲豹引領，從大南社出發，率領部眾越過一片廣大茂盛的榕樹林，來到了卡勒斯蘭 Kelasgan，之後，再移到舊好茶村 Kochapogan，後來又陸續分出去霧台、阿禮等部落。

本則故事謂自台東西遷的魯凱族人，他們先到達了卡勒斯蘭 Kelasgan，之後，再移到舊好茶村 Kochapogan，經過一段很長的時間之

後，又陸陸續續分出去霧台、阿禮等子社。

本則傳說故事情節要述如下：

（一）舊好茶社開基祖普拉 pulalugan 率領部眾自汐基巴里基 shiki-parichi 由一隻通靈的雲豹引領向西方遷徙。

（二）他們越過了一片廣大茂盛的榕樹林來到了卡勒斯蘭。

（三）後來再移到舊好茶村。

（四）其後，陸續又分出去霧台、阿禮等部落。

黃世民《雲豹之鄉：隘寮群魯凱部落田野集》載「阿禮部落之由來」：（註三二）

> 阿禮部落與神山、霧台一樣均源自古茶布安，其土地原屬於古茶布安頭目達拉拔樣（Darapayan）家族，居民須向古茶布安繳納貢稅。後來 Sisilhi 頭目帶領族人前來開墾，經過數代，發生古茶布安人殺害本社族人，雙方因此交戰，談和之後，阿禮另成立 Abalivsu 頭目家族，從此不再向古茶布安繳納貢稅，自成一個獨立部落。

「阿禮」部落也是自「舊好茶」分出來的部落。

〈阿禮部落遷徙傳說〉

> 相傳有一位始祖叫做 Puraruyan，他從台東 Shikiparichi 帶著一隻通靈的雲豹，來到了舊好茶入口標誌蒲葵樹附近建社，隨著定居人口之增加，部落土地不足，因此就有族人遷移他處開墾，如今日霧台鄉內之阿禮村即為其子社。

本則故事謂舊好茶魯凱族是自台東遷移至此，人口增多之後，有些族人移往他處，如阿禮社即為其子社。

本則傳說故事情節要述如下：

（一）始祖 Puraruyan 從台東 Shikiparichi 帶著一隻通靈的雲豹，找到舊好茶蒲葵樹附近建社。

（二）其後人口繁衍，耕地不足，有族人開始遷移他處墾殖，如阿禮村即為其子社。

阿禮部落可能是從古好茶向東越過井步山北稜，到達阿禮建立家園。

在古好茶稜線附近有一叫做 Adiadri 的地方，有一條獵徑，通往阿禮去。

〈古好茶族人遷徙阿禮部落〉

> 傳說古好茶，有一家人帶著三十個家族的男男女女，經過 Adiadri，翻過稜線便消失了，後來他們建立了阿禮部落。

本則傳說故事謂古好茶有一家三十個人的家族，經過 Adiadri 翻過稜線，建立了阿禮部落。

劉寧顏總纂《重修台灣省通志卷三住民志同胄篇》載「阿禮部落遷徙傳說」：（註三三）

> 本部落土地原屬好茶（Talapayan）貴族頭目家所有，大約三百五十年前，因尋覓更寬廣的耕地，由該頭目家人率領部落民眾前來開墾定居。本部落族人循傳統每年向好茶本家頭目繳納貢賦；然而數代以前，發生了好茶人殺害本部落族人的爭伐事端，雙方於事件言和後，便不再向本家繳納貢賦，另成立 Apaliusu 頭目家來收取。

舊好茶是目前全國唯一的原住民二級古蹟，位於隘寮南溪中游。當年住在台東舊大南部落的魯凱族人在雲豹的引路下西行來到舊好茶，之後再逐漸向霧台、阿禮、神山部落發展，因此舊好茶被魯凱族人尊稱為「雲豹的故鄉」。幾百年來，魯凱族人在舊好茶過著自給自足、無憂無慮的生活，但不可避免的，由於現代文明時代的來臨，考慮到交通、教育、醫療與就業問題，族人們於 1978 年集體遷村到新好茶，只留下老舊的石板屋伴著古老的回憶孤獨的留在部落裡，不過近年來陸續出現少數有心保存傳統文化的族人們回到部落重整家園，為舊好茶的新未來努力著。……新好茶係由舊好茶族人們遷村而建，房屋的排列整齊現代，建物雖是用水泥磚塊推砌而成，但族人們仍在外牆上用石板裝飾，用以彰顯這家人的身分地位。（註三四）

三、大武系統遷徙傳說

大武系統之傳說，遷徙之最初點皆指向魯凱族人所稱的「大洛巴林」（Dalubaling）與「西基巴利奇」（Shikipalichi）。這裡所謂的「大武系

統」，只能算是遷徙路線與地緣之歸類，其不如「古茶布安系統」完整有跡可循。（註三五）

奧威尼‧卡露斯《雲豹的傳人》載「答得勒的遷徙傳說」：（註三六）

　　關於答得勒的遷徙傳說。位於隘寮北溪與德文溪支流匯合處，一個凸出的小山上，有一個相當古老的聚落，名為馬低亞察安（Madiatsane），傳說此部落由大南達魯瑪克（Tarumake）所分出。達魯瑪克的開創始祖卡利馬勞（Kalhimarao）提議必須要向高山發展而遷徙時，弟弟卻帶領一群家族西行，在地上插以竹枴，從此與長兄告別。馬低亞察安部落的入口處有株大榕樹，因茂密的枝葉遮蔽了陽光而顯得陰森，樹上有著兇惡的虎頭蜂窩，任何想進入部落偷襲者，必過不了虎頭蜂這一關，馬低亞察安的人稱群蜂為神明的使者。後來為遷就水源與不明原因的瘟疫，使馬低亞察安的魯凱族人繼續遷徙，歷經有人蛇通婚傳說的卡巴利瓦呢（Kabalhivane）、巴沙瓦拿瓦拿勒（Basavanavanane），最後來到隘寮北溪旁的一處台地上，名為答德勒（Dadele）的地方。

傳「馬低亞察安」部落的入口處有兇猛的虎頭蜂窩保護著部落，阻絕想進入部落偷襲者，馬低亞察安的人稱群蜂為神明的使者。

黃世民《雲豹之鄉：隘寮群魯凱部落田野集》載「大武部落遷徙傳說」：（註三七）

　　傳說在隘寮北溪與德文溪支流匯合處的一個小山上，一個相當古老的聚落，名為馬低亞察安（Madiatsane），部落為大南達魯瑪克（Tarumake）所分出。達魯瑪克之開創始祖卡利馬勞（Kalhimarao），提議必須要向高山發展，遷徙當時，弟弟卻帶領一群家族西行，並在地上插以竹枴，從此與長兄告別，並來到了樹林茂密的馬低亞茶安居留。後來為遷就水源與不明原因的瘟疫，使馬低亞茶安的魯凱族人繼續遷徙，歷經有人蛇通婚傳說的卡巴利瓦呢（Kabalhivane）、巴

沙瓦拿瓦拿勒（Basavanavanane），最後來到隘寮北溪旁的一處台地上，名為答德勒（Dadele）的地方定居。

奧威尼‧卡露斯《雲豹的傳人》也提到「馬低亞察安」：

馬低亞察安（Mathiachane）是以虎頭峰為防衛武器而出名。聽說部落的入口處，有一顆大榕樹，枝葉茂密，遮蔽了陽光，顯得陰森森，總是讓不速之客毛骨悚然。樹上有一個兇惡的虎頭蜂蜂巢，來者稍有心虛或不敬，虎頭蜂會毫不留情的毒死他。無論任何人想從任何地方偷襲，一定被虎頭蜂發現，且難能逃過。他們說：虎頭蜂是神明的使者，來看顧馬低亞察安的人。傳說：馬低亞察安是從大路馬可（Tarumake）分出來的。那時，大路馬可還在利得古阿呢（Lhiclokoane）（即平地之意）時，東魯凱大路馬可的開創始祖卡利馬勞有一個弟弟，名叫巴沙卡拉呢（Basakalhane）。當卡利馬勞（Kalhimadrao）提議必須向高山發展，並開始遷移時，弟弟卻帶一群家族與長兄告別，並以竹子、枴杖插在地上，以示這是與長兄告別的地方，……據說，馬低亞察安的禁忌太多，使得居民不自由、不快樂，而且虎頭蜂的防禦太嚴謹，使得他們被孤立，因此，不得不想辦法遷出來。於是他們遷到離他們原聚落有一天路程的深山上卡巴利瓦呢（Kabalhivane），這個地方位於達拉馬卡烏的上方，往拉布安的途中一個凸出的平台。……並且在這個時代，出現一位勇者（Garagarange），名字叫扎都魯（Chadoro），他帶領他們到一個高峰，傳說如此形容：那個時代，吹奏直笛的有一百人（意指年輕人），吹奏雙管鼻笛的有一百人（意指成年人），他們那個時代的繁榮景象可想而知。（註三八）

大武群社自古與舊大南分異後，在魯凱隘寮群中，成為另一個單獨的遷移體系，不同於阿禮、霧台、神山、佳暮之古茶布雲豹系統。1942年（昭和17年），答得勒、達拉馬高（Dalamakau）與德澇（Delao）三社受「集團移住計劃」之誘迫，集體下遷今日三地鄉青葉村阿烏（Auba）。隔

年，在 20 公里外原屬舊大武之拉瀑灣（Labuan）社遷入原達拉馬高與德澇舊址，形成今日新大武之東川與小山。（註三九）

陳美玲編著《魯凱之歌》載「大武部落遷徙傳說」：（註四十）

> 屏東縣大武社區，也有當地部落遷移史的傳說故事。根據大武部落的長老的說法是：他們最早的祖先是來自遙遠地方的一對夫婦，這對夫婦最初定居在現在佳暮附近一處叫沙米阿站地方，後來也逐漸形成了一個部落，當時為了迴避周圍其他敵人的侵襲，這個部落便遷往巴油池附近的大的樂，此地因為居於深山，交通幾近封閉且謀生困難，因此在台灣光復之後，此部落又再次遷移，大部分的部落居民遷移到現在的大武部落，另一部分則遷移到現在的屏東縣三地門的青葉村。

本則傳說故事情節要述如下：

（一）大武社區最早的祖先是來自遙遠地方的一對夫婦，這對夫婦最初定居在現在佳暮附近一處叫沙米阿站地方，後來也逐漸形成了一個部落。

（二）為了迴避周圍其他敵人的侵襲，這個部落便遷往巴油池附近的大的樂。

（三）台灣光復之後，的大的樂部落又再次遷移，大部分的部落居民遷移到現在的大武部落，另一部分則遷移到現在的屏東縣三地門的青葉村。

西基巴利奇	Madiatsane 馬低亞察安 → Kabalhivane 卡巴利瓦呢 → Basavanavanane 巴沙瓦拿瓦拿勒 → Dadele 答德勒（→ Auba 阿烏）
	Madiatsane 馬低亞察安 → Dalamakau 達拉馬勾（→ Auba 阿烏）
	Dakiatsan 達奇亞察安 → Labuan 拉瀑灣 → Dalamakau 達拉馬高 → Delao 德澇

參引黃世民製表

四、給奴拉呢系統遷徙傳說

黃世民《雲豹之鄉：隘寮群魯凱部落田野集》載「吉露部落的故事」：(註四一)

給奴拉呢（Kinunane）是吉露的舊名，位於隘寮北溪中游河床傾斜台地，海拔 1151 公尺，在霧台東方約 4 公里的地方，住民有自己的祖先傳說。在部落的下方不遠處，有株老茄苳樹（Seve），樹下有處細流泉水如女性生殖器官的岩穴，傳說給奴拉呢人是在此地誕生，進而繁衍為部落。又傳給奴拉呢原始部落缺乏有力領導人，部落族人不斷地向天神祈求，並在茄苳樹下置放陶壺，當兩道光芒直入壺中，兩顆神奇的大型仙蛋先出現陶壺中，再經太陽每日給予溫暖光芒，果然孵化為一男一女，為日後部落之卡拉瓦雅努（Kalavayane）大頭目家族祖先，給奴拉呢與後來古茶布安分出的新興部落並無淵源，自古以來四面受敵。今部落下方之舊部落，傳在一百多年前，五位給奴拉呢的婦女於隘寮北溪畔洗衣，三個從對岸達拉馬高（Dalamakau，今三地鄉青葉村前身）的壯漢行經水源地前來搭訕，五位婦女置之不理繼續低頭洗衣。不料，壯漢惱羞成怒拔刀砍殺，四位婦女當場慘死，另一名負傷婦女疾奔回部落發出死亡警訊。部落勇士聞訊立即手執佩刀、戰戟欲追殺來犯者，但此衝動之舉立即披頭目叫停。頭目與長老認為對方有意挑釁，戰爭無可避免，但須從長計議。數日後，給奴拉呢的八十多位勇士在達拉馬高近郊處與敵方激戰並獲大勝，取回的敵方頭顱，據說包括了當初搭訕行凶那三個壯漢。

「吉露」部落是比較獨特的部落，有自己的神話起源傳說，與古茶布安系統不同。

奧威尼‧卡露斯《雲豹的傳人》載「給怒朗——去露」：（註四二）

西魯凱有一小小的部落，從霧台社區步行約需煮熟一鍋地瓜。時間的路程，部落雖然小，但他們有自己獨立創造給怒朗（Kinolan）人類的口述歷史。而這個原始給怒朗的始祖是蘇給拿力米（Sokinadrimi）家族，即現在的孫家瓦路古魯‧蘇給拿力米（Varokoro Sokinadrimi）。他們自稱是從岩石縫誕生出來的。在給怒朗下方大約有一箭之遙，那裡有一棵大茄苳樹，樹下便是他們的發祥地。給怒朗的大地之母的形貌還在；下方兩三步便是泉水，據說第一個給怒朗的人類在這裡沐浴過，並且繁衍下一代，從雛形發展到社會制度的建立，一直是他們的飲用水。從發祥地向西便是枯榕樹，旁邊有一石板屋，可能是最原始的石板屋模式。再走大約五十步，便是他們原始的靈屋；根據現場遺留殘存的石板來看，採石板的年代可能還沒有鐵器，因為每一石板粗糙又笨重，重量大約在兩百公斤以上，按照魯凱人的身材和力氣絕不可能是二、三個人能搬動的；給怒朗的人說是矮人（Tharikaegele）為我們興建的靈屋，相傳，給怒朗人多，如果沒有貴族（大頭目）來統治恐難團結，於是在發祥地茄苳樹下放置陶壺，果然神明把一粒卵放置其中，陽光在早上一定的時間照射陶壺中的卵，最後孵化成人類，這便是給怒朗的大頭目卡拉瓦蘭（Kadravathane）。陶壺旁原有個洗濯盆，是蘇給拿力米給這個嬰孩大頭目洗澡用的，但最近突然失蹤，可能有人有心保存。給怒朗部落，從古代以來的社會制度，蘇給拿力米一直扮演著創始者的角色，而卡拉瓦蘭是統治者的角色，直到現在還沒有改變過。給怒朗一個小小的部落，沒有被敵人打敗過，跟這個家族的合作無間有密切的關係。

給奴拉呢（吉露），與後來古茶布安分出的新興部落並無淵源，由

各種傳說故事中顯示，給奴拉呢的人並不認為祖先由其他地方遷移而來。當古茶布安的獵人柏遜（Beseng）與古拉魯（Kulalu）兩兄弟發現霧台之前，給奴拉呢以聚落型態存在已有相當之時日，並自成為一個系統。（註四三）

魯凱群除原先自大洛巴林與西基巴利奇地區移住大武的系統之外，另從古茶布安地區又再移遷阿禮、霧台、神山、佳暮等部落；同屬古茶布安的這一系統，向來視雲豹為神明之化身，不殺雲豹，亦不著雲豹皮，兩伊拉部落之先祖則源自排灣族系。（註四四）

五、下三社系統遷徙傳說

高雄茂林區的魯凱人有不同的起源傳說，咸信他們發源於茂林鄉境內，又因為緊鄰布農、鄒、平埔等異族，因此文化、語言、生活習俗受到外來的影響較深，與霧台鄉的語言差異頗大。（註四五）

茂林區原名多納鄉，原本是日治時期日語「屯子」之譯音，1957年為紀念辦理地方自治有功人士陳茂林而改名茂林鄉。茂林區深藏於高雄東南方的山區，大部分為未開發的原始林區，濁口溪貫穿全區，居民多數為魯凱族，主要居住在茂林、萬山、多納三里。發源於中央山脈馬里山的濁口溪側由東向西在流經了三個村落之後，而於大津匯流入荖農溪。

世代居住在茂林區的魯凱族人，因地理位置之故，被歸屬於魯凱族「下三社」，族群聚落分為得勒得卡（茂林里），歐布諾伙（萬山里）以及古納達望（多納里），除了多納保留在原來聚落舊址之外，茂林和萬山分別在日治時期和1956年間由萬斗山腳下遷村至現址，因此就部落特有的石板屋建材灰黑板岩及頁岩，則是取材自於本鄉主要的地質岩層，夾雜黝黑色石英質砂岩，或硬頁岩的黏板岩組成。（註四六）

茂林區四周高山峻嶺，擁有茂密森林，以及溪流、峽谷瀑布等自然資源，此外人文資源純樸豐富。

「茂林里」（Toladeka），日治時期稱為瑪雅社，原聚落位於萬斗山腳下，即美雅谷大瀑布上方之深山內，俗稱舊茂林，而族人則稱其為「得

勒得卡」。相傳在遠古大洪水時期水勢消退之後，分別在第一天與第五天於崇山峻嶺的兩個山頭裡相繼冒出煙訊，兩人隨後共同將其他族人聚集而形成聚落。這也就是叫「得勒得卡」族人敬重的第一頭目跟第二頭目。今日每當舉行重要的祭典時會重現「起煙儀式」，即在紀念「得勒得卡」部落的形成。日本人為了便於統治與管理，在 1940 年代將整個村落遷至現址。茂林里是茂林區的行政中心，人口數量亦是三里中最多者。茂林里較具代表性的祭儀有：小米祭（豐年祭）與舊部落尋根等活動，為了慎終追遠與開發觀光景點，風景管理處於 1999 年重修舊茂林遺址步道及立解說牌。（註四七）

「萬山里」（Oponoho），日治時期稱為萬斗壟社，原聚落位於海拔高度 1475 公尺的萬頭蘭山下，曾是茂林鄉地處最偏遠的部落，族人稱為「歐布諾伙」。舊萬山仍保有完整的石板屋群落，附近蘊藏著豐富的天然野溪溫泉資源，其出水量豐沛和水溫之高可謂全台之冠。數千年的部落形成歷史，流傳著神奇的萬山神石「獨萊」傳說且分布錯落在山林間，已列為三級古蹟，神祕的萬山岩雕群：「估巴察峨」、「祖布里里」和「莎娜奇察峨」。到舊萬山需翻越崇山峻嶺，途經之山徑小路盡皆懸崖峭壁，崎嶇難行，跨越溪谷的兩座腐朽失修的舊吊橋更令人膽顫心驚。因此 1956 年間便集體遷村至現今 132 號縣道旁交通便利的新聚落。萬山村附近的風景據點有美雅谷、幽幽谷和龍頭山、蛇頭山、龜形山等。代表性的祭典則有舊萬山祖靈祭、神石祭等。（註四八）

「多納里」由茂林風景區大門進入，村內主要特色為石板所築之建物。建材取自溫泉溪的黑灰板岩和頁岩，經簡易加工成規則片狀之石板後，再堆砌成極具魯凱族特色之住屋。目前村裡 40 歲以上婦女大部分會製作傳統服飾、編筐、背袋。（註四九）

喬宗忞《臺灣原住民史魯凱族史篇》載「多納部落遷徙故事」：（註五十）

現在住在多納地方（Konatavona）的魯凱族人，有一部分原住在 Taunalana，由 Laupalata 頭目家族領導。其轄下 Lauodao 家家人帶著頭目家的狗 Taun-əlau 到 Konatavona

地方打獵；回程在 Taɔuan 休息，但 Tauŋ-əlau 又自行跑回 kɔŋatavonə，並且不願再回到 Tauŋalanə。Lauɔdaə 家人回到 Tauŋalanə 便向 Laupalatə 家報告，並說明 Kɔŋatavonə 地方水源充足，獵物豐富，適合居住，建議一部分住民遷往該地居住。頭目採其建議，並命令由 Lauɔdaə 家先到 Kɔŋatavonə 建屋整理，以待頭目家族遷住。

本則傳說故事情節要述如下：

（一）多納地方的魯凱族人，有一部分原住在 Tauŋalanə，由 Laupalatə 頭目家族領導。

（二）Laupalatə 頭目家轄下 Lauɔdaə 家家人帶著頭目家的狗 Tauŋ-əlau 到 Kɔŋatavonə 地方打獵。

（三）Lauɔdaə 家帶著頭目家的狗回程時，狗又自行跑回 Kɔŋatavonə，並且不願再回到 Tauŋalanə。

（四）Lauɔdaə 家人回到 Tauŋalanə 便向 Laupalatə 頭目家報告，並說明 Kɔŋatavonə 地方水源充足，獵物豐富，適合居住，建議一部分住民遷往該地居住。

（五）頭目命令由 Lauɔdaə 家先到 Kɔŋatavonə 建屋整理，以待頭目家族遷住。

喬宗忞《臺灣原住民史魯凱族史篇》載「多納社 La-avaran 家族遷徙故事」：(註五一)

　　La-avaran 家族遷自 Kɔŋatavonə 的東方，在遷入時有神雀招來雕刻精靈的樑柱來作為建造家屋的材料。但由於建成的新屋主柱不穩，於是便另覓地建屋，同時更改家名為 Tamuɔlu，一直沿用至今。Tamuɔlu 所擁有的陶壺，具有特殊的力量，常人若隨便碰觸，將會遭到詛咒身亡。

本則傳說故事情節要述如下：

（一）La-avaran 家族遷自 Kɔŋatavonə 的東方。

（二）在遷入時有神雀招來雕刻精靈的樑柱作為建造家屋的材料。

（三）因為建成的新屋主柱不穩，於是便另覓地建屋，同時更改家

名為 tamuɔlu，一直沿用至今。

（四）據說 Tamuɔlu 家族所擁有的陶壺，具有特殊的力量，常人若
隨便碰觸，將會遭到詛咒身亡。

劉寧顏總纂《重修台灣省通志卷三住民志同冑篇》載「多納部落創
建神話」：（註五二）

Laupalatə 原即是一貴族頭目家，率領其屬民 Lauɔdaθ 家
等人住在 Tauŋalanə 地方。有一天 Lauɔdaθ 家人帶著頭目家名
叫 Tauŋəlau 的狗，到多納（Kɔŋatavonə）打獵，回程時到一處
名叫 Taθuan 的地方休息，但是該隻獵狗卻又跑回多納停留，
不願回返。Lauɔdaθ 家人見狀，便回告 Laupalatə 家。並且說
明多納水源充足、獵物豐富適於人居，建議貴族頭目可分居
該地；Lauɔdaθ 家因此受命先至多納建屋，以迎接 Laupalatə
家，成為最早定居多納的家族。當時還有另一個也是貴族頭
目階級的家 θakilatan，原係住在 Ha-atsŋan，也就是拉阿魯哇
族的 Latsusuku 範圍；當該家傳到名叫 Kulupulukan 的頭目
時移居 Talukulan，後再遷移到 Tausolu，並成為該地區勢
力最強盛的貴族家族。而此時居住在多納的 Laupalatə 貴族
因某種不明原因家勢衰敗，亟欲尋求庇護支持，便協議請
Qakilatan 頭目家及其屬民 Katakilan 家接回多納定居，同時
亦允以不必勞動工作，可收受貢賦租稅之權利。Qakilatan 家
從此便取代 Laupalatə 家的地位成為本部落最具優越地位的
大貴族頭目。本部落在隨後的發展過程中又遷入了一些貴族
家族。例如來自東方 La-avaran 家移居多納時，有神雀幫助
招徠雕飾精美的樑桂以造屋。但是當新屋建成後，屋樑主柱
不穩，因此在部落另覓建地，重建新屋，其後遂將原來的家
名改為 Tamoɔlu，沿用至今。該家並且擁有神聖的陶壺，常
人不可隨意觸碰，否則遭詛咒而亡。Laptwan 家原是多納納
附近另一部落的貴族，當時兩個部落互有聯盟關係，彼此有
義務在舉行特殊祭儀活動時知會對方。某次多多納部落違約

未事先通知對方即率自進行祭儀,該部落族人察知後,便因倍感盟友遺棄之羞,憤而集體移居至某處山崖避居。隨後,該部落卻在一次狂飲之後全數墜崖死亡,僅留一名懷孕婦女得以倖免。多納部落乃將該名遺婦接回生子,並成立一家名為 Laptwan。從此該家族便在部落負責有關出草獵首歸來後的祭儀,這種稱為 Muailukusunabala 的祭儀,原意是祈禱所獵回敵首之亡靈不會來侵擾,並保佑部落平安。而「出草前祭」,即祝禱族人出草一路平安,敵人未戰先怯易於取勝的儀式,則是屬於 Qakilatan 家負責。同時這 Laptwan 家還擁有不須向 Qakilatan 家貴族頭目繳納貢賦的特權及其他多項神聖禁忌。本部落中同屬於貴族地位的還有 Lilivan 家、Lauɔvatan 家以及 Katavan 家,這幾家都擁有神聖的陶壺及祖先像的立柱雕刻。另外還有一個原自 Qakilatan 家分支而出的 Lalukuŋan 家也是貴族;大約距今三百年前,Qakilatan 家的長子名叫 Pantelu,由於顧慮本家祖屋有神聖性禁忌,常人不可隨意出入,認為如此會影響部落對外的交易與聯繫活動,因而乃另建一家屋並名為 Lalukuŋan。Pantelu 以長子的身分將本家原有的收納貢賦的權利分割出來,僅餘其中十分之二、三於本家。從此以後本部落族人所繳納的貢賦便改由 Lalukuŋan 家收取,然後才再分與 Qakilatan 家。

　　沿著 132 號縣道走到底,就會發現這個被群山環抱並洋溢著純樸和濃郁人情味的小村落多納里(Kungadavan)。由於自然村落形成以來就一直維持在現址,故漫步在村內時,舉目可見傳統的居所石板屋及充滿魯凱族特色的石雕、木雕以及圖騰、紋飾。多納里,日治時期舊名「屯子社」,多納譯音即日文屯子之意。茂林在 1946 年建鄉之初即以多納鄉為名,1957 年才更名為茂林鄉。族人習慣稱多納里為「古納達望」,多納人為「沙古搭望」,而多納里也是三個村子中魯凱傳統文化保存得較完整的部落。聚落後方的群山中包圍著一塊寬廣平坦的台地,這是村人種植稻作的農耕地,相傳聚落形成之初,族人就是在這塊青翠美麗的耕

地上發現多納特有的黑米，雖然黑米現已不復見，然而「古納達望」族人每年均舉辦黑米祭「搭巴嘎饒望」，以紀念上天的恩賜與祈求來年的豐收。而著名的多納溫泉所在地溫泉溪旁，有一塊純白的巨石，則是多納僅見有別於其他黑色板岩的奇石，村人視其為多納神石，往返田野耕作、狩獵均要誠心膜拜神石，以向神靈祈祝豐收。（註五三）

部落的遷徙間接的影響了語言的發展，使得語言出現分歧的現象，這也是造成魯凱族雖然總共只有十四個部落，但是語言卻有六種不同的方言，後將茂林社、多納社以及萬山社等「下三社」三種語言合併成一支，因此，流行於魯凱族語群主要有四個不同語系，分別為：霧台鄉的霧台方言、霧台鄉的大武方言、台東縣卑南鄉的大南方言，以及包含「下三社三種方言的高雄茂林區下三社方言」。魯凱族的各種方言從其語源、同源詞以及音韻等各方面來看，其實是滿相近的，雖如大南、大武之間的距離較遠，這段距離可能為早期先人進行大遷徙所造成的，但若從母語中尋其脈絡，仍可發現彼此間的親密關係。在這幾種方言中，要屬萬山的方言較為不一樣，因此，有學者質疑萬山方言應該是最早自魯凱族中分裂出來的，才會造成音韻上、用語上的不同。（註五四）

六、東魯凱族遷徙傳說

喬宗忞《臺灣原住民史魯凱族史篇》載「Taromak 遷徙傳說」：（註五五）

根據口傳，大南源於利嘉溪及隘寮溪的分水嶺巴油湖（今稱小鬼湖）附近，為 Lavarius 的祖居地，根據系譜深度計算，距今約四百四十年。這群人後遷移至中央山脈以東、巴油湖東北方的 Kindoʔor（肯杜爾），為魯凱族在東部的最早聚落，距今約四百年。其後再遷至 Kaɔikəla，因天花、霍亂等疫病流行，人口銳減，遂募集有婚姻關係聚落的住民前來共墾，以防止其他族群之侵入。因而產生了兩個新的聚落，同時活動區域也趨於穩定。約於二百八十年前，遷至 Kapaliua 後，大南魯凱的勢力達到頂峰，在日人遷居前幾年，

又因疾病人口減少而引入外地人口，整個居住及活動的範圍則稱為 Taromak。Kapaliua 則是遷自 Kindoʔor 之魯凱人的後裔居住區域之稱。

本則傳說故事情節要述如下：

（一）大南源於利嘉溪及隘寮溪的分水嶺巴油湖，為 Lavarius 的祖居地，距今約四百四十年。

（二）這群人後遷移至中央山脈以東、巴油湖東北方的肯杜爾，為魯凱族在東部的最早聚落，距今約四百年。

（三）後再遷移 Kaɔikəla，因天花、霍亂等疫病流行，人口銳減，遂募集有婚姻關係聚落的住民前來共墾，以防止其他族群之侵入。因而產生了兩個新的聚落，同時活動區域也趨於穩定。

（四）二百八十年前，遷至 Kapaliua 後，大南魯凱的勢力達到頂峰。

（五）在日人遷居前幾年，又因疾病人口減少而引入外地人口，整個居住及活動的範圍則稱為 Taromak。

（六）Kapaliua 是遷自肯杜爾之魯凱人的後裔居住區域之稱。

奧威尼・卡露斯《雲豹的傳人》載「大魯馬可傳說」：（註五六）

　　東魯凱大魯馬可（Taromake）的口述歷史相傳，他們原來是居住在利得阿古（Lhidokoa，平地），那時一度在卡利馬勞（Kalhimadrao）酋長的領導下，東自摩勒伯勒伯可（Molhebelhebeke 即現今的初鹿村），西至大部阿利（Taboali 即現今太麻里溪）溪，此卑馬族（Piuma）和排灣族（Parivane）兩個族都在他的勢力範圍。那時卡利馬勞有那麼大的勢力，主要是來於他組織了阿拉古阿呢（Alhakoan 即青少年集會所），因為阿拉古阿呢各個都是訓練有素、團結一致、和動作非常敏捷的一批青年人，因此卡利馬勞所到之處，無不俯首稱臣。卡利馬勞指示全部族人，應該向山上遷移，因為那時候很容易取得肉類，山地土壤肥沃，不需要太多工夫農作物年年豐收，吃不完，於是族人帶著僅有的建材橫樑向山地遷移。據說原來他們是和摩阿米阿米（Moamiami

即阿美族）混居，帶走長長的橫樑遷移到新地方，不料卻在
摩勞烏安（Molaongan）的地方，因為峭壁斷崖，險峻路窄，
卡利馬勞乃提議把橫樑與摩阿米阿米切成一半，根部一段由
魯凱人帶走，尾段由摩阿米阿米帶走，從此他們分開了，而
魯凱人選擇了一塊地方定居，命名為大魯馬可。大魯馬可這
個地方，在魯凱人的語言「卡姿可拉呢」（Katzekelane）的
概念是原來的家園之意，也是「發祥地」之意。在卡姿卡拉
呢一段相當長的時間，在阿拉古阿呢的運作下漸漸強大，奠
定了社會制度，各項祭典的程序以及方法。突然下起雨來而
且一連好幾十天，大洪水從平地慢慢漲起來，到後來漫過大
魯馬可，然後是一片汪洋，他們不得不逃到離他們最近的山
肯都爾（Kinro），在這裡避難一段時間。不久之後，大洪
水慢慢退去，他們又回到大魯馬可家園，在這個時候，仍然
以阿拉古阿呢為他們的核心，但是像卡利馬勞是智慧性的領
導者已經過世了，而接棒人已經大不如從前，加上全族人遭
遇嚴酷的霍亂，全面受到侵襲，族人死了一半以上，當然有
許多青年人在此時死亡，差一點整個毀滅於一旦，他們那時
逃到遙遠的達馬烏路路扎呢（Tamaololotzane）地方，才倖
免於全族滅亡的命運。他們來到達馬烏路路扎呢，仍然以阿
拉古阿呢為他們發展的動為，但因為那裡的水源地離部落遙
遠，因此他們不久又回到老家園——卡姿可拉呢。據說達馬
烏路路扎呢的水源太遠，以至阿拉古阿呢的青少年，大部分
的時間全浪費在為族人取水的事情上，並沒有把實際力量的
重心放在發展事業上。於是阿拉古阿呢的所有青年人，未經
老人家們的決議，自行把阿拉古阿呢拆除，從達馬烏路路扎
呢來到卡達魯馬卡呢（Kataromakane），即「真正家園」
之意。重建阿拉古阿呢，後來老人家們，覺得村中沒有阿拉
古阿呢就等於沒有生命的保障，於是不久之後陸陸續續跟隨
遷來卡姿可拉呢。來到老家園，一切社會制度及秩序依舊，

然而精神已經大不如從前，因為貴族與平民開始分裂，同時外族（如利加族）的勢力漸漸強大，侵略的行為慢慢逼近他們，於是為了保全族人的生命不得不藉助於來自西魯凱好茶社兩位男士的拯救，才倖免於被毀滅的命運。但族群的生命雖然保住了，內部的分裂卻不能復合，於是這個時代又遷到不遠的地方叫卡巴利哇呢（Kabalhivane），貴族在上方，平民在下方，他們各自興建阿拉古阿呢。形成兩個阿拉古阿呢的時代，只要是內部的事情，幾乎到水火不能相容的地步，針鋒相對，永難和諧，還好雖然內部分裂，只要是外來敵人的威脅，他們在必要時兩支箭頭會指向目標，形成非常尖銳的勢力。分裂的狀態直到日治時期，日本人為了改善原住民的生活，又把他們從卡巴利哇呢遷到半山腰地名叫以利拉呢（Irilane），此時兩所阿拉古阿呢才合併為一所。這個時代，日本人一面創辦學校，一面輔導原住民種植水稻以改善生活。那時候的阿拉古阿呢比較辛苦，每天在稻田開耕，開闢渠道以灌溉稻田之外，還需忙於興建校舍。最後，全族前來以利阿呢的半山腰山坡地觀看一片稻田綠油油，以及學校，竟在不遠的地方，為了方便小孩子上學，以及工作的族人免於涉水之苦，又把阿拉古阿呢遷到學校附近。直到台灣光復之後，阿拉古阿呢的宗旨、精神和制度，從古代依然不變。但是因為各個時代的變遷，阿拉古阿呢的性質有些不同。台灣光復之後，族群彼此間敵意消失，阿拉古阿呢為防禦的憂慮降低，於是把阿拉古阿呢的全部功能注重在協助族人事業發展，以及社會服務。例如在颱風季節的防颱工作；在農忙時期協助收割；老弱無助的人沒有食物及柴火燒，他們負責那些人的開耕及撿柴火；無家可歸的人，為他們取材料，直到興建完成；野外有傷亡，負責救援的工作，到後事的處理……無一不藉著阿拉古阿呢的能力來完成。古代的阿拉古阿呢，無論時代如何變遷，從來沒有改變的有三大原則：機

動性敏捷。二、團結性極強。三、功能性很高。自古以來一直是如此。在阿拉古阿呢，除了嚴格的訓練及規律的生活習慣外，還要教授他們處世的道理，在閒暇之餘傳授文化，如編織、手工藝、音樂、祭祀，最後還要幫助他們結婚，離開阿拉古阿呢成立一個家庭傳宗接代。娶不到老婆的，就永遠離不開阿拉古阿呢，這些人往往是他們資深的導師。大魯馬可（Tarumake）的人能獨力對付外族阿美族和卑南族強大的勢力，而不被吞吃掉，跟阿拉古阿呢的精神有很密切的關係。那就是團結，一心擁護大頭目，他們的性格是非常親切且善於交際，包容性很高，但要小心，若傷害到他們的尊嚴，「生命」他們也不要了。日治時期提倡番童教育，大魯馬可的小孩開始接受新的觀念，但還不至於影響阿拉古阿呢的運作。到了國民政府來台，小孩子不僅要讀國小（義務教育），還要升初中、高中，最後還要服兵役，因為如此，阿拉古阿呢開始不能掌握人員，造成人員一年比一年減少，最後阿拉古阿呢漸漸地枯萎。最後阿拉古阿呢屬建築物的部分，在民國59年也就是火災的前一年，政府推行新生活運動政策下，把歷史悠久的阿拉古阿呢，包括裡面所有有雕刻的幾根大柱子及簷桁全部廉價變賣掉，把得來的款項，用來做建設活動中心的配合款。就這樣地把歷史悠久且具有文化價值的阿拉古阿呢，在二代異族統治下瓦解、風化掉，又在無知的官員們無情地糟蹋下，換來的是方格子式的鋼筋水泥。山水依舊、環境依如、地點還在，鋼筋水泥取代了昔日地阿拉古阿呢，在那裡猶如失去靈魂的笨牛。大魯馬可社，在整個魯凱族包括西魯凱以及高雄下三社，他猶如東方的旭日，光芒四射，是因為他們擁有阿拉古阿呢，猶如是家中的老大，手中擁有一把銳利的斧頭，柄是歷代以來各個藝術家精挑細選細心雕琢的。我們為他的擁有而驕傲、尊重，如今他變賣了他那一把斧頭，有智慧的人莫不為此啼笑皆非。

本則傳說故事情節要述如下：

（一）東魯凱的大魯馬可是魯凱族唯一擁有阿拉古阿呢（青少年集會所）組織的地區，本故事大致敘述東魯凱的大魯馬可阿拉古阿呢之興起、興盛與衰微的經過。

（二）卡利馬勞組織了阿拉古阿呢，因此卡利馬勞所到之處，無不俯首稱臣。

（三）卡利馬勞指示族人向山上遷移，因為容易取得肉類，土壤肥沃，於是族人帶著僅有的建材橫樑向山地遷移。

（四）魯凱族原與阿美族混居，在摩勞烏安把橫樑切成一半，根部由魯凱人帶走，尾段由阿美人帶走，從此他們分開了。魯凱人選擇了大魯馬可居住。

（五）大魯馬可在阿拉古阿呢的運作下漸漸強大，奠定了社會制度，各項祭典的程序以及方法。

（六）洪水來襲，逃到肯都爾避難一段時間。大洪水退去又回到大魯馬可家園，此時仍然以阿拉古阿呢為他們的核心。

（七）唯似卡利馬勞智慧性的領導者已經過世了，接棒者已大不如前，加之遭遇霍亂，族人死了一半以上，他們逃到遙遠的達馬烏路路扎呢，才免於全族滅亡的命運。

（八）來到達馬烏路路扎呢，仍然以阿拉古阿呢為發展動力，唯水源遙遠，因此又回到老家園卡姿可拉呢。

（九）此時貴族與平民開始分裂，同時外族（如利加族）的勢力漸漸強大，侵略的行為慢慢逼近他們，於是為了保全族人的生命不得不藉助於來自西魯凱好茶社兩位男士的拯救，才倖免於被毀滅的命運。

（十）此時又遷到卡巴利哇呢，貴族在上方，平民在下方，各自興建阿拉古阿呢。幾乎到水火不能相容的地步

（十一）日治時又把他們從卡巴利哇呢遷到半山腰地名叫以利拉呢，此時兩所阿拉古阿呢才合併為一所。

（十二）日治時把阿拉古阿呢遷到學校附近。

（十三）日治時期提倡番童教育，但還不至於影響阿拉古阿呢的運作。

（十四）國民政府來台，阿拉古阿呢漸漸地枯萎。

薛煒〈山中古道傳奇——知本越嶺道生死戀〉載「雲豹變成人」：（註五七）

> 魯凱族祖先自台東翻山越嶺遷徙由雲豹帶領，雲豹到了一處「白榕樹繁茂之地」，就不再繼續前進，傳說是雲豹至此地時就變成人，而成為東魯凱群的開基主。

主要描述雲豹變成人，而成為東魯凱的開基主。

林道生編著《原住民神話故事全集（二）》載「靈犬」：（註五八）

> 大南社，頭目拉阿卡洛可的家飼養了一隻叫拉彭的白狗。拉彭具有人一般的思考能力，為一家人所疼愛，給牠的食物也都跟人一樣，人吃什麼狗也吃什麼，完全把牠看做是一家人。拉彭在大家說話的時候很注意傾聽，而且了解人的意思，從來不犯錯誤。大南社從前是個很不好的地方，因此大家決定要遷移部落，重新建立新的家園。新住地的頭目家，顯得特別氣派。但是他們的愛犬拉彭卻不願意搬來，留在舊社哭泣。頭目的家人雖然把牠帶過來了，拉彭總是在當天就跑回去。只好用繩子把牠綁著，拉彭竟自己咬斷繩子又跑回去，在舊社吠叫。頭目再次把牠捕捉到新部落，拉彭卻不停地在挖著泥土，好像在說些什麼，但是也沒有人瞭解牠的意思，只好不去理會牠。給牠的食物也不吃，一再地安撫牠也不肯吃，只是在哭泣。一個月後，拉彭就死了，家人很傷心地把牠埋了。拉彭死了，但是牠的靈魂還在頭目的家，不時地吠叫。那叫聲就像是 Dalogagodon 的音調。拉彭死後不到一年，來自大南社的族人所建立的新部落，流行起疱瘡的傳染病，連頭目也受到感染，很快地就死了。全社的人都為他們的頭目悲傷哭泣，因為頭目照顧族人就如同是自己的親父母一般。可是，為頭目而傷心哭泣的人也全都跟著死了，只有那些沒有流淚哭泣的人活了下來。死了的人非常多，就如同被魚藤毒死浮流在河溪上的魚那麼樣多，活人都不

曉得要怎麼埋葬這麼多的死人。活下來的人害怕得不敢居住趕緊又遷移。今天，大南社的人口很少，就是這緣故。族人也取當年拉彭所吠叫的 Dalogagodon 的聲音的訛音 Dadogodogolo 為地名。

七、魯凱族海外來源說故事

在魯凱族口耳傳說裡有自海外來源的傳說。

傳說魯凱族遠祖，順著黑潮划船，登臨到了台灣島，登陸地點是在台東知本溪口香蘭附近的美和海岸。後來漸漸移至中央山脈，在今東興後山腰上建立了大南社。

依據本傳說，魯凱族的遠祖可能從事海上生活，後來進入高山森林，並成了燒墾狩獵的生活。

本則傳說故事情節要述如下：

（一）魯凱族遠祖，順著黑潮划船，登臨到了台灣島。

（二）魯凱族遠祖在台灣島登陸地點是在台東知本溪口香蘭附近的美和海岸。

（三）魯凱人後來漸漸移至中央山脈，在今東興後山腰上建立了大南社。

早期台灣在南島的大遷徙時代，族群頻繁進出，北部的原住民（如泰雅、賽夏、阿美）與南部的原住民（如魯凱、排灣、卑南），從體格、膚色與傳統服飾主色調以及其他的特徵上，似可推測其時間及來源方向為不同系統；各族間口傳祖先的「大洪水故事」，很可能與渡海遷徙有關。魯凱先祖可能於其晚期自南方渡海北上，從東海岸登陸後，轉進中央山脈南端，次第由大洛巴林池向東、向西、向下，續往平地方向遷移。舊部落時期的生活，完完全全土著化，一切食衣住行所需皆就地取材，形成強悍的山林本土性格文化風俗，並長期有效阻擋以文明自居、開墾為志的漢化族群，為台灣守住中央山脈最後一片綠色森林。在那個南島族群大移動的時代，魯凱的先祖曾順著南方上來的黑潮，在福爾摩沙東南海岸登陸。可能台東平原上已居住著強悍的普悠瑪（Puyuma）

民族，或者更早的卑南文化的主人，魯凱先祖從此轉進中央山脈，遺棄海洋生活習性，在台東大南溪上游附近，定居舊大南部落與知本主山之間，即魯凱人稱為「西基巴利奇」（Shikipalichi）之所在。狹窄的台東平原，一直是南島族群先祖渡海登陸之重要據點。位於台東縣太麻里三和村的海岸台九線公路旁，立有「台灣原住民祖先發祥地紀念石碑」，卑南族語呼為「陸發安」，部分排灣族與阿美族人在此地設立祭台，以石棚祭祀相傳渡海的原住民先祖「塔巴塔布」、「派魯伍」與「索加索加伍」。根據先祖口傳，魯凱發跡於現今高雄、屏東、台東三縣交界附近之「大洛巴林池」（Dalubaling）附近山區，爾後經遷徙移動分為幾個支族，一支西遷高雄多納、萬山、茂林一帶；另一支則走在西基巴利奇落腳。（註五九）

〈祖先自海外遷徙至中央山脈南段〉：

　　相傳，魯凱族祖先由台東的海岸上岸，就向山上移走，來到了中央山脈南段的肯杜爾山定居。住過了一些時日之後，有一部分族人在部落領袖領導之下，由一隻雲豹帶領族人、老鷹在空中飛翔引導。他們翻山越嶺來到了舊好茶，雲豹停佇於此，族人遂在舊好茶建立部落。之後，有一部分族人又遷移至霧台鄉的阿禮、去露、霧台等部落。因此魯凱族就被稱為雲豹的故鄉，族人為了感恩，禁止狩獵雲豹和老鷹。

　　本則故事可視為魯凱族海外來源的傳說故事，魯凱人在台東登岸之後，最初在肯杜爾山定居，後來又西遷到達了好茶村（舊好茶），族人為了感懷雲豹和老鷹引領的恩德，所以禁止狩獵雲豹和老鷹。

　　本則傳說故事情節要述如下：

　　（一）魯凱族祖先由台東的海岸上岸。

　　（二）魯凱族的祖先在台東的海岸上岸後，逐漸向山上移走，到達了中央山脈南段的肯杜爾山定居。

　　（三）祖先在肯杜爾山住了一段時間之後，有一部分人翻山越嶺來到了舊好茶。

　　（四）這些遷徙的族人由雲豹和老鷹引導。

（五）雲豹來到舊好茶，就停佇於此，族人遂在舊好茶建立部落。

（六）從舊好茶又有一部分人遷徙阿禮、去露、霧台等部落。

八、魯凱族遷徙下山

於 1950 年的後期，魯凱族好茶、阿禮、霧台、去怒等村落，因為土地利用呈飽和狀態，生存競爭激烈，又因政府的輔導及鼓勵，集體外移到現在的瑪家鄉三和村美園社區。（註六十）

為了交通上的便利，居住在霧台鄉的魯凱人也遷移到接近平地的瑪家鄉三和村及三地門鄉的青葉村。留在台東的族人也漸漸遷移至平地，在今卑南鄉的大南村（東興社區），建立了家園。（註六一）

九、魯凱族之分布

魯凱人分為三大族群，分布在不同的地方，以下將個別特色做簡要說明：（註六二）

（一）東魯凱群（台東縣卑南鄉）：這一群受到卑南族的影響很深，使得原來的特色已漸模糊，但是傳統的達魯瑪克語則保留得很好。

1、大南部落（Tarumake 達魯瑪克）。

2、太平部落（Tamalakao 達馬拉告）。

（二）西魯凱群（屏東縣霧台鄉、三地門鄉青葉村）：

1、古茶布安系，這一群自稱雲豹民族的子民、曾經和矮人一起過生活，後來矮人神祕失蹤。其特色是石板文化的精神還保存完整，木雕、刺繡、音樂、舞蹈等等也都十分出眾。

（1）好茶部落（Kochapongane 古茶布安），位於霧台鄉好茶村。

（2）阿禮部落（Adiri 阿低禮），位於霧台鄉阿禮村。

（3）上霧台部落（Kavedathane 卡發地森），包括佳暮（Karamedesang 卡拉馬地撒），位於霧台鄉佳暮村。

（4）下霧台部落（Kabalelhathane 卡波利喝甚），包括卡烏

▲ 日治時期的魯凱族人（森丑之助）／田哲益提供

達丹（Kavathanane），古的魯莪魯（Kudrengere），位於霧台鄉霧台村。

（5）達都古魯部落（Tatukulu），位於三地門鄉德文村。

2、去露（Kinulane 給怒朗）：自稱是不屬任何系統、位於霧台鄉吉露村。

3、大武（Tailabuane）和達德樂（Dadele）：自認為是東魯凱族的達魯瑪克系，又自稱是百步蛇的民族，因為山中美人巴嫩是從這裡嫁給達露巴淋的百步蛇。其中，大武部落位於霧台鄉大武村；但是，達拉瑪告和達德樂在日本時代被合併，並且遷移到現在屏東縣三地門鄉的青葉村。

（三）高雄下三社（高雄市茂林區）：他們自稱是從岩石誕生的；雖然分布區域分散、語言也顯然和其他族群不同，但他們還是保有魯凱族的社會制度、道德觀念及文化習俗。

1、茂林部落（Taruladrekane 達魯拉樂幹）。

2、多納部落（Kingdavang 京大彎）。

3、萬山部落（Oponohu 歐布諾伙）。

註釋

註一：姚德雄《九族文化村》，日月潭九族文化觀光事業公司，1989 年 11 月。

註二：《台灣空中藝術文化學苑學員通訊》6 期，財團法人台灣省文化基金會，2001 年 5 月。

註三：馬淵東一著、楊南郡譯《台灣原住民族移動與分布》，原住民族委員會、南天書局，2014 年 8 月。

註四：陳奇祿《臺灣土著文化研究》，聯經出版公司，1992 年 11 月。

註五：《台灣空中藝術文化學苑學員通訊》12 期，財團法人台灣省文化基金會，2001 年 11 月。

註六：同註二。

註七：陳美玲編著《魯凱之歌》，屏東縣立文化中心，1999 年 6 月。

註八：《山地鄉之旅》，行政院原住民委員會，2001 年 12 月。

註九：奧威尼·卡露斯《雲豹的傳人》，晨星出版社，1996 年 10 月。

註十：同註九。

註十一：同註九。

註十二：黃世民《雲豹之鄉：隘寮群魯凱部落田野集》，潮州高中，2003 年 7 月。

註十三：王煒昶主編《台灣原住民文化園區導覽手冊》，台灣原住民文化園區管理處，1998 年 5 月。

註十四：同註九。

註十五：喬宗忞《臺灣原住民史魯凱族史篇》，台灣省文獻委員會，2001 年 5 月。

註十六：林道生編著《原住民神話故事全集（一）》，台北，漢藝色研文化事業有限公司，2001 年 5 月。

註十七：劉寧顏總纂《重修台灣省通志卷三住民志同胄篇》第一冊，台灣省文獻委員會，1995 年 5 月。

註十八：薛煒〈山中古道傳奇──知本越嶺道生死戀〉，1993 年 11 月 15 日。

註十九：奧威尼‧卡露斯〈回家的雲豹──西魯凱好茶人〉，《台灣時報》，1994 年 7 月 28 日。

註二十：洪田浚〈讓百合花文化永不凋零──好茶魯凱族文化簡敘〉，《台灣時報》，1994 年 8 月 27 日。

註二一：同註九。

註二二：台灣總督府臨時台灣舊慣調查會《番族慣習調查報告書第五卷：排灣族》，中央研究院民族學研究所編譯，2003 年。

註二三：同註二二。

註二四：同註九。

註二五：同註五。

註二六：施翠峰《台灣原始宗教與神話》，台北，國立歷史博物館，2000 年 9 月。

註二七：同註十六。

註二八：同註九。

註二九：同註九。

註三十：同註十二。

註三一：同註十二。

註三二：同註十二。

註三三：同註十七。

註三四：紀佩君《驚艷屏東原味十足：屏東縣原住民地區文化生態旅遊深度導覽手冊》，屏東縣政府原住民行政局，2003 年 3 月。

註三五：同註十二。

註三六：同註九。

註三七：同註十二。

註三八：同註九。

註三九：同註十二

註四十：同註七。

註四一：同註十二。

註四二：同註九。

註四三：同註十二。

註四四：同註十三。

註四五：同註十三。

註四六：許晉榮《茂林風華》，高雄縣茂林鄉公所，2002 年 2 月。

註四七：同註四六。

註四八：同註四六。

註四九：同註八。

註五十：同註十五。

註五一：同註十五。

註五二：同註十七。

註五三：同註四六。

註五四：同註二。

註五五：同註十五。

註五六：同註九。

註五七：同註十八。

註五八：林道生編著《原住民神話故事全集（二）》，台北，漢藝色研文化事業公司，2002 年 1 月。

註五九：同註十二。

註六十：同註九。

註六一：同註十三。

註六二：奧威尼‧卡露斯《魯凱族多情的巴嫩姑娘》，新自然主義有限公司，2003 年 1 月。

魯凱族族名與地名口傳文學

第三章

自古以來，魯凱族常和排灣族的拉瓦爾亞族（Raval）布曹爾亞族（Butsul）合稱「傀儡番」，又稱「澤利先」（Tsarisien）——山地人之意。其實屏東的魯凱人（霧台鄉）和高雄茂林區下三社群，台東卑南鄉大南群為一系統。部落分布在海拔 1500 公尺以下，而以 500 到 1000 公尺之間的淺山為主要分布區。（註一）

一、魯凱族之族名

「魯凱」（Rukai），原意為「住在上面的人」、「高冷的地方」，可能來自下方的排灣族以及台東卑南平原族群的相對稱呼，而逐漸被沿用為族群的通稱。（註二）

陳美玲編著《魯凱之歌》載「魯凱族族名」：（註三）

> 魯凱族是分布在台灣南部山區的一個原住民族群，……以前，魯凱族人曾自稱為「澤利先（Tsa-risen）」，意思是「住在山地的人」，而「魯凱（Rukai）」這個名稱在日治時期出現，沿用至今，但其由來及確實含義卻已不可考。

許晉榮《茂林風華》載「魯凱族族名」：（註四）

> 魯凱族「Rukai」之原意是指深遂、陰冷的山區水邊，此與魯凱族人原來的生活環境相謀合。

二、魯凱族與排灣族之差異

魯凱族與排灣族的社會組織極為相似，在日治時期，曾被規劃為排灣群。但至少有下列幾點的差異性：（註五）

（一）魯凱族沒有排灣族盛行的五年祭。

（二）魯凱族為父系社會，長男繼承家產。排灣族為雙系社會，由長嗣繼承。魯凱族是重男輕女的社會，排灣族則是兩性平等的社會。

（三）排灣族的貴族權勢集中，且有擴大的企圖心。魯凱族的貴族權力分與直、旁系的親屬而逐漸削弱。

（四）魯凱族的喪葬以一人一墓為主，排灣族則是一家一墓。

（五）魯凱族為側身葬，排灣族為屈肢葬。

三、舊好茶村傳說故事

奧威尼‧卡露斯〈好茶村的故事〉載：（註六）

　　傳說，有兩兄弟帶著兇猛的雲豹，從希給巴里基經北大武山及霧頭山之間的中央山脈，也就是巴魯谷安，翻山越嶺來到加者膀眼社的拉喀拉勒水邊，雲豹舔水後賴著不走。兩兄弟感覺神明有意讓這塊地變成城，於是命其弟弟回到希給巴里基，接他們的族人移到加者膀眼，從此居民靠著拉喀拉勒水源生活，並生育子孫孫。它不僅是魯凱人的生命之源，也是魯凱文化的搖籃。

本則傳說故事情節要述如下：

（一）有兩兄弟帶著雲豹來到加者膀眼社的拉喀拉勒水邊，雲豹舔水後賴著不走。

（二）因雲豹特異的舉止，讓兩兄弟感覺神明示意來此創立新社。

（三）哥哥命其弟弟回到希給巴里基，接他們的族人移到加者膀眼，從此居民靠著拉喀拉勒水源生活，並生育子孫孫。

本則傳說故事值得注意的是：「它不僅是魯凱人的生命之源，也是魯凱文化的搖籃」這一句話。

　　西魯凱族古茶布安（Kochapongane）是舊好茶原來的名稱。這個族群常常以古茶布安誇耀，因為這個名稱是屬雲豹的族群。古茶布安另有一名，叫阿勒哦呢（Lhialevene），常常引用在歌詠吟唱時，例如 Lhialevene Ka Pina Pinaso Ihikolavane。歷代以來這個族群因為名稱即帶有精神象徵的意義，形成他們慓悍的性格；四面環繞古茶布安的排灣族群也都承認這個事實。……最早的文獻提到古茶布安，是在西元 1650 年 5 月，記載在荷蘭古文書，稱 Kochapongan。其次是在西元 1723 年，記載在大清黃叔璥撰〈蕃俗六考〉中：「雍正癸卯釋心武里女士官蘭雷為客民殺，八歹因社加者膀眼率領蕃數百，暗伏東勢莊殺死客民三人、割頭顱去」。文中的加者膀眼即（Tchapongan）名稱前面的「Ko」改為「T」字而已。日治時期也

是用古茶布安（Kochapogan），因為日文沒有「ngan」這種帶鼻腔的音，因此用「gan」（安）。……到了民國時，不知為什麼更名為「好茶」（Haw Cha），都不是從原來的名稱 Kochapongan 譯音或譯意。「好茶」這個名稱常常給人誤以為這個地方是產茶的，「好茶」雖不難聽，可是要有意思才好，假如離開它原來名稱的本意也就喪失意義了。（註七）

　　類似這種在更名上牛耳不對馬嘴的謬誤，還有台東的大南，原來名稱 Taromake，現在又更名為東興新村。霧台鄉華蓉村，原來的名稱是 Kabalelhathane。大武村應該是 Laboane。佳暮村應該是 Karamedisan。去怒村應該是 Kinulane，現在又改為去露。三地鄉的阿烏村應該是 Dadele 或 Talamakao，因為是二村合併的，可以選擇其中一個名稱。高雄下三社也是一樣，更名錯誤更離譜，多納村應該是 Kingdavan，萬山村應該是 Ponogo，茂林村應該是 Taroladekan。在一個靠口述文化傳承的族群，這些名稱都有典故，而且是追述歷史最好的依據，假如完全改變了原來的名稱，就等於是將他們的歷史腰斬，以致後代的人不知自己該何去何從。（註八）

　　施翠峰《台灣原始宗教與神話》載「好茶村的故事」：（註九）

　　　　好茶村若果依照他們的固有稱呼應為「Kochabukan」社。由於漢字沒有「Ko」之同音字，所以前清地方史志上寫成「加者膀眼社」。據說其鼎盛時期，有一千兩百多人，是一強大的部落。日治時期倒是很準確地用片假名把 Kochabukan 地名表示出來，可是戰後國民黨政府，卻硬把山地的地名統統加予中國化了，才變成「好茶」，實與茶無關，這如同「Santimon」排灣語地名，戰後被寫成「三地門」，現在大多人竟把它誤會成為進入山地區域門口的「山地門」那樣荒唐，如此會誤導地理與歷史。

　　鄭元慶〈重回舊好茶〉載雲豹的故鄉：（註十）

　　　　相傳好茶部落的始祖普拉奴洋是個出色的獵人，約在六百年前，從台東帶著一隻雲豹溯溪翻山來到霧頭山和北大武山一帶狩獵。雲豹在舊好茶聚落後方兩百公尺處瀑布下

的水潭邊不肯離去，普拉奴洋才發現該處真是個好的居住處所。隨後他即回台東帶領親友來此定居，繁衍成部落。基於這種傳說，好茶族人一向將雲豹奉為神獸，不得獵殺。至於那方水潭，因攸關居民飲水，族人都確實遵守保持潔淨的原則。這個源於井步山的小瀑布，因而成為其他部落欽羨的天賜之禮。

舊好茶老部落，陸陸續續分出去的村落先是：阿禮、上霧台、下霧台、佳暮、卡瓦達那呢（Kavath anane），甚至分出德文三個區域。（註十一）

從舊好茶遷徙至新好茶的原因為何？是因舊好茶地處偏僻，對外交通不便，在醫療、教育及經濟各方面城鄉差距太大。為了改善生活，舊好茶村民在 1974 年的村民大會中通過遷村計畫。1978 年正式奉准遷往南隘寮溪下游，距水門 11 公里處，住宅面積約有 7 公頃，並於 1979 年完成遷村行動。（註十二）

四、霧台村傳說故事

施翠峰《台灣原始宗教與神話》載「霧台村的故事」：（註十三）

　　由於屬於老祖宗的台東「東魯凱族」，與鄰近的排灣族或卑南族均有著血緣關係，其互動與影響相當深遠，可是由於地勢的關係，東魯凱傳統文化的色彩正在快速地淡化當中，因此每年新曆 8 月 15 日，在霧台村舉行的豐年祭，已經被公認為最能夠代表魯凱族傳統風俗及文化特徵的祭典了。

按本段話固然亦為事實，茂林鄉雖與鄰近布農族、鄒族、排灣族相互融合，互相影響，唯其祖靈祭、神石祭、黑米祭等亦饒富特色。

施翠峰《台灣原始宗教與神話》載「霧台村的地名」：（註十四）

　　在霧台村的族人，相信祖先在一百多年前，由於狩獵時追逐一隻水鹿，發現一座數百畝大的山中小平原，晨昏經常山霧籠罩，土壤肥沃，水源順利，四周青山綿綿，於是便決定部分族人遷居至此。許多當地耆老都說成祖先由台東移遷

至此,可是從諸多情況判斷,應該是先至好茶,後再移至此地。此社之名稱,戰後將魯凱語「Budai」(約近「布代」之音),改為「霧台」,致使許多文史工作者,竟誤為當地因經常山霧濛濛,而且其平原如一平台,故稱為「霧台」,這也是國民黨政府來台後濫改地名後容易引起誤解的一例。

本則故事敘述:

(一)有人認為霧台村的族人是直接從台東移遷至此,施翠峰氏從諸多情況判斷,應該是先至好茶,後再移至此地。

(二)「霧台」之社名,容易引起此地因經常山霧濛濛故稱為「霧台」的誤解,其正確之稱是「Budai」(約近「布代」之音)。

霧台鄉屬屏東縣,包括霧台(Budai 與 Kabararayan)、好茶(Kochapongan)、阿禮(Adel)、大武(Labuan),佳暮(Kanamodisan)及去怒(Kinuran)等六村,而以霧台村為中心。霧台村之人口占全鄉人口約三分之一。(註十五)

五、阿烏村傳說故事

魯凱族達德社(現在的阿烏社),先是從馬低亞察安(Mathiachane)遷移到卡巴利瓦呢(Kabalhivane),再遷到巴撒瓦拿互拿勒(Pasavanavanale),又遷移到達德勒(Dadale),最後和鄰村的達拉馬卡烏合併,遷移到現在的青葉社(Auba)。(註十六)

六、達魯瑪克的故事

達魯瑪克,為現居住在台東縣卑南鄉東興村的舊稱,居民大都是魯凱族人。達魯瑪克人原本居住在中央山脈的肯杜爾山上卡帕里瓦,九十多年前被迫遷離至東興村。近年,達魯瑪克魯族人逐漸重回卡帕里瓦。

以山林守護神的身分守護山林。重建達魯瑪克傳統住居屋,就在東興村魯凱族人的部落意識凝聚下,有了共識,並在農委會林務局推動下,啟動完工。他們在卡帕里瓦舊址入山口,使用傳統建材建造達魯瑪克傳統住居屋,兼做保育山林與守護舊址家園的前哨屋。……達魯瑪克

▲ 太魯閣達魯瑪克部落／田哲益提供

傳統住居屋的建材全部是就地取材，見不到鋼筋水泥建材，加上，達魯瑪克傳統住居屋就在入山口，常有東興村魯凱族人上山緬懷，及尋找先人遺跡，該傳統住居屋現不僅是師法自然的教學園區，也是東魯凱族人「部落遊學」的體驗營。……卑南鄉東興村是台東縣唯一魯凱族居住的聚落，他們祖先早先從台東與屏東交界小鬼湖遷徙到大南溪上游高約 550 公尺的卡帕里瓦處。魯凱族人雖然遷徙下山，但是對於祖先舊居住地懷念多多，近年東興村魯凱族人展開尋根與文化重建活動。民國 2002 年間在林務局等單位協助下，他們重建了舊遺址卡帕里瓦的拉伯男子集會所，並邀請國際保育人士珍古德博士參加他們舊遺址的尋根活動。2003 年 2 月，村民再向林務局申請「社區林業計畫」，獲經費重建達魯瑪克傳統住居屋後，在大南溪與清水溪處的入山口，重拾起祖先就地取材建築觀念以九芎、檳榔幹與茅草搭建傳統住居屋，同時以頁板岩堆砌打底，並以攀附力強的原生種植物進行坍方山壁的水土保持。……兼顧居住地周圍的基地水土保持、林相植被也做了，其功效真的物超所值。……2003 年 6 月底，做護衛祖先舊居地前哨屋的傳統住居屋落成時，族人扶老攜幼上山，不少老一輩族人見到傳統住居屋時，睹物思情，有人潸然淚下，有人擁抱痛哭，場面感人。（註十七）

七、多納社的建立

林道生編著《原住民神話故事全集（二）》載「多納社的建立」：（註十八）

　　在一次大洪水的時候，各部落的人都往狄阿巴拉蘭（Tiapadalan）逃難。狄阿巴拉蘭沒有火，造成生活的不方便，有一隻羌願意游過洪水去卡特姆阿努（katomuanu）取火。羌到了卡特姆阿努，把火種綁在角上游了回來，家家戶戶生起火來煮小米飯，吃了暖呼呼的小米飯個個都恢

復了元氣。不久，洪水退了，有些人隨著水流到下游，留在山上的成了山地人，流到下游平地的人成了平地人。一條蛇爬過的痕跡成了一條溪，水經過了溪流往下流。後來陸續有了知姆（Tebu）、巴路巴拉努（Barubaranu）、拉拉卡路（Lalagalu）、塔塔拉斯（Tatalasu）、塔路古拉努（Talugulanu）、巴茲卡努（Paatsuganu）、塔西勞波阿努（Taselauboanu）等新部落。巴茲卡努社的人打獵來到這裡的部落，回去時無意中留下了獵犬，到半路才又折回來找狗，但是狗不願意走，好像喜歡這裡的廣大地方，大家就留了下來焚火燒山，建立新家園多納社（Kogadavanu），大家和睦相處，互相嫁娶，成了親戚，生下許多子孫。

註釋

註一：姚德雄《九族文化村》，日月潭九族文化觀光事業公司，1989 年 11 月。

註二：黃世民《雲豹之鄉：隘寮群魯凱部落田野集》，潮州高中，2003 年 7 月。

註三：陳美玲編《魯凱之歌》，屏東縣立文化中心，1999 年 6 月。

註四：許晉榮《茂林風華》，高雄縣茂林鄉所，2002 年 2 月。

註五：王煒昶主編《山林的智慧：台灣原住民文化園區導覽手冊》，1998 年 5 月。

註六：奧威尼・卡露斯〈好茶村的故事〉，《台灣時報》，1992 年 8 月 13 日。

註七：奧威尼・卡露斯《雲豹的傳人》，晨星出版社，1996 年 10 月。

註八：同註七。

註九：施翠峰《台灣原始宗教與神話》，台北，國立歷史博物館，2000 年 9 月。

註十：鄭元慶〈重回舊好茶〉，《與鹿共舞：台灣原住民文化（一）》，光華畫報雜誌社，1995 年 2 月。

註十一：同註七。

註十二：同註十。

註十三：同註九。

註十四：同註九。

註十五：陳奇祿《臺灣土著文化研究》，〈屏東霧台魯凱族的家族與婚姻〉，聯經出版公司，1992 年 11 月。

註十六：同註七。

註十七：陳嘉信〈就地取材，重建傳統住屋〉，《發現桃花源》，行政院農業委員會林務局、聯合報系文化基金會，2004 年 12 月。

註十八：林道生編著《原住民神話故事全集（二）》，台北，漢藝色研文化事業有限公司，2002 年 1 月。

魯凱族頭目、社會階級口傳文學

台灣原住民部落之領袖,為部落最高元首,「頭目」稱呼起自日治時期,唯頭目一詞本意不符合其在原住民族社會之地位意義,故存在爭議。(註一)

魯凱族的社會制度分為頭目和平民,而頭目又分為當家頭目、小頭目(貴族階級)與平民。當家頭目是世襲制,其血緣命脈必須為具備當家頭目條件者,必須門當戶對同級婚,才可繼承此階級。頭目是部落的地主,擁有土地,包括山林、獵區、河流、花木、鳥獸等,皆為頭目的私有財產。頭目將財產分租給平民,形成佃民必須繳納穀糧以及食物的義務;而頭目再將貢賦透過饋贈的方式,回送一部分給需要救濟的平民,以達聚落內社會財富的再分配。

一、魯凱族的社會階級

魯凱族的社會組織是一種社會階層制度,建立在土地制度和長男繼承上,又土地所有權的獲得也是靠長男繼承。魯凱族與排灣族的社會組織,在嗣承上,魯凱族只有長男嗣承,排灣族則長嗣即可繼承,不分男女。因此可以說,魯凱社會階層制度是長子繼承制度造成的。(註二)

魯凱族的社會階級其分為四個階層:

(一)大頭目:是部落的大地主,擁有土地、獵區、河流。代表部落參與外社的公共事務。平日以收納賦稅為主。(註三)

(二)貴族:特權階級,成員多為地主的近親,又分為二頭目及其他小頭目。可以耕種土地不必納稅,也可以沿用貴族的名字。

(三)士(勇士):介於貴族和平民之間,為有特殊功績的平民或有特殊才能的村民,如雕刻匠、打鐵匠。頭目會賜予他某些權利如戴羽毛、有階級的花環。(註四)其長子為士,餘嗣為平民。(註五)

(四)平民:多為佃農,向大頭目租地耕作。平民有向頭目納稅的義務,納稅的內容不是金錢,而是自己耕種收成的小米、花生之類的食物,或是狩獵的肉品。魯凱也盛行同階級聯姻的觀念,不同階級的婚姻關係也產生升降階級的情況。(註六)

平民是地主三從以外的兄弟，有些是遠親，有些是無關之人，大部分都是佃農，社會階層最低。（註七）

二、魯凱族頭目傳說故事

尹建中《台灣山胞各族傳統神話故事與傳說文獻編纂研究》載「Makazayazaya 社最古老的頭目」：（註八）

> Makazayazaya 社最古的頭目為 Patsukul 家。Patsukul 家的 Pavavisan 入贅於 Vavalnan（Baborogan）家，替該家管蛇蛋，從蛇蛋中生出一女 Selpu，社眾視之為太陽之子，故 Vavalnan 家得由 Patsukul 家分獲部分頭目權。以前 Makazayazaya，Parols 和 Taravakon 三社爭紛不休，因 Vavalnan 家有蛇蛋生人之奇事，以後各社遵從其命遂達和解。

本則傳說故事情節要述如下：

（一）Makazayazaya 社最古老的頭目是 Patsukul 家。

（二）頭目家的 Pavavisan 入贅於 Vavalnan 家，替該家管蛇蛋，從蛇蛋中生出一女 Selpu，社眾視之為太陽之子，故 Vavalnan 家得由 Patsukul 家分獲部分頭目權。

（三）曾經 Makazayazaya，Parols 和 Taravakon 三社爭紛不休，因 Vavalnan 家有蛇蛋生人之奇事，以後各社遵從其命遂達和解。

阮昌銳《台灣的原住民》載「茂林社頭目傳說」：（註九）

> 太古時，洪水氾濫之後，在社內 Ladalia 之地有煙霧升起，而在地中生出一個男孩叫 Rikar，數口傳，Oavala 家之地冒煙，亦從地中生出二個男孩，Tatair 和 Runguna。後來，Ladalia 家的 Rikar 到 Oavala 家遊玩，他家的一個陶壺裂開出生，一個女孩叫 Molilio，後來 Rikar 和 Molilio 結婚生了一女 Ruvai，Ruvai 與 Tatair 結婚。Oavala 兩頭目家及其部屬都是這些人的子孫，另有一頭目 Didiwa 家是多納社一頭目 Laluguau 家分派出來移居本社，娶了 Ladilia 家的女兒所傳下來的子孫。

本則故事 Ladalia 家地中生出的男孩 Rikar 與 Oavala 家陶壺裂開出生的女孩 Molilio 結婚生一女 Ruvai，Ruvai 又與 Oavala 家之 tatair 結婚。

本則故事有下述幾個要點：

（一）Ladalia 家和 Oavala 家之男子自地中煙霧升起之處生出。

（二）Oavala 家之女子自陶壺裂開出生。

（三）Ladalia 家地中生出的男孩 Rikar 與 Oavala 家自陶壺裂開出生之女孩 Molilio 結婚。

（四）Rikar 與 Molilio 生下一女孩 Ruvai。

（五）Ruvai 又與 Oavala 家之男子 Tatair 結婚。

（六）茂林社頭目 Laluguau 家原為多納社頭目 Didiwa 家的分家，娶了 Ladilia 家的女兒所傳下來的子孫。

這些故事說明了一個社的頭目家都與神靈有關，起源古老，具有神聖性。

黃世民《雲豹之鄉：隘寮群魯凱部落田野集》載「伊拉頭目」：（註十）

> 古早伊拉有個頭目，他吩咐平民抓鳥。平民把鳥抓回來了，頭目端詳一番卻說：「這個鳥怎麼長這樣子？」平民無奈只好再抓。但是，一而再，再而三，頭目總是不滿意。不知如何滿足頭目需求的平民，就在一個夜晚，攜帶工具佯裝要去工作，結果一去不回。部落剩下頭目孤伶一人，心靈十分寂寞不安，只好準備若干禦敵石塊，從此在樹上孤單寂寞地過著有巢氏的生活。

此則故事記載，伊拉社的頭目喜歡叫平民抓鳥，但是總是不滿意，最後人民都離開了，只剩下頭目一個孤零零的過著有巢氏的生活。

....

三、魯凱族貴族頭目制度

傳說魯凱族的頭目是太陽之子，因此太陽是一種崇高地位的象徵，代表著無上的榮耀與權利。在魯凱族中，就發展出許多與太陽有關的歌曲，像是「太陽出來照耀吧！」等生活類歌謠。（註十一）

▲ 伊拉部落的石板路／田哲益提供

　　魯凱族傳統的社會階級制度嚴謹，世襲的貴族與平民之間的社會地位分明。設置在頭目家的聚會場所則是部落的經濟及行政中心，舉凡祭儀、會議、表揚、賞罰均在會所舉行。兩會所及其附屬的林田地、魚場、獵區都是部落的公有財產。魯凱人是一個善良又好客的民族，分享及互助的特質往往在生活之中表露無遺。（註十二）

　　魯凱族的社會大致分為貴族及平民二個階級，貴族是以最先進入部落的頭人為主，而頭人的家族、家人或親戚可稱為貴族。在部落中的祭儀、行政等事務，均由頭人階級所掌握指揮，即使在部落居民所組成的大會中，頭人階級還是掌握了主要發言權。此種貴族階級的主要領導地位，又藉由各種屬於貴族所特有的象徵物（如服飾、百合花飾等）而得到深化。魯凱族的另一階層為平民，他們需要繳交給貴族部分農耕漁獵所獲，但是這並不是經濟剝削，而是頭人會將平民所納貢的收穫，重新作資源分配再回送給平民，或釀酒宴請所屬的平民與勇士，一起來分享當季的收穫。（註十三）

　　魯凱族社會以部落為自治單位，每個部落各有屬於自己的土地領域和頭目等領導者，魯凱族的階級分明，主要分為貴族與平民兩個階級，並從貴族中再推選出頭目。部落裡每隔一段時間，會從全部落族人中推選出最有智慧或是最勇敢的人做為首領，這是因為貴族世襲制的關係，推舉出來的頭目不見得都有能力，所以必須再選出一個首領帶領族人。頭目的主要責任是維持部落秩序及團結，並擁有許多特殊權利，例如掌管土地、獵區與河域，所以，平民必須將農、漁、獵所得的部分納貢給頭目，不過頭目也會將部分的納貢品送給需要的平民或是在祭典中和族人一同分享。世襲制的貴族階級，通常由長子繼承，如果家中沒有男丁，則可由長女繼承地位與財產。雖然女子也可以繼承頭目的地位和頭銜，但是能夠在社群間行使政治權的仍是男性，通常會由女繼承者的丈

夫代替。貴族的階級也會因為婚姻關係而提升或下降，男性會希望以婚姻來提升自己的家世、地位，但是這通常必須以高價值的聘禮換得。魯凱族的階級制度讓社會有秩序又各盡本分，但是族人謹守應盡的義務之外，更極力取得佩帶百合花的資格，因為象徵堅貞、純潔的百合花代表著榮譽，男子佩戴表示他身手矯健、狩獵技巧高，女子佩戴則表示有婦德及高尚的操守。（註十四）

　　魯凱族的完全自治地域單位，由一個集中聚落或包含若干毗鄰的聚落聯合組成。多數部落以較大聚落為部落組織中心。實際上，多數社區內有兩個以上的地主頭人系統，以共同組成一個多元性、複合化的政治經濟與聯合防衛的部落。部落內以最先進入的頭人為主，但後來的頭人若勢力強大，亦可能取代其地位。……在親屬組織的宗法分枝原則之基礎上，明顯的貴族制度在得到經濟制度的支持下發展出來。霧台村的社會體系分貴族與平民兩級；大南魯凱則分為貴族、平民以及兩者之間的 alapulua 三級。在階級中的地位，視其與宗家親疏遠近的關係來衡量。所在部落中之祭儀、行政等事務，都是由頭人階級所掌握指揮，即使在部落民所組成的大會中，頭人階級還是掌握了主要發言權。此種貴族階級的主要領導地位，又藉由各種屬於貴族個別所特有的象徵物（如服飾、百合花飾等）而得到加強。以嚴格的階層原則與經濟上的再分配特質結合之政治制度，很顯然有其結構上的基礎；而權威在整個社會體系中，集中化到少數的貴族家系中，此又因其偏父系的親屬組織的嚴整階序性，進而鞏固其社會地位。（註十五）

四、魯凱族大南社年齡階級

　　在社會階層化的排灣族和魯凱族，年齡組織只在鄰近於卑南族的部分才存在，因此很可能是受卑南族的影響而有年齡組織，因其系統並未發展得很好。……大南魯凱也有年齡級系統，然並不像阿美和卑南之發達。但他們有不見於阿美族之蕁麻考驗（nettle ordeal）習俗。（註十六）

　　古野清人教授描述此風俗如下：（註十七）

　　（大南魯凱的年齡組織）包含四級：未入級者稱為

Tenakurakural、新級 Barisun、青年級 Tabagusagusal、成年男性級 Moakasabara、和老人級 Karamoakasabarana。當 Barisun 要進昇到青年級時，所有的青年人聚集到會所前排列成面對面二排，手拿蕁麻枝、鞭打在行列中通過的 Barisun 裸露的身體。大部分的 Barisun 都快跑通過，而漫步而過者會受到尊崇。在這種情形下，他們可能在身上塗以泥巴來減輕痛苦。平常時，Barisun 在村內半裸，到村外才穿上衣服，這是大南魯凱的習俗。當 Barisun 回家亦會穿上衣服。在進行蕁麻鞭笞之前平常時上一級成員會經常告誡新級者：「行為要自制！」「做人要光明磊落」（不要偷偷摸摸的做事）……等語。魯凱族稱毒草為 a:gas，學名是 Laportea detrostigma Wedd，為蕁麻的一種。當他們居於舊部落時，曾使用不同種類的蕁麻（魯凱人稱之為 ili，學名 Urtical fissapritzol），但此種蕁麻在現居部落中沒有生長，也許這是 a:gas 取代 ili 的原因。

在行昇級儀式時，不只 Barisun 而已，所有的級員亦同受其上級者類似的鞭打，但是其施行之鞭打較不那麼正式。蕁麻的嚴格考驗並不只在成年儀式中舉行，亦被用來做為處罰級內成員的主要方式。比方說：當 Barisun 忽略其職責或有奇妄的舉動，將受蕁麻鞭笞的處罰。有時整級成員均必須為其中犯錯者（即使只有一人犯錯），負連帶責任而受罰。以前 Barisun 常不洗澡，因有人認為身體上的垢物，能減輕刑罰的痛苦。此種蕁麻嚴格的考驗習俗並不見於魯凱其他部落，而只在鄰近於卑南族的部落才發現。古野清人教授認為該習俗是大南魯凱由外引入。在 Rikavon 卑南族中，未成年者可在小米收穫儀式舉行時，進昇為成年者。儀式舉行時，所有男性村民依照社會地位排列，依序將植物在他們的身上磨擦。Rikavon 卑南也和大南魯凱一樣，使用蕁麻的摩擦為懲罰的手段。（註十八）

魯凱族，以大南社為最古居住之地，大約在數百年前，由該地移出一部分到霧台社，後來又有人進展到濁口溪。因之，他們的年齡階級制

度只是在大南社中相當發達,而移居於霧台社及下三社者則無此制度,亦無成年儀式及會所。由於大南社的附近,大多是卑南族及阿美族人,彼此素很接近,所以,他們的年齡階級制度可能因卑南及阿美二族的影響而發達的。……他們的年齡階級,共可分為七期,自嬰兒期至衰老期為止,每一期為一級,每一級有一通行的級名。(註十九)

年齡分期	男稱	女稱	年齡
嬰兒期	olaiatharere	abore	出生至3歲
兒童期	ununuwan	ununuwan	3歲至14歲
少年期	barisun	moskabarobarowe	15歲至18歲
青年期	moakathbara	ranouwakabarbc-arowe	19歲至21歲
壯年期	marodanena	marodanena	22歲至50歲
老年期	tanmo	kaokaona	50歲至60歲
衰老期	tomotomona	kaokaona	60歲以上

　　魯凱族大南社分前、中、後三社,在中、後二社中,原有兩個會所,稱 arakowan。但今在大南村中僅有一所,其建築及陳設都屬原始的形式,這在別地已很鮮見。……這個會所為男子專用,至於一般女子是不能隨便進入的,因其主要的作用為青年教育的中心及獨身男子的宿舍。凡是部落中的男性達到少年期及青年期,都必須在會所接受集體生活的嚴格訓練,並且以此為榮,其訓練情形大致與鄰近的卑南族相似;其次為部落內的武力、政事、經濟及祭儀等活動的中心。因此這個會所起的作用很大,便一直保存迄今。平時在會所中常安排受訓的少年們輪流值日及值夜;擔負著許多公共勤務,頗有秩序。凡經會所訓練後的成年人,便取得結婚資格,同時也成為全村的中堅分子,擔任村中重要事務,並負責後進青少年的訓練事宜,而一旦對外有爭鬥,更要挺身出來為戰士。等到他們結婚後,就可回到自己家庭長住,如果不幸離婚或配偶死去,仍是獨身的話,也可以搬回會所住宿。(註二十)

　　凡是年齡達15歲的男子,即升格為少年級,再過三年的少年訓練以後,升為青年級,則為成人,即可以隨時結婚,婚後可以離開會所而組

織其新家庭。他們的少年男子自少年級到青年級，須經三年的訓練，其訓練的開始，在收小米時，約每年 7、8 月間，入訓典禮與上期的結訓典禮同時舉行，全社的人都會到場觀禮，集中各家準備好的酒、糕、獸肉等，大家一起吃，並歌舞同樂，以示慶祝。每年入訓的少年，約有二、三十人，最少時亦有十人左右。在訓練期間白天可各自回家去吃飯，晚上則須集合在會所內吃，並集中在會所住宿。此項訓練由頭目督導，有能力的老人負責訓練之。訓練的目的，除訓誡青年的身心及生活技能外，還有作為防衛全社的作用。（註二一）

　　在受訓期間，有階級制，下級應受上級的指揮，並須遵守到如下的各種禁忌：（註二二）

　　（一）不可喝酒。

　　（二）不可與女子交際。

　　（三）上級命令須絕對服從。

　　（四）上下衣脫去，只穿短腰布，是左邊開而右邊打結。

　　（五）飲食節省。

　　（六）花錢受限制。

　　（七）禮讓老弱。

　　（八）等先輩們睡著後才睡。

　　（九）老人來時不能睡覺，不准說話。

　　剛入訓升格的少年，尚須絕食四天，此時須憑長老的命令，開始將腰布改為右開左結。如此又要絕食三天，第四日才能進食，接著又絕食兩天，第三天開始進食，然後隔日絕食一次，連續十天。該時須用左手壓著腹部，防止吃得過飽。如有人放屁或打噴嚏時，全體都得停止進餐。進餐時，有老人家來須立即停止。barisun 經一年後升為 tabag isargusaru。經三年訓畢，進級為青年，各家都要設宴祝賀。是日當新加入為青年者，老人即以一種 Agasu 的毒草塗其身上試煉；並叱曰：「自今以後，汝已升為青年，切勿做偷盜人物。」然後青年與老人等都赴山中狩獵，並採取造屋用之藤。該時青年須抬老人的行李，並負責炊事及砍柴工作。進食時須將甘藷分配與各人，對老人要分得特別豐富。男女在

▲ 魯凱族頭目石雕／田哲益提供

少年時期，已行穿耳之俗。成年男女的服飾不同，男的都是古老式樣，戴皮帽、短襖、短裙等；女的為短衣、長裙、手套、足袋等，都滿繡各色花紋。該族尚有少女們的特殊訓練；約在 7 月間稻田除草時期。由老婦負責訓練之，其訓練的主要項目是除草，此項訓練設有班長，由老人決定之，其目的在訓練女子所需各項技能與精神訓練。訓練地點不一定，由班長決定。訓練時間視訓練人數的多寡而定，例如人數有十人，訓練期即為十天，每天須輪流擔任工作，每一少女經此訓練之後，便算是成年。（註二三）

　　東魯凱群（大南群）以大南社（Taromak ）為代表，包括 karivurivu 社、Tamalakao 社、Kaaroan 社及 Marudup 社，世居台東縣卑南鄉大南溪上游一帶。大南社部落東界呂家，西鄰射馬干，均為卑南族部落，所以在文化上受其影響。在魯凱的社會組織中，以貴族階級制度（caste system）為最嚴格，但在部落成員的成長過程中，年齡階級（age grade）制度也發生了一些社會組織的功能，尤其是在少年期（15-18 歲）、青年期（19-21 歲）及成年期（22-50 歲）三個階級。少年期、青年期是在會所接受訓練的階段；成年期的婚前期是服役期，都是人生成長進入社會的一種教育訓練。青少年的這種群體生活的嚴格訓練，就在會所獨身集體住宿。會所也是部落集會中心，部落政治經濟會議決策，不論每年定期或臨時會議，都由貴族最大頭目在此主持集會；會所也是宗教性的部落祭儀中心。每年一度的小米收穫祭、青年入級及成年禮的儀式，以往的獵首祭等都要在此舉行。會所又是部落經濟中心，會所及其附屬的若干山林田地、漁場獵區，都是部落的公有財產，其收益施用於部落公共事業上。部落青年服會所公產收穫勤務，或長輩差遣、道路修築、環境整理，都經過會所傳達。會所中經常有受訓的少年輪流值日，來負擔這些勤務，或負召集群眾傳遞消息的責任。最初建立會所的地方是 dadikusan，亦即為大南社最初部落所在地，當其會所成立之初，有一

個女巫在夢中見到他們的祖先，也就是魯凱最早女巫的大弟子庇娜利罕（Pinalihag），於是便在會所落成的祭儀中，宣稱他們的祖先要回來保護他們的子孫，要將他們的像都立在會所裡。現在的村人表示立像是表示對祖先的一種懷念和崇拜，並不忘祖先創業之功績。（註二四）

以徐瀛洲提出的大南社會所魯凱族祖像為例：（註二五）

（一）女性：為大南社最早一個女巫的大弟子，庇娜利罕（Pinalhag）。

（二）男性：古時最著名大頭目之輔臣，利巴圖圖安（Lipatutuoag）。

（三）男性：大南社古時最著名的大頭目，阿遮利芙（Azaliv），相傳他是太陽所生神子的兒子。當其生時，權威極大，領導大南社人民，拓展很多疆域，建立了很多不可磨滅的功績，所以後世子孫最崇拜他，在會所中以此像最大，雕刻最精緻，像前有小石祭台，凡社中有較重大事故，都在此作祭祈禱，以斷吉凶。

（四）男性：古時太陽所生之神子，也就是大南社祖先所傳的聖子，沙馬拉烈（Samalale）。

（五）女性：大南社最早的一位女巫，相傳至今只有這個女巫的嫡傳弟子，才能進入會所，凡部落中在會所舉行各種祭儀時，都要由她的嫡系徒弟去主持祭儀。她名叫達蘭藩（Dalanpan）。

（六）男性：古時最著名大頭目的輔臣，也是第二像利巴圖圖安的弟弟，利巴利芙（Lipaliv）。

（七）男性：古時太陽所生神子的堂弟，蘇馬利烈（Sumalile）。

（八）男性：姓名及事蹟不詳。

（九）男性：第三像著名大頭目阿遮利芙的使臣卡利馬祖（Kalimazo），曾被派往各地探測疆域環境，最後仍回到大南社。

（十）男性：與第九像卡利馬祖同為派出的使臣巴沙坎南（Basakanlan）。

註釋

註一：維基百科〈頭目〉。

註二：姚德雄《九族文化村》，日月潭九族文化觀光事業公司，1989年11月。

註三：王煒昶《山林的智慧：台灣原住民文化園區導覽手冊》，1998年5月。

註四：同註三。

註五：同註二。

註六：同註三。

註七：同註二。

註八：〈台灣屏東霧台魯凱族的家族與婚姻〉《中國民族學報》，1955年，陳奇祿；尹建中《台灣山胞各族傳統神話故事與傳說文獻編纂研究》，1994年4月。

註九：阮昌銳《台灣的原住民》，台北，台灣省立博物館，1998年4月。

註十：黃世民《雲豹之鄉：隘寮群魯凱部落田野集》，潮州高中，2003年7月。

註十一：《台灣空中藝術文化學苑學員通訊》6期，財團法人台灣省文化基金會，2001年5月。

註十二：許晉榮《茂林風華》，高雄縣茂林鄉所，2002年2月。

註十三：《台灣空中藝術文化學苑學員通訊》12期，財團法人台灣省文化基金會，2001年11月。

註十四：奧威尼‧卡露斯《魯凱族多情的巴嫩姑娘》，新自然主義有限公司，2003年1月。

註十五：王嵩山《台灣原住民的社會與文化》，聯經出版公司，2001年7月。

註十六：陳奇祿《台灣土著文化研究》，〈台灣土著的年齡組織和會所制度〉，聯經出版公司，1992年11月。

註十七：同註十六。

註十八：同註十六。

註十九：陳國鈞《台灣土著成年習俗》，國立北京大學，中國民俗學會民俗叢書專號：民族篇第9卷。

註二十：同註十九。

註二一：同註十九。

註二二：同註十九。

註二三：同註十九。

註二四：同註二。

註二五：同註二。

魯凱族洪水神話
口傳文學

第五章

洪水（The Flood）的故事是普遍存在於世界許多民族口述系統的神話主題。它們的內容結構有許多相似處，但具體的情節則並非一致。（註一）

陳千武譯述《台灣原住民的母語傳說》載「瑪卡社洪水神話」：（註二）

　　古時候大水湧來，當時的居民紛紛跑到山上去躲避水患。他們在山上一共待了五天、結果祖先 Suabu 施法將海水退走，地上還有殘餘的水，被一公一母的兩條狗喝乾了，大地方恢復它的原貌。

本則傳說故事情節要述如下：

（一）海水湧來族人逃難到山上住了五天。

（二）將海水退回去者是名叫 Suabu 的祖先。

（三）陸地上剩下的水是被雌雄兩隻狗喝乾了。

《大南社》，余萬居譯，載「洪水逃難」：（註三）

　　海水上漲，人們逃到山上，在山上住了五日。祖先 Suabu 要人作牲禮，便除去了海水。還剩一些水，母狗不能喝完，公狗來把水喝完了。

本則傳說故事與上則相同，上則故事沒有說到祖先如何將水退去了，本故事則有說明是「要人作牲禮，便除去了海水」；上則故事謂「剩下地面的水，被雌雄兩隻狗喝乾了」，本故事則謂「還剩一些水，母狗不能喝完，公狗來把水喝完了」。

《大南社》，余萬居譯，載「下三社群洪水故事」：（註四）

　　下三社群發生颱風，水漲了，人們只好逃向 Tok-lulu 山上，這時祖先 Suabu 走來，說明是他令水漲，只要人們以牲禮祀，水五天內便退。人們答允，於是派公狗來喝，但喝不完又派母狗喝。

本則傳說故事情節要述如下：

（一）下三社群發生颱風，引起水漲，人們逃到 Tok-lulu 山上去。

（二）引起水漲者原來就是祖先 Suabu。

（三）祖先 suabu 要人們以牲禮祀，水五天內便退。

（四）人們又派公狗來喝，但喝不完又派母狗喝。

《大南社》，余萬居譯，載「Tana 社洪水故事」：（註五）

　　古時鬧水災，人們逃到 Tiapadalan 去，但苦無火種，遂派羌子泅水至 Katomuanu 取火置於角上帶回，大家方能吃熟食。等水退了，人們隨波而下成為本島人，留在山上則是蕃人。蛇造溪，水通成河，各地均出現了。狩獵團來此，他們去打獵，把頭目的狗留在這，後來回來要把狗帶走，但狗喜歡這，於是人們集中到 Tana 社，蓋房子。

本則傳說故事情節要述如下：

（一）水災族人逃到 Tiapadalan 去，但無火種，遂派羌子泅水至 Katomuanu 取火，羌仔把火置於角上帶回，大家方能吃熟食。

（二）水退後人們隨波而下成為本島人，留在山上則是蕃人。

（三）蛇造溪，水通成河，各地均出現了。

（四）獵人來到 Tana 這裡狩獵，因狗喜歡這裡也就留在這裡，於是族人們集中到 Tana 社蓋房子定居。

林道生編著《原住民神話故事全集（一）》載「大南社洪水故事」：（註六）

　　古時候，在大南社（今東興村）居住著一對兄妹，哥哥叫阿達利巫，妹妹叫瑪多，由於兩人在收穫前做祭儀時犯了禁忌，引來天神的忿怒從天上降下了豪大雨，兇猛的雨勢帶來滾滾的洪水。兄妹兩人害怕地躲在漆黑的屋裡，點火用的松枝（Alen）也因為太濕而點不著，後來掛上肥豬肉才點上。由於洪水越漲越高，兩人只好往山上逃，最後逃到了金特山，這時很多野獸也都逃來避難。……過了幾天，太陽神叫斯馬拉萊用大藤蓆揮平洪水，用杵把天頂高。斯馬拉萊照太陽神的吩咐拿起大藤蓆在水上一揮，洪水就退去。

本則傳說故事情節要述如下：

（一）大南社（今東興村）居住著一對兄妹，哥哥叫阿達利巫，妹妹叫瑪多。

（二）兄妹兩人在收穫節做祭儀時犯了禁忌，引來天神的忿怒，祂從天上降下了豪大雨，兇猛的雨勢帶來滾滾的洪水。

（三）兄妹用松枝點火，因為松枝太濕而點不著，後來掛上肥豬肉才點上。

（四）洪水越漲越高，兩人只好往山上逃，最後逃到了金特山，這時很多野獸也都逃來避難。

（五）太陽神叫斯馬拉萊用大藤蓆揮平洪水，用杵把天頂高。

林道生編著《原住民神話故事全集（二）》載「大南社創世神話」：（註七）

　　太古時代，有阿達流和年特庫特克兩位兄妹，因為在收穫祭時不小心觸犯了禁忌，天神大怒，使白晝的大地變成一片黑暗，下起傾盆大雨一刻也不停，終於造成大洪水。兄妹兩人害怕的躲進屋子想點亮松枝卻點不著，直到把肥豬肉插在松枝上才點亮。兩人藉著松枝火把的光亮往山上逃，洪水不斷暴漲，當他們逃到山頂時，山腳下四周早已被大洪水所淹沒而看不到陸地了，許多野獸、鳥類也都逃到山上避難。但是不知怎麼的火把突然熄滅了，正不知道該如何是好的時候，看到了對面遠方海上的一個島（Sansan）有點點火光，就叫羌游去該島取火，但是沒成功。這時候又見眼前的綠豆蠅在挖樹頭，挖久了竟然摩擦生火，他們才從綠豆蠅學得了鑽木取火的技巧，從此有了火，有了熟的食物，過著快樂的生活。那時候天地離得很近，有一天從天上掉下來一顆檳榔，妹妹吃了又吐出紅色口水，不久便懷了孕，生下一個男孩取名叫斯馬拉萊，意思是「太陽之子」，這時太陽正照射著他們，同時從天上掉下來布、帶子、揹布、搖籃、胸兜、矛、大藤蓆、白、杵等九件嬰兒用品。太陽神還叫他們用大藤蓆消退洪水，用杵把天頂高。太陽神又教他們把兩個鍋相扣在一起，插上矛用力轉動，口中唸咒語：「天亮時，要聽到孩子的哭聲」，果然天亮時有兩個一男一女的孩子在哭，從此

他們就有了鄰居，這兩人長大後結成夫妻，可是因為是同胞的近親婚姻，生下了一個瞎眼的，一個跛腳的。這一對夫妻就是大南社最先的貴族。

劉寧顏總纂《重修台灣省通志卷三住民志同冑篇》載「大南社洪水神話」：（註八）

　　最初有兄妹二人、Ataliu 和 Motokotoko 二人在收穫節時做祭不慎犯了禁忌，忽然就天昏地暗下起大雨、洪水滾滾而來，二人非常害怕，躲進屋中，點起松木 Alon，卻點不著。後來點了一根掛有肥豬肉的木頭，才將火點著。二人藉著木棍的火光向山上爬，但是水越漲越高，最後他們到了 Kintool，那是最高的山，四周都被洪水淹沒，很多野獸和鳥類也都聚集在這座山。後來火突然熄滅了，兄妹不知如何是好，這時看見對面 Sansan 島上有火光，就叫鹿（Toapolo）和羌（Aketsi）互換其角，由羌游去該島，用角點火回來；但是回程時水很大、羌角大身體小，所以沉沒水中，火因而熄滅。後來兩人看見綠豆蠅（Alalonau）一直在挖 Alootsa（一種樹），Alootsa 突然生煙，於是兩人就學會了鑽木取火，也知道用火燒飯。那時天離地很近，有一天妹妹正在織布、忽然從天上掉下顆檳榔，她吃了，不料吐出的口水都是紅色的，她就問哥哥為什麼吃了那天上掉下來的東西後口水就變紅，但是哥哥也不知道。不久妹妹就懷孕了，哥哥懷疑她與獸類通姦，但她否認。不久，妹妹生下了一個漂亮的男孩，取名叫 Sumalalai，意為太陽之子，這時太陽正照著他們，同時從天上丟下九樣東西：包嬰孩的布（Sapuka）、背小孩的帶子（Alai）、背起小孩後所用的包布（Salukuluku）、搖籃（Tatui）、胸兜（Tapa）、矛（Itili）、大藤蓆（Papasola）、臼（Lon）、杵（Asol）；並叫 Sumalalai 用大藤蓆平洪水，用杵頂天，……後來太陽又叫 Sumalalai 把兩個鍋相扣，在上面插上矛並且轉動，插矛時並且要喊道：「天亮可聽到孩子在哭」（Ton-i-sau ulan-yan sakalimatamatan）。說這樣喊過以後，就可以得

到鄰居。Sumalalai 照著做了以後，就聽見鍋內有兩個小孩啼哭的聲音，原來是一個叫 Kalimatau，又叫 Sakalimatamatau 的男孩，和一個名叫 Sumalasalu 的女孩。二人長大後結成夫婦，然而因為兩人原是同胞，所生的孩子不是瞎眼就是跛足。這兩人都是貴族。後來 Sumalalai 叫 Kalimatau 出去巡視附近是否有其他人。Kalimatau 就帶了裝粟穗（Kaloa）的容器和竹手杖啟程，他一直走到了一個叫作 Takalausi 的地方，碰到一些人。Kalimatau 就對他們說：「原來你們也有火，你們吃些什麼東西呢」？當地人答說他們吃的是「草」，因而 Kalimatau 自此才懂得取用草也就是野菜當食物；Kalimatau 就拿了串粟穗送給他們，對他們說：「你們以後可以播種，我要走了，要到別的地方再找人」。……回到 Kintool 地方。他在 Kintool 觀看附近的山勢地形，發現都是石塊，沒有草、木和土的生長，Kalimatau 恐怕以後生活會發生問題，就命令蚯蚓到各處排泄糞便，因此各地才有了土壤，草木也才生長起來。Kalimatau 所巡視的走過的地方，都算是大南（Talomak）的領域。

陳千武譯述《台灣原住民的母語傳說》載「多納、萬山洪水神話」：（註九）

　　大洪水的時候，人們都逃難到帖巴達蘭山，但是他們沒有火種，便派羌去取火、唧命取火的羌雖然取得火回來，但是繫在角上的火把燒得太快，燒到牠的角，牠忍不住痛便把角浸入水裡，火還是熄掉了。後來人們正在苦思良策的時候，忽然看見一隻蒼蠅在搓手，他們靈機一動，便轉念搓弄著樹枝生火，這樣就有火可供煮食取暖了。

本則故事記載，大洪水氾濫大地的時候，人們發明了鑽木以取火煮食的方法。

林道生編著《原住民神話故事全集（二）》載「多納社洪水故事」：（註十）

　　在一次大洪水的時候，各部落的人都往狄阿巴拉蘭

（Tiapadalan）逃難。狄阿巴拉蘭沒有火，造成生活的不方便，有一隻羌願意游過洪水去卡特姆阿努（Katomuanu）取火。羌到了卡特姆阿努，把火種綁在角上游了回來，家家戶戶產生起火來煮小米飯，吃了暖呼呼的小米飯個個都恢復了元氣。不久，洪水退了，有些人隨著水流到下游，留在山上的成了山地人，到下游平地的人成了平地人。一條蛇爬過的痕跡成了一條溪，水經過了溪流往下流。後來陸續有了知姆（Tebu）、巴路巴拉努（Barubaranu）、拉拉卡路（Lalagalu）、塔塔拉斯（Tatalasu）、塔路古拉努（Talugulanu）、巴茲卡努（Paatsuganu）、塔西勞波阿努（Taseauboanu）等新部落。巴茲卡努社的人打獵來到這裡的部落，回去時無意中留下了獵犬，回到半路才又折回來找狗，但是狗不願意走，好像喜歡這裡的廣大地方，大家就留了下來焚火燒山，建立新家園多納社（Kogadavanu），大家和睦相處，互相嫁娶，成了親戚，生下許多子孫。

本則傳說故事情節要述如下：

（一）大洪水的時候，各部落的人都往狄阿巴拉蘭逃難。

（二）有一隻羌游過洪水去卡特姆阿努取火。

（三）洪水退後，留在山上的成了山地人，到下游平地的人成了平地人。

（四）一條蛇爬過的痕跡成了一條溪。

（五）族人陸續成立知姆、巴路巴拉努、拉拉卡路、塔塔拉斯、塔路古拉努、巴茲卡努、塔西勞波阿努等新部落。

（六）巴茲卡努社的人打獵，卻無意中留下了獵犬。

（七）獵人折回找狗，但是狗不願意走。

（八）族人就留下來焚火燒山，建立新家園多納社。

台灣總督府臨時台灣舊慣調查會《番族慣習調查報告書第五卷：排灣族》載「好茶社洪水神話」：（註十一）

　　昔時 Padain 社有稱為 Tjavulung 的神人，從大武山歸來，對社民說：「我歸來了，你們為什麼不宰豬呢？」社民

們不肯，於是神怒曰：「那麼要將此下界化為海洋。」乃以手攪動地面，突然發生大水，並成為一片汪洋。那時 Vuculj 登上大武山，而我們 Drekai 則登上霧頭山避難數月後，Tjavulung 抽出海栓，因而水漸減退，我們得以再歸來本社。起初我們剛一登上霧頭山躲避洪水，就失去以往所有的火，大家為此困擾。當時有一隻羌游到大武山取來樹豆之樹幹，以此製作燧具生火，從此時起我們才得知以鑽木取火之法。

這是一則 Capungan（好茶社）所傳的故事。有一神人從大武山歸來，社民不肯殺豬，神人就造洪水。

台灣總督府臨時台灣舊慣調查會《番族慣習調查報告書第五卷：排灣族》載「Adir 社洪水故事」：（註十二）

昔時發生大洪水，Vuculj 番攀登大武山，Drekai 番登上霧頭山（Parasidan）才得以倖免於難。可是洪水綿互數月而不減，人們傷腦筋，天神作雷擊，洪水因而遽然減去。

本故事是 Adir 社所傳的洪水故事。天神作雷擊，洪水因而遽然減去。

註釋

註一：巴蘇雅‧博伊哲努《台灣原住民族文學史綱（上）》，台北，里仁書局，2009年10月。

註二：陳千武譯述《台灣原住民的母語傳說》，台北，台原出版社，1995年5月。

註三：尹建中《台灣山胞各族傳統神話故事與傳說文獻編纂研究》，1994年4月。

註四：同註三。

註五：同註三。

註六：林道生編著《原住民神話故事全集（一）》，台北，漢藝色研文化事業有限公司，2001年5月。

註七：林道生編著《原住民神話故事全集（二）》，台北，漢藝色研文化事業公司，2002年1月。

註八：劉寧顏總纂《重修台灣省通志卷三住民志同胄篇》，台灣省文獻委員會，1995年5月。

註九：同註二。

註十：同註七。

註十一：台灣總督府臨時台灣舊慣調查會《番族慣習調查報告書第五卷：排灣族》。

註十二：同註十一。

魯凱族太陽與月亮神話口傳文學

第六章

　　太陽與月亮神話的母題，普遍存在於台灣各原住民族之間，也是大多世界民族都有的傳說故事。

　　金榮華《台東大南村魯凱族口傳文學》載「太陽之創生」：（註一）

　　　　子女出世後，覺得天地好暗，便說：「噯，奇怪！這個天地怎麼這樣暗呢？」於是爸爸做了一副弓箭，把箭向上射去，天就突然開了，也有了光線，可以看到圓圓的太陽，好亮好亮。

　　最早天地是黑暗的，祖先用弓箭射開了天地，出現了太陽。但是因為太陽很近，所以很熱，祖先用木棍用力往上頂，太陽就升高了。

〈孩子射太陽〉

　　　　以前有兩個太陽輪流出現，沒有夜晚，人們無法睡覺。
　　　　於是有兩個孩子前往太陽所在的地方，射死其中一個。

　　這是一則魯凱族下三社特拿社的傳說故事，這個故事很特別，一般傳說都是大人去射太陽，本則去射太陽的是兩個孩子。

　　黃世民《雲豹之鄉：隘寮群魯凱部落田野集》載「射日勇士壯烈成仁」：（註二）

　　　　遠古時有有兩個太陽，循環交替，大地竟無晝夜之分，如此的狀態，自然萬物無法休養生息。經過部落會議討論，長老仍決議派遣再位勇士兄弟前往射日。兩兄弟知道此行路途遙遠，於是出發前種下了小米，以備返家時收成，誰知這趟任務之完成，也是兩勇士生命旅途之結束，大哥往生於回途半路上，弟弟亦死於家屋門前。但其中的一個太陽被勇士射傷之後，其熱力與光度大為減弱，轉化成為今日夜晚柔和的月娘，從此大地萬物作息總算有了規律。傳說中的兩個太陽，其所隱含的意義卻是魯凱族人傳統的勇氣、堅忍，戮力完成神聖任務的決心毅力。

　　台灣原住民各族幾乎都有射日故事的口傳，魯凱族自然不例外。湊巧的是，故事裡的太陽不多不少剛好兩個，都可用來解釋日、月之生成運行變化。……優異的傳統基因，終使堅毅的勇士以過人意志達成神聖

任務。放送熾烈光芒的太陽，其中一個被力道強勁的弓箭所傷，瞬間轉為陰柔多情的月亮，大地也從此有了晝夜明暗。（註三）

〈月亮被射得遠離大地〉

　　傳說古代有兩個太陽，因此沒有白天和晚上的分別，有時候太陽會飛得很低，把草木都燒焦了，人類和所有的動物都非常痛苦。部落裡常常有小孩子被烤死，於是有人就帶著弓箭征伐太陽，把其中一個太陽射得遠離大地，於是變成了月亮，大地才有了白天和黑夜的分別。

本則傳說故事情節要述如下：

（一）古代有兩個太陽，所以沒有白天和晚上的分別。

（二）有時太陽飛得很低把草木燒焦了，小孩子被烤死，人類和一切生物很痛苦的生活著。

（三）有人帶弓箭征伐太陽，將其中一個太陽射得遠離大地變成了月亮。

陳千武《台灣原住民的母語傳說》載「下三社和特拿社射日神話」：（註四）

　　有兩個太陽輪流出現，沒有夜晚，不能睡覺，便有兩個孩子去討伐太陽，到達太陽的地方，孩子已經是大人了，很有偉氣地射死一個太陽。而一個人被太陽燒死，一個人生還回到村裡，變成了沒有牙齒的白髮老人。

本則傳說故事情節要述如下：

（一）有兩個孩子出發去討伐太陽。

（二）當兩個孩子到達太陽所在的地方，他們已經長大成人了。

（三）兩個人射死了一個太陽，一個人被太陽燒死，一個人生還。

（四）當生還者回到村裡，變成了沒有牙齒的白髮老人。

《大南社》，余萬居譯，載「多納社射日神話」：（註五）

　　古時有二個太陽，人們便計畫種了橘子樹便去射太陽。兩個小孩前去，射死了一個太陽，但其中的一人也死了，那另一人回社時，也已白髮無齒了。當時種下的橘樹也已結了

果實，Tona 社民稱讚他，但也感傷一人的死亡。

本則傳說故事情節要述如下：

（一）古時有二個太陽，人們計畫種了橘子樹便去射太陽。

（二）族人派遣兩個小孩前去射日。

（三）兩個小孩子射死了一個太陽，但其中的一人也死了。

（四）活著的射日英雄回社時，也已白髮無齒了。

（五）以前出發射日前所種的橘樹也已結了果實。

《大南社》，余萬居譯，載「小孩射日」：（註六）

　　祖先種下了作物，但因太陽太大，都枯死了，人們便派一個小孩去射日，當任務完成，已成為一個老人。他把萱葉綁成了圓捲的命令它變成人。從此有了糧食，知道了晝夜。

本則傳說故事情節要述如下：

（一）太陽太大，種下的農作物都枯死了。

（二）族人派一名小孩去射日，當任務完成，已成為一個老者。

（三）他把萱葉綁成了圓捲的命令它變成人。

（四）太陽的作息正常了，也不再那麼熱，從此有了糧食，知道了
　　　晝夜。

《台灣空中藝術文化學苑學員通訊》載「太陽下山不能讓小孩睡著」：（註七）

　　古時魯凱族有一則忌諱是說，當太陽下山時，母親千萬不能讓小孩伴著夕陽西下而睡著了。因為相傳如果小孩在此時睡著了，那麼他就會被太陽一起給帶走。而出自於母親對孩子無微不至的呵護及心情下，搖籃曲便成了最佳的歌謠代表；母親在哄孩子入睡的過程裡，以哼唱溫柔的音調讓寶貝甜蜜地睡去。

林道生編著《原住民神話故事全集（一）》載「大南社洪水、太陽、星星」：（註八）

　　（洪水氾濫），過了幾天，太陽神叫斯馬拉萊用大藤蓆揮平洪水，用杵把天頂高。斯馬拉萊照太陽神的吩咐拿起大

藤蓆在水上一揮，洪水就退去，又用杵頂了天，每頂一下天就升高一點，但是速度很緩慢。這時 Taliau（星星）看了不服地說：「你看，太陽有什麼了不起，給你的杵頂起天也沒什麼作用是吧！看看我給的攪飯用的 Alai（木匙）、墊鍋用的 Salekalu、端鍋用的 Saili 多實用，才是了不起是不是」！斯馬拉萊聽了星星的話很不是味道，生氣地用為一頂，杵就把天頂得很高，而且再也下不來了。

本則傳說故事情節要述如下：

（一）太陽神吩咐斯馬拉萊拿起大藤蓆在水上一揮，洪水就退去。

（二）太陽神又吩咐斯馬拉萊用杵頂了天，每頂一下，天就升高一點。

（三）最後斯馬拉萊用杵把天頂得很高，而且再也下不來了。

台灣總督府臨時台灣舊慣調查會《番族慣習調查報告書第五卷：排灣族》載「Dadir 社射日故事」：（註九）

　　魯凱族 Dadir 社：昔時萬斗籠 Tavulengan 家的兄弟為了討伐太陽向西出發，順利地射殺了其一。從此該太陽變為月亮，而且據說其兄死於該地，其弟則歸來成為頭目。

世居在中央山脈南端，海拔 1475 公尺的萬頭蘭山西方約 2 公里的魯凱族萬山部落，在清代稱萬斗籠社（Mantauran）。

台灣總督府臨時台灣舊慣調查會《番族慣習調查報告書第五卷：排灣族》載「Ɂadir 社月亮的故事」：（註十）

　　魯凱族 Ɂadir 社：雖然不知太陽有兩個，但是昔時月亮常降到地上來，人們苦於其暑氣。那時有一婦人將自己的衣服脫下給月亮，月亮拿著該衣服昇天，爾後以其穿在身上出現，據說從此時起其光亮便不如以前強烈了。

古時候月亮常降到地上來，人們苦於其暑氣。有一婦人送衣服給她，月亮穿上衣服，光亮便不如以前強烈了。

台灣總督府臨時台灣舊慣調查會《番族慣習調查報告書第五卷：排灣族》載「Capungan 社頭目祖先射日」：（註十一）

▲ 魯凱族有很多太陽的故事／田哲益提供

　　Capungan 社：頭目 Kalesengan 家的祖先射中太陽之一，太陽沿著溪降至西邊終致沈沒。其後再出現於東方時，據說已無前日的光輝而成為今日的月亮了。

　　據傳 Capungan 社頭目 Kalesengan 家的祖先射下一個太陽，被射中的太陽變成了今日的月亮。

　　台灣總督府臨時台灣舊慣調查會《番族慣習調查報告書第五卷：排灣族》載「Kaviyangan 社杵戳天空使太陽上昇」：（註十二）

　　Kaviyangan 社：往昔太陽有兩個，因此祖神給其中之一棉被，並說：「請睡一下。」太陽遵照其話來做，從此以後太陽每天睡一次，其間便成為夜晚。又往昔太陽坐在天空上不動，非常炎熱，草木枯死，人們為此所苦。於是祖神 Saljimlji 以杵戳天空，據說天空竟跳起來上昇到今日的高度才停止。

　　本傳說深具童趣與想像，「祖神送棉被，讓太陽睡」，於是大地有了白晝與黑夜。

　　紀佩君《驚艷屏東原味十足：屏東縣原住民地區文化生態旅遊深度導覽手冊》載：（註十三）

　　相傳在遠古時代，世界上有二個太陽輪流照射著大地，

許多農作物都因太陽太過熾烈而枯死，甚至還有小孩子在太陽底下曝曬過久而死亡。於是族人們決定派遣部落裡最勇敢的勇士——兩位兄弟去把太陽射下來，讓族人們得以生存。於是勇士兄弟兩人帶著族人的祝福踏上射日遠征之路。歷經千辛萬苦，路上與無數猛獸搏鬥，克服天氣變化的考驗，終於到達太陽休息的地方，兩人憑著一路上培養出來的高超打獵技巧，在與兩個太陽激烈搏鬥後，終於射中了其中一個太陽的眼睛，這個太陽的亮度逐漸減弱，最後變成了月亮，另一個太陽則嚇得躲了起來，從此太陽與月亮為不讓這兩兄弟再同時遇到，就只敢輪流出現在地平面之上，而魯凱族也得以繼續生存下來。

註釋

註一：金榮華《台東大南村魯凱族口傳文學》，中國文化大學。

註二：黃世民《雲豹之鄉：隘寮群魯凱部落田野集》，潮州高中，2003年7月。

註三：同註二。

註四：陳千武譯述《台灣原住民的母語傳說》，台北，台原出版社，1995年5月。

註五：尹建中《台灣山胞各族傳統神話故事與傳說文獻編纂研究》，1994年4月。

註六：同註五。

註七：《台灣空中藝術文化學苑學員通訊》6期，財團法人台灣省文化基金會，2001年5月。

註八：林道生編著《原住民神話故事全集（一）》，台北，漢藝色研文化事業有限公司，2001年5月。

註九：台灣總督府臨時台灣舊慣調查會《番族慣習調查報告書第五卷：排灣族》，中央研究院民族學研究所編譯，2003年。

註十：同註九。

註十一：同註九。

註十二：同註九。

註十三）紀佩君《驚艷屏東原味十足：屏東縣原住民地區文化生態旅遊深度導覽手冊》，屏東縣政府原住民行政局，2003年3月。

魯凱族變異口傳文學

第七章

　　原住民族每個族群都有十分豐富的動物故事，同時其中幾乎都存在變形的情節，例如魯凱族有人變植物者，例如人變榕樹；有人變器物者，例如人變蜻蜓珠；有人變飛禽者，例如人變烏鴉、人變鳥；有人變動物者，例如人變豹、人變熊、人變猴子、人變老鼠；有人變昆蟲者，例如人變臭蟲；有植物變成人者，例如萱葉變成人等。

　　「變形」（Me tamorphosis）一詞係指民間文學中，尤其敘事性的神話、傳說及民間故事情節裡，有意或無意藉著誇大、縮小、移情、擬人、擬物等等方式，改變神、人與動植物昆蟲原有形態樣貌，其變化之結果，與一般正常的存在或表現方式有極大之差異。此種相離相悖之過程及現象，在神話研究中恆受極大注目。（註一）

一、魯凱族女人變榕樹傳說故事

　　陳千武譯述《台灣原住民的母語傳說》載「特那社女人變榕樹」：（註二）

　　　　祖先的一男一女相愛，男的叫馬克魯，女的叫泰那勞。馬克魯用葛藤做鞦韆。祖母說：「這葛藤不好，去採大的葛藤來換。」女人說：「不斷就好。」男人說：「沒有問題，不會斷。」然後，泰那勞坐上鞦韆，她說：「你看，我有點害怕。」祖母說：「不要坐鞦韆，萬一摔死了，怎麼辦？」泰那勞說：「不，我要坐坐看，不坐的話，對拼命做鞦韆的人不好。我真害羞，請你慢慢推吧，推啊，推啊，啊，真舒適，推啊，推高一點，再高一點，啊，有風，我好像醉了，風，危險，我好像要墜落下來！」因為她掙扎，扭轉，葛藤斷了。她墜落下來，變成榕樹，她的頭髮變成根鬚。馬克魯悲傷地哭了，壯丁安慰他說：「是她自己墜落下來的，命運，沒有辦法。也許遭遇報應了，因為她討厭我們。」女人說：「我變成榕樹了，美男子靠近我，樹液流不出來；醜男子靠近我，樹液會流出來。」

　　本則傳說故事情節要述如下：

（一）一對男女相愛，男的叫馬克魯，女的叫泰那勞。

（二）馬克魯用葛藤做鞦韆。

（三）泰那勞坐上鞦韆，馬克魯越推越高，因為泰那勞掙扎、扭轉，葛藤斷了。她墜落下來，變成榕樹，她的頭髮變成根鬚。

（四）馬克魯悲傷哭泣，壯丁安慰說：你無須自責，是她自己墜落下來的，也許是報應，因為她討厭我們。變成榕樹的泰那勞說：「我變成榕樹了，美男子靠近我，樹液流不出來；醜男子靠近我，樹液會流出來」。

（五）本故事值得注意的是祖母似乎有預感會發生不幸，她說過兩次警語：

　　1、「這葛藤不好，去採大的葛藤來換。」

　　2、「不要坐鞦韆，萬一摔死了，怎麼辦？」

《大南社》，余萬居譯，載「女子變榕樹」：(註三)

　　從前有對相愛的男女，兩人用藤葛做了秋千，還特定選了根粗的藤條，但仍看起來十分危險。但女子仍堅持要試試，結果藤斷，她掉了下來變成了榕樹，她的頭髮變成了樹根。那男子很傷心，但社民說這是遭天譴，能怨誰？

本則傳說故事情節要述如下：

（一）一對相愛的男女用藤葛做了鞦韆，看起來十分危險。

（二）女子任性堅持要試，結果藤斷，她掉下來變成榕樹，其髮變成了樹根。

二、魯凱族人變蜻蜓珠傳說故事

　　陳千武譯述《台灣原住民的母語傳說》載「毛投蘭社男女變成蜻蜓珠」：(註四)

　　有個青年和女孩相愛，青年是頭目，女孩是平民。因為門戶不對，他的母親說：「雖然相愛，也不能結婚。」青年很悲傷，鬱鬱不樂，終於死了，女孩也跟著死了。青年和女孩都變成蜻蜓珠。女孩變的蜻蜓珠是不好的蜻蜓珠，因為她是平民。

本則傳說故事情節要述如下：

（一）一對男女相戀，男子是頭目家，女子是平民家。

（二）男子的母親不准讓他們結婚。

（三）男子很悲傷，鬱鬱不樂，終於死了，變成蜻蜓珠。

（四）女子也跟著死了，也變成蜻蜓珠，不過因為她是平民，所以
變成等級較次等的蜻蜓珠。

三、魯凱族人變鳥傳說故事

陳千武譯述《台灣原住民的母語傳說》載「麻卡社兄弟變鳥」：（註
五）

> 母親帶孩子去旱田虐待孩子吃番薯皮，兄弟倆便拿衣服
> 剪成翅膀，變鳥飛走。父親從打獵回家知道了，用沸騰的水
> 潑上母親，把她殺死。

本則傳說故事情節要述如下：

（一）母親帶兩個孩子去旱田虐待孩子吃番薯皮。

（二）兄弟倆把衣服剪成翅膀，變成鳥飛走了。

（三）父親從獵場狩獵回來，用沸騰的水潑上母親，把她殺死。

四、魯凱族人變豹傳說故事

陳千武譯述《台灣原住民的母語傳說》載「毛投蘭社人變豹」：（註
六）

> 有個青年，討厭父親管得太嚴，他想，我該變成什麼好呢？
> 豬或熊，山羊或羌，猴子或豹？青年身上長了毛，把毛拔起來，
> 越拔長得越多。他母親說：「你怎麼啦？身上長了毛？」「我要
> 做豹！」哥哥變成豹，向弟弟說：「你要打獵的時候，就經過水
> 源地去吧，因為我要把獵物放在水源地。如果獵到山羊，還溫
> 暖，我就還有命；如果是冷卻了的，你就認為我已經死了。」

本則傳說故事情節要述如下：

（一）父親管得太嚴，孩子受不了。

（二）這位孩子一心想變成動物。

（三）母親發現他身上長了毛並變成了豹。

（四）他對弟弟說：「如果獵到山羊，還溫暖，我就還有命；如果是冷卻了的，你就認為我已經死了。」

《大南社》，余萬居譯，載「青年變豹」：（註七）

　　有個青年，他非常討厭他父親。於是想變成動物，思索要變什麼時，當想要變豹時，全身便開始長毛了。豹兄臨走前告訴弟弟，打獵時往水源地走，我會把我的獵物放在那兒，若山羊屍體是暖，就表示我活著，若動物已經冷了，你就當作我已經死了。

本則故事與上則傳說相似。

五、魯凱族人變熊、豹傳說故事

金榮華《台灣高屏地區魯凱族民間故事》載「人變熊與豹」：（註八）

　　從前，有一對兄弟，他們感情非常好。有一天，他們的母親要他們到田裡去工作，給他們準備了兩份便當。他們的便當就是我們現在的粽子。弟弟的便當包的都是肉，而哥哥的便當包的是蟑螂。於是他們兩個就往田裡去工作了。到了中午，他們準備吃午餐，哥哥對弟弟說：「先把你的便當打開，看看裡面包的是什麼菜。」弟弟把便當打開一看，裡面都是肉。哥哥把他的便當打開看，裡面包的都是蟑螂。哥哥心裡感到很難過，為什麼我們的母親對我這樣不好？於是他對弟弟說：「你吃你的便當吧！」但是，因為他們兄弟兩人的感情很好，弟弟對哥哥說：「不要難過，來，我們一起吃我們的便當。」但是哥哥說：「不必。」因此，弟弟也感到很難過。到了下午，他們準備要收工回去的時候，哥哥說：「我不回家。因為媽媽不喜歡我，我要留在這裡。」弟弟說：「如果你不回去，我也不要回家。」於是他們商量留在山上變成野獸。哥哥叫弟弟把衣服脫下來，在弟弟的身上畫了很

多很多花紋，畫得很漂亮，然後告訴弟弟：「你要變成一隻豹。」接著弟弟在哥哥的身上畫，因為弟弟不會畫，所用的顏色都是黑色，只有在頭上畫了白的花紋。結果哥哥變成了一隻熊。弟兄兩人分別變成豹和熊以後，開始在山上生活。哥哥說：「我們約定，誰獵到了動物，都要留一些在一個地方共同分享。」因此當哥哥獵到動物的時候，就留下一隻大腿給弟弟吃。而弟弟獵到什麼動物的時候，因為好吃，則只留下一隻小腿。他們就這樣一直在山上過著豹與熊的生活。

哥哥變成熊，弟弟變成豹，他們變成動物後，感情還是依舊很好。

六、魯凱族人變烏鴉傳說故事

《大南社》，余萬居譯，載「孩子變成烏鴉」：(註九)

Spurununa 出外打獵，吩咐妻子不要把孩子帶到田中，但妻子不理仍把孩子帶至田中。她挖了地瓜，並烤了帶到樹上吃，把皮丟下給孩子吃，又讓孩子在田裡等，自己一個回村子。孩子們哭著想要變成烏鴉，於是，剪了衣服作翅膀，飛到了樹上。Spurununa 回到家便問妻子孩子在那，便出去田裡找。看到了在樹上的孩子，把他們帶回家。接著燒開水，燙死了妻子，然後搬到山上去了。

本則傳說故事情節要述如下：

（一）丈夫出外打獵，吩咐妻子不要把
　　　孩子帶到田中。

（二）妻子不理會丈夫之吩咐，仍然把
　　　孩子帶至田中。

（三）妻子在田裡挖了地瓜，並烤了帶
　　　到樹上吃。

（四）妻子是一位虐待狂，自己在樹上
　　　吃地瓜，而把皮丟下給孩子吃。

▲ 魯凱族有人變烏鴉傳說故事
／田哲益提供

（五）妻子自己先行回村子，卻留下孩子在田裡等。

（六）孩子們哭著想要變成烏鴉，於是，剪了衣服作翅膀，飛到了
　　　樹上。

（七）丈夫狩獵回來，便去田裡尋找孩子。

（八）丈夫看到孩子在樹上，便把他們帶回家。

（九）丈夫回到家，把妻子燙死，就搬到山上去了。

金榮華《台灣高屏地區魯凱族民間故事》載「兄弟變成烏鴉」：(註
十）

　　從前，有一位勇敢的武士，和一位美麗的女孩子結婚，
生下了兩個可愛的孩子。但是，後來妻子病故，這位勇敢的
武士非常傷心，為了孩子，只好再娶。有一天，這位勇敢的
武士準備到山上去打獵，當他出門的時候，叮嚀著他的太太
說：「要好好照顧小孩，不要讓他們到田裡去，以免發生危
險。」可是，這位繼母在丈夫出門不久以後，便帶著兄弟到
田裡工作。到了中午，她挖了一些地瓜來烤，然後把這些香
噴噴的地瓜藏在衣服裡面，獨自爬到樹上去吃。可憐的孩子
們在樹底下哭著說：「媽媽，我們好餓，給我們吃些地瓜
吧！」但是，任憑那兩兄弟不斷地哀求，這位繼母理都不理，
只丟些不能吃的地瓜皮，兄弟兩人便邊哭邊撿那些地瓜皮
吃。到了太陽快要下山的時候，繼母對孩子說：「你們在這
裡等，我先把這些挖出來的地瓜背回家，待會再來帶你們回
家。」沒想到這位心狠的繼母，不僅留下了那兩個小孩，獨
自回到家裡，還把回家路上的吊橋弄斷，可憐的小兄弟在田
裡左等右等，一直不見他們的繼母回來。天色漸漸的暗了，
他們著急得不斷地哭著說：「媽媽怎麼還不來接我們，媽媽
怎麼還不來接我們！」最後，哥哥牽著弟弟的手說：「我們
來變成烏鴉飛回去吧！」於是，哥哥把黑色的背帶撕成幾塊
做他們的翅膀。接著哥哥拍拍翅膀飛到樹上，弟弟也隨著拍
拍翅膀飛了上去。這時候天已黑了，沒有辦法看清方向，兄

弟兩人只好緊抱在一起，睡在樹上。第二天早上，武士從山上打獵回來。他獵得很多很多的山豬肉，很高興地要拿給孩子吃，但沒有見到孩子，便問太太：「孩子們到那裡去了？」這位繼母若無其事地說：「不知道啊！」於是，這位勇敢的武士著急得不得了。他找遍了每一個角落，但總是看不見他的兩個兒子。後來有人告訴他說：「我看到你的太太和孩子們一起到田裡去的。」因此，這位武士又跑到田裡去找。當他到田裡的時候，樹上的烏鴉飛下來朝著他叫：「爸！爸！」也就是烏鴉叫：「ㄚ─ㄚ」的聲音。武士立刻知道，這兩隻烏鴉是他的孩子變的。烏鴉對父親哭訴經過，武士聽了非常生氣，回家將他的太太趕出了家門。小兄弟倆變成了烏鴉之後，武士仍然不斷地把獵到的食物給他們吃。爸爸老了，變成烏鴉的兄弟倆也常常將食物帶回家給老武士吃，並且不停地叫著：「爸！爸！」

七、魯凱族萱葉變成人傳說故事

《大南社》，余萬居譯，載「萱葉綁成圓捲變成人」：（註十一）

祖先種下了作物，但因太陽太大，都枯死了，人們便派一個小孩去射日，當任務完成，已成為一個老人。他把萱葉綁了圓捲的命令它變成人。從此有了糧食，知道了晝夜。

本則傳說故事敘述，射日者將萱葉綁成了圓捲並命令它變成人。

八、魯凱族人變猴子傳說故事

《大南社》，余萬居譯，載「不按規矩煮粟變成猴子」：（註十二）

古時候煮穀類，只要一粒就可煮滿鍋，所以不匱乏。可是，Atsiytra 家人的人覺得一粒粒煮太麻煩了，就把一穗的粟去煮，沒想到粟熟時溢了整個屋子，那些人均死了，其他倖存的人也變成了猴子。

本則傳說故事情節要述如下：

（一）古時候的人煮穀類，只要一粒就可煮滿鍋，所以生活不虞匱乏。

（二）Atsiytra 家人們覺得一粒一粒煮實在是太麻煩了，就把一穗的粟拿去煮。

（三）結果粟熟時溢了整個屋子，那些人均死了，其他倖存的人也變成了猴子。

《大南社》，余萬居譯，載「用手去攪熱燙的粟變成猴子」：（註十三）

　　有一人正在煮粟，但不知用什麼東西攪飯，於是用手去攪，因太燙發出了叫聲，便變成了猴子，坐在架子上，最後他跑進深山去了。

本則傳說故事情節要述如下：

（一）有一人正在煮粟，用手去攪，因太燙發出了叫聲，便變成了猴子。

（二）他變成猴子之後，跑進深山去了。

九、魯凱族人變臭蟲傳說故事

《大南社》，余萬居譯，載「人變成臭蟲〉（註十四）

　　有一人因他想睡覺和放煙斗在某處，均不被允許，於是變成了臭蟲，盛滿了臼子。人們便燒開水，潑在臼上，但仍跑掉了一隻。

本則傳說故事情節要述如下：

（一）有一人因他想睡覺，不被允許，又想放煙斗在某處，也不被允許，於是變成了臭蟲，盛滿了臼子。

（二）人們燒開水潑在臼上，但是仍然跑掉了一隻，因此現在有很多臭蟲。

陳千武譯述《台灣原住民的母語傳說》載「麻卡社人變成臭蟲」：（註十五）

　　我要睡在這裡，然而，我該把唾液吐在什麼地方？我不

得已吐了唾液，我的兄弟卻很生氣。於是，我要變成老鼠，我要咬你的山羊皮和你珍愛的東西。我要在屋頂上和地洞亂跑，你要射殺我，也找不到我躲在什麼地方。我要睡在這裡，不行，這裡是我放煙管的地方，那我該怎麼辦？這也不行，那也不行，我該變成什麼？變成臭蟲吧！我要咬你，我會分裂，分成很多臭蟲，充滿在白子裡。燒開水，你用沸騰的開水，潑上我。只要有一隻跳走，臭蟲就不會滅種。

本則傳說故事敘述有一個人想要變成動物，以報復他人對於他的不悅：

（一）我要睡在這裡，我吐了唾液，我的兄弟卻很生氣。

（二）變成老鼠咬破你的山羊皮和其他東西；要在屋頂上和地洞亂跑，你欲殺我也找不到我躲藏的地方。

（三）變成臭蟲咬你，讓你煩躁。

十、魯凱族人變鼠傳說故事

《大南社》，余萬居譯，載「人變鼠」：（註十六）

有一人因他睡時吐痰，引他兄弟生氣，於是想要變成老鼠，咬兄弟的東西和山羊皮，然後爬在屋頂上，讓人找不到。

本則傳說故事敘述有一人想要變成老鼠，以報復他兄弟生氣他吐痰，他要「咬兄弟的東西和山羊皮，然後爬在屋頂上，讓人找不到」。

十一、魯凱族人變茄苳樹

黃世民《雲豹之鄉：隘寮群魯凱部落田野集》載「古樂勒樂（Kulelele）與莫阿該以該（Moakaikai）」：（註十七）

從前有個貴族家庭，頭目塔諾阿諾巴克（Tanoanobake）與妻子萊利瑪（Lailima），生了一個像極了 Limuasanl（彩虹女）那樣美麗的女孩，取名為莫阿該以該（Moakaikai）。父母親十分疼愛她，給她吃最好的食物，只要莫阿該以該在的地方，都懸掛著一道美麗的彩虹。莫阿該以該 12、3 歲時，

前往一個頭目家那裡玩，從此與古樂勒樂（Kulelele）開始相戀。當莫阿該以該有了身孕之後，古樂勒樂便在家屋門口插上一熊鷹羽（Adisi），對之呼曰：「此胎若為女孩，羽毛將現血跡；如果是男孩，羽毛不會傾倒，也不會改變色澤。」女嬰出世後，古樂勒樂幾次感覺家裡有小孩味道，但莫阿該以該一直以幫朋友看顧小孩之理由回答應付。當古樂勒樂再度外出，莫阿該以該便利用此空檔為小孩洗澡、餵奶，並對之呼曰：「但願我的女兒能走路，並成為一位成熟的少女！」語畢，一切果然都應驗了。莫阿該以該終於決定讓女兒為父親送飯去，同時交待：「如果父親問起，妳就說：『你看我的頭髮和指甲像不像你，如果像，那我就是你的女兒。』」古樂勒樂，見到女孩後便問：「你是那一人家的女兒？」女孩照著母親交待的話重複了一遍，古樂勒樂對女孩端詳之後便說：「我，帶妳到溪裡洗頭。」到了河邊，古樂勒樂對空呼喊：「但願，溪水能夠暴漲！」語畢，水位疾速上升的溪流已萬馬奔騰，古樂勒樂的女兒終於沉沒在洶湧的溪流之中。在洪水逐漸退去的同時，女兒已轉化為一株茄苳樹，極度傷心的莫阿該以該亦化變為茄苳樹。此事之後，茄苳樹從此成為族人的禁忌，茄苳樹葉所碰觸的食物不能食用，其木材不可燃燒，亦不得雕刻，更不可攜回家屋。

註釋

註一：巴蘇雅‧博伊哲努《原住民的神話與文學》，台原出版社，1999 年 6 月。

註二：陳千武譯述《台灣原住民的母語傳說》，台北，台原出版社，1995 年 5 月。

註三：尹建中《台灣山胞各族傳統神話故事與傳說文獻編纂研究》，1994 年 4 月。

註四：同註二。

註五：同註二。

註六：同註二。

註七：同註三。

註八：金榮華《台灣高屏地區魯凱族民間故事》，中國口傳文學學會，1999 年。

註九：同註三。

註十：同註八。

註十一：同註三。

註十二：同註三。

註十三：同註三。

註十四：同註三。

註十五：同註二。

註十六：同註三。

註十七：黃世民《雲豹之鄉：隘寮群魯凱部落田野集》，潮州高中，2003 年 7 月。

魯凱族地底人與小矮人口傳文學

第八章

一、魯凱族地底人傳說故事

　　魯凱族的觀念裡，除了地上生活著人類之外，地底下也有另外一種地底人生活著，地底世界的生活比地上人類的生活幸福多了。

　　《大南社》，余萬居譯，載「長有尾巴的地底人」：(註一)

　　　　從前在人仔山這個地方，地中有一個大洞，可通往地下部落，地下部落的人均長有尾巴，當人們走進時，他們便將尾巴藏在臼裡。人們到那去喝了水就大便，大便都會變成紅色小圓柱狀的玉石，將之拿起吸一下，裡面就會形成了洞孔。

　　本則傳說故事情節要述如下：

　　(一)進入地底世界的通口是在人仔山的一個大洞，可通往地下部落。

　　(二)地下部落的人均長有尾巴，當地上的人們走進時，他們害羞，便會將尾巴藏在臼裡。

　　(三)地上的人在那裡喝水就去解手，糞便會變成紅色小圓柱狀的玉石，將之吸一下即會形成洞孔。

　　林道生編著《原住民神話故事全集(二)》載「人仔山的孕婦石」：(註二)

　　　　人仔山（Adanasa）是以前大南社的人經常去交易小米的地方。從前人仔山有個洞穴，由洞穴進去可以通到地下的部落。現在有一塊看來令人恐怖邪惡的大石頭堵塞了洞口，長了許多密密麻麻的竹子。這些竹子以前只有一株，上面枝葉茂盛。現在竹子旁邊也長了許多藤，陰邪地令人恐怖。大南社的人都把它當做是禁地，不能靠近人仔山洞口，連用手指它都是禁忌。地下部落的人都長了尾巴。當大南社人接近部落向他們打招呼，所有的人就趕緊跑到臼的旁邊，把尾巴隱藏在臼裡面，以免被人看到而害羞。大南社人一到地下進入他們的家就走到水瓶的地方喝他們的水。地下的人一看，就說：「啊！是我們的親屬呀！」大南社人喝完水就地解大

便，不可思議地竟解了一粒粒小圓形的紅球。地下人擁有許多穀物，那時候的大南社並沒有穀物。最先地上人與地下人還沒有交易的時候，每當大南社的祖先去了地下遊玩要回地上就被地下人要求檢查，甚至於脫光裸露身體，生怕地上人從地下帶回去一粒穀物，因為那樣是他們的禁忌。大南社的祖先們很羨慕地下的穀物豐富，一方面又害怕有一天地上食物用盡，全部落的人都會餓死，於是商量好下次去地下遊玩回來時男女都在私處偷藏幾粒穀物帶回來。他們就照做了，雖然經過地下人的嚴格檢查指甲、鼻子、嘴巴、耳朵、屁股，還是過了關，因為大南社人把地下的穀物藏在私處帶了回來。他們把穀物播種在屋子的前後繁殖。那時候要煮小米（粟），只要一小穗就可以煮成一大鍋，米的話更是一粒就夠一家人吃了。用手抓一把米就夠一家人吃一整年。後來地下人知道地上的大南社人從地下帶回去穀物，就開始與地上有交易。有一次，大南社一位懷孕的婦女到地下部落去交易後要回去，當她來到地下與地上交界的洞口，覺得大為不舒服而呻吟起來。這一痛苦的聲音使她化做一塊石頭堵塞了出口。從此大南社人再也不能去地下部落交易了。那塊石頭現在還在那邊，樣子就像婦女揹負著孩子，形成為一個大人跟一個小孩，雙體相連，中間鼓起來的地方正是懷了孕的大肚子。孕婦石堵塞了入口的初期，大南社還擁有不少穀物。有一次，阿茲基勞（Atsigirau）家的人，由於擁有許多穀物，想知道用一大穗小米煮的結果會是如何而做了嘗試。沒想到煮了一大穗小米，當小米熟了的時候，竟溢出了鍋流滿了整個屋子，一家有許多人都被小米燙死了。少數沒死的也變成了現在的猴子。他們的家屋有一段時期還殘存著，現在已經不見了。自從孕婦石堵塞了洞口的入口，大南社的人就不敢經過人仔山，甚至於在附近也不敢吹笛子。大南社人說：「如果有人能夠除掉那石頭，我們才會到那邊。」

本則傳說故事情節要逑如下：

（一）人仔山是以前大南社的人經常去交易小米的地方。

（二）人仔山有個洞穴，由洞穴進去可以通到地下的部落。

（三）人仔山有一塊看來令人感到恐怖、邪惡的大石頭堵塞了洞口，長了許多密密麻麻的竹子。

（四）地下部落的人都長了尾巴。當地上人來到，所有地下人趕緊跑到臼上，把尾巴隱藏在臼裡面，以免被人看到而害羞。

（五）地上人進入地下人的家就走到水瓶的地方喝他們的水。喝完水就地解大便，竟解了一粒粒小圓形的紅球。

（六）地下人擁有許多穀物，不准地上人攜回，檢查非常徹底。

（七）最後地上人把穀物藏在男女私處，躲過嚴密的檢查，帶到了地上種植。

（八）有一位孕婦到地下部落去交易後要回去，當她來到地下與地上交界的洞口，覺得大為不舒服而呻吟起來，化做一塊石頭堵塞了出口。從此再也不能去地下部落交易了。

（九）孕婦化石現在還在那裡，樣子就像婦女揹負著孩子，形成為一個大人跟一個小孩，雙體相連，中間鼓起來的地方正是懷了孕的大肚子。

（十）那時候要煮小米（粟），只要一小穗就可以煮成一大鍋。

（十一）有一次，阿茲基勞家的人，用一大穗小米煮，結果小米熟了溢出了鍋流滿了整個屋子，一家有許多人都被小米燙死了。少數沒死的也變成了現在的猴子。

（十二）自從孕婦石堵塞了洞口的入口，大南社的人就不敢經過人仔山，甚至於在附近也不敢吹笛子。

二、魯凱族小矮人傳說故事

《大南社》，余萬居譯，載「小矮人」：(註三)

　　Tamaolono-lipalasau 是個小矮人，善於捕捉任何獵物，他與 Uluvai-talialo 結了婚。兩人體型一大一小，但在大白天

交媾，甚至別人看見也不在乎。

本則傳說故事情節要述如下：

（一）Tamaolono-lipalasau 是個小矮人，善於捕捉任何獵物。

（二）Tamaolono-lipalasau 與 Uluvai-talialo 結了婚，兩人體型一大一小。

（三）他們兩人在大白天交媾，甚至別人看見也不在乎。

據邱金士（奧威尼・卡露斯）說，「好茶村人大約於七百年前，從古好茶遷到舊好茶，當時舊好茶就有小矮人居住，魯凱人取得小矮人同意，才定居於舊好茶，與小矮人混居在一起，矮人並替魯凱族興建五棟靈屋，迄今這五棟靈屋仍然保存在舊好茶。好茶人的口傳歷史中，形容小矮人力氣很大，他們在建靈屋時，從山上搬運巨大的石板下來，那些石板就連現在的魯凱族人也搬不動。」（註四）

好茶村的魯凱史官奧威尼曾經聽過一位 106 歲的老人勒各勒各說，她的母親小時候，推算距今約一百三十餘年前，在舊好茶看到一隊矮黑人經過部落。當他們走過她家時，她的家人都十分害怕，躲在小米倉內偷看；親見小矮人翻越大武山，往台東方向消失。（註五）

註釋

註一：尹建中《台灣山胞各族傳統神話故事與傳說文獻編纂研究》，1994 年 4 月。

註二：林道生編著《原住民神話故事全集（二）》，台北，漢藝色研文化事業有限公司，2002 年 1 月。

註三：同註一。

註四：洪田浚《台灣原住民籲天錄》，台原出版社，1995 年 5 月。

註五：王家祥《小矮人之謎》，玉山社，1999 年 6 月。

魯凱族農耕口傳文學

第九章

傳統的經濟生產方式以農耕為主，從燒墾到定耕。主要作物為小米和芋頭（旱芋），其他有樹豆和甘藷。芋頭收成後，以火烤乾加以貯存，可供一年的食用。其次的生產有狩獵、畜養和山溪捕魚。（註一）

魯凱族從事山田燒墾，並以狩獵、採集、捕魚為副業。每一社區之土地屬於地主貴族所有，直接從事生產工作者為無土地權的平民，其生產所得必須向貴族家繳付租稅。（註二）

農業耕種泛指農業、耕地和種植莊稼等農務，大多以種植雜糧為主。農業的產品一般是食物，可以維持或提昇人類生活的物品。傳統魯凱族的生計活動，以山田燒墾式的農業為生計主要來源，打獵、山溪中捕魚、採集，以及有限的家畜飼養為較次要的輔助生計活動。

一、魯凱族小米的起源傳說故事

劉寧顏總纂《重修台灣省通志卷三住民志同冑篇》載「多納部落小米起源神話」:（註三）

多納部落 Qakilatan 家的家長 Pantelu 與其妻有一天去到 Pulupuluŋan 地方稱做 Nunauanə 的田地開墾工作。將其幼子 Tanɔpakə 置於樹下的嬰兒籃中，雖然孩子一直啼哭，但夫婦二人忙於工作並未加以照顧。直到孩子哭聲停止後，夫婦察覺異狀，前去探看才發現嬰兒已失蹤，籃中卻留下一塊大石頭。夫婦二人當日返家後，晚上做夢，於夢中得神諭，神安慰他們不必難過，其子乃神靈接去照顧，幾日後會回來相會。數日之後，該名男孩果然如期返回，但那時已長成二十餘歲成人的模樣，個子高得不能直身進家屋了，並經神改名為 Takuluban。他告訴父母親說，有八位神靈陪他回來，這八位神的形貌常人無法以肉眼看見，只有 Takuluban 能見到，普通人只能以這八位神在地上所吐的痰來判斷其位置。隨後神與人便開始合作耕田，雖不能見到神的形狀，但是所砍的樹木應聲倒下，種子播於田中，以及八隻手鍬在田中不斷工作的事實則具體可見。當收穫後則協議神與人共分所

穫，一份帶回神棲之地 Pulupululaŋarə，另一份則歸部落攜回。在合作墾殖時，神靈賜給了部落民眾幾件重要的東西：小米（Vatsən）的種子，在此之前本部落亦有小米，但是屬於白色的，神所賜的是紅色與黑色種的小米，較為珍貴；另外還賜下了一套稱為 Da-aasan 的祭祀用器具，包括一個盛酒的小缽（Aputsuyan），祭祀時可作為向神或祖靈酒酹之用，一副弓箭（Pəsɔɔ），在祈晴祭時，射日儀式之用，以及一個鈴（Gingin），在祈雨祭時搖動以求雨、止旱之用。Takuluban 在將上述聖物交與父母後便離家與神長住。而 Qakilatan 家後來又將這些聖物交與同部落的 Laupalatə 家，由該家負責相關的農業祭儀。

林道生編著《原住民神話故事全集（一）》載「神靈幫忙耕作」：（註四）

　　卡基拉丹家的普多路和妻子到努鬧安開墾田地，他們把幼子達諾帕可放在樹下的搖籃中，夫妻兩人便開始了開墾工作。工作了些時候，孩子哭個不停，夫妻兩人本就習慣於幼子的哭聲，也不特別在意地繼續他們的工作。不久，幼子的哭聲突然停了，他們覺得有些奇怪才放下手邊的工作去查看。到了大樹下，搖籃內只有一塊大石頭，幼子達諾帕可卻不見了。在附近找了半天也找不著，傍晚時只好放棄尋找的工作回家。夜晚，母親做了個夢。神託夢安慰他們不必為幼子難過傷心，因為他是暫時被神接過去照顧的，不久就會平

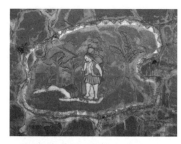

▲ 農耕背負／田哲益提供

安回來。幾天過去，他們的兒子達諾帕可終於回來，雖然才短短的幾天，不過原先的幼子已經長成為二十多歲的青年。他還告訴父母：「我已經不叫做達諾帕可了，神為我取了個新名字叫達庫路邦，而且這次有八位神靈陪我

一起回來。」不過由於他們是
神靈，一般人的肉眼是看不到
的，只有達庫路邦可以看到。
這八位神靈與卡基拉丹家人合
作耕田，工作時人們常常看到
八支鍬在空中、地上揮動著，
有時候在看不到人影的地方樹

▲ 魯凱族農作／田哲益提供

木會應聲倒下，開墾跟耕作順利而快速。當收成的時候，人
神共同分配所得，一份歸神帶回去神界普路普路拉南，一份
歸普多路帶回部落分給大家。神靈還賜給了他們紅色和黑色
的小米種子，這是不同於部落原先的白色小米而顯得特別珍
貴。另外又給了盛酒的 Aputsuyan（小缽）及各項祭祀用具。
還有一副弓箭，要他們在連續天晴造成乾旱影響作物生長
時，舉行射日儀式之用。還有一串鈴，做為祈雨儀式之用，
這樣可以幫助農作物有好的成長及收成。達庫路邦把這些聖
物交給了父母，自己便跟著八位神靈回去神界普路普路拉南
長住。後來卡基拉丹家又把這些祭祀用聖物移交給勞巴拉多
家，由他們接下部落的農業祭儀，使得部落年年豐收。

本則傳說故事情節要述如下：

（一）卡基拉丹家的普多路和妻子到努鬧安開墾田地，把幼子達諾
帕可放在樹下的搖籃中。

（二）幼子的哭聲突然停了，搖籃內只有一塊大石頭，幼子達諾帕
可卻不見了。傍晚時只好放棄尋找的工作回家。

（三）夜晚，神託夢給母親，安慰他們不必難過傷心，因為孩子只
是暫時被神接過去照顧，不久就會平安回來。

（四）過幾天，兒子達諾帕可終於回來，不過原先的幼子已經長成
為二十多歲的青年。

（五）達諾帕可的名字經神重新取了個新名字叫達庫路邦。

（六）孩子帶來了八位神靈一起來，不過由於他們是神靈，一般人

的肉眼是看不到的，只有達庫路邦可以看到。

（七）八位神靈與卡基拉丹家人合作耕田，開墾跟耕作順利而快速。

（八）收成的時候，人神共同分配所得，一份歸神帶回去神界普路普路拉南，一份歸普多路帶回部落分給大家。

（九）神靈還賜給了卡基拉丹家：

　　1、紅色和黑色的小米種子。

　　2、盛酒的 Aputsuyan（小缽）。

　　3、各項祭祀用具。

　　4、一副弓箭，用於連續天晴造成乾旱影響作物生長時，舉行射日儀式之用。

　　5、一串鈴，做為祈雨儀式之用，可以幫助農作物順利生長及收成。

（十）後來卡基拉丹家又把這些祭祀用聖物移交給勞巴拉多家，由他們接下部落的農業祭儀，使得部落年年豐收。

劉寧顏總纂《重修台灣省通志卷三住民志同胄篇》載「神幫忙耕作」：（註五）

　　多納部落 Qakilatan 家的家長 Pantelu 與其妻有一天到 Pulupulungan 地方稱作 Nunauano 的田地開墾，將其幼子 Tanopako。置於樹下的嬰兒籃中，雖然孩子一直啼哭，但夫婦二人忙於工作，並未加以照顧。直到孩子哭聲停止後，夫婦察覺異狀，前去探看，才發現嬰兒已經失蹤，籃中卻留下一塊大石頭。夫婦二人當日回家後，晚上作夢，於夢中得神諭，神安慰他們不必難過，其子乃神靈接去照顧，幾日後會回來相會。……數日後，該名男孩果然如期返回，但那時已長成二十餘歲成人的模樣，個子高得不能直身進入家屋，並經神改名為 Takuluban。他告訴父母親，有八位神靈陪他回來，這八位神的形貌常人無法以肉眼看見，只有 Takuluban 能見到。……隨後神與人便合作耕田，雖不能見到神的形狀，但是所砍的樹木應聲倒下，種子播於田中、以及八隻手鍬在田中不斷工作的事

實則具體可見。當收穫後，神與人共分收穫，一份帶回神棲之
地 Pulupululangare，另一份則由部落攜回。

二、魯凱族小米編織傳說故事

陳美玲編著《魯凱之歌》載「編織小米傳情」：（註六）

　　　　魯凱族的傳統社會是非常保守的，男女青年如果想交
往，男方要編織小米先送給中意的女孩。每到小米豐收時，
男方全家人會從豐收的小米中挑選最好的珠穗，一根一根綁
起來，綁成一大把，然後送到中意的女孩家，女方接受後，
要掛起來展示給大家看，如此，才能開始交往。而所謂的交
往，是指在眾多友人的陪同下，到女孩家唱情歌。女孩家如
果收到愈多的小米編織，顯示這家的女孩很優秀，家人感到
很光榮。男孩則是要用品質最好的小米來編織最精靈禮品，
才能從其他競爭者中，脫穎而出。

本則傳說故事情節要述如下：

（一）男女青年如果想交往，男方要編織小米先送給中意的女孩。

（二）每到小米豐收時，挑選最好的珠穗一根一根綁起來，綁成一
　　　大把，然後送到中意的女孩家。

（三）女方接受小米編織後，要掛起來展示給大家看。

（四）男子經過小米編織過程與儀式後，男女始得開始交往。

（五）所謂的交往，是指在眾多友人的陪同下，到女孩家唱情歌。

（六）女孩家如果收到愈多的小米編織，顯示這家的女孩很優秀，
　　　家人感到很光榮。

三、魯凱族土壤傳說故事

劉寧顏總纂《重修台灣省通志卷三住民志同胄篇》載「蚯蚓排糞形
成耕地」：（註七）

　　　　東魯凱的大南部落的洪水神話說：……回到 Kintool 地方。
他在 Kintool 觀看附近的山勢地形，發現都是石塊，沒有草、木

和土的生長，Kalimatau 恐怕以後生活會發生問題，就命令蚯蚓
到各處排泄糞便，因此各地才有了土壤，草木也才生長起來。
Kalimatau 所巡視的走過的地方，都算是大南（Talomak）的領域。

　　本則故事敘述東魯凱的大南社的 Kalimatau 看到 Kintool 地方都是石
塊，沒有草、木和土，於是命令蚯蚓到各處排泄糞便，因此各地才有了
土壤，草木也才生長起來，於是族人才有了耕地。

註釋

註一：姚德雄《九族文化村》，日月潭九族文化觀光事業公司，1989 年 11 月。
註二：《美麗福爾摩沙》第 19 期，台灣空中藝術文化學苑，2002 年 8 月。
註三：劉寧顏總纂《重修台灣省通志卷三住民志同胄篇》第一冊，台灣省文獻委員會，
1995 年 5 月。
註四：林道生編著《原住民神話故事全集（一）》，台北，漢藝色研文化事業有限公司，
2001 年 5 月。
註五：劉寧顏總纂《重修台灣省通志卷三住民志同胄篇）第一冊，台灣省文獻委員會，
1995 年 5 月。
註六：陳美玲編著《魯凱之歌》，屏東縣立文化中心，1999 年 6 月。
註七：同註五。

魯凱族狩獵與漁撈口傳文學

第十章

魯凱族的生活依賴種植，主要的糧食是小米和芋頭，也從事狩獵和捕魚。

奧威尼‧卡露斯《雲豹的傳人》載「獵人與百合花」：（註一）

　　魯凱人視獵人為大男人，即英雄之意。作為一個獵人必須具備過人的智慧與堅忍的精神，在山林要克服惡劣的自然環境，還要與各種動物鬥智鬥力拚個你死我活。冒這麼大的生命危險，難道只是為了取得肉食以餵養族人嗎？顯然不是，獵人除了為取得肉食外，還在探求生命意義和精神價值。狩獵是自古以來用以取得高蛋白質營養藉以生存的最原始方法，同時也是一種「生命學習」。只有在自然界中才能發現大自然的偉大奧妙，體認到自身存在的有限。只有在惡劣的環境中，才能體驗生命的可貴並且學會尊重生命。只有在戰鬥中獲勝，才能明白智慧的意義之所在，並且知道如何追求。只有在生死邊緣時，才能體悟友情的重要，並知曉如何與朋友共存共榮共享共患難的精神。只有在生死難測的變數中，學會接受命運的安排，甚至從自然中學到生生死死的真理。

對大部分的原住民來說，狩獵是求生存的方式之一，對沒有文字的原住民而言，打獵技巧以及食物保存方法全賴口耳相傳，而其中的學問，不僅是一種智慧，也是一種生活哲學。傳統魯凱族人所達之處，幾乎都屬頭目管轄。以獵區而言，通常狩獵的地點多為貴族或頭目所有，所以當狩獵者進入獵區打獵而有所獲時，必須取獵物的菁華，如山豬的腿肉等給頭目，以作為獵租或貢獻。魯凱族人打獵有一定的季節，通常是在農閒時候進行。打獵前，會先祭拜神明，祈求神明多賜予獵物；如果這次出門打獵所獲得的獵物很少，他們便會請部落裡的巫婆予以祈福，並且要殺豬以祈求神明下次能給予豐富的獵物。對身為山之子民的魯凱族而言，「獵人」在部落中，其重要性是無可替代與備受尊崇的。一名擁有輝煌成績的獵人，不僅可以獲得頭目的賞識，還會獲得相當的榮譽與權利，同時還會受到村民們的愛戴，所以傳統的狩獵對魯凱族男人而言，可以說是一種取得榮耀與權利的重要管道。（註二）

狩獵分為個人及群體狩獵方式，個人狩獵的行為上，通常是拿著弓箭或槍矛，在動物會出沒的地方埋伏偷襲。群體狩獵則分為焚山及圍山兩種，圍山是設幾個據點有人埋伏，然後其他人則由另一端驅趕動物至埋伏地點以獲取獵物，唯缺點是要人多。焚山和圍山相似，但此方法是當人數不多，而整座山全是蔓草時才能使用。另外也有設置陷阱的方法，以圈套或鐵夾或地洞捕獲，以及設一機關在其上方放重物，待獵物碰觸後重物即落下壓住。（註三）

▲ 魯凱獵人背負獵物／田哲益
提供

一、魯凱族狩獵起源傳說故事

范純甫主編《原住民風情》載「狩獵起源」：（註四）

　　魯凱人傳說：古代，山豬、野鹿、羌等都不怕人，常徘徊在村社附近，神教導人說只要拔牠們的毛，即可得肉，但切切不要傷害他們。後來，有個貪心的人用刀刈下一塊野豬肉，野豬一怒跑回深山，自此之後，人們只好到山林中去打野豬獲肉。

這是一則狩獵起源的故事，原來古代的時候，魯凱族人根本就不必到深山去打獵，因為古代的野獸就在人們居住的地方生活，只要拔牠們的一根毛，就可以變成「肉」了。

但是，有一位貪心的人，一刀殺了野豬取肉，自此動物都跑到很遠的地方去了，人類從此也就必須到很遠的地方去狩獵才有肉吃了。

二、魯凱族獵歸報信傳說故事

陳美玲編著《魯凱之歌》載「獵歸報信」：（註五）

　　魯凱族人在野外捕獲獵物，會將獵物帶回部落，在接近部落時，會沿路喊 Wa ni ni，向部落裡的人報信，一方面是

通知大家打獵的成果，一方面是向族人炫耀自己的功績。

本則傳說故事敘述狩獵隊自獵場返回部落，當接近部落時開始報信，沿路喊 Wa ni ni，一方面是通知大家打獵的成果，一方面是向族人炫耀自己的功績。

三、魯凱族狩獵分配倫理傳說故事

魯凱族人狩獵都遵循著傳統之倫理，必須納貢於所屬的頭目，獵貢有一定的規矩，租地也須納貢收獲物之百分之十。

鍾東榮〈魯凱族的文化與習俗〉載「傳統獵租」：(註六)

一般民眾均是佃民，任何利益行為均須納貢（繳稅）。例如：租地須納收獲物之百分之十；在獵場打獵，如獲鹿，以後腿二根、肝臟、心臟為獵租，其他動物：山豬以前腿及豬牙為獵租；豹牙與豹皮全部要送頭人，作為頭人階級的特權服飾。

本則敘述：

（一）一般族民均是佃民，任何利益行為均須納貢給頭目。

（二）佃民向頭目租地須納收獲物之百分之十。

（三）佃民打獵獲鹿，以後腿二根、肝臟、心臟為獵租。

（四）佃民打獵獲豬，以前腿及豬牙為獵租。

（五）佃民打獵獲豹，豹牙與豹皮全部要送頭人，作為頭人階級的特權服飾。

《台灣省通志》卷八〈同冑志·魯凱族篇〉載「獵物之分配」：(註七)

獵獲之處理與分配，獵獸之前後腿，皆應該送至頭人家為獵租 Sualupu ku alupu。此外，首先擊中之獵主 Amaʔe 獲頭角、牙、骨。一獸有數人擊中者，注重首先擊中者；隨後命中者，可以平分頭骨。惟頸骨即歸於第一手擊中者。犬主可取得皮及肋骨兩支。餘肉與內臟，平均分配與同時出獵者。

本則敘述：

（一）獵獸之前後腿，皆應該送至頭人家為獵租。

（二）首先擊中之獵主 amaʔe 獲頭角、牙、骨。

（三）隨後命中者，可以平分頭骨。

（四）顎骨歸於第一手擊中者。

（五）犬主可取得皮及肋骨兩支。

（六）餘肉與內臟，平均分配予同時出獵者。

四、魯凱族報戰功儀式

在狩獵的活動中，魯凱族人發展出一個有名的儀式，叫做「報戰功」。報戰功是獵人或勇士向族人們誇耀自己的狩獵功績，也用來顯示自己的武勇精神。魯凱族人如果沒有功績彪炳、輝煌的經歷，是不敢加入報戰功的儀式，因為會覺得汗顏，無地自容。因此魯凱族的勇士們個個想在獵場上有所表現，不僅為族人獲得豐厚的食物，更可樹立榮耀頭銜。另外，在慶典活動中，勇士們會以歌舞的方式，來表達獲得英雄榮譽的喜悅與驕傲。其中英雄舞一曲的韻律鏗鏘有力，音調高亢震耳，雖然歌詞是在互相誇耀自己如何英勇，但態度卻是相常謙遜與肅穆的。（註八）

有一則報戰功的內容如下：

> 我以前上山打獵，獲得的獵物總共有十七隻的鹿，也曾經在一次的狩獵中，捕獲了二隻公山豬、二隻公鹿以及一隻公熊。在我的屋子裡擺滿了我這一生中得到大大小小的獎狀，我是真正的勇士啊！就和堅硬的蘭心木一樣，堅定又強壯。（註九）

〈Li sa go se ge sa go〉歌：勇士在炫耀自己的威武勇猛。整首歌的內容是：我是隼，我是鷹，在天空盤旋，看到獵物時，以威猛的雄姿，俯衝直下，捕獵物。（註十）

〈Ba lai lai〉歌：歌曲開頭的 Ba lai lai 是引唱句，就發語詞一樣，沒有意義。每個人唱的歌詞內容都不盡相同，有人會敘說打獵時如何克服險惡的環境，有人會誇耀自己一次獵得許多獵物，能力無人可比。歌詞內容雖自由，但絕對不可吹牛，若是唱的與事實不符或太過誇張自己

的本事，會遭到譏笑，在部落中被排斥。歌詞大意：我是山頂上一棵蒼松，而你們是從我這裡分支出去的。（註十一）

五、魯凱族狩獵之禁忌傳說

對魯凱族而言，狩獵占有重要的地位，一位好獵人是從小就開始訓練的。以往獵人在狩獵活動中，抱持著感恩惜福的心理，從不貪多，並且謹守自然倫理，限制狩獵的物種、設置狩獵禁忌，以維持族群的永續生存，甚至還劃設聖地禁區，任何人都不得進入聖地內狩獵，無形中提供了野生動物繁衍的環境。（註十二）

狩獵除了憑個人的能力外，傳說能尊重狩獵規範的人，會特別蒙神的祝福，能獵得更多的動物。因此，就有了如下的獵物禁忌流傳在魯凱族的社會裡：獵物的種類主要須以山羌、鹿、山豬、山羊及熊為主，其他小動物不能列入狩獵的成績。另外，獵得熊的人雖然會被肯定是英雄，但是會引來疾病的報應，所以獵人在狩獵之前必須謹言慎行，以免觸犯禁忌。（註十三）

有關魯凱族之狩獵禁忌尚有很多，茲列述如下：

（一）出門前及途中聽到 Tigege 鳥，則停止前進，聽到 Zalikaukere 鳥的叫聲則是好預兆。

（二）Masiang 鳥如果從右邊飛向左邊時，即停止前進。從左邊飛向右邊是好預兆，可以繼續前進。

（三）出門前聽到放屁聲、噴嚏聲，不可以起身前往狩獵。

（四）家裡有人出獵，外來的親友不可進到獵人的住家。

（五）家裡有人出獵，不可將任何東西從窗口放進屋內。

（六）家裡有人出獵，家人不可以隨意把家中的東西送給人，也不可以出外做客。

（七）獵獲物不可一家人獨享，所獵得之獵物，則採集體分配。同時要按動物身體的器官分送給鄰居及頭目。

（八）如果獵得動物回來，其在村外呼喊婦人前來迎接的聲音按動物的類別而有不同。

（九）熊肉限制特定的人才能吃，小孩不能吃，獵得熊的人雖然會被肯定是英雄，但是會引來疾病的報應。奧威尼‧卡露斯〈獵人與百合花〉一文中指出：「其實狗熊雖被允許狩獵，但只能在部落洞穴中解決，吃完後經過一番解除禁忌儀式才能回家。」其自註云：「吃狗熊必須隔離的原因：是一種預防猛獸危害農作物的禁忌。」舊好茶有兩處岩石洞穴是專吃狗熊的地方。

（十）雲豹在魯凱族有些地區如好茶村，是禁止狩獵的動物。

（十一）禁止獵殺小動物，以免過度狩獵，野生動物絕跡。

（十二）鳥類除了雉雞、山雞、竹雞、鴿子可以獵狩外，此外都屬禁忌。（註十四）

六、魯凱族漁撈傳說故事

林道生編著《原住民神話故事全集（一）》載「多納社水神的故事」：（註十五）

有一位叫帕克斗多的人，製作了魚荃要捕魚。當他到了河邊一躍而跳進河裡，竟看到水中有人家，便游到庭院要看個究竟。屋裡的水神對他說：「進來吧！」帕克斗多回答：「我不進去！」帕克斗多覺得很奇怪；便游出水面回到了部落。第二天早上起來，揹著豬到了河邊，把豬放入水中游泳，自己也跳了進去，但是一下子豬就消失不見了。帕克斗多只好浮出水面回到多納社，到田裡工作，累了就在拉卡斯山休息睡覺。夢見了幾位神對他說：「別貪睡了，跟我們一起到田裡工作吧！」次日早晨帕克斗多醒來砍柴，五位神也去砍柴。帕克斗多拔草撒了些小米種，看到了有五個石頭，是剛才五位神所坐的。這五位神在帕克斗多要回去時還幫他把小米搬運到薩耶拉坡山，再由帕克斗多搬回多納社，諸神便回去水宮。

本則傳說故事情節要述如下：

（一）帕克斗多捕魚，一躍而跳進河裡，竟看到水中有人家，便游到庭院要看個究竟。

（二）水神對他說：「進來吧！」帕克斗多沒有進去！便游出水面回到了部落。

（三）第二天帕克斗多揹著豬，把豬放入水中游泳，自己也跳了進去，但是豬消失不見了。帕克斗多浮出水面回到多納社到田裡工作，累了就在拉卡斯山休息睡覺。

（四）帕克斗多夢見了幾位神對他說：「別貪睡了，跟我們一起到田裡工作吧！」

（五）次日早晨帕克斗多醒來砍柴，五位神也去砍柴。

（六）五位神在帕克斗多要回去時，還幫他把小米搬運到薩耶拉坡山，再由帕克斗多搬回多納社，諸神便回去水宮。

註釋

註一：奧威尼·卡露斯《雲豹的傳人》，台中，晨星出版社，1996 年 10 月。

註二：《台灣空中藝術文化學苑學員通訊》12 期，財團法人台灣省文化基金會，2001 年 11 月。

註三：同註二。

註四：范純甫主編《原住民風情》（上、下），台北，華嚴出版社，1996 年 8 月。

註五：陳美玲編著《魯凱之歌》，屏東縣立文化中心，1999 年 6 月。

註六：鍾東榮〈魯凱族的文化與習俗〉。

註七：《台灣省通志》卷八〈同冑志·魯凱族篇〉第七冊，台灣省文獻委員會，1972 年 6 月。

註八：同註二。

註九：《台灣空中藝術文化學苑學員通訊》6 期，財團法人台灣省文化基金會，2001 年 5 月。

註十：同註五。

註十一：同註五。

註十二：同註二。

註十三：同註二。

註十四：奧威尼·卡露斯〈獵人與百合花〉。

註十五：林道生編著《原住民神話故事全集（一）》，台北，漢藝色研文化事業有限公司，2001 年 5 月。

魯凱族動物
口傳文學

第十一章

一、魯凱族「狗」傳說故事

陳千武譯述《台灣原住民的母語傳說》載「大南社犬的傳說」：（註一）

> 古早，頭目卡洛爾一家，飼養一隻白狗，會懂人意，有靈性，受人喜愛。大南社以前的社區是很不吉利的地方。有一次社區全部遷移到新的一個地方，頭目一家便蓋一個很好的家。可是他們的白狗卻留在原來社址一直吠哭。家人去帶牠來新社區，狗卻又偷偷回去原地方。抓來用繩子綁起來，就咬斷繩子又回到原地方去吠。又去捕捉，就挖著土地，好像有什麼要告訴人家的樣子。家人卻不懂狗意，誤認為這隻狗瘋了，就放著不管牠。給牠好吃的東西，也不肯吃，只是哭吠著。因而經過一個月後就死去了。家人很害怕，把牠埋了。雖然狗死了，但是狗的靈魂還在吠。大家把那個地方叫做達洛卡可屯（吠）。從此沒經過一年，新社區傳染皰瘡，頭目患了病突然死去，全社的人為了頭目的死而哭，因為頭目愛護他們，使他們幸福。然而，為頭目的死而哭的人也全都患病死了，沒有哭的人生存下來，人數不多。死去的人多，像被魚藤毒死一樣，不知道怎麼埋葬。生存的人便遷移到別的地方去蓋新社區。所以現在大南社的人口才這麼少。

本則是一則「犬」眷戀故土，不願離開故居的一則傳說，這隻靈犬不停地「吠」，最後死去了。

犬死後一年，頭目也死了，為頭目哭喪的人也都相繼患傳染病皰瘡死了。也許靈犬早就知道頭目舉族遷移的新居所是一個不吉利的地方，類似人的「死諫」。所以少數的生存者便遷移到別的地方去蓋新聚落了。

本則傳說故事情節要述如下：

（一）頭目卡洛爾率族人全部遷移到新的一個地方。

（二）頭目卡洛爾家飼養的白狗卻留在原址吠哭。家人把牠帶來新住地，牠又偷偷回去原居住地哭吠，經過一個月後就死去了。

（三）經過一年，頭目患了病突然死去，全社的人為了頭目的死而哭泣。

（四）為頭目哭泣的人也全都患病死了。

（五）生存的人已經不多，又遷移到別的地方去蓋新社定居。

林道生編著《原住民神話故事全集（二）》載大南社「靈犬」：（註二）

　　頭目拉阿卡洛可的家飼養了一隻叫拉彭的白狗。拉彭具有人一般的思考能力，為一家人所疼愛，給牠的食物也都跟人一樣，人吃什麼狗也吃什麼，完全把牠看做是一家人。拉彭在大家說話的時候很注意傾聽，而且了解人的意思，從來不犯錯誤。大南社從前是個很不好的地方，因此大家決定要遷移部落，重新建立新的家園。新住地的頭目家，顯得特別氣派。但是他們的愛犬拉彭卻不願意搬來，留在舊社哭泣。頭目的家人雖然把牠帶過來了，拉彭總是在當天就跑回去。只好用繩子把牠綁著，拉彭竟自己咬斷繩子又跑回去，在舊社吠叫。頭目再次把牠捕捉到新部落，拉彭卻不停地在挖著泥土，好像在說些什麼，但是也沒有人瞭解牠的意思，只好不去理會牠。給牠的食物也不吃，一再地安撫牠也不肯吃，只是在哭泣。一個月後，拉彭就死了，家人很傷心地把牠埋了。拉彭死了，但是牠的靈魂還在頭目的家，不時地吠叫。那叫聲就像是 Dalogagodon 的音調。拉彭死後不到一年，來自大南社的族人所建立的新部落，流行起疱瘡的傳染病，連頭目也受到感染，很快地就死了。全社的人都為他們的頭目悲傷哭泣，因為頭目照顧族人就如同是自己的親父母一般。可是，為頭目而傷心哭泣的人也全都跟著死了，只有那些沒有流淚哭泣的人活了下來。死了的人非常多，就如同被魚藤毒死浮流在河溪上的魚那麼樣多，活人都不曉得要怎麼埋葬這麼多的死人。活下來的人害怕得不敢居住趕緊又遷移。今天，大南社的人口很少，就是這緣故。族人也取當年拉彭所吠叫的 Dalogagodon 聲音的訛音 Dadogodogolo 為地名。

二、魯凱族「蛇」傳說故事

多納溫泉有南蛇向百步蛇借毒牙不還而引發爭端的古老傳說故事，劉川裕〈高雄茂林鄉縱身濁口溪與清涼同流〉載「百步蛇與南蛇」：(註三)

據說，很久以前，溫泉附近住了兩條相當大的百步蛇及南蛇，兩蛇毗鄰而居，感情相當和睦。南蛇經常見百步蛇依恃牠那兩顆毒牙而為所欲為，看得南蛇羨慕萬分。南蛇便向百步蛇借那兩顆毒牙，沒想到百步蛇一口就答應，讓南蛇樂不可支。當牠拿到毒牙後，也開始為所欲為，無往不利，南蛇覺得毒牙十分好用，便不想歸還，牠於是開始避著百步蛇。數口傳，南蛇在河邊喝水，還是遇到了百步蛇，百步蛇當場向南蛇要回毒牙，南蛇卻極為否認，在一陣爭吵後，頓時風雲變色，山川河流均為之波及。直到三天三夜後，百步蛇的尾巴讓南蛇的毒牙咬了之後，這場驚天動地之戰方休。如今，在多納橋後的右下方河段中的一塊缺口，彷彿是當年交戰後所殘留的痕跡，而河底的那一片鏽色的岩石，似乎好像是百步蛇所流的血，至今仍不甘願地留著。

本則傳說故事情節要述如下：

(一)從前多納溫泉附近毗鄰住了兩條相當大的百步蛇及南蛇，兩蛇感情相當和睦。

(二)百步蛇依恃有兩顆毒牙而可以為所欲為，南蛇十分羨慕。

(三)南蛇向百步蛇借兩顆毒牙，百步蛇一口答應，南蛇樂不可支。

(四)南蛇也為所欲為，無往不利，便不想歸還，於是開始逃避百步蛇。

(五)南蛇在河邊喝水，被百步蛇遇到了便要回毒牙，南蛇卻極力抵抗，一陣爭吵後，頓時風雲變色，山川河流均為之波及。

(六)經過三天三夜後，百步蛇的尾巴被南蛇的毒牙咬到了，此場驚天動地之戰方休。

（七）據說如今在多納橋後右下方河段中的一塊缺口，即是當年交
　　　戰後所殘留的痕跡，而河底的那一片鏽色的岩石，似乎好像
　　　是百步蛇所流的血，至今仍不甘願地留著。

　　百步蛇是魯凱族的圖騰，不可加害，對百步蛇之崇拜也充分顯示在他們的神話故事及藝術品中，魯凱族人對神的請求，目的為祈求作物豐收、多獲獵物及賜福。（註四）

　　魯凱族許多的傳說故事，大都與頭目階級有關。魯凱族是一個階級社會，其所認知的蛇類世界亦大致分為 Lakakauru（平民）與 Talialalai（頭目），百步蛇便是蛇類中的 Talialalai。藉由百步蛇的傳說故事與這樣的社會階級模式，更加強化了部落頭目尊貴地位。（註五）

三、魯凱族「熊」、「豹」傳說故事

　　《大南社》，余萬居譯，載「孩子圖畫身體變成熊與豹」：（註六）

　　　Tona 社的 Panutiddu 娶了 Toa 社的 Sulijapu，……孩子們長大了，兩人彼此給對方身體畫圖案，熊先幫豹畫得很漂亮，但豹卻把熊畫得全身皆黑。熊很生氣想要打豹，豹哀求說以後獵物的後腿都給熊，兩人又和好如初了。

　　本則傳說故事情節要述如下：

（一）兩個孩子，彼此替對方身體畫圖案。

（二）熊先幫豹畫得很漂亮。

（三）豹卻把熊畫得全身皆黑。

（四）熊很生氣想要打豹，豹哀求說以後獵物的後腿都給熊，兩人
　　　又和好如初了。

　　《大南社》，余萬居譯，載「熊與豹圖畫身體」：（註七）

　　　豹和熊沒事做，便商量著在彼此身上畫畫。熊先給豹畫，他很認真的畫。之後輪豹幫熊畫，他在熊的兩肩上畫了，熊很滿意，但豹又把含在口中的墨汁噴在熊的身上，熊變得全身漆黑，熊正想生氣與豹打架，豹卻說以後將獵物分給你。於是兩者又和好如初了。

本則傳說故事敘述豹和熊閒來無事，便互相畫對方身體，豹把熊變得全身漆黑，熊很生氣想與豹打架，豹充滿悔意的說以後將獵物分給你。於是兩者又和好如初了。

林道生編著《原住民神話故事全集（二）》載「豹與熊」：（註八）

Talamakau 社：豹與熊在山中閒來無事。「朋友，這麼閒我們該怎麼過日子呢？」「對了！我們可以為對方的身體互相作畫呀！」豹說：「你先幫我畫，要畫得漂亮些！」熊為豹在身體上畫了起來，畫完了豹覺得很滿意。接著熊說：「現在你幫我畫！」豹先在熊的雙肩作畫，然後問熊：「你看！這樣可以嗎？」熊聳聳肩膀說：「可以，畫得很不錯。繼續畫吧！」於是豹含了一口墨往熊的身上一噴，熊的全身都成了黑色。熊看了自己的全身黑漆漆的大為生氣。「為什麼要用噴的呢？你看！這樣全身都變成黑的，能看嗎？」熊氣得要跟豹打架。豹也趕緊討饒的說：「等一下，請不要生氣，以後我打獵時，都會把獵物分給你。」熊才饒了豹，牠們又恢復了朋友。

奧威尼・卡露斯〈雲豹和黑熊〉載：（註九）

遠古時候，魯凱部落流傳著這樣一個故事：當時哩咕烙（雲豹）和朱麥（黑熊）原來是非常要好的朋友，那時候哩咕烙皮膚的顏色是棕色，而朱麥則是白色。有一天牠們覺得應該和別的族群動物有所不同，於是哩咕烙率先提議：「我們互相畫對方吧！」並說：「你先畫我，然後我畫你。」朱麥一口答應，便拿起黑色顏料開始畫，牠一面看看天空的雲彩，一面很仔細地描繪雲彩的神祕。畫完後，哩咕烙非常滿意。朱麥接著說：「輪到你來畫我了。」於是，哩咕烙便用手掌把黑墨全部塗在朱麥的身上，只留下胸前英文 V 型頸部下方一道白色欲做項鍊。但是朱麥看自己的圖像後，感到非常不高興，覺得牠被牠的朋友愚弄而心生殺氣。哩咕烙只好立刻逃逸。從此，哩咕烙與朱麥就各走各的路，不再是好朋友了。

自稱雲豹的傳人是好茶系的一群，包括好茶社、阿禮社、霧台社、神山社、達都古魯社、佳暮社、卡哇達那呢社、伊拉社等。傳說從好茶，慢慢分出去達都古魯社、阿禮社、上霧台社、下霧台社……等。相傳，在早期，這些剛分出的社區，每年仍然會回來舊好茶一起舉行各種宗教儀式，如八月節整個程序。這個屬雲豹的一群，事實上不殺雲豹，也不穿雲豹的皮，因為雲豹是他們的獵犬，也是他們神明的化身，殺牠或觸摸屍體是極屬禁忌，觸犯了會得到神明的懲罰。（註十）

〈讚頌雲豹〉（註十一）

> 哩咕烙啊！我們的獵犬，
> 禰是我們祖靈的寵兒，
> 是我們魯凱民族的神犬。
> 禰曾經帶領我們祖先來到一處，
> 是以磐石為地基，
> 以峭壁為屏障。
> 禰找到的水源綿延長流，
> 終年永不枯竭，
> 養育著我們魯凱民族的生命。
> 禰猶如禰的名字「藍天的雲彩」
> 神祕得叫人難以捉摸。
> 禰是山中之王，
> 是叢林的守望者。
> 禰是智慧的象徵，但願
> 所有屬哩咕烙民族的魯凱人能深謀遠慮，
> 替子子孫孫留下禰當初的美意。

哩咕烙 Lhikolao：即魯凱族人心中的英雄和祖靈的朋友雲豹，在魯凱族裡，稱雲豹為獵犬。

林道生編著《原住民神話故事全集（二）》載「怨女莫雅凱凱」：（註十二）

　　有一對夫妻，丈夫叫達諾阿諾巴克（Tanoanobaki），妻子叫萊利瑪（Lailima）。他們生了一個女兒叫莫雅凱凱（Moakakai），像是天上的彩虹那麼地漂亮招人喜歡。丈夫達諾阿諾巴克是頭目，妻子只是普通的一位平民。這一對父母非常疼愛莫雅凱凱，如同他們之愛大地一般。莫雅凱凱到哪裡彩虹也跟著到哪裡，父母總是給最好吃的食物，讓她的生活過得無比地幸福。他們的田地周圍種植了許多芭蕉、鳳梨、花及各種的植物。莫雅凱凱就像在拉長線一般地快速成長。當莫雅凱凱十二、三歲的時候，有一次到另外一個頭目家柯魯魯魯魯那邊玩。不久兩人就相愛起來。這段期間，莫雅凱凱的母親又生了一個女孩取名莫多柯特柯，但是她的身上長了許多疣成了醜小女孩。一方面莫雅凱凱也長成為妙齡女郎。有一次，莫雅凱凱的父親與那位柯魯魯魯魯要出去打獵，出發時特別叮嚀妻子萊利瑪說：「妳要小心看顧莫雅凱凱，別讓她出去，千萬不要說她不中聽的話。我們要去打獵。」父親達諾阿諾巴克與柯魯魯魯魯走了之後，不可思議地母親萊利瑪竟嫌棄起莫雅凱凱來，一方面她又很喜歡莫多柯特柯。母親拿了莫雅凱凱的衣服、生活用具，統統給了莫多柯特柯，只讓莫雅凱凱把鍋片、鍋墊當做衣服穿。莫雅凱凱只是照著母親的話去做，默默不說一句話，傷心地流著眼淚，想念著去打獵的父親和柯魯魯魯魯，心想：「父親在家的話，自己就不會這樣被虐待了。」母親看了說：「妳哭什麼呀！討厭的孩子。這些衣服、用具都是要給莫多柯特柯的，沒有一件是妳的。」莫雅凱凱低下頭聽著，不敢說一句話。第二天母親做了些餅，給莫多柯特科的是用肉做的餡，給莫雅凱凱的是用蟑螂做的餡。不知情的莫雅凱凱剝開餅來看到是蟑螂的餡，不敢吃的對母親說：「媽！我肚子不餓，不想吃！」母親聽了生氣的責罵說：「妳是吃了什麼？肚子才不會餓！無緣無故那麼挑食！你這個孤兒乖乖的給我吃下！」莫雅凱凱默默的想著：「如果父親在的話，我就不會被這麼虐

待了！」然後哭了起來。其後，每天早上母親更是對莫雅凱凱
說：「妳去田裡照顧芭蕉、鳳梨、花、還有其他的東西，免得
被人偷了。」莫雅凱凱穿著鍋片、鍋墊，帶著薯皮的便當，照
母親說的話到田裡。即使是下雨、大風吹得一頭亂髮，沒穿能
保暖的衣服，腫著眼睛、割傷了手腳流了血，還是每天流著淚
水，頭上頂著彩虹去田裡工作。她在田裡焚燒火取暖，哭著看
顧田地。莫雅凱凱每天餓著肚子做這些工作。有一天，她又到
田裡，忽然從田邊傳來了「卡沙、卡沙」的聲音。莫雅凱凱對
著響聲傳來的方向說：「你到底是什麼呢？不管你是什麼，快
出來把我吃了吧！那麼我就可以很快的死去，把一切的痛苦都
忘了！」莫雅凱凱邊說邊哭泣著。這時候突然出現了一隻熊，
朝著她走過來。當熊走近了她的身邊也沒有吃她，只是觀看了
一會。莫雅凱凱繼續對熊說：「熊伯伯，快吃了我吧！好讓我
早些忘掉母親的虐待吧！」熊回答說：「我怎麼會吃頭目家的
人呢？乖孫子，我不是那樣不講理的，妳不要擔心。我要揹著
妳到我的家，我們走吧！在我家妳會覺得幸福又快樂，沒什麼
好煩惱的。」但是莫雅凱凱聽了還是說：「你就殺了我吧！讓
我早日忘掉痛苦吧！熊爺爺。」「妳為什麼那樣說呢？乖孫子。
我如果照妳那樣做的話，一定會遭到報應而死掉。快來，我來
揹妳到我家，不要再煩惱了。如果我背上的毛會讓妳痛苦的話，
就鋪個墊子吧！」於是熊在背上鋪墊子揹著莫雅凱凱回家去。
在途中，熊對莫雅凱凱說：「你閉上眼睛，免得頭暈。」然後
通過懸崖。在中間那段甚是恐怖，因此熊叫了一聲「哦—伊」，
一群猴子應聲而來，為他們開闢了一條下坡道，熊便往下方的
溪谷走去，來到有白色石英的地方，對莫雅凱凱說：「莫雅凱
凱，下來進去吧！洗個澡換件衣服。」熊要莫雅凱凱從背上下
來後，對著石英吹了一口氣，門就自動開了。接著又說：「莫
雅凱凱的衣服，出來吧！」莫雅凱凱美麗的衣裳就自動出來了。
莫雅凱凱走進屋子裡，日常生活的器具、用品，什麼都有，生

活上不會有什麼不自由，實在是幸福。熊對莫雅凱凱說：「妳想吃什麼就有什麼。什麼東西都有而且很多。妳就不要客氣的照著自己所喜歡的拿去用就對了。也不要忘了，要常常給傭人，也就是那些猴子食物及粟哦！」莫雅凱凱的父親們打獵回來，在接近部落的地方觀看自己的家，似乎住屋舊了許多，屋頂上也不見彩虹。父親有些焦急的說：「到底發生了什麼事呀？我的家怎麼變成那樣！柯魯魯魯魯呀！莫雅凱凱去哪裡呢？」達諾阿諾巴克頭目和柯魯魯魯魯兩人加快腳步，進了部落來到自家的庭院對著屋子呼喚：「莫雅凱凱，來我這裡，你應該到庭院迎接爸爸呀！」但是沒有任何的回應，達諾阿諾巴克頭目問妻子：「萊利瑪，我們的莫雅凱凱到哪裡去了呢？」「去朋友家玩吧！」妻子回答。於是，達諾阿諾巴克頭目和柯魯魯魯魯把揹著的網袋掛在門口的釘子上，忘記了許多日來打獵的辛苦，去尋找莫雅凱凱。他們找尋了部落的每一個地方也不見蹤影，問了朋友們得到的回答是：「幾天前看過她去田裡工作，後來就沒有回來了！」父親又問了些事，才知道了母親對莫雅凱凱的虐待。父親再度回到家整理自己的衣物、用具掛在釘子上，然後對妻子說：「如果莫雅凱凱沒有回來，這些東西可別放下來。」然後去田裡，看到了莫雅凱凱有焚燒過的痕跡，心想：「莫雅凱凱到底去了哪裡呢？」說著，父親用箭射向西方、北方、南方，這些射出去的箭都飛回來，最後又朝東方射出去一支箭，這次箭沒有飛回來，直接朝前方飛去，父親便知道莫雅凱凱一定是在東方，因此朝著箭的方向去尋找。莫雅凱凱與熊過著自由快樂又幸福的生活。有一天，熊要去狩獵而對莫雅凱凱說：「我要出去打獵，妳就關著門戶在家裡千萬別出去，外面也許有敵人。妳在家裡刺繡打發時間，如果妳的父親們來找妳，在屋子裡會聽到他們射箭的聲音，這時候妳要吩咐我們的傭人用藤蔓架個梯子從懸崖通到溪谷，好讓他們下來。當他們來到了家，妳要招待他們飲料和酒，還要拿下掛在這裡的餅和

肉，再拿些荖葉來包檳榔給他們嚼，好讓他們恢復疲勞然後等我回來，過幾天的傍晚我就會回到家。」交代完，熊便出去打獵。不一會，隨著「咻」的響聲，一支箭射到了屋子，莫雅凱凱小心的走到門口，大門卻自動的開了，她看到了門外牆壁上的箭正是她父親所有，心中無比的高興，知道父親就要來找她了。過了一會，父親們在懸崖的那一邊呼喚她，莫雅凱凱趕緊要猴子們架好藤蔓梯子，讓父親過來。父親看到了愛女莫雅凱凱大為高興的說：「妳還活著啊！莫雅凱凱妳為什麼在這種險要的地方呢？到底母親是怎樣對待妳的呢？」於是，莫雅凱凱一五一十的把母親虐待自己的經過告訴父親。父親聽了百思不解的說：「母親到底為了什麼才要這樣虐待妳呢？」莫雅凱凱請父親們進入屋子裡，照著熊所交代的請他們喝飲料並享用酒食。父親說：「看來你沒有什麼不自由，生活得很幸福。」莫雅凱凱說：「你們不要獵殺我的熊爺爺。這些都是牠的，是牠帶我到這邊來的。如果你們要殺牠的話就殺了我吧！」父親們便知道了一切。於是對莫雅凱凱說：「莫雅凱凱，妳暫時居住在這裡，我回去整理些衣服、用具再回來。」父親們回去部落的住家，取下掛在釘子的衣物，一點也不留給母親。然後對母親說：「荣利瑪，你去燒開水，我要煮肉。」當水熱滾滾的開了，達諾阿諾巴克用滾熱的水潑向妻子荣利瑪。母親「吱、吱」的叫著逃到外面石垣中，生氣的說：「以後我會吃光你種的粟及一切農作物。」父親達諾阿諾巴克及柯魯魯魯魯又回到莫雅凱凱那邊，一起過著快樂的生活。一天傍晚，去打獵的熊回來了。「轟」的一聲，把獵到的山豬從肩上放下來，然後說：「莫雅凱凱，開門吧！」熊進入屋子裡，看到了父親們，快樂的說：「你們終於來了！」從此，四個人一起生活，過著幸福快樂的日子。後來，有一天熊生了病，對莫雅凱凱說：「我死了之後，把我裝入那個箱櫃裡面蓋上蓋子，在周圍放一些夾著石灰的檳榔。等到喪期過了才打開蓋子來看！」熊便死了。喪期過了，莫雅

凱凱打開了箱櫃的蓋子一看，裡面有許多頸飾、項鍊，她知道這些都是熊爺爺要留給她的。後來，柯魯魯魯魯與莫雅凱凱結婚成為夫妻，柯魯魯魯魯也做了頭目。

奧威尼・卡露斯《魯凱族多情的巴嫩姑娘》載「雲豹的頭蝨家族」：（註十三）

　　很久很久以前，大地才歷經大洪水不久，阿美族、卑南族、魯凱族三個族群還一起居住在東海岸的把那巴那揚。其中魯凱族群分為達魯瑪克、達德樂、以及在轉角處的古茶布安等三個小族群。族裡有兩兄弟，哥哥名叫布喇路丹，弟弟名叫巴格德拉斯，他們都是部落中的首領。兩兄弟覺得希給巴里吉這處小小的溪岸沖積地，已經容不下逐漸增多的族人，為了後代子子孫孫考量，必須去尋找另一個較寬闊，可以長久居住的地方。於是，兩兄弟帶著他們的獵犬雲豹，向族人解釋離開的理由後，依依不捨的說：「唉依！莎保！」（Aye Sabao，唉依是再見之意；莎保是辛苦之意。在這個故事是：再會了，抱歉要離開你們的意思）在祝福的道別聲中，快速動身出發。兄弟倆沿著太麻里溪谷溯源而上，沿路一面打獵，一面尋找他們夢中的樂園。他們順著夕陽沉落的方向前進，每次都以為只要跨過高山上榕樹林台地，便到了世界的邊緣；誰知到了山頂，遙望西邊，方知道還有一望無際的山川和叢林。如此翻過一座又一座的高山，兩兄弟疲憊不堪的來到一處人煙罕至的地方，口渴、飢餓，無法動彈。獵犬雲豹雖然也累得喘息不已，卻突然又矯健的消失在山林中。眼看天色快暗了，他們正打算趕緊四處尋找水源解渴時，雲豹一身濕淋淋的縱躍出現在他們面前，一邊抖落水珠，一邊引領他們到一處溪谷，竟然是一潭豐沛又清澈的水源！雲豹在岸邊舔水解渴之後，便躺下睡著了。不論兩兄弟怎麼呼喚，牠就是賴著不走，哥哥布喇路丹認為：「可能神明的意思就是要我們在此定居。」接著兩兄弟謹慎的從溪邊走出來，詳細探勘周圍地形，覺得天然條件很好，便在西邊的鞍部，選了一個

有自然屏障易守難攻的新家園古茶布安，也就是現在的舊好茶部落。兩兄弟找到一塊長方形的石柱，合力把它豎立在鞍部的山頂，表示：「我們擁有這一塊地！」之後，哥哥布喇路丹吩咐弟弟巴格德拉斯由原路回到部落去邀請家屬及親友共五家，大約二十五人，遷移到這裡定居。移民家庭當中有一家名叫爾部祿，受到族人的信任與委託，專職養育、照顧雲豹的生活。他們人品很好，又有愛心，更了解雲豹的習性與需求，和雲豹建立了深厚的感情。養育雲豹的爾部祿家族，不管哪一代子孫，頭蝨都特別多，因此被稱為「頭蝨家族」；但是他們個個聰明、品德良善、郎才女貌，一向都是各族人人爭相嫁娶的對象。居住在舊好茶部落下方，臨察南溪對岸的外族，看到新來的移民在這裡拓荒，便不斷的侵犯干擾。有一天，眾多敵人群集在部落的防禦大門，雲豹早已在那裡把守。看到雲豹用自己的尿液沾濕尾巴，輕輕一揮，就把敵人的眼睛全部打瞎了，族人隨後跟進收拾敵人。從那之後，外族再也不敢侵犯他們。過了相當長的一段時間，族人覺得獵犬雲豹已經漸漸衰老，不應該再負擔工作，因此想把牠送回原來的故鄉，讓牠過著更快樂、自在的生活。於是，全族人開始籌備，首先是動員狩獵，將獵到的比較細嫩的山羌給雲豹享用，做為惜別禮物；較普通的山鹿則給族人作為送別途中的糧食。留守的族人一個個用手撫摸雲豹告別，並反覆的提醒：「千萬不要暴露在別族的地盤，以免受到不敬或傷害。」護送雲豹的獵人們一路上細心的照顧牠，由於雲豹年紀很大了，體力明顯不如當年，行走速度頗為緩慢。但是，當他們翻過榕樹林，也就是現在魯凱族的聖地巴魯冠時，雲豹突然以閃電般的速度衝入叢林，獵人們根本來不及呼喚。不久卻聽到不遠處傳來山鹿的悲鳴聲，獵人們隨後追尋，只見雲豹坐在血淋淋的山鹿旁邊等候他們。「這顯然是牠與我們離別之前，給我們的最後禮物。」一位經驗豐富的老獵人說。獵人們趕緊讓雲豹享用山鹿的鮮血、肝臟和心臟，其他的肉則留

在原地，等護送雲豹回來經過這裡的時候，再帶回去給族人分享。他們繼續往前行，走到知本溪東邊一處寬闊的台地，這個地方終年雲霧，氣候濕潤，綠草嫩葉繁茂，獵物種類數量眾多，猶如享用不盡的宴席，雲豹的食物必然永不匱乏。老獵人爾部祿，就是那一位陪伴著雲豹度過一生的人，緊緊的抱著牠、親牠，並唸唸有詞的說：「你是我們所有魯凱人永遠的獵犬。我們會永遠記得，你曾經陪伴著我們度過那艱苦的歲月。你以獵物養育我們，使我們有尊嚴；也留給我們子子孫孫一塊永不被侵犯的美地，和永不枯竭的泉源。回到你的祖先身旁和永遠的故鄉那裡去吧！」說完之後，他們便把雲豹給放了，雲豹走了幾步便停住，轉頭不捨的再看他們一眼，接著，便匆匆躍入叢林，消失蹤影。從此，雲豹的民族魯凱人，不殺雲豹，不穿雲豹的皮，不穿戴有雲豹牙的花冠，也以自己是雲豹的民族為榮耀！不論再惡劣的環境或再艱苦的生活，永遠憑著雲豹的精神，以堅韌的生命力，努力不懈。

　　頭蝨特別多的爾部祿家族，專責養育魯凱族的神犬雲豹；由於雲豹巧妙的引路，族人才找到古茶布安這塊新樂土，他們立起石柱，以天地為證，求祖靈保護。魯凱族人早已明白人為力量有限，接受自然、仰賴自然、維護自然才是永續生存之道。（註十四）

四、魯凱族「穿山甲」與「猴子」傳說故事

《大南社》，余萬居譯，載「穿山甲與猴子」：（註十五）

　　　穿山甲和猴子在山中碰面，於是，相偕去打獵。然後到田中挖地瓜烤來吃，吃完猴子提議互相放火。於是穿山甲走入芒草堆，猴子放火燒牠；猴子爬到樹上，穿山甲再放火，猴子的毛燒到了。後來就分手了，穿山甲就去找螞蟻，猴子便去找花。

本則傳說故事情節要述如下：

（一）穿山甲和猴子在山中碰面，相偕去打獵。

（二）穿山甲和猴子又到田中挖地瓜烤來吃。

（三）猴子提議互相放火。

（四）穿山甲走入芒草堆，猴子放火燒牠。

（五）猴子爬到樹上，穿山甲再放火，燒到了猴子的毛。

（六）牠們分手，穿山甲就去找螞蟻吃，猴子便去找花吃。

金榮華《台灣高屏地區魯凱族民間故事》載「穿山甲與猴子」：（註十六）

　　有一隻猴子，和一隻穿山甲是很好的朋友。有一天，牠們商量去找食物，穿山甲建議去挖一種形狀很像馬鈴薯的東西，很大，有刺，長在山上。牠們在挖的時候，因為穿山甲指甲很長，很快就把石頭挖開，一挖可以挖到好幾個。猴子只會拉莖葉，一拉就斷掉，所以一個也挖不到。牠對穿山甲說：「我挖不到啦！」穿山甲說：「好吧！我教你。」說著便用石頭打猴子的手。「唉喲！好痛呀！」猴子叫了起來。穿山甲是故意欺負猴子，因為猴子不會挖嘛！穿山甲挖得差不多的時候就準備烤來吃。他對猴子說：「你先去挑水，但是不要隨便裝一桶水來，舀水的時候要先問我。」猴子到溪邊準備舀水的時候，問穿山甲：「朋友，我可不可以舀這裡的水呀？」穿山甲說：「不可以，不可以，那是年輕人洗澡的地方，不好呀！」猴子就往下游走一段，再問：「可不可以舀這裡的水呀？」穿山甲說：「不行，那是婦女洗澡的地方，不好呀！」猴子再往下游走了一段，又問：「這裡可不可以舀呀？」穿山甲回答：「不行，不行，那是小孩子洗澡的地方！」猴子再往下跑到更遠的地方，問穿山甲：「這裡可不可以舀呀？」穿山甲說：「不行，那是老人洗澡的地方。」穿山甲每一次回答猴子的時候，就看看食物烤熟了沒有，等到食物烤熟了，牠就對猴子說：「朋友，你可以舀水了。」但是當猴子舀水的時候，牠把烤熟的食物都吃光，然後另外挖下一個洞，在洞裡拉了屎蓋起來。猴子把水挑來後，問穿山甲：「烤的食物好了沒有？」穿山甲說：「啊呀！我的頭好痛！肚子好痛！你自己

去拿來吃吧。」猴子打開那個洞一看，知道自己被穿山甲戲弄了。於是牠邀穿山甲一起去找果樹。到了果樹下，穿山甲不會爬樹，猴子爬上去拿了一些果子吃，又把一些果子沾了自己的糞便丟給穿山甲吃。穿山甲知道自己被戲弄了，就提議玩燒山的遊戲。猴子說：「那不行，我會被燒死！」穿山甲告訴牠，只要抱緊芒草，就不會被燒死。結果，一開始點火，穿山甲就挖下一個洞鑽到土裡，猴子則被燒死了。穿山甲看到猴子被燒死了，便把牠的內臟取出來，唸了一些咒語，猴子又活了過來。於是穿山甲拿猴子的內臟給猴子吃，騙牠那是其他野獸的內臟。猴子吃完以後，穿山甲唱道：「我的朋友，我的朋友，吃吃吃，吃牠自己的肉。」猴子聽了，知道穿山甲又戲弄了牠。就建議做一種有刺的陷阱抓野獸。陷阱做好後，猴子跑去樹上，讓穿山甲留在陷阱旁邊看動物怎麼跌入陷阱，結果，來了一隻大山豬，要咬穿山甲，嚇得穿山甲邊逃邊喊救命，猴子在樹上一直笑。最後，猴子怕又被穿山甲戲弄，提議分開，從那時候起，牠們就不再在一起了。

五、魯凱族「蜥蜴」與「蝦子」傳說故事

《大南社》，余萬居譯，載「蝦子和蜥蜴打架」：(註十七)

　　Kotakota 和 Masasayal 兩兄弟到 Dadelt 去打獵，他們的狗在那挖地，他們把狗帶回，狗卻又回到那，他們便在 Dadelt 建社。由於兩兄弟沒事可做，便讓蝦子和蜥蜴打架。第一次時蜥蜴把蝦子帶到草原上，放火燒死了蝦子。第二次蝦子把蜥蜴帶到河邊，蝦子把堵住的河水放了，將蜥蜴沖走。

本則傳說故事情節要迹如下：

（一）Kotakota 和 Masasayal 兩兄弟到 Dadelt 去打獵，狗因為喜歡待在那裡，所以他們便在那裡建社。

（二）兩兄弟讓蝦子和蜥蜴打架。

（三）第一次時蜥蜴把蝦子帶到草原上，放火燒死了蝦子，蜥蜴獲得了勝利。

（四）第二次蝦子把蜥蜴帶到河邊，蝦子把堵住的河水放了，將蜥蜴沖走。蝦子獲得了勝利。

六、魯凱族「蝦子」與「蜻蜓」傳說故事

林道生編著《原住民神話故事全集（二）》載 Talamakau 社「蝦子與蜻蜓打架」：（註十八）

柯達柯達與馬沙沙卡兩兄弟去 Dadeli 地方打獵。他們的獵犬在那邊掘起土來。哥哥說：「或許牠是要我們在這裡建立部落吧！」於是，兩兄弟就在此地建立了新部落。「哥哥，現在我們沒什麼事，我們來用獵刀刺石頭看看！」弟弟用他的獵刀刺入石頭，只進去一半，哥哥用力刺入他的獵刀，全部都刺了進去。弟弟又說：「現在我們來讓蝦子與蜻蜓打架。」蜻蜓聽了對蝦子挑戰說：「來吧！蝦子，到野地去玩打架！」蜻蜓帶著蝦子到了野地放了一把火，蝦子被火燒得全身通紅昏了過去。過了些時候，蝦子醒來，牠們又玩起打架，這一次是蝦子對蜻蜓說：「來吧！蜻蜓，我們到河邊打架！」蜻蜓到了河邊，蝦子挖了堰堤放水，蜻蜓便被大水沖走了。

這是一則蝦子與蜻蜓打架的故事，雙方各有輸贏。

七、魯凱族「虎頭蜂」傳說故事

奧威尼‧卡露斯《雲豹的傳人》載「馬低亞察安的虎頭蜂」：（註十九）

位於隘寮北溪下游，和流自德文社（Tokovolo）支溪的匯合處，一個凸出的小山上，這裡有一相當古老的聚落，名為馬低亞察安（Mathiachane），祖先源自於這個地方的珠敢‧阿路拉登（Chugan-aruladen）說：「馬低亞察安是以虎頭蜂為防衛武器而出名」。聽說部落的入口處，有一顆大榕樹，枝葉茂密，遮蔽了陽光，顯得陰森森，總是讓不速之客毛骨悚然。樹上有一個兇惡的虎頭蜂蜂巢，來者稍有心虛或

不敬，虎頭蜂會毫不留情的毒死他。無論任何人想從任何地方偷襲，一定被虎頭蜂發現，且難能逃過。他們說：虎頭蜂是神明的使者，來看顧馬低亞察安的人。

本則傳說故事情節要述如下：

（一）馬低亞察安聚落以虎頭蜂為防衛武器而出名。

（二）馬低亞察安聚落入口處，有一顆大榕樹，有一個兇惡的虎頭蜂蜂巢。

（三）來到馬低亞察安聚落的人稍有心虛或不敬，虎頭蜂會毫不留情的毒死他。

（四）虎頭蜂保護防衛馬低亞察安聚落，無論任何人想從任何地方偷襲，一定被虎頭蜂發現，且難能逃過。

（五）馬低亞察安的人認為虎頭蜂是神明的使者，是聚落的守護者。

註釋

註一：陳千武譯述《台灣原住民的母語傳說》，台北，台原出版社，1995 年 5 月。

註二：林道生編著《原住民神話故事全集（二）》，台北，漢藝色研文化事業有限公司，2002 年 1 月。

註三：劉川裕〈高雄茂林鄉縱身濁口溪與清涼同流〉，《自由時報》，1997 年 8 月 3 日。

註四：劉鳳學《與自然共舞：台灣原住民舞蹈》，國立傳統藝術中心，2000 年 12 月。

註五：黃世民《雲豹之鄉：隘寮群魯凱部落田野集》，潮州高中，2003 年 7 月。

註六：尹建中《台灣山胞各族傳統神話故事與傳說文獻編纂研究》，1994 年 4 月。

註七：同註六。

註八：林道生編著《原住民神話故事全集（二）》，台北，漢藝色研文化事業公司，2002 年 1 月。

註九：奧威尼‧卡露斯〈雲豹和黑熊〉，《台灣原 young》40 期，2012 年 3 月。

註十：奧威尼‧卡露斯《雲豹的傳人》，晨星出版社，1996 年 10 月。

註十一：奧威尼‧卡露斯〈讚頌（Lhikolao）〉，《台灣原 young》40 期，2012 年 3 月。

註十二：同註八。

註十三：奧威尼‧卡露斯《魯凱族多情的巴嫩姑娘》，新自然主義有限公司，2003 年 1 月。

註十四：同註十三。

註十五：同註六。

註十六：金榮華《台灣高屏地區魯凱族民間故事》，中國口傳文學學會，1999 年。

註十七：同註六。

註十八：同註八。

註十九：同註十。

魯凱族圖騰
口傳文學

第十二章

一、魯凱族百步蛇崇拜

在魯凱族的神話傳說中有許多關於百步蛇的傳聞，如百步蛇是頭目的祖先、是長老。對於百步蛇也有很多的禁忌，如盡量避免與牠接觸。族人以尊敬、祭祀的態度來對待牠。這與排灣族對百步蛇的觀念十分接近。（註一）

百步蛇令魯凱族人害怕、恐懼，也令他們產生敬畏。於是他們認為其偉大的祖先，就是由百步蛇所生的，人蛇的因緣由此造成。

魯凱族在許多方面與排灣族相似，他們同樣崇拜百步蛇：

> 傳說當魯凱族的祖先第一次踏上現在居住的這塊土地的
> 時候，便由頭目代表族人和野生動物的領袖百步蛇，立下契
> 約，雙方願意和平相處，共榮共存。頭目並且將百步蛇的圖
> 像刻在門前的祖靈柱上，叫族人們瞻仰與敬拜。

本則傳說故事情節要述如下：

（一）魯凱族祖先來到這塊土地時，即由頭目代表和野生動物領袖
　　　百步蛇立下契約，雙方願意和平相處，共榮共存。

▲ 百步蛇瓷畫／田哲益提供

（二）魯凱族頭目將百步蛇的圖像刻在門前的祖靈柱上，叫族人們
瞻仰與敬拜，以獲得百步蛇的庇祐。

魯凱族的守護神是百步蛇，具有權威與主宰一切，排灣族人也相信
百步蛇為其祖先，也是排灣族的圖騰動物，受到族人的崇拜。

伊能嘉矩〈台灣土著對蛇的敬虔觀念及伴生的模樣應用〉載「死後
靈魂化為靈蛇」：（註二）

> 我們的祖先死後，靈魂就化成為靈蛇，回歸到一處名為
> Paru 的祖靈地，所以，當我們看到靈蛇時，一定要祭拜牠，
> 無論如何，不可將其傷害或殺死。我們非常喜歡一種外表看
> 起來是淡黃色但內部是紅青色，有橫條紋的珠子，相傳這種
> 有色珠子是昔日靈蛇所生，留存下來的遺物。

本則傳說故事情節要述如下：

（一）魯凱族祖先死後，靈魂即化為靈蛇，回歸到 Paru 的祖靈地。

（二）蛇是祖先的化身，所以不可將其傷害或殺死。

（三）相傳有色珠子是昔日靈蛇所生留存下來的遺物。

許功明《魯凱族的文化與藝術》載「珠子與靈蛇」：（註三）

> 我們的祖先死後，靈魂化成為 Kanavanan（靈蛇），回
> 歸到一處名為 Paru 的祖靈地。所以，當我們看到靈蛇時一
> 定要祭拜 Dulisi 它，無論如何，不可將其傷害或殺之！據傳
> 這個部族的人非常喜歡一種外表看起來是淡黃色但內部卻是
> 紅青紫色，有橫條紋路的珠子。他們說這種有色珠子是昔日
> 靈蛇所生，留存下來的遺物。

本則故事說明「靈蛇」與「祖先」的關係，魯凱人喜歡收藏珠子，
視為傳家之寶，這與其傳說祖先化為靈蛇有密切的關係。

百步蛇魯凱語為 Kamanian，但魯凱人多以 Amani（就是牠）或是
Palada（我的伙伴）或是 Maludran（長老）尊稱之。

本則故事靈蛇所衍生的琉璃珠，形成器物崇拜，由人為的物件提昇
為神靈的盛物。（註四）

伊能嘉矩〈台灣土著對蛇的敬虔觀念及伴生的模樣應用〉載「靈蛇與山雉」:(註五)

　　我們祖先的魂魄,是由靈蛇所變成的,靈蛇長年累月的身體縮短、體型變大,終於化成為一種山雉。

本則故事也是說明「靈蛇」與「祖先」的關係:

(一)祖先的魂魄是由靈蛇所變成的。

(二)靈蛇最後化成一種山雉。

在魯凱族的祖先來源傳說中,有一種傳說為魯凱人的祖先是由百步蛇所生的,亦即魯凱族是百步蛇的後裔;他們更認為貴族與百步蛇有親密的血緣關係。

魯凱族的傳說也有謂百步蛇為所有蛇類的頭目,因此認為百步蛇是頭目的祖先;而其他種類的蛇則為平民的祖先。

本則「靈蛇化山雉」,或可視為山雉與靈蛇化生,等同祖先與山雉化生的概念。(註六)

百步蛇的崇拜,在魯凱族裝飾藝術與圖騰中,百步蛇圖紋為貴族頭目的象徵和專用。

魯凱族人將百步蛇的圖案視為祖靈的一種象徵,因此,對祖先懷抱著尊崇敬畏。在魯凱族的文化中,百步蛇是一個很重要的角色,我們可以在很多的地方見到牠。

在茂林區萬山社有一則令人震驚的女人吃百步蛇的故事,這則故事大大的違反了魯凱族一向崇敬百步蛇的傳統信仰,饒富趣味:

〈吃蛇的媳婦〉

　　在萬山這個地方,即為魯凱族原住民的部落,據說從前有一位魯凱族的貴族「拉巴巫賴」家,他娶了北鄰布農族的女子為妻。布農女每天煮飯給他們吃,但她從來不和家人一起用飯。後來家人都生病了,經巫師一查才知道原來是布農籍的太太烹煮食物時,居然也把附近的蛇抓幾條丟進火堆裡烹烤,家人才恍然大悟,原來她每餐都偷吃祖先所交待不可殺的蛇,才會造成家人一一的生病。魯凱族是禁忌吃蛇肉,因為吃了蛇肉相傳

會受到祖靈的詛咒，偏偏拉巴巫賴家的布農太太又很喜歡吃蛇肉，每天偷偷殺蛇和吃蛇肉。布農太太偷吃蛇之事東窗事發後，她只好逃離家中，離開部落。離開的路途中，仍一邊逃一邊吃蛇肉，當她口中把蛇骨吐在地上，蛇骨立刻化為小蛇，因此她所經過的地區百步蛇特別多。

本則傳說故事情節要述如下：

（一）魯凱族貴族「拉巴巫賴」家娶了布農族女子為妻。

（二）布農女每天煮飯給家人吃，順便抓幾條蛇丟進火堆裡烹烤。家人都生病了。

（三）布農女從來不和家人一起用飯，每天偷偷殺蛇、吃蛇肉。

（四）布農女吃了魯凱族禁忌的蛇肉被發現之後，只好逃離家，路上仍一邊逃、一邊吃蛇肉，當她把口中的蛇骨吐在地上，蛇骨立刻化為小蛇，因此她所經之地百步蛇特別多。

徐紫英編《讚嘆原住民的世界》載「布農婦女吃蛇」：（註七）

相傳魯凱族和布農族之間的關係，在很久以前是非常密切的，彼此之間不乏男娶女嫁的婚姻關係。有一年，魯凱族拉巴兀的長男里達斗各，娶了布農族的荷茜為妻，結婚後荷茜非常賢慧能幹，但是她有一個很奇怪的習慣，那就是她從不跟里達各的家人同桌吃飯。家人都感到十分懷疑，因此他們就決定偷偷調查清楚，結果發現原來荷茜每餐都吃百步蛇維生，而從她口裡吐出來的蛇骨，立刻又變成一條條活蛇，把他們給嚇壞了。因為魯凱族人的祖先相傳是由百步蛇所生，而荷茜卻以吃百步蛇維生，於是把她視為可怕的女人，甚至把她趕回去。布農族人知道了荷茜是被趕回來的之後，感到非常生氣，就憤而攻打魯凱族，從此以後，原本感情良好的兩族人竟轉友為敵，終日殘殺不休了。

本則傳說故事敘述，吃蛇的布農太太，最後終於被視蛇為神靈的魯凱族人「休」了，布農族人很生氣，攻打魯凱族，兩族從此就終日殘殺不休了。

二、魯凱族雲豹崇拜

　　相傳魯凱族原來住在台東大南溪上游右岸,在舊大南部落和知本主山之間,魯凱族稱 Shilcipalhichi 的地方,但因為受到外族的壓力而被迫向西遷移,最後到了舊好茶的時候,族人帶來的雲豹就留在此地不走了,魯凱族人認為這是天意,於是就在今天舊好茶定居下來,繼續繁衍子孫。所以雲豹是魯凱族人的獵犬,也是神的化身,更是帶著魯凱族人到舊好茶安身立命的恩人,所以魯凱族人不殺雲豹,若殺雲豹或觸摸到屍體,就代表著不知對恩人感恩,也是對神的不敬,將會得到神明的處罰。(註八)

註釋

註一:王煒昶主編《山林的智慧:台灣原住民文化園區導覽手冊》,1998 年 5 月。
註二:伊能嘉矩〈台灣土著對蛇的敬度觀念及伴生的模樣應用〉,1906 年。
註三:許功明《魯凱族的文化與藝術》,台北:稻香出版社,1998 年。
註四:簡榮聰〈魯凱族的靈蛇崇拜〉,《台灣新生報》,1997 年 11 月 23 日。
註五:同註二。
註六:同註二
註七:徐紫英編《讚嘆原住民的世界》,屏東,安可出版社,1993 年 7 月。
註八:紀佩君《驚艷屏東原味十足:屏東縣原住民地區文化生態旅遊深度導覽手冊》,屏東縣政府原住民行政局,2003 年 3 月。

魯凱族宗教與祭儀口傳文學

第十三章

在諸多種族祭典之中，魯凱族歲時祭儀的歌舞特別崇尚整團的律動，群舞群歌便是其最大特色。魯凱族昔日的重要祭典有：播種祭、粟祭、首級祭等。其中播種祭前後多達二十一日，都是一些祈求將來豐收的儀禮，各人行之；首級祭為獵取外敵首級歸來後之慶祝，屬於全社的祭典，但這兩種在二次大戰前早已消失無蹤，如今僅剩下粟祭。（註一）

文獻所記載的魯凱族儀式可以分為三大類，其一為由全聚落共同舉行的，如砍伐前儀式，祭儀除了祈求作物豐收之外，也具有界定聚落範圍的社會意義；另有為聚落占卜來年運勢的儀式，在小米收成之後舉行。……其二則為以家為單位的儀式，具有了界定家庭成員及本家與分家關係的意義。可依儀式的目的再分為兩類，第一類與農事有關；第二類的目的在於感謝祖靈並祈求繼續庇佑；第三類則是界定個人生命不同階段，賦與個人社會身分的生命禮儀。（註二）

魯凱族人信仰神和靈，認為神創造人，人死後為靈，靈則有善靈與惡靈二種。人在生時，頭部即存有二個靈：右側是善靈，左側是惡靈。向死去的善靈供奉物品時，以右手為之，以左手向妖魔鬼怪遞送物品。（註三）

魯凱族人有太多的禁忌，每個家屋中有一中柱，中柱被認為是一家的守護神，祭拜中柱時女性和小孩是被排斥在中柱前的祭祀行列的。女性不可以在男性作鐵工時進入鐵工小屋，男性也不得在女人織布時進入織布小屋。女性跳舞時，兩膝靠攏，不可距離太遠。此外，魯凱族有巫師，多為女巫，招靈占卜皆由女巫擔任。（註四）

一、魯凱族祭祀傳說故事

魯凱族人從台灣東部遷移到西部，穿越中央山脈南系開闢家園，目前主要居住的三個地點，除保留了共同的魯凱族傳統與認知，也分別發展出各具特色的文化。參與祭典活動，就是我們認識魯凱文化最好的途徑之一。（註五）

《民族所集刊》，任先民，1950年載「祭祀之濫觴」：（註六）

從前有夫婦二人帶了一個只有兩個月大的小男孩至田裡工

作，工作時，則將小孩放在草棚裡，而收工時卻發現小孩竟不見了。原來是被傳說中的水潭鬼靈給抓走了，五天後，小孩便回來且無異狀；但小孩長大之後，就時常至水潭鬼靈處拿回來很多東西，其中有陶壺一個。後來有一天，小孩忽然對大家說「我就要到水潭鬼靈那兒去了，以後每年此時都要來作祭。」於是村人就蓋了間小屋，把他從鬼靈那兒取來的東西包括陶壺置於其內，每年在收穫和播種時舉行祭祀，而祭師也由小孩這一家的家族擔任。現在，已不再舉行祭祀的儀式，但那小祭屋仍保留著。

本則故事描述一位能通靈的小孩，經常從水潭鬼靈處拿回來很多東西，其中包括一個陶壺。後來小孩還是歸回水潭鬼靈那兒去，他囑咐族人，要按時於每年在收穫和播種時舉行祭祀，這也許就是魯凱族人舉行農事祭儀的濫觴。

本則傳說故事情節要述如下：

（一）夫婦帶了只有兩個月大的小男孩至田裡，工作時將小孩放在草棚裡，當要收工時卻發現小孩不見了。

（二）原來小孩被水潭鬼靈給抓走了。

（三）五天後，小孩歸來且無異狀。

（四）小孩長大之後，常至水潭鬼靈處拿回來很多東西，其中有陶壺一個。

（五）有一天，小孩忽然對大家說：即將到水潭鬼靈那兒去了，以後每年此時都要來作祭。

（六）族人蓋了祭祀小屋，把他從鬼靈那兒取來之物，包括陶壺置於祭祀小屋內。

（七）族人開始每年在收穫和播種時舉行祭祀，而祭師也由小孩這一家的家族擔任。

陳千武譯述《台灣原住民的母語傳說》載「孩子指導祭祀儀式」：（註七）

有人去旱田，帶孩子去，把孩子留在旱田茅屋裡去工作。

小孩哭了,小孩的母親說:「我去帶孩子。」但是孩子不見了,孩子睡的地方留下一個安山岩。他的母親回到家哭了。五個月後,孩子回來特那社,來到父母親的地方。母親說:「進屋子裡來!」父親說:「進屋子裡來!」但孩子說:「我不進去!」他有三位神在一起。孩子拿出頸飾,給他的雙親說:「用這辦祭典,凶年或生病的時候,都要辦祭典。」又拿給雙親一個鐘說:「為了遇到旱天,帶著這個吧!拿這個去祈雨吧!」講完就走了,因為他做神了,不再回來啦。

本則傳說故事情節要述如下:

(一)帶孩子去旱田工作,把孩子留在茅屋裡。

(二)孩子不見了,母親回到家哭了。

(三)五個月後,孩子回來了,父母親叫他進屋裡來,孩子說他有三位神在一起,所以不進屋內。

(四)孩子拿出頸飾給雙親說:「以此辦祭典,凶年或生病都要辦祭典。」

(五)又拿一個鐘給雙親說:「遇到旱天以此祈雨。」

(六)孩子交代完就走了,因為他做神了。

古野清人著、葉婉奇譯《台灣原住民的祭儀生活》載「粟女神卡伊卡伊」:(註八)

創造粟的女神是斯馬拉拉伊的妻子卡伊卡伊。很久以前地上有個洞,卡伊卡伊為了取粟及蜻蜓玉,雖然懷有身孕,但仍然帶著孩子去取粟種。出洞口時,因為有些疲累,就在洞口吹起了口笛,她手拿的竹杖與背上的孩子變成了石頭,而洞口也封閉不見了。之後,那裡長出了竹子,而舊社(指大南社)地就在那裡。卡伊卡伊將取得的粟頂在頭上,爾後人們舉行祭儀時,除了要祭拜天上的神靈,也會祭拜卡伊卡伊。

本則傳說故事敘述舉行祭祀時,除了要祭拜天上的神靈外,也要祭拜粟女神「卡伊卡伊」。

劉寧顏總纂《重修台灣省通志卷三住民志同冑篇》載「魯凱族以豬為牲禮起源神話」:(註九)

> ……在神幫助本部落人共同開墾收穫之後,Pantelu 為了表示感謝之意,便將家中畜養的小豬殺了貢獻給神,而神也帶著他父子二人及收穫物去一水塘洗滌,並攜 Takuluban 潛水。遊戲數日才出,部落人見 Takuluban 入水未沉而生返無不稱奇。一日,父子二人與眾人同往河中捕魚,當 Pantelu 站在水中投網時,神卻捉他入水。部落民眾遍尋不得,於夜晚做夢得神諭知,需以黑腳的白毛豬投入水中,才可換回 Pantelu。部落族人因不得神所指定的雙色豬,先後以黑豬與白豬分別投水,都不得神接納。直到第三次以真正的雙色豬投水才合神意。此多納部落從此瞭解,豬乃是神、人之間重要的溝通媒介,是儀式上不可少的重要祭品。

本則敘述,「豬」是儀式上不可或缺的重要祭品。

劉寧顏總纂《重修台灣省通志卷三住民志同冑篇》載「阿禮神聖坡地的神話」:(註十)

> 古代的阿禮人舉凡出遊、狩獵、戰爭或參加比賽,都必須準備乾豬皮(Kilin)、小刀、鐵屑(Alumu)、檳榔等物,在靈屋前祭祀,鄭重地唸出豬體各個部位的名稱,以表示對神主已奉獻了豬體的全部。他們相信這麼做了之後,會得到部落英雄 Pɔlon 的神助。

二、魯凱族之精靈世界

喬宗忞《臺灣原住民史魯凱族史篇》載「魯凱族的精靈」:(註十一)

> 魯凱族精靈世界可以分為五類,第一類是「Pupulan」,亦稱「Yapulan」,是祈求獵獲多及收成豐的對象。第二類是「Pulan」,又稱「Waviviki」,是聚落中巫醫靈媒祈求賜與醫病解難能力的對象,具有喜怒之情緒。第三類是「Aililingana」,

存在於野外的某些地點，和人一樣具有喜怒的情緒，不同的
Aililingana 有不同的禁忌，如不得高聲談笑、不可穿戴有色彩
的衣飾、不可回頭，或者經過時必須手持枴杖等，若違背禁
忌，違反者的靈魂便會遭扣留，使之罹患難以醫治的疾病。第
四類是「kalara」，約與魔鬼的意思相當，指意外死於居住範圍
（Lialikolo）之外的亡靈，往往會降災禍給生者（一說招人作
伴），是祈求庇佑不要加害的對象。族人在出了 Lialikolo 之後，
在吃任何東西之前，都必須獻上一部分的食物給 Kalara。由於
Kalara 含有不敬憎惡的意思，另以「Walakats」的敬稱稱之。第
五類則是自然死亡者的靈魂，是族人敬畏的對象。

三、魯凱族神明傳說故事

施翠峰《台灣原始宗教與神話》載「魯凱族的神明」：(註十二)

在他們簡單的神祇系譜中，創造神叫做「托馬斯」
（Tomas;toa-omas），他會決定每一個人的壽命，而創造善
人的是男神「多馬伊里」（Domaili）與女神「德伊意莉」
（Dei-ili）。創造壞人是男神「茲歐茲歐」（Tsuautsuau）。

本則敘述：

（一）魯凱族的創造神叫做「托馬斯」，他會決定每一個人的壽命。

（二）魯凱族創造善人的是男神「多馬伊里」與女神「德伊意莉」。

（三）魯凱族創造壞人是男神「茲歐茲歐」。

四、魯凱族農地砍伐前祭儀

由聚落舉行的砍伐前儀式，目的在於向 Pupulan 祈求賜與全聚落豐
收。在魯凱族人的觀念中，農穫的豐歉受到全聚落農業運道的影響。舉
行儀式之前，聚落中的男子先共同出獵。儀式在歲末（約當於太陽曆的
10月）在預定待砍伐之地點舉行，每戶派一名成年男子參加，由部落共
同準備兩頭豬。等成員到齊，儀式用物齊備之後，由負責該項農事的貴
族頭目以豬隻獻祭祝禱，祈求農穫豐稔。祝禱完畢，所有的成員必須保

持靜默從事砍伐工作，直到工作完成。完成後，將兩隻豬抬到主祭的貴族頭目家，宰殺烹煮後分食之。豬的心、肝及右後腿呈貢給頭目，豬頭由長老分食，其餘的部分由眾人分食。但配偶懷孕及子女牙齒尚未長齊者，不得分食豬肉。剩下未吃完的肉食需全部丟棄。（註十三）

五、魯凱族的祭儀

目前較著名的魯凱族祭儀如下：

（一）豐年祭：高雄市茂林區於每年8月份舉行全區性的豐年祭。台東縣卑南鄉東興部落於每年7月份舉行之。屏東縣霧台鄉各部落於每年7-10月份舉行之。

（二）東魯凱買沙呼魯祭（除草祭）。

（三）黑米祭：高雄市茂林區多納部落於每年11月份舉行之。

六、魯凱族小米祭儀

以家為單位舉行的農業儀式，以具有重要儀式意義的小米為核心，包括小米播種祭及小米收穫祭、黑米祭等。

七、魯凱族小米播種祭

小米播種的日期與收成的好壞息息相關，因此各家以占卜的方式決定日期，大多在太陽曆的3月舉行。儀式雖僅在播種的第一天進行，但與小米播種相關的禁忌，自播種前一天一直持續到整個播種工作結束，使得播種期間充滿儀式的氣氛。播種前一天開始，全家人都不能食用生薑和鹽（二者均為族人的主要調味品），不能拿剪刀和針，否則小米會成長緩慢，粟穗會細如針而易斷；負責準備粟種的人不能在鍋邊用餐，不能同時搬動粟種和鍋具，否則種出來的小米會變黑；負責準備粟種的人不能清洗任何食具，否則小米會被沖走。播種當天，走出家門之後到抵達耕地之前，不能與任何家人以外的人說話，也不能由家中攜出任何物品。到達耕地之後，先取少許當天要播種的穀種放在籃子裡，再將籃子放在田間小屋（蓋在離聚落較遠的農地上，樣式簡單供休息的小屋子）前

的地上。由實際從事播種工作的家人，雙手各持一小塊豬皮向 pupulan 祝禱，並以雙手作撫摸籃中穀物的樣子，前後共三次才結束儀式，開始正式的播種工作。在黃昏結束當日播種工作後，選擇田地的一角，用石塊圍起來，再用前述的方式以豬皮祝禱，方結束小米播種儀式。（註十四）

　　魯凱族的播粟祭由各家族進行。主祭者往田間豎立五根嫩鬼茅，並放入玉石、鐵片，五茅間放五塊小石頭，其上再置檳榔。玉石與檳榔是神靈最喜歡的物品。一般農田播種，由哪一家族誰先誰後都無妨，但是播神粟（即用來供奉神靈的粟米）時，就必須一起舉行，其地須為牛、豬無法踐踏之地，播神粟的三天中，出外旅行或赴他社拜訪絕對禁止。（註十五）

八、東魯凱族買沙呼魯祭

　　東魯凱族的「買沙呼魯祭」（約於 3 月舉行）主要在大南部落（台東縣卑南鄉東興村）舉行，因為是在除草季節舉行，所以又名「除草祭」，雖然除草祭是台灣各原住民族都有的祭典，但是因族群的習慣、傳統不同，活動的形式也有不同。……東魯凱大南部落的買沙呼魯祭（Maisauru）是生命禮儀的一種，魯凱族少女在 13 歲到結婚之前，都必須參加買沙呼魯祭，以表示開始進入社會，並學習魯凱族的傳統美德。過去在小米收成前的最後一次除草工作時，魯凱族較年長的女性們會開始傳播消息，提醒少女們加入買沙呼魯的行列，為小米進行最後一次的除草工作，以迎接收穫時節到來。這時候，少女們紛紛主動加入以互助、輪流的方式，共同完成除草的工作。祭典一開始，由部落巫師祈求祖靈保佑儀式能夠平安進行，並且希望今年能夠豐收。參加買沙呼魯祭的少女們，在工作中除了飲水之外，不可以吃中餐或其他食物；午間休息過後，族人會檢查其唾液，確定沒有偷偷進食，否則便會受到處罰。在除草工作過程中，通常會合唱童謠或情歌，在歌聲中將耕地內的工作完成。此時，少男們會派出數名勇士，以搖晃臀鈴的方式，迎接少女工作成員回到部落。到了晚間，便是跳舞高歌的歡樂時刻了，少男少女們會

藉此機會互訴情意,待買沙呼魯祭結束,也就是少男少女們追求異性的開始了。(註十六)

九、魯凱族收穫祭

以小米為主要農作的魯凱族,在每年8月左右,舉行收穫祭,作為一個年度的終止,並藉此迎接新的一年。收穫祭裡有一個重要的儀式,是烤小米餅的活動,族人將小米麵糰帶至特定地點(通常都在村外野地),以石板鋪地,燒熱後將小米麵糰放在上面,再覆以香蕉葉,而後壓上石板,待30分鐘左右,將石板、葉子拿開,看小米餅烤出來的狀態作為今年農作與狩獵的卜問。例如,烤得太乾,今年可能雨水較少,烤得溫潤,表示今年的雨水豐沛。烤小米餅的儀式只限男性參與,是一種宗教行為。在以前,收穫祭長達七至十五天,現則集中於一天舉行,傳統宗教的烤小米餅儀式只有少數部落仍然保存。大多數部落的活動,舉辦時間大都集中在8月中旬。(註十七)

小米收穫祭的性質和小米播種祭極為相近,即儀式本身雖不複雜,但在整個收穫期間,須遵守多項禁忌,而使收穫期間充滿儀式性。收穫祭配合小米的成長,多在7月下旬到8月上旬之間舉行。採收小米的第一天,參與採收工作的人在離家之後到小米田之前,不可以和家人以外的人說話,也不可以從家中帶任何東西出門,這兩項禁忌與小米播種同。儀式在清晨舉行,由家中婦女帶著十片桑葉和百塊豬皮丁到小米田,挑選一塊平坦的石頭來鋪放桑葉和豬皮丁,每一片桑葉上放十塊豬皮丁。婦女面對鋪放祭品的石塊,口中祝禱祈求本神靈賜與豐收,同時請求神靈寬恕過去一年家人所犯的錯誤;並作出向神靈領受祭品的動作,此一動作其實意味著向神靈領受豐收的小米。祭畢正式展開小米的收成工作。家中若有孕婦,須先由孕婦摘取一些小米穗,交給所有參加收割工作的人的手中,由孕婦手中接過小米穗才可以開始收割。收割時,所有的人應排成橫列,以相同的速度前進收割,否則減少當天採收的小米數量。工作時不得大聲說話唱歌。若收割時有特種蜂類由頭上飛過,或者背起背籃時背繩掉落或斷落,都必須停止當天的工作,等待次日再繼續。男

子若打算在收穫期間去打獵的，則嚴禁參加收成工作。女性在參加收成工作後，未換下工作服之前，不可以與狩獵回來的男子交談。在收割期間，外人不得穿越小米田。（註十八）

小米收穫祭魯凱語稱為「卡拉里里希安」（Kala-lhilhisane），是魯凱族最重要的祭典，這是為了感謝農作物豐收，祈求平安而舉辦的慶祝活動，舉辦的時間約在每年 8 月左右。祭典開始，由主祭者吟誦祈禱文，感謝上天與祖先護佑，讓族人能夠豐收，同時也希望來年依舊平安、富裕。在祭儀進行中，不可以大聲喧嘩、打噴嚏、放屁、隨便與人打招呼等等，必須保持嚴肅。對於魯凱族人來說，小米收穫祭是一年一度的重要祭祀活動，相當於漢人習俗的「過年」，其所祭祀的對象除了祖先之外，也包含創世的神祇、自然界神祇、各地守護神、惡靈等。在嚴肅的祭祀、祈求過程之後，會有一些娛樂、競賽與生命禮儀的活動，例如盪鞦韆比賽、勇士舞、射箭比賽、背物競走等，這時候通常也是收穫祭的高潮。不同地區或許會有些許不同的活動內容，然而收穫祭的重要性都是一樣，即使時代變遷、人口外移，但到了小米收穫祭，離家出外的魯凱子弟們就會由各地返家，在族人的環繞下，進行一次次傳統的洗禮與保護。因此，不管參與何處的收穫祭，都不要以觀光的心態看待，若是願意實際參與，並且感受雲豹子民對天地的敬意與感謝，對維護傳統與生存的深厚意義，或許你也更懂得如何與自然相處，與多元的文化環境誠敬相待。（註十九）

播種後直到收穫為止，都不舉行祭祀，俟神粟收穫時，將一檳榔放置家中祭祀之位（Calakubu），一顆放置田間，然後收割神粟之後運回家中。期間若夢見吉夢，就舉行嘗新祭（Audela）。其儀式為取煮好的粟飯，作出往嘴送入的樣子，一共三次；首先請地神吃，接著請天神吃，最後是自己吃，三次動作要做三回。嘗新結束，便將新粟納入粟倉（Riva）。期間，部落男子要進行十天的狩獵，返回部落後，再次製作粟糕，向東方稟報粟祭 Toaklalisia（或 Kalalisia）已經結束，獻上粟糕，向神靈祈禱：「我們的粟已經收成了，請來享用吧！同時請保佑我們？今後也能有大豐收。」接著飲酒，製作鞦韆讓少女擺盪。（註二十）

十、魯凱族祖靈祝禱儀式

　　小米採收完畢後，由聚落的祭司宣布，進入包括占卜聚落來年運勢及各家向祖靈祝禱的「Ibakalaingata luiya」，約持續半個多月。（註二一）

　　各家向祖靈祝禱的儀式有三項：（一）Dualaliti，祈求家中男子生命強旺，獵獲豐富的儀式；（二）Dualisi ki daana，驅除家屋中邪惡不潔的儀式；（三）Kia-pakaralu，為家中女子祈福去災的儀式。Dualaliti 是一種祭品，為用蘆葦草包成細長的棒狀的小米 Apai，是家中男子生命力的象徵。儀式當天清晨將數量與家中男子人數相等的 Laliti 掛在家屋中的主柱上，並將日常使用的獵具排列在主柱之前。由家長手持點燃的蘆葦草、野草莓蔓莖（Tuko）及小米莖桿紮成的草束，輔以豬皮、鐵屑等祭物，立於主柱之前祈禱，求祖靈庇佑家中男性生命旺盛，獵獲豐富。儀式進行時，所有的女性家庭成員一律迴避，並由母親守著屋門，驅趕可能影響祭儀的人畜。Dualisi ki daana 當天破曉前，各家均派人到水源地取水來清洗穀及家屋，並將小米乾飯（Katsngan）及豬皮丁放在乾葫蘆皮作成的祭器上供祭在主柱之前，向祖靈祈禱獻祭。儀式簡短，完成時天僅微亮。Kia-pakaralu 時，先依家中婦女人數準備有圈足的竹編淺盤，盤中放小米乾飯，飯上用葫蘆皮、豬皮及豬肉排出雙眼狀。準備好之後，由母親召集家中所有婦女，共同蹲坐屋內，依年齡長幼為序為個人趨除霉運。驅除的方式是以喉頭對個人的淺盤中的祭物吹氣，再在臉上劃圈，之後將祭物由天窗丟到屋外，象徵拋除霉運。完成之後所有婦女右手持夾有紅木炭的小米莖桿，左手持豬皮，走到門口，以向外右手劃圈招呼好運入門，結束後退回屋內，由母親祝禱後結束整個儀式。（註二二）

十一、魯凱族豐年祭

　　魯凱族的經濟生產方式主要以農耕為主，節令亦多和農事有關。在每年的 8 月因小米和稻作都已經收穫、曬乾，正是農閒時，所以成為舉行豐年祭的最適宜季節。早期原住民在農作物豐收後，會邀眾群聚慶祝狂歡，而此亦成為豐年祭的來源。往昔在原住民祖先的口傳歷史中，小

米即是一種珍貴的作物，只能在慶典時享用，所以，在慶豐年時，小米即成了最適用的主食。魯凱族的豐年祭其實也就是所謂的「小米祭」，亦稱「粟祭」，或又稱為「小米收穫節」。「小米祭」不僅為慶祝小米豐收，甚至包含過年、祭祖、宗教等含意，是一年當中活動的最高潮。屏東縣霧台鄉所舉行的小米祭，盛大而隆重，包括阿禮、好茶、佳暮等各個部落的男女老幼都會參與。祭場是在霧台國小的操場，場中的一側會架起竹製的鞦韆。因為在魯凱人眼中，豐年祭是一種感恩、團圓、同歡與祈禱豐收的祭典，所以參加者都會穿著魯凱族傳統服飾以示慎重。過去魯凱族人有著很清楚的社會階層制度，所有的收成和獵物都需全數進貢給頭目，而後再依每戶人數予以分配。但時至今日，進貢已演變成一種形式，只有在祭典活動中才看得到。而進貢的內容通常有小米、小米粿、山豬肉等等祭品。進貢結束後，便是魯凱族人同歡的時刻，所有的族人會聚集在祭場中跳舞歌唱。過去魯凱族人在祭儀慶典上，會吟唱古謠來傳遞歡樂氣息，雖然可能沒有任何樂器的伴奏，但卻保有魯凱族原始古樸的風貌。（註二三）

粟祭是舊時（清代至日治時期）之稱呼，亦比較名符其實。因為魯凱族在現地農耕，主要生產小米（粟），他們向來沒有日曆（至日治初期尚盛行「結繩記事」，所以通常都以小米採割後開始日曬時為舉行粟祭的日期，可見並非鐵定某月某日，只能說大約在「7 月間的某日」。戰後月曆或日曆大量進入山區，約自 1960 年代後半期才逐漸地形成豐年祭為 8 月 15 日，又平地觀光客的入山觀光逐漸增加，亦促使豐年祭的定期化，甚至於更盛大化，是無可諱言的。昔日「粟祭」的主要祭拜對象是太陽神，一方面感恩天神，也祈求歲時平安兼豐收。祭典由大、小頭目分別擔任正副司祭，司祭最主要的工作是禱告與上供，藉以把祭祀的禮節與程序傳授給後代。供品有檳榔、豬肉、小米糕（麻糬）、小米酒等，所以祭前可以看到婦女們忙著樁小米的光景。除了族人要參加村子舉辦的團體祭典以外，各家均要舉辦「達利安」（Dalian），排灣族也有此俗，叫做「西義魯」（Sigiru）。將燃燒的炭火插進用紅線紮好的粟束的穗房中，穗房即燃燒起來。此時最好使冒出之白煙吹向東方（他們相信粟神與祖靈

均住在東方），藉此來祭拜粟神，祈求保佑下季播種順利兼豐收，祈禱完後將燃燒中的粟束放在家門口上面石板。顯然燒粟束等於漢人的燒香拜神之習俗。團體祭祀完畢之後，立即展開歌舞表演，接著表演「盪鞦韆」與「戳刺樹皮球」競賽兩項。（註二四）

魯凱族人的豐年祭在小米成熟後舉行，雖然以豐收為名，但如果從其活動內容觀察，實具多重文化意義；其中具軍事意義的刺球、娛樂兼訓練體能的架鞦韆架、盪鞦韆，都是儀式中的重頭戲。他們即興詠唱出的歌詞，配合古老傳統的音調，此起彼落，這一首曲的尾音尚未結束，下一首開始的音階即已插入。整個過程十分歡樂，集詩歌、樂舞、體能競賽於一爐，其整體文化之呈現，實不亞於古希臘奧林匹克運動會之盛況。（註二五）

〈La lu a lu me dan〉：慶典或工作的序歌。在慶典或是工作即將開始時演唱，像是暖場的音樂一樣。（註二六）

大南村豐年祭（Kalalisiyan）：位於東台灣大南社的魯凱族其豐年祭與其他部落迥異，茲介紹如下：大南社以青年會所聞名，族人延續了優良的傳統，在豐年祭期間保了七至九天的會所訓練。在現代的活動中心（集會所）樓上，全村的青少年集體宿於會所，由青年隊長統一管理。並為豐年祭的一連串活動作準備。女青年也有組織，由隊長領導編花環、採籐，在祭典開始時全員集合繞行村落通報訊息，男子則搭鞦韆於會場。通報訊息的活動明顯地受到卑南族的影響。原本屬於貴族婚禮的盪鞦韆活動，在大南社發展成男女社交、聯誼的活動。而成年禮、歌舞表演也是豐年祭的重點之一。本地女子服飾以大紅色為主色，迥異於其他以藍黑為主色的魯凱部落。（註二七）

十二、魯凱族黑米祭

一般人知道的「黑米祭」，是「搭巴嘎饒望」祭典活動之一。這是高雄市茂林區多納里的西魯凱人每年固定舉行的祭典，時間在每年的小米收穫祭之後。（註二八）

奧威尼‧卡露斯《魯凱族多情的巴嫩姑娘》載「搭巴嘎饒望黑米祭」：（註二九）

　　古時候，魯凱族婦女為了到田裡種植黑米，必須將孩子放在田邊，孩子會因孤單而哭泣，母親們只要聽得到孩子的哭聲，就知道孩子還在，便可以放心工作。然而有一次，有一位婦女在接近中午的時候，突然聽不到孩子的哭聲了，她趕忙跑到田邊去找，卻發現孩子已經不見了，只剩下一個石頭。在四處奔忙卻無法尋獲之下，她只好回到部落中，請求族人幫忙尋找，但是也沒有結果，族人以為完全沒有希望了。當晚，這位失去孩子的母親卻做了一個夢，她夢見濁口溪的水神告訴她，因為水神不忍心看母親必須一邊耕種，還要一邊照顧孩子，於是將孩子帶走，等他長大後再送回。但是族人必須和水神合力種植更多的黑米，其中一半要用來祭祀水神。這位母親將夢境告訴族人，族人雖半信半疑，卻還是幫忙種下更多的黑米。收成的時候到了，待全部的黑米曝曬完之後，大家才發現有些黑米竟然不見了！之後，每年的情形都一樣。許多年過去了，那個被水神收養的孩子真的回來了，並且成為英俊的勇士，回到母親與族人身邊，一起為族人的生活而努力。從那個時候起，族人會在黑米收成的時候祭拜水神，感謝水神幫忙照顧孩子。演變至今，黑米祭同時也被賦予感謝祖先、神靈保佑的意義。遠古的傳說，也就一直護佑族人至今。

　　黑米祭「交換禮物」：在原住民社會裡，有交換禮物習俗的大概只有高雄茂林區的多納部落。交換禮物分為「世交」與「情人交友」，世交分社會階級不同或階級相同，世交交友不得通婚，除非雙方家族同意。而男女交友情形是很多男士追求同一位少女，這是可以結婚的。在平時沒有這樣的活動，要等到每年秋末當地特產的早稻收獲，也就是黑米祭節日當天才舉行，世交的男方或情人男女交友的男方要帶稻米、編織的禮物和花冠到女方家贈送這些禮物，而女方收到男方的禮物之後，則要帶

年糕、魚和花冠還禮。（註三十）

十三、魯凱族成年祭

與男性成年有關的分餅儀式，大南群則為成年禮，在小米採收的期間舉行，增加小米採收期間的儀式性。（註三一）

魯凱族以出牙視為成人，舉行「Kia-tomas」的儀式，意為使成為人。出牙之後直至結婚，女孩便沒有必需舉行的生命儀式，僅以著盛裝來表示已屆婚齡。男孩子 6、7 歲時，可以開始隨父親或其他男性親屬前往山上打獵，也可以開始參加男子的「Watsapi」（分餅式）。所謂分餅式是村中男子在小米收獲時節，選擇一天，以居住之小區域為單位，分成數組，於天破曉時前往村外固定地點聚集。參加的人要準備 Apai（小米糕）、Pulapulai（獵肉）等食物，利用烤好的石頭將食物烤熟後，分給大家後各自回家。家裡要為初次參加的小男孩準備特別豐富的食物，甚至殺一頭豬讓他帶去。男孩由父親帶領，也可分得一份食物，但需將一部分分得的餅藏在衣服中帶回家，與家人共享。在分餅儀式中，同組有地位的長者會訓令男孩，自此便如同成年男子，可以穿著正式的服裝、可以配刀，但不可以再到女孩子織布的地方，要遵守一切男子需遵守的禁忌，因為自此以後，他便脫離了性別不明確的幼年階段，成為真正的男孩子。在東部的大南群因具備會所制度，男子有具體正式的成年禮。文獻所載成年禮在小米收穫季舉行。11 歲的男孩要先通過禁食五天及試膽的考驗，試膽的方式是在深夜時命少年去取一樣東西，主持的人會用種種方法來驚嚇少年，不害怕也不顯疲倦的少年才算通過測試，可以進入會所聽候差遣及接受訓練。進入會所約五年之後，還須通過另一項以咬人貓鞭打全身的試驗。舉行的時間也在小米收穫季節，參加入級儀式的青年在預定的時間集合於會所，由長老用咬人貓抽打全身，其意為打去不良的品性與身體的不潔。長老一邊鞭打，一邊訓誡青年自此作人要謹慎，不能任意和女孩子發生性行為，不能偷盜，同時要擔負起教導少年級的責任。能夠忍耐咬人貓鞭打的痛苦才算通過測驗，成為成年人。參加成年考驗者的家庭都要釀酒，齊集會所前慶賀，並為通過考驗的青年

換上全新的成年人服飾。青年們在換上成年服飾之後集體拜訪貴族及長老，報告已完成考驗的訊息，並接受祝福。最後回到會所之前，與親友共同歌舞歡宴，確認成年的身分之後，儀式便告結束。（註三二）

十四、魯凱族守護神大瑪烏納勒

奧威尼‧卡露斯《雲豹的傳人》載「守護神大瑪烏納勒」：（註三三）

在舊好茶古代聚落的北方山頂上，有一塊長方形的石頭，形同紀念碑，高度大約130公分左右，厚度寬度幾乎相等，大約在30幾公分左右。老人家說那是我們的守護神大瑪烏納勒（Tamaonalhe）。這個名字的意義，從魯凱人的語言概念裡，已經找不到，而且更沒有人能解釋，我們只知道這是祂特有的名詞。好茶人最後的史官拉巴卡喔（Lapagao domalathathe）說：「大約是兩兄弟從希給巴里基（Shikipalhichi）帶著家屬遷到古茶布安之後，為了保障全家族的健康以及心靈有個寄託而特地立起來的，而這個守護神站在那裡至少已經有七、八百年的歷史。」從祂被樹立的顏面方向，好像是朝向大卡拉烏蘇（Tagaraoso），但史官說：「應該是朝向日落點，因為祂是負責把守日落點吹來的瘟疫的颱風。」傳說，在古代古茶布安興盛時期，那個時代的年輕人不下百餘人。「一年一度的祈運靈祭給阿布樂格麼（Kiapulhekeme），剛穿上拉庇底（Labiti）的男孩子們排成一行，從祈靈屋達拉巴丹（Dalapathane）可以排到聚落東邊郊外吃狗熊的大石頭查珠馬丹呢（Chachomathane）。」史官拉巴卡喔說。古茶布安的人們，看到這個熱鬧且令人興奮安慰的景象沒有多久，突然來自日落點颳起不明的瘟疫之風，我們不宜直接呼叫病魔的名稱，只能叫它是一種「颱風」哇利給（Walhigi）或者說「髒的空氣」（Malisi ka saseverane）。傳說的描述：人們突然臉上長出許多黑痣似的水泡，形相猶如鬼臉，蔓延全身同時發高燒，然後死亡；只

要家中有一人感染到，很快地傳給全家人，然後蔓廷到整個區域。人們恐慌，趁黑夜神不知鬼不覺時紛紛逃遙遠的田裡。留下來的患者，變成了無人照顧的病人，甚至屍體也沒有人埋葬。痛苦的呻吟與死亡前掙扎的咆哮聲，日夜響徹山谷間；還在田裡的人們聽了，怕得夜裡不敢出來，甚至白天也不敢見人，少與人往來。短短的時間內，那些可愛活潑的年輕人，生命相繼被奪走幾乎三分之一。據說蒲葵樹下方的達百拉呢（Tabairane），以前有相當多的人家，當時正是這個颱風的中心，故無一家倖免，全部被捲走了。有一個故事發生在當時，有一位貴族又是英雄人物，常常住在田裡過夜工作，甚少回家，除非家裡有需要才回去送東西。不久卻聽到愛妻和唯一的女兒感染而且已經死亡了的消息，他失望之餘，覺得失去了她們，生命在日月光芒下活著已經毫無意義。於是穿起最好的英雄武裝，頭戴因過去戰果輝煌而取得的熊鷹羽毛及百合花，在歸途中邊走邊詠頌他榮耀的短短的一生；而明知道這一去是與世永別，跨越家門之前，他高呼咆哮幾聲表示對妻子愛女的疏忽而懺悔，進到裡面馬上擁抱已經死亡的妻女痛哭失聲，當然他很快地被感染了，似歌詠似痛苦的吶喊，最後在瘟疫天花的魔掌下漸漸歸於平靜。那時人們都知道他已經跟她們走了。那時候的祭司巴拉卡賴依（barakalai）解釋道：「守護神！大瑪烏納勒被敵人有陰謀地動過手腳，把守護神的顏面改向大卡拉烏蘇，造成空前最大的浩劫，因此才提議修整方向。」從那時候起，為了配合守護神大瑪烏納勒，古茶布安每年舉行兩次到三次的隔離祭拜儀式，魯凱語叫烏阿沙利里（Uasalhili），一次是為病魔，第二次是為老鼠，另外是看一年之中，如果又流行其它的病，還可以舉行一次。家家戶戶清掃家屋，到下午時準備幾根象徵性的箭，用蘆葦的莖切成中指的長度，一段切成箭頭夾帶著鐵片表示銳利之意。聆聽巴拉卡拉依宣布開始隔離時，家家便開始舉

行。每一個窗戶下方各安插兩支,大門兩支,神柱一支,然後用鐵片(也有魯凱人用棕櫚樹葉代替鐵片),撒在屋子每一個角落,表示趕走病魔之意,剩下手中的兩支,由每家的小祭司帶走病魔跑步趕往特定集合的地方。集合時先點數有否全部到齊,把所有的箭收集之後,另派二、三人帶這一堆病魔的箭,送到隔離特定的地方安置。回來之後,每家必須把門窗關起來,任何人都不可外出,直至第二天早上。如此隔離祭拜儀式才宣告完成。在漫長的7、8月裡,曾經為各個不同朝代的祖先古茶布安系的魯凱人,擔負起日夜守護的大瑪烏納勒,在古代祂扮演著相當重要的角色,生命在沒有保障的情況下,祂一度是我們唯一的依靠和信賴,而祖先們也給予祂相當的尊重和地位,除了每年一、二次隔離祭拜儀式一定有祂的分量祭拜祂以外,人們只要有美味和美酒,一定以彈指分享表示感謝。時代漸漸地改變了,大瑪烏納勒供用的價值意義隨著時代漸漸地被否定或取代;然而我們現代人,要保護而且保留文物,並非只是看祂的樣式而已,更重要的是沈思祂對時代的意義,因為文明的物質觀太強勢,常常阻礙並污濁我們的思維,往往看不清楚文物對人類的精神面有何等的意義。假如以現代人的眼光來看文物,就是天使下凡到人間,我們也不會認識。

本則傳說故事情節要述如下:

(一)在舊好茶古代聚落的北方山頂上,有一塊長方形的守護神石,稱為「大瑪烏納勒」。

(二)守護神石之設置已經有七、八百年的歷史。是兩兄弟從希給巴里基(Shikipalhichi)帶著家屬遷到古茶布安之後,為了保障全家族的健康以及心靈有個寄託而特地立起來的。

(三)據史官說,祂是負責把守日落點吹來的瘟疫的颱風。所以朝向日落點。

(四)有一回自日落點颳起不明的瘟疫之風,只要家中有一人感染

到，便會很快地傳給全家人，然後蔓延到整個區域。

（五）不多久，年輕人的生命相繼被奪走幾乎三分之一之多。

（六）當時祭司巴拉卡賴依認為「守護神！大瑪烏納勒被敵人有陰謀地動過手腳，把守護神的顏面改向大卡拉烏蘇，造成空前最大的浩劫，因此才提議修整方向」。

（七）從那時為了配合守護神大瑪烏納勒，古茶布安每年舉行兩次到三次的隔離祭拜儀式，一次是為病魔，第二次是為老鼠，一年之中，如果又流行其它的病，還可以舉行一次。

（八）、隔離祭拜儀式程序如下：

1、準備幾根象徵性的箭，用蘆葦的莖切成中指的長度，一段切成箭頭夾著鐵片表示銳利之意。

2、每一個窗戶下方各安插兩支，大門兩支，神柱一支。

3、用鐵片（也有魯凱人用棕櫚樹葉代替鐵片），撒在屋子每一個角落，表示趕走病魔之意。

4、剩下的兩支，由每家的小祭司帶走病魔並跑步趕往特定集合之地。集合時先點數有否全部到齊，把所有的箭收集之後，另派二、三人帶這一堆病魔的箭，送到特定的隔離地方安置。

5、回來之後，每家必須把門窗關起來，任何人都不可外出，直至第二天早上。

（九）古代守護的大瑪烏納勒神石是先祖的依靠和信賴，人們只要有美味和美酒，一定以彈指分享表示感謝。

十五、魯凱族神帶走的孩子

林道生編著《原住民神話故事全集（二）》載多納社「神帶走的孩子」：（註三四）

多納社的一位母親揹著孩子到布路路卡納（Pululugana）開墾田地，把孩子放在工寮。工作了不久，聽到了孩子的哭

泣聲，母親放下工作說：「來了！來了！別哭了！」當母親來到工寮，孩子也不見了。母親傷心地哭泣著回家。五個月後，孩子回到多納社。母親說：「進來吧！」孩子回答說：「不進去了！」接著父親說：「快進來吧！」孩子回答：「不進去了！有三位神跟我在一起。」孩子取下脖子上的頸飾交給父親說：「當凶年、生病時，就用這條頸飾祭神求平安。」說完就走了，回到天上的神界去。

十六、魯凱族祭祀蛇神

許功明《魯凱族文化與藝術》載「好茶部落祭祀蛇神」：(註三五)

根據調查資料，Amani（百步蛇）在魯凱族語應是 Kamanian，然而好茶村民為了避諱，不以本名直稱，免得褻瀆，只用 Amani（就是牠）或是 Palada（我的夥伴），或是 Maludran（長老）尊稱之。另外，好茶村人相傳從前村內有一處名 Katanan 祭儀用的祖靈屋，內部供養著一條活生生的 Amani，由祭司負責看顧。這條具有特殊身分的蛇在祭儀時，像是巫術道具一般被使喚，可解釋為供祭拜的蛇精或蛇神。……日本人統治時期，曾有日警竊取祭屋內的寶物，派遣村民捉那條蛇殺了後烤成蛇乾，作成中藥。但是捉蛇的村民與慫恿的日警後來相繼出意外，也有發狂自殺的人。

衛惠林認為台灣原住民族並沒有清晰的圖騰制度，僅有殘缺的要素(1951)。陳奇祿也說：「魯凱族之間雖無一般所謂圖騰之存在，但蛇紋廣泛地被運用，見到蛇類每迴避而忌予殺害，及以蛇類惟祖靈而供奉之。又魯凱族有以百步蛇為頭目之祖先，青蛇為一般村民之祖先之傳說等等，卻與圖騰制度之諸要件一致。」(1957)。許功明則舉李維・史特勞斯：「在人與其圖騰之間，並不認識直接的關係，而只是建立在一種延續擴展的關係上，唯一可能存在的關係應說是用隱喻的，被帶上面具的」，而申論魯凱族以 Amani、Palada、Maludran 來指稱「靈蛇」，不以本名 Kamanian 稱呼、與一般所知不用其本名而以「圖騰」名稱（另一種

稱呼）的稱呼法相類似。圖騰制度在不同的民族文化間是否具有共同性的條件與特徵，一直是學界爭論的焦點，唯台灣原住民族群中擁有近乎所謂「圖騰」制度，並在其物質、精神文化層面發展繁複內涵者，則非排灣族、魯凱族莫屬。（註三六）

由於魯凱族與排灣族在地緣上鄰近的關係，使其文化藝術的表現如社會階級、土地權屬、雕刻、服飾等有相當類似的部分，所以昔日學術的分類中，有時曾將兩族稱作排灣族或泛排灣族群。靈蛇的觀念也普遍存在二族部落，但是，也會因為各區域或部落的不同習俗與語言而有所差別。（註三七）

十七、魯凱族鬼湖信仰

陳美玲編著《魯凱之歌》載「魯凱族鬼湖信仰」：（註三八）

海拔2229公尺高的鬼湖，是魯凱人的發源地。在傳說中，鬼湖是魯凱凱神靈居住的地方，大鬼湖位於屏東縣與台東縣交界附近，小鬼瑚位於高雄縣與台東縣交界附近，現在大小鬼湖已被規劃成為「雙鬼湖自然保留區」。鬼湖對魯凱人來說是相當神聖且神祕的地方，早期的魯凱人非常相信鬼神，認為陰森的湖泊和山間都是神靈居住之處，所以人煙稀少的鬼湖便被認為住有神靈。在傳說中，魯凱族人到鬼湖去狩獵，只要高聲喊叫，就會立刻看到雲霧排山倒海而來，接著會下起雨。魯凱人因此心生恐懼，認為是嘈雜聲驚動了神靈，使得神靈不悅，為了避免神靈因不悅而降下災禍，縱使鬼湖附近的獵物再多，都沒有魯凱人敢進入鬼湖範圍去狩獵。鬼湖附近的西給巴利吉和阿利阿拉呢是魯凱人的祖先誕生地。

本則傳說故事情節要述如下：

（一）鬼湖附近的西給巴利吉和阿利阿拉呢是魯凱人的祖先誕生地，亦即魯凱人的發源地。

（二）傳說中，鬼湖是魯凱神靈居住的地方，對魯凱人來說是相當神聖且神祕的地方。

（三）魯凱族人非常相信鬼神，認為陰森的湖泊和山間都是神靈居
　　　住之處，所以人煙稀少的鬼湖便被認為住有神靈。

（四）到鬼湖去狩獵，只要高聲喊叫，就會立刻看到雲霧排山倒海
　　　而來，接著會下起雨。

（五）後來族人為了避免神靈因不悅而降下災禍，縱使鬼湖附近的
　　　獵物再多，都沒有魯凱人敢進入鬼湖範圍去狩獵。

十八、魯凱族禁忌信仰

　　最明顯的一個禁忌是：男性不論成人或只是一個小孩子，絕不可以
觸摸織布的工具、線，甚至正在織布中的婦女。為了避免男性接觸或誤
闖，舊好茶特別設立三所織布屋於郊外，讓所有要織布的婦女都集中在
這裡，這麼做有一個好處：婦女們可以互相學習揣摩，老人家正可藉這
個機會傳授一些特殊的織法及巧妙收邊的技術。織布是屬於季節性的工
作，一年裡除了收割小米的季節到豐年祭這段時間不可以織布外，其他
日子都可以。但如果家中有特殊祭典或喪事，也必須禁諱，絕不可以織
布。（註三九）

　　劉寧顏總纂《重修台灣省通志卷三住民志同冑篇》載「伊拉禁地傳
說」：（註四十）

　　　　相傳 Ila 部落原是排灣族的一個大部落，部落即沿河岸台
　　　地而建，在河道南岸的地方，古時候有棵高高的大樹，日出和
　　　日落時大樹的影子可以遮蔽到 Timon（今三地村）及霧台部
　　　落一帶的地區。樹倒了以後也可以一直橫過寬闊的河谷到達北
　　　岸。有一次部落頭目的妹妹用琉璃珠串做鞦韆，在大樹幹下盪
　　　來盪去遊戲，一不小心鞦韆斷了，把她摔到部落西邊 Tauvaus
　　　地方，而琉璃珠也散落到各處。她的哥哥便爬上大樹居住，並
　　　且帶著石塊防敵，當他跟大武部落（Adel）的人交戰時，還是
　　　用琉璃珠做子彈，向四方發射。這妹妹也蠻不講理，她命令所
　　　有部落的人，凡是在經期中或懷孕的婦女，以及其他持傘或拿
　　　手杖的人都不能從 Tauvaus 地方經過，否則會遭到詛咒。

註釋

註一：施翠峰《台灣原始宗教與神話》，台北，國立歷史博物館，2000年9月。

註二：喬宗忞《臺灣原住民史魯凱族史篇》，台灣省文獻委員會，2001年5月。

註三：古野清人《高砂族の祭儀生活》，南天書局，1996年。

註四：劉鳳學《與自然共舞：台灣原住民舞蹈》，國立傳統藝術中心，2000年12月。

註五：奧威尼‧卡露斯《魯凱族多情的巴嫩姑娘》，新自然主義有限公司，2003年1月。

註六：尹建中《台灣山胞各族傳統神話故事與傳說文獻編纂研究》，1994年4月。

註七：陳千武譯述《台灣原住民的母語傳說》，台北，台原出版社，1995年5月。

註八：古野清人著、葉婉奇譯《台灣原住民的祭儀生活》。

註九：劉寧顏總纂《重修台灣省通志卷三住民志同胄篇》第一冊，台灣省文獻委員會，1995年5月。

註十：同註九。

註十一：同註二。

註十二：同註一。

註十三：同註二。

註十四：同註二。

註十五：巴蘇雅‧博伊哲努《台灣原住民族文學史綱（上）》，台北，里仁書局，2009年10月。

註十六：同註五。

註十七：王煒昶主編《山林的智慧：台灣原住民文化園區導覽手冊》，1998年5月。

註十八：同註二。

註十九：同註五。

註二十：同註八。

註二一：同註二。

註二二：同註二。

註二三：《台灣空中藝術文化學苑學員通訊》12期，財團法人台灣省文化基金會，2001年11月。

註二四：同註一。

註二五：同註四。

註二六：同註十七。

註二七：同註十七。

註二八：同註五。

註二九：同註五。

註三十：同註二四。

註三一：同註二。

註三二：同註二。

註三三：奧威尼‧卡露斯《雲豹的傳人》，台中，晨星出版社，1996年10月。

註三四：林道生編著《原住民神話故事全集（二）》，台北，漢藝色研文化事業有限公司，2002年1月。

註三五：許功明《魯凱族文化與藝術》，台北，稻香出版社，1991年。

註三六：浦忠成《被遺忘的聖域：原住民神話、歷史與文學的追溯》，國立編譯館，2007年1月。

註三七：同註三六。

註三八：陳美玲編著《魯凱之歌》，屏東縣立文化中心，1999年6月。

註三九：奧威尼‧卡露斯《雲豹的傳人》，晨星出版社，1996年10月。

註四十：同註九。

魯凱族巫祝與巫術
口傳文學

第十四章

　　魯凱族以往的祭典活動，通常都是由頭目和巫師主持，因為他們都具有和祖靈溝通的能力，所以部落裡祈福儀式、為人治病以及占卜等工作，都是由他們負責。在祭祀裡，有一些祭文和祭歌，是平常人不能了解也不能夠隨意念誦的，因而一些傳統祭歌的保存相當不易。從長老口中了解，古時的巫術相當盛行且和族人的日常生活息息相關。譬如為族人占卜今年的小米收成、祈福祝禱、解決疑難雜症等，都倚賴著巫師協助。而至今因外來宗教的介入，醫術科學的發達，巫術的傳承已在魯凱族漸漸沒落。（註一）

一、魯凱族米粽占問年成

　　范熾欽〈歐布諾伙的故事〉：（註二）

　　　　古代歐布諾伙的族人，非常敬畏神明，不論做任何事情，都要到大頭目家祭問神明，例如：打獵、耕作、出草等等，得到神明的許可才敢去做。在祭問神明的時候，先由祭司拿出一塊小布條，分由四位長老各握一角，將布條拉開，祭司手持一粒米粽，這種米粽必須是用月桃葉子包成的。他的口中念著咒語，然後將米粽拋往空中，如果米粽掉入布中，眾人便一聲歡呼，表示神明已經許諾，可以按計畫行事。如果米粽掉落地上，象徵不吉利，便不可以貿然行事。在各種祭祀之中，最重要的是占問年成是否豐收，歐布諾伙的豐年祭典叫作姆拉匹娜哈娥。

本則傳說故事情節要述如下：

（一）古代歐布諾伙（高雄縣茂林鄉萬山村）的族人，非常敬畏神明。

（二）歐布諾伙的族人不論做任何事情，都要到大頭目家祭問神明。

（三）舉凡打獵、耕作、出草等等，得到了神明的許可才能去行事。

（四）祭問神明的儀式：

　　　　1、祭司拿出一塊小布條，分由四位長老各握一角，將布條拉開。

2、祭司手持一粒米粽，口中唸咒語。

3、祭司米粽拋往空中，如果米粽掉入布中，眾人便一聲歡呼，表示神明已經許諾，可以按計畫行事。

4、如果祭司拋往空中的米粽掉落地上，象徵不吉利，便不可以貿然行事。

5、在歐布諾伙的各種祭祀之中，最重要的是占問年成是否豐收。

6、歐布諾伙的豐年祭典叫作姆拉匹娜哈娥。

二、魯凱族凶年生病乞雨

《大南社》，余萬居譯，載「孩子變成神」：（註三）

夫妻二人在墾田，將小孩放在農屋吊起。孩子哭，母去抱他，卻發現孩子不見，母親傷心得哭了。過了五個月，小孩回到了 Tona 社，還有三個神跟他在一起，父母親叫他進去，他卻不進去，於是將一串項鍊和鐘給他父母，項鍊用於凶年、生病的祭祀，鐘用於乞雨。原來那小孩已成為神了，不會再回來。（註三）

本則故事敘述有夫妻二人在田裡工作，他們的孩子卻不見了，已經變成神了。五個月後，孩子神送給他父母兩樣占卜器物，一是項鍊，是用於凶年、生病時舉行祭祀的法器；另一件法物是鐘，則是用於乞雨的法器。

三、魯凱族陶壺預測氣候與運氣

奧威尼・卡露斯〈貴族生命的標誌：低倫〉載：（註四）

古茶布安 Kochapongane（即舊好茶）利用陶壺來預測氣候，例如「察觀濕氣」，當時是用來「占卜明年五穀豐收與否的重要根據」。在舊好茶的聖水北方，有一顆大樹，樹下有一個特殊的陶壺，就是專門用來占卜的。

本則傳說故事情節要述如下：

（一）古茶布安地方有利用陶壺來預測氣候的俗信。

（二）利用陶壺「察觀濕氣」，是當時「占卜明年五穀豐收與否的重要根據」。

（三）如今舊好茶聖水之北方，一顆大樹下有一個特殊的陶壺，即是專門用來占卜的。

《台灣空中藝術文化學苑學員通訊》載「陶壺占卜」：（註五）

　　傳說中的魯凱族祖先是由陶壺中生出來的，故陶壺在魯凱族中具有神奇的能力，在過去只有貴族階級能擁有；對魯凱族而言，部落祭祀靈屋中的陶壺，可以預兆部落未來一年的運氣。在小米收穫季中，從陶壺觀察部落未來吉凶的工作是由巫師或巫婆負責，當巫師或巫婆經過一番祭儀之後，看到壺中的水質清澈，即表示未來是吉祥的一年；如果看到壺中的水質出現雜質髒物，那麼未來一年，將是災害的一年，會連連發生不幸事件。直到今日，陶壺被視為族人最珍貴的聘禮與榮耀，且成為家族中的寶物。

本則傳說故事情節要述如下：

（一）因為魯凱族祖先自陶壺生出，故魯凱族人認為陶壺具有神奇的能力。

（二）古代只有貴族階級才能擁有陶壺。

（三）部落祭祀靈屋中的陶壺，在小米收穫季中可以預兆部落未來一年的運氣。

（四）壺中水質清澈即表示未來是吉祥的。

（五）壺中水質混雜即表示未來災害不斷。

（六）陶壺被魯凱族人視為最珍貴的聘禮與榮耀。

林道生編著《原住民神話故事全集（一）》載「神聖的陶壺」：（註六）

　　好茶部落有一個可以預兆部落未來一年運氣的陶壺，成為部落的榮耀而受到居民的尊敬。從陶壺觀察部落前途吉凶的工作由祭司負責。當祭司經過一番祭儀之後，看到壺中的水質清澈即表示未來是吉祥的一年，如果看到壺中水質出現

雜質髒物，那麼未來將是災難的一年，會連連發生不幸事件。有一年，陶壺的水質無比骯髒，混濁不清，祭司擔心災難會不斷發生，不久，災難真的發生了，大大小小的不幸事故造成人心不安。沒想到還發生了暴風雨，甚至於連陶壺也被山洪沖走了，這下引起了居民的大惶恐。陶壺被沖往瓦尼阿娜（今北葉村的 Vaniane 地方）河面上，一沉一浮地繼續往下游流。岸邊各部落的貴族知道了都趕來河邊想得到這個陶壺，但是當陶壺被水沖靠到近河岸，貴族們跳入河中游向陶壺時，陶壺又漂流到更深的河中心，沒有一個人能得到它。直到有一位被人們稱為 Silelereme（具有特別神為的人），好茶部落達拉巴萬家的巴冷（Pulen）出現，當他跳入河中正要游向陶壺時，沒想到陶壺卻主動漂向他，巴冷便輕易地拿到了陶壺。巴冷在岸邊當場向部落的貴族們宣布：「你們都曾經游向河中想取得這個神聖的陶壺，但是陶壺遠離了你們，不想讓你們擁有它。現在你們都看到了，當我下了水，這個神聖的陶壺卻主動地漂流到我的前面來，我現在很慎重地宣布這個陶壺屬於我，這是天神的意思。同時從現在我站的地方眼睛所看得到的山地、河流都歸我所有。」因為神為彰顯在巴冷身上，讓他取回了部落的神壺，從此巴冷的達拉巴萬家（Talabaouan）成了好茶部落最有地位的貴族，擁有土地、河溪及納貢的權利。

本則傳說故事情節要述如下：

（一）好茶部落有一個可以預兆部落未來一年運氣的陶壺。

（二）祭司祭儀後，陶壺中的水質清澈表示未來是吉祥的一年；如陶壺中水質出現雜質髒物，則未來將是災難的一年。

（三）有一年，陶壺的卜占結果顯示是災難的一年，連陶壺也被山洪沖走了，在河面上往下游流。

（四）岸邊各部落的貴族們跳入河中欲取陶壺，但是沒有一個人能得到它。

（五）最後被好茶部落達拉巴萬家的巴冷輕易地拿到了陶壺。

（六）從此巴冷的達拉巴萬家成了好茶部落最有地位的貴族，擁有
土地、河溪及納貢的權利。

陶壺的表面雕刻蛇紋，族人認為蛇代表著法術及英勇事蹟，並且相信若頭上蛇首愈多，就表示法術愈高。（註七）

黃世民《雲豹之鄉：隘寮群魯凱部落田野集》載「布能（Pulen）的故事——神聖陶壺與頭目地位」：（註八）

> 傳說中的古陶壺具有神奇魔力，可以預兆部落來年之運勢。當滿盛水的陶壺可清澈見底，那表示未來一年部落將是平靜安祥的；如果壺水呈現混濁狀時，那就是部落即將發生不幸之凶兆。傳說古早的大武山下有大水形成湖泊，那曾被洪水沖失的舊部落祭祀聖壺，再度現形於此，載浮載沉漂停於湖心。附近各部落的貴族獲悉消息後，皆疾速趕至此地，盼能捷足先登奪取聖壺，當他們先後游向聖壺，祂卻自動漂離，無人能夠取得。達拉巴蘭（Dalabalan）家中，一位名為「布能」的男子來到湖邊，當他向著聖壺游去時，祂卻自動漂向他的身旁。取得聖壺的布能當眾宣稱：「我取得了你們所取不到的聖壺，聖壺從此屬於我，我站立地點所能看到的山林河流也屬於我！」另一達都古露（Dadukulu）部落在獲知布能的事情後，集結所有男丁，計劃奪取布能所擁有的陶壺。當敵人大軍壓境，冷靜的布能突然口吐飛沫（如同擁有魔力的巫師作法），對天呼喊著：「雲霧來吧！」山林天地頃刻間應聲為暗了下來，敵人見狀只好自動撤離。由於布能的多次神奇之舉，使其地位相對水漲船高，達拉巴蘭家族成為好茶部落的 Dalialalai（頭目貴族），同時據有了土地所有權與收納貢賦權（杜巴男）。

「古陶壺」過去一直被魯凱族視為神器，具有超自然的神奇力量，亦有祖先為陶壺所生之神話（吉露部落），它所代表之地位因此更加崇高，以往僅為頭目及貴族階級才能擁有，公陶壺上的百步蛇圖騰，更完

完全全為頭目之象徵。直到今日，古陶壺仍一直是貴族婚禮聘物中，最珍貴而榮耀之代表。（註九）

四、魯凱族烤小米餅占卜農作

〈烤小米餅占卜〉

　　魯凱族在每年8月，舉行收穫祭，收穫祭中有一個烤小米餅的重要儀式，這是利用烤小米餅來占卜下一年農作與狩獵的情形。這個烤小米餅的儀式只限制男性參加，儀式過程是，族人帶著小米麵糰到特定的地點（通常多在村外野地），以石板燒烤，將石板燒熱後，把小米麵糰放置在上面，再蓋上香蕉葉，之上再壓另一塊石板。看烤完後的狀態來判斷卜占新的一年的吉凶豐歉，例如若烤得太乾，則表示新的一年可能雨水較少，烤得溫潤，表示雨水豐沛。

本則傳說故事敘述魯凱族人烤小米餅卜占來年農作的吉凶豐歉，例如若烤得太乾，則表示新的一年可能雨水較少，烤得溫潤，表示雨水豐沛。

五、魯凱族夢占與鳥占

〈夢占與鳥占〉

　　魯凱族人凡是要出獵或獵首等等重要行事之前，一定要作夢占，出發時再做鳥占。魯凱人鳥占有右好左壞的觀念，依不同的鳥叫聲依方位判定吉凶，以指導族人行事。

本則傳說故事情節要述如下：

（一）魯凱人舉凡出獵或獵首等重要行事，一定要作夢占，出發時再做鳥占。

（二）鳥占是指導族人行事的依據。

（三）魯凱人鳥占有右好左壞的觀念。

（四）魯凱人依不同的鳥叫聲依方位判定吉凶。

在舊好茶有一處魯凱族昔時的出草占卜場，此魯凱祖先的占卜場是

鳥占的神聖場所，古代舊好茶的戰士出草時，必定在這兒聽取小鳥的鳴唱，以定吉凶行止。

六、魯凱族舊好茶聖水聖竹聖地

奧威尼‧卡露斯《雲豹的傳人》載「舊好茶聖水聖地慈伯慈伯Cepecepe」：（註十）

　　慈伯慈伯（Cepecepe）是魯凱好茶神聖的地方。快到舊好茶最後的溪谷，木橋下方有一潭水，名叫慈伯慈伯（Cepecepe），水的源頭應該是來自井步山，經過舊好茶的水源地，再經過慈伯慈伯，然後是層層飛瀑之後，流入南隘寮溪。因為是同一條溪谷的原因，毫無疑問的慈伯慈伯的水也應該是同一個源頭，但在乾旱季節，突然在上方大約兩百公尺處，形成乾涸，但慈伯慈伯的水卻從側面的北方流出，而流出的水清徹透明，冰涼甘甜，這就是舊好茶的聖水。每到小米田澆水祭（灑水祭 Para-lilclilci），當天的凌晨，家家戶戶趁天色未亮前搗米，年輕的男性必須帶兩個大小不同的葫蘆桶到慈伯慈伯提水。大葫蘆桶的水是用來煮小米乾飯，以供家族的小祭司祭拜之後與神明聚餐，小葫蘆桶大如一個人的拳頭，莖部當握柄，卻從側面挖空，以供盛水，便於澆水。歷代以來，澆水祭一直是用慈伯慈伯的水，因為他們認為那裡的水不曾被污染過，是神明唯一允許的水潭。慈伯慈伯西方不遠的地方，有一處竹林是專用占卜未來的一年裡，好茶、阿禮、上下霧台，以及凡是屬雲豹族群人口增減的情形。據說，聖竹有分區，每一塊區域竹筍生長的情形與所屬部落的人口發展有密切的關係。因此每年特定的日子，大約在夏天的末期和秋天的初期，竹筍生產的季節，大祭司便會密切地注意，聖竹的筍子愈多，表示人口會增加；如果生產情形不樂觀，大祭司則對該社有所提示或警告，可能有瘟疫或其他原因。古代的人對一般草藥認識有限，只靠巫婆眼中

聖竹榮枯的啟示，得知有無瘟疫發生，判斷最容易得病的季節，遠離人口密集的地方，不居住在風向漩渦型的盆地或谷地，攜家帶眷遠離部落，到這一點的田裡，少與人見面，不能喧嘩吼叫，更盡量不讓小孩子嚎啕大哭，直到大祭司認為安全了，才返回村落。聖竹另外一個用途是：判斷深秋強烈颱風何時到來，主要是觀察竹筍生長到頂端長出三片葉子形同小鳥振翅欲飛的樣子，魯凱語叫巴路大低鳥（Parotatio）。一般人們在聖竹長成這麼高時，早已做好防風的萬全準備。颱風過後便是開耕蕃薯田及收芋頭的季節了。聖竹北方不遠的地方，也就是聖水出口處，有一棵大樹，樹下有一個陶壺是專門用來占卜未來一年的五穀雜糧豐收與否。陶壺的口用三層平滑的石板，以防雜物進入或漏水。每年特定的日子，特定的大祭司來這裡占卜，如果壺中有水，表示即將大豐收；水色略帶鮮紅，則表示可能有人要死於敵人之手；如壺中有葉蛾，表示有人要獵到人頭；若出現昆蟲，表示會獵到很多動物；如果是乾涸的，表示即將發生嚴重的饑荒。此時，大祭司馬上宣布：因為雨量可能很少，所有工作的區域要在高海拔的地方，如此，農作物不致於枯竭缺糧，古好茶的人年年有糧跟這個陶壺有很大的關係。古代好茶人一直把慈伯慈伯歸屬神聖的地方，特別是聖竹和陶壺是嚴謹的禁區，除了被指定的大祭司外，任何人都不能靠近。以前在這一塊神聖的地方正中央，長出大大的一棵紅櫸木，樹下有一條很大的百步蛇日夜守著聖地，更是增加這個地方的神祕性。據說，有一次為大古的孩子，因為酷愛直笛和雙管鼻笛，在慈伯慈伯的下方水邊找到一根竹子，莖長節少且堅硬，挺適合做笛，但可能是從聖竹掉下來的，於是帶回去製作樂器，製作完畢，吹奏沒有多久，雖然笛聲超乎尋常美妙，但他卻得了不能說話的怪病。後來，為大古請來巫師查個明白，巫師直言地說：可能跟聖竹（樂器）有關，並指示把直笛和雙管鼻笛全部歸

還到聖竹地，此後，為大古的大孩子才漸漸地復原。聖竹以西，又有一道整年乾涸的溪谷，老人家說是太陽之水，年輕少女不能跨越，否則停止月經，永受不能生育之苦。這種禁令又提升了慈伯慈伯（Cepecepe）的神祕性。尚未過木橋之前，這塊大攀岩平台的地方，是走向中途鳥占的地方。到這個地方停止腳步，除了風吹草動及心臟跳動外，盡在寧靜的時刻，聆聽源自對岸神聖的地方，傳來各種鳥類的聲音，從牠們的活動及各種聲音的交替呼應，我們可以預知這一趟旅行可能遭遇是福是禍的命運。讓天災人禍發生的可能性減少到最低，遵順大自然的啟示是極為重要的。這一塊神聖的地方，從有西魯凱好茶系屬高山居民（Ngu-dradreadrekai）以來，在漫長遙遠的過去直到日治時期的末期，一直是帶領我們族群生命的腳步避過艱難，才得以延續。如今，一群尚未成熟的青少年在來不及接受傳統文化的傳承，又接受新的價值觀念之下，斷然否定了傳統文化的儀式與價值，另一方面懂得占卜的特種祭司們一個個地過世，卻又沒有接棒的人，於是這神聖的地方在時代變遷中慢慢被新一代人遺忘。

本則傳說故事情節要述如下：

（一）慈伯慈伯是魯凱好茶神聖的聖水地方。

（二）好茶小米田澆水祭，凌晨家家戶戶趁天色未亮前搗米，年輕的男性帶兩個大小不同的葫蘆桶到慈伯慈伯提水。

（三）大葫蘆桶的水是用來煮小米乾飯，以供家族的小祭司祭拜之後與神明聚餐。

（四）小葫蘆桶大如一個人的拳頭，莖部當握柄，卻從側面挖空，以供盛水，便於澆水。

（五）有一處竹林是專用占卜未來的一年裡，好茶、阿禮、上下霧台，以及凡是屬雲豹族群人口增減的情形。

（六）聖竹有分區，每一塊區域的竹筍生長情形，與所屬部落的人口發展有密切的關係。

（七）每年大約在夏末秋初，大祭司便會密切地注意，聖竹的筍子愈多，表示人口會增加；如果生產不佳，大祭司會對該社提示或警告可能有瘟疫或其他原因。

（八）古代依據巫婆對於聖竹榮枯的啟示，得知有無瘟疫發生，判斷最容易得病的季節。

（九）瘟疫發生遠避災禍的方法：

1、遠離人口密集的地方。

2、不居住在風向漩渦型的盆地或谷地。

3、攜家帶眷遠離部落，到遠一點的田裡，少與人見面，不能喧嘩吼叫，更盡量不讓小孩子嚎啕大哭，直到大祭司認為安全了，才返回村落。

（十）每年特定的日子，特定的大祭司來這裡占卜。占卜的結果：

1、如果壺中有水，表示即將大豐收。

2、水色略帶鮮紅，則表示可能有人要死於敵人之手。

3、如壺中有葉蛾，表示有人要獵到人頭。

4、若出現昆蟲，表示會獵到很多動物。

5、如果是乾涸的，表示即將發生嚴重的饑荒。

（十一）古代好茶人把慈伯慈伯視為神聖的地方，聖竹和陶壺是嚴謹的禁區，除了被指定的大祭司外，任何人都不能靠近。

（十二）以前在這一塊神聖的地方正中央，長出大大的一棵紅櫸木，樹下有一條很大的百步蛇日夜守著聖地。

（十三）有一次為大古的孩子，在慈伯慈伯的下方水邊找到一根竹子，於是帶回去製作樂器，笛聲超乎尋常美妙，但他卻得了不能說話的怪病。

▲ 魯凱族巫術／田哲益提供

（十四）為大古的孩子把直笛和雙管鼻笛全部歸還到聖竹地，怪病才漸漸地復原。

（十五）聖竹以西，有一道整年乾涸的溪谷，老人家說是太陽之水，年輕少女不能跨越，否則將不再來月經，永受不能生育之苦。

（十六）此地還有中途鳥占的地方，可以預知可能遭遇是福是禍的命運。

七、魯凱族阿禮神聖坡地的神話

劉寧顏總纂《重修台灣省通志卷三住民志同胄篇》載「阿禮神聖坡地的神話」：（註十一）

相傳古代此處有一女孩名 Muakai，一日在織布時被 Talukuluku 地方的人獵去了頭顱。這事被站在 Taulionɔl 山上的 Touku-pəluluŋan 看到，使用咒術奪回 Muakai 的頭，並把尚在流血的頭接回她的軀體時，Muakai 就復活了。

這是一則死而復生的巫術故事。

註釋

註一：《台灣空中藝術文化學苑學員通訊》12 期，財團法人台灣省文化基金會，2001 年 11 月。

註二：范熾欽〈歐布諾伙的故事〉，《山海文化》雜誌。

註三：尹建中《台灣山胞各族傳統神話故事與傳說文獻編纂研究》，1994 年 4 月。

註四：奧威尼‧卡露斯〈貴族生命的標誌——低倫〉，《台灣時報》，1993 年 10 月 27 日。

註五：同註一。

註六：林道生編著《原住民神話故事全集（一）》，台北，漢藝色研文化事業有限公司，2001 年 5 月。

註七：《台灣空中藝術文化學苑學員通訊》6 期，財團法人台灣省文化基金會，2001 年 5 月。

註八：黃世民《雲豹之鄉：隘寮群魯凱部落田野集》，潮州高中，2003 年 7 月。

註九：同註八。

註十：奧威尼‧卡露斯《雲豹的傳人》，台中，晨星出版社，1996 年 10 月。

註十一：劉寧顏總纂《重修台灣省通志卷三住民志同胄篇》第一冊，台灣省文獻委員會，1995 年 5 月。

魯凱族飲食
口傳文學

第十五章

　　魯凱族主要農作有旱芋、粟，肉類多為飼養之豬及狩獵所得之鹿、野豬、山羌、山羊等。

一、魯凱族「火」的傳說故事

　　《大南社》，余萬居譯，載「羌仔取火」：（註一）

　　　　古時鬧水災，人們逃到 Tiapadalan 去，但苦無火種，遂派羌子泅水至 Katomuanu 取火置於角上帶回，大家方能吃熟食。

　　本則傳說故事敘述古代發生水災，人們沒有火種，因此派羌子泅水取火，族人方能吃熟食。

　　林道生編著《原住民神話故事全集（一）》載「多納社火的傳說」：（註二）

　　　　在一次大洪水的時候，各部落的人都往狄阿巴拉蘭（Tiapadalan）逃難。狄阿巴拉蘭沒有火，造成生活的不方便，有一隻羌願意游過洪水去卡特姆阿努（Katomuanu）取火。羌到了卡特姆阿努，把火種綁在角上游了回來，家家戶產生起火來煮小米飯，吃了暖呼呼的小米飯個個都恢復了元氣。

　　本則傳說故事情節要述如下：

（一）大洪水，人們都往狄阿巴拉蘭逃難。

（二）狄阿巴拉蘭沒有火，有一隻羌願意游過洪水去卡特姆阿努取火。

（三）羌到了卡特姆阿努，把火種綁在角上游了回來，家家戶戶生起火來煮小米飯。

　　陳千武譯述《台灣原住民的母語傳說》載「鑽木取火」：（註三）

　　　　洪水時，人們逃難到帖巴達蘭山，派羌去取火，但火熄了，便學會蒼蠅揉手的方法，轉捻樹木生火。

　　這是特那方言及曼斗蘭方言〈創世紀〉傳說，本則傳說故事敘述：

（一）魯凱人在洪水氾濫時代，人們失去了火。

（二）族人派羌去取火，但是沒有成功，所取之火熄滅了。

（三）族人看到蒼蠅揉手，學會轉捻樹木生火。（註四）

《大南社》，余萬居譯，載「鑽木取火」：

　　洪水泛濫，人們都聚集到 Katomowo 山和 Jaku-u-au-a 山上。於是 Katomowo 山的羌仔去 Kuu-au-a 取火，雖取到了火，但熄了。在此時有隻蒼蠅在旋轉，人們便仿效牠把松木旋轉，而有了火，大家都很高興。

　　本則傳說故事謂洪水時代，魯凱族祖先看到蒼蠅在旋轉，人們便仿效牠而旋轉松木，才有了火。

　　小川尚義、淺井惠倫《原語台灣高砂族傳說集》載「蒼蠅啟示鑽木取火」：(註五)

　　大洪水的時候，人們都逃難到帖巴達蘭山，但是他們沒有火種，便派羌去取火，啣命取火的羌雖然取得火回來，但是繫在角上的火把燒得太快，燒到牠的角，牠忍不住痛，便把角浸入水裡，火還是熄掉了。後來人們正在苦思良策的時候，忽然看見有一隻蒼蠅在搓手，他們靈機一動，便轉念搓弄著樹枝生火，這樣就有火可供煮食取暖了。

　　這是茂林區多納、萬山部落鑽木取火的神話傳說故事。

　　林道生編著《原住民神話故事全集(一)》載「大南社的生活」：(註六)

　　(洪水氾濫)兄妹兩人帶著的火把被雨水淋得熄滅了，不知如何是好地傷腦筋起來。這時候，他們看見遙遠海的那邊 sansan 島上(綠島)有微微的火光，很高興的請 Teapclc (鹿)和 Aketsi (羌)，要牠們互相交換頭上的角，由羌游去 Sansan 島取火回來。羌游到了 Sansan 島用頭上的角點了火回來，但是洪水太大了，羌終於因為體為不支而沉沒淹死在水中。兄妹兩人繼續為沒有火而苦惱。有一天他們看見 Alalonau (綠豆蠅)在挖著 Alcctas (枯樹的木頭)，不一會，竟然冒出煙來，兩人也如法炮製學習綠豆蠅挖木頭(鑽木)的方法取了火來煮食物。

　　本則傳說故事情節要述如下：

（一）兄妹兩人帶著的火把被雨水淋得熄滅了。

（二）兄妹兩人看見綠島上有微微的火光。

（三）兄妹兩人請鹿和羌互相交換頭上的角，由羌游去綠島取火回
　　　來。不過因為洪水太大了，羌終於體力不支而沉沒淹死在水
　　　中。

（四）兄妹兩人看見綠豆蠅在挖著枯樹的木頭，不一會兒竟然冒出
　　　煙來；兩人也如法炮製學習綠豆蠅挖木頭（鑽木）的方法，成
　　　功取了火來煮食物。

二、魯凱族「水」的傳說故事

奧威尼‧卡露斯《雲豹的傳人》載「水源——拉咯拉勒」：（註七）

拉喀拉勒（Drakerale）是加者膀眼社的人最難忘的地方，
尤其在台灣河川、溪流、水源普遍都受到污染的今天，想到
拉咯拉勒水源，莫不使我們倍加的想念。它是源源流自阿魯
安（Alhoan，井步山）的山頂，山頂是古代在乾旱時，祈求
雨的地方。流自阿魯安的許多條溪流中，流到加者膀眼社的
是最大最美麗的一條，水質好，又清涼，居民生喝都不會生
病。傳說，有兩兄弟帶著兇猛的雲豹，從希給巴里基經北大
武山及霧頭山之間的中央山脈，也就是巴魯谷安（好茶的聖
地），翻山越嶺來到加者膀眼社的拉喀拉勒水邊，雲豹舔水
後賴著不走。兩兄弟感覺神明有意讓這塊地變成聚落，於是
命其弟弟回到希給巴里基，接他們的族人移到加者膀眼，從
此居民靠著拉咯拉勒水源生活，並生育子子孫孫。它不僅是
魯凱人的生命之源，也是魯凱文化的搖籃。

本則傳說故事情要述如下：

（一）阿魯安山頂是古代在乾旱時祈求雨的地方。

（二）有兩兄弟帶著兇猛的雲豹，從希給巴里基來到加者膀眼社的
　　　拉喀拉勒水邊。

（三）雲豹在此地舔水後賴著不走，於是建立聚落，居民靠著拉咯

拉勒水源生活，並生育子子孫孫。

（四）拉喀拉勒不僅是魯凱人的生命之源，也是魯凱文化的搖籃。

三、魯凱族「粟」傳說故事

《大南社》，余萬居譯，載「粟之來源」：（註八）

　　從前在人仔山這個地方，地中有一個大洞，可通往地下部落，地下部落的人均長有尾巴，當人們走進時，他們便將尾巴藏在臼裡。人們到那去喝了水就大便，大便都會變成紅色小圓柱狀的玉石，將之拿起吸一下，裡面就會形成了洞孔。地下部落擁有大量的穀物，而大南社卻沒有任何種子。祖先去那兒，回來均要被檢查是否有帶穀子，祖先心想沒有食物準會餓死，便把穀物藏在生殖器帶回來，從此便開始耕種，食物不匱乏。地下部落的得知大南社有食物便開始了交易。有一次一位孕婦帶小孩去地下交易。正在要從洞口出來的時候，突然非常痛苦的大聲呻吟，一瞬間那婦人就變成了石頭，從此大南社的人就不能到地下去了。在那時侯煮穀類，只要一粒就可煮滿鍋，所以不匱乏。可是，Atsiytra 家人的人覺得一粒粒煮太麻煩了，就把一穗的粟去煮，沒想到粟熟時溢了整個屋子，那些人均死了，其他倖存的人也變成了猴子。

　　本則故事為魯凱族食物「粟」的種植歷史傳說，原來古代魯凱族人是沒有種植「粟」的。

　　據說在人仔山曾經有一個大洞口，可以通往地下部落，意即人類除了住在地上外，地底下也還有部落並住著人類。

　　住在地底下的部落早就已經種植「粟」了，地上的人類很羨慕，因此便常常偷盜「粟」種，但是地底下的人會檢查，使其無法偷盜成功。

　　魯凱族人的祖先，最後把粟種藏放在生殖器裡，成功地把粟種帶到地上，並且種植成功。

　　本則故事也涉及到「粟」的食用方法，即古代煮「粟」，只要一粒即可煮滿鍋，可是有一天 Atsiytra 家的人太懶惰，嫌一粒一粒煮非常麻

煩，竟然煮了一束穗，違反了飲食的常規，受到天責。

因為不按規矩煮「粟」，所以粟煮熟的時候，溢滿了整個家屋，許多人可能因此被熱騰騰的粟飯擠壓燙死，倖存的人則都變成了猴子。

金榮華《台東大南村魯凱族口傳文學》載「第一株小米」：（註九）

> 從前，地面上不生長糧食，糧食都生長在地下，人們要到地下去向那裡的人要才有糧食吃，大家主要以打獵為生。我們的祖先到地下要糧食的時候，地下的人只肯給糧食，不肯任他們帶回糧種或地瓜苗。後來，他們設法偷偷地帶了一粒小米種子回來，好讓後代有糧食吃。這一粒小米種子就成了地面上第一株小米。

本則故事敘述遠古時候，地面上是沒有粟種的，只有地底下的人才有種植小米，但是他們不肯提供粟種，祖先終於偷盜了一粒米，這是地面上的第一粒米，種植後，成為族人的主糧。

四、魯凱族「肉類」之取得傳說故事

范純甫主編《原住民風情》載「取野獸毛即可得肉」：（註十）

> 魯凱人傳說：古代，山豬、野鹿、羌等都不怕人，常徘徊在村社附近，神教導人說只要拔牠們的毛，即可得肉，但切切不要傷害他們。

本則傳說故事敘述古代動物就生活在村社附近，神教導族人只要拔牠們的毛，就可以有肉吃了，但是千萬不要傷害到他們。

五、魯凱族食蛇與萬山岩雕

在文字尚未發明的年代，人類用鑿、刻或彩繪等技法加諸於自然岩面圖象的摩崖藝術（Rock Art）是人類早期文化中珍貴遺產。其中位於高雄茂林山區裡的「萬山岩雕遺址」正是台灣迄今唯一發現的摩崖藝術。在巨大岩石上充滿生命力的圖像符號彷是遠古部族不經意留給現代人的語彙。（註十一）

在高雄市茂林區境內的萬山岩雕，有三處遺址，是台灣原住民少見

的巨大岩雕，其中以「孤巴察峨」（Gubatsaeh，語意是「有雕刻的大岩石」）的岩雕圖案最壯觀，雕有幾十個各種渦旋紋、同心圓、百步蛇、人頭像、雲鉤紋等等。（註十二）

奧威尼‧卡露斯《魯凱族多情的巴嫩姑娘》載「孤巴察峨的傳說」：（註十三）

相傳萬山舊部落（高雄市茂林區萬頭蘭山一帶），歐布諾伙（Oponohu）頭目家族長男娶了一個妻子，她是布農族雁爾社的女子，名字叫做荷絲（有一種說法認為荷絲是拉阿魯哇族人），夫妻非常恩愛。荷絲平日負責燒飯挑水、卻從不和家人一起吃飯，而荷絲所煮的飯菜，家人吃來卻總有一股怪味道，家人也因此漸漸消瘦，這使得荷絲的公公感到懷疑。於是找一天故意不到田裡工作，留下來偷看荷絲做飯。原來荷絲在煮地瓜和芋頭時，竟然吹口哨招來百步蛇，將百步蛇放到灶裡一起烤。對於魯凱族人來說，百步蛇是祖靈的象徵，侵犯不得。荷絲的公公發現了自己的媳婦竟然做出這種事，立刻將這嚴重的情形告訴家人並且責備荷絲。荷絲知道自己做錯了事，向大家道歉，然後撿起百步蛇，離開了家人。荷絲一邊走著，一邊吃著蛇肉，她將蛇骨吐在地上，而掉在地上的蛇骨，竟然變成活生生的蛇。她邊走邊想著疼愛她的丈夫一定會來帶她回家的。她到平日經常與丈夫相會的「莎那奇瑙」（Sanaginaeh）大石頭等候，一邊唱歌，一邊用手在石頭上畫畫。她的手指一碰到石頭，石頭就變軟了。等不到丈夫的荷絲，繼續走到「孤巴察峨」大石頭，在一處平坦的地方，又用手指畫了許多圖案，但石頭都畫滿了，心愛的丈夫還是沒來。她繼續走過溪流，到了「周布里力」（Tsubulili）大石頭，還是一邊吃著蛇肉，一邊吐著蛇骨，地上出現越來越多的百步蛇，可是仍舊等不到丈夫。傷心的荷絲絕望的靠在岩石上痛哭，「周布里力」的那塊大石上便印下了她的輪廓。荷絲就這麼一路走回雁爾社。她的族人認為這是莫大的恥辱，於是萬山社的魯凱族人與雁爾社的布農

族人因此結下仇恨、廝殺不斷,至於荷絲經過的路,也成為百步蛇最多的地方。

〈用石頭畫歷史〉載食蛇的媳婦:(註十四)

很久很久以前,拉巴巫賴(Laba-U-Lai)之祖先迎娶了異族女子為妻;她趁家人出外工作時,吹口哨引來百步蛇,放入土灶裡和芋頭、甘藷一同煮食,不知情的家人日漸消瘦。最後,吃蛇褻瀆的事跡敗露,她被趕出了家門。她用裙子捧著煮熟的蛇,邊走邊吃蛇肉並且吐丟蛇骨,落地的蛇骨又變成了活生生的百步蛇。她走到孤巴察峨、祖布里里岩雕處,等待愛她的夫婿接她回家,無聊時就用手指在鬆軟的石面上作畫。最後久等不到夫婿,只好失望的回娘家了。

這則故事,是有關萬山岩雕孤巴察峨岩雕與祖布里里岩雕的來源傳說。

張筧〈台灣先住民的神祕留言——萬山岩雕遺址〉載嗜食蛇的布農族媳婦:(註十五)

在魯凱族原住民心中,百步蛇具有崇高地位,族人對其總是抱持著尊畏有加的態度,但在萬山部落裡卻有流傳著一個對其大不敬的「食蛇」傳說。說是太古時,在萬山舊部落裡的拉巴烏賴(Laba'ulai)貴族祖先迎娶布農族拉達烏龍安家女子為妻,當她為家人準備晚餐時,因邊吹著口哨,引來許多百步蛇,而她居然將魯凱族人視為尊敬的百步蛇,一條條地圍繞在燒燙石塊上,與甘藷一起燜熟,趁家人返家前,當作料理加以食用。此食蛇事件,久而久之不再是秘密。拉巴烏賴家人發現女子嗜食蛇肉行為,無法諒解此褻瀆神靈的愚行,女子卻不甘示弱,撿取百步蛇納入前襟,逆著濁口溪方向而去,臨行前與丈夫約在一處大岩石會合,並且用手指在大岩石上留下圖案,但最後丈夫終究沒有出現,她只好黯然地回到布農族村落。

這段故事是吾師屏東師專高業榮教授從其原住民學生中聽聞,且學生們還言之鑿鑿表示,那兩塊畫著美麗紋路的石頭仍舊存在濁口溪畔,

引起高師業榮探索的念頭。

　　1978年，高師業榮在村長和當地嚮導陪同，深入距離萬山部落舊址約3、4公里的出雲山自然保護原始林，首度目睹傳說中食蛇媳婦作為留言板（族人稱其為：孤巴察娥）的巨型岩雕，這也是萬山岩雕國定遺址第一次被發現的紀錄。「此第一個被發現的孤巴察娥，巨大岩面上分布著十分豐富的圖像，被族人稱為「在上面有花紋的石頭」，像是125公分高的全身人像、正面雙手高舉，臉部呈橢圓形，兩眼圓瞪，眉鼻線條聯結在全身各處，都用敲鑿的線條表現，散發著旺盛的生命力。周圍還分布著象徵靈力的圓渦紋，微曲雙腿兩側有蜷曲蛇紋、欄柵紋及曲線紋；……高業榮認為，孤巴察娥似乎描述著魯凱族先祖自湖池雲霧中誕生的古老創生神話、表示生命力與巫術等人類原始的超自然信仰思維，與現今原住民族生活中占有極大重要部分的宗教來說，可以推斷其可能與先民祭壇或宗教、巫術儀式有關。憑著對原住民族藝術探索的熱情，第二年，同批人馬再度前往探勘，接著又發現了編號二的「祖布里里」、「莎娜奇勒娥」岩雕，直到2022年再發現第四塊岩雕「大軋拉烏」。在這二十多年中，不知是古老傳說召喚，或是偶然，陸續於萬山部落舊址四處地點內，發現十四座岩雕，似乎步步接近了魯凱族的歷史文化。」（註十六）

　　西方世界約於17世紀左右，即發現崖摩藝術的相關記載，可間接印證說明史前人類活動過地區，均曾以刻、鑿或彩繪等手法在自然岩面下留下遺跡，可謂人類重要文化遺產。由於距離萬山岩雕群遺址最近的聚落為現今已遷村的魯凱族下三社群萬山舊社直線距離約3公里，但從萬山舊社的神話、口碑、社會功能中又難以發現與岩雕文化具有直接關係，不過，相關考古學者直指從萬山岩雕群中布滿人像紋、人臉紋、同心圓、圈狀紋、漩渦紋、雲紋、圓渦、生命曲線、老鷹、杯狀坑和凹點等各式深淺不一的刻紋，彷彿可看到現存在排灣、魯凱族的木雕、服飾甚至陶壺器物上常見的圖騰軌跡，具有高度藝術研究價值，肯定和台灣原住民族文化有著高度關連性。雖然現今無法直接從部落文化推論岩雕意涵，但魯凱族超自然且多樣創生神話，也為我們提供若干解讀岩

雕圖像的線索。岩雕研究不同於其他藝術，無法脫離所處環境和地形，先人在沒有塗料、沒有尺的環境裡，用最原始的敲鑿法雕刻，形成布滿深淺不一的點狀圖樣，即使是同一塊岩石上，有不同時期、不同雕者的鑿痕，可推論是許多人共同參與創作，或在時間軸線上接力完成，意味著岩雕群落形成的時間相當長久。經過考古專家研究指出，萬山岩雕群所在的濁口溪流域上游馬里山一帶，除了早年曾為布農族、鄒族獵場爭奪地外，亦為下三社群與卑南族相互連通的重要通道，從考古和民族學角度來說，此三角地帶可能存在著多文化、多族群消長特徵，於是在現今發掘出四處岩雕遺址當中，除了最先發現的孤巴察峨，其他三處岩雕皆位於獵路轉折點或關鍵處，高業榮研究指出，很有可能是利用此岩體刻鑿告示性象徵符號、警語、路徑方向等以昭告行人。換句話說，此雕刻如同現今原住民族獵人曾於狩獵時標記相關記號以供他人示警的作用。（註十七）

　　萬山岩雕的現蹤為台灣史的文化和史前藝術研究開啟了一扇窗，其圖像的創造，對應當時住民的各種感受和價值觀，是台灣史前文化人類的精神世界表現。（註十八）

註釋

註一：尹建中《台灣山胞各族傳統神話故事與傳說文獻編纂研究》，1994年4月。

註二：林道生編著《原住民神話故事全集（一）》，台北，漢藝色研文化事業有限公司，2001年5月。

註三：陳千武譯述《台灣原住民的母語傳說》，台北，台原出版社，1995年5月。

註四：同註一。

註五：小川尚義、淺井惠倫《原語台灣高砂族傳說集》，台北，帝國大學，1935年。

註六：同註二。

註七：奧威尼·卡露斯《雲豹的傳人》，台中，晨星出版社，1996年10月。

註八：同註一。

註九：金榮華《台東大南村魯凱族口傳文學》，文化大學中文所，1995年。

註十：范純甫主編《原住民風情》，台北，華嚴出版社，1996年8月。

註十一：張筧〈台灣先住民的神祕留言——萬山岩雕遺址〉，《原住民族》季刊，2015年4期。

註十二：奧威尼·卡露斯《魯凱族多情的巴嫩姑娘》，新自然主義有限公司，2003年1月。

註十三：同註十二。

註十四：〈用石頭畫歷史——岩繪、岩雕：石頭畫布上的史前史 Rock Art〉，《台灣原young》41期，2012年5月。

註十五：同註十一。

註十六：同註十一。

註十七：同註十一。

註十八：同註十四。

魯凱族婚姻
口傳文學

第十六章

家族之延續賴於新構成分子之加入，新構成分子之產生：一由婚緣，一由血緣，婚緣即婚姻，而血緣指生育。……生育為家族之配偶生活之自然結果；而婚姻則為一重要的社會制度（Sicial institution）或文化結構（Culture mechanism），為民族學者研究的一重要課題。（註一）

魯凱族人嚴守一夫一妻之婚姻制度，「堂表兄弟姊妹以內之近親不得互婚。沙美水謂同一人之 Aganu（孫或孫女），即祖父母相同者，不能互婚」。（註二）

魯凱族婚姻程序大致分為四個步驟：追求、議婚、訂婚、結婚；各階段程序繁瑣而慎重。整個嫁娶程序，明顯皆以女方為重心，在形式上的地位高於男方，因此某些部落存在著較特殊的勞役婚形式：即訂婚後男性需每天至女方家從事勞務工作，以考驗男方勤勞與工作能力。（註三）

魯凱族初婚年齡男子為 18、9 歲，女子為 16、7 歲。魯凱族結婚過程分為三階段：婚前禮、正婚禮及婚後禮。

魯凱族的婚姻形式有二種：一為嫁娶婚，採男娶女嫁制；另一為招贅婚。嫁娶婚較為普通，招贅婚則因家無男嗣只有女嗣時，為延家緒而行，這種婚姻在印尼文化圈，頗為普遍，即所謂 Ambil-anakmariage。

傳統的魯凱族社會，貴族因為身分特殊，所以在結婚習俗上，都採取階級內婚制，也就是頭目與頭目等級的家族通婚，平民與平民的家庭通婚。到了近代，在魯凱族人的婚前世界裡，雖然成年的未婚男女已經可以自由交往，並且透過頗負浪漫氣息的情歌來表示愛意，但是未婚男女在交往時，仍舊必須注意彼此的門戶階級，因為如果貴族階級的男女一旦和平民階級結婚，自此的社會地位就會被降為平民。（註四）

一、男子編織小米送女子

陳美玲編著《魯凱之歌》載「小米編織」：（註五）

魯凱族的傳統社會是非常保守的，男女青年如果想交往，男方要編織小米先送給中意的女孩。每到小米豐收時，男方全家人會從豐收的小米中挑選最好的珠穗，一根一根綁起來，綁成一大把，然後送到中意的女孩家。女方接受後，

要掛起來展示給大家看，如此，才能開始交往。而所謂的交往，是指在眾多友人的陪同下，到女孩家唱情歌。女孩家如果收到愈多的小米編織，顯示這家的女孩很優秀，家人感到很光榮，男孩則是要用品質最好的小米來編織最精美禮品，才能從其他競爭者中，脫穎而出。

二、魯凱族婚前送木柴禮習俗

魯凱族〈男方送木柴給女家及頭目〉：

依據習俗婚前，男方必須送木柴給女家和他們所屬部落的頭目。同樣的，女家那邊，也要選擇聘禮當中的一項（如大鐵鍋），去給他們的頭目作為回饋。男方要準備一些好酒和刀、鍋、糕、毯等物，交給女方，然後由女方轉交給頭目，算作是繳納結婚的稅金。

本則傳說故事情節要述如下：

（一）男方婚前習俗必須送木柴給女家和他們所屬部落的頭目。

（二）男方婚前習俗亦要選擇聘禮當中的一項（如大鐵鍋），送給他們的頭目作為回饋。

（三）男方要繳納結婚的稅金給頭目，並準備好酒、刀、鍋、糕、毯等物，交給女方，然後由女方轉交給頭目。

三、魯凱族藏新娘習俗

魯凱族〈掠奪婚儀式〉：

古昔魯凱族於迎娶當天，酒宴後，新郎之同伴協助新郎尋新娘。此時新娘故意藏匿於戶外僻靜處，要讓新郎找到才能攜回之。新娘是由其姊妹保護之，必須由新郎送些小禮物買通，此等為故作掠奪婚之儀式。

本則傳說故事情節要述如下：

（一）古昔魯凱族婚俗有新娘故意藏匿於戶外僻靜處，要讓新郎找到才能攜回之的習俗。

（二）迎娶日，新郎之同伴必須協助新郎尋找藏匿的新娘，如果找不到就不能把新娘帶回家。

（三）藏匿新娘是由其姊妹保護之。

（四）新郎要送些小禮物買通新娘的姊妹才能找到藏匿的新娘。

四、魯凱族揹新娘習俗

魯凱族〈揹新娘〉：

　　傳統上兩家聯姻，迎親隊伍步回男方家，隊伍前方為挑著女方陪嫁的嫁妝，後方是新郎背著新娘，有時也可看到伴郎背著伴娘的情景。傳統的魯凱族婚禮，新郎是要將新娘背回家的，新郎必須以雙手置於背後，新娘雙手扶在新郎肩上，單腳膝蓋跪於新郎掌上，另一腳則弓起，背挺直，由新郎將新娘一路背負到家。背新娘實在是不容易的事情，當然，如此就可證明新郎是個強壯的勇士。新郎背著新娘子回男家，剛開始新娘要哭得很大聲，據說這樣表示以後會很幸福美滿。而且女方的家人要向男方拉扯糾葛，好像不要讓男方搶走新娘回到男家似的，但只是做做樣子而已，因為這是一種儀式。當新郎把新娘子背回到家中的時候，男方即備酒菜宴請全村父老，當晚新婚舞會通宵達旦。

本則傳說故事情節要述如下：

（一）男家迎親隊伍於返家途中，新郎要背著新娘回家；有時也可看到伴郎背著伴娘的情景。

（二）新郎背新娘是很累人的事情，當然，如此就可證明新郎是個強壯的勇士。

（三）新郎背著新娘子回男家，剛開始新娘要哭得很大聲，據說這樣表示以後會很幸福美滿。

（四）新郎背起新娘子，女方的家人要向男方拉扯糾葛，像是不要讓男方搶走新娘回到男家似的。

（五）新郎把新娘子背回到家中，備好酒菜，當晚新婚舞會通宵達旦。

范純甫主編《原住民傳說（下）》載「一路長跑背新娘」：（註六）

　　魯凱人的婚禮，從跑步開始，以跑步結束。舉行婚禮這天，新郎攜帶著聘禮，由親友簇擁著，從男家出門便跑，要一直跑到女家門口。然後，新郎和眾親友齊聲高叫，好像是在告訴新娘：新郎來接你來了。其實，這時候的新娘已被女家親友用三根麻繩綁了起來，並被藏在了隱蔽處。新郎和眾親友在門外高喊，一直要等到女方親友在院內唱答之後，新郎才與眾親友湧進女方家門。在院內，新郎向女家父母獻禮物，然後便到處尋找新娘，找到新娘，新郎掏出刀子割斷麻繩，接著背起新娘跑步離開女家。在歸途中，新郎仍然要背著新娘。無論女家離男家多遠，都要一口氣跑回男家。即使新娘高頭大馬，男女兩家相距又遠，新郎背得氣喘如牛，汗落如雨，也不能讓新娘以步代「背」。新郎背著新娘一路小跑回到家門前，家雖已經到了，但卻不能進門。新郎家附近的廣場上，早已陳列好酒菜，眾親友和鄉鄰也環繞廣場而列，準備迎候新娘。新郎要背著新娘繞慶賀婚禮的廣場跑兩周，與眾位親友鄉鄰見面，然後，才能放下新娘。這時，賀喜的人們齊聲歡歌，飲酒跳舞，祝賀新婚夫婦白頭偕老、幸福長壽。祝酒歌舞結束，剛剛喘了一口粗氣的新郎又要背起新娘一直跑進洞房。魯凱人男性自小束腹，個個從孩提時代便練習負重長跑，常以負重多少和跑得快慢來比賽勝負。如此訓練幾乎從不間斷，待到成年之後，也就個個身體健壯，擅於長跑。這種狀況，背個新娘是不成問題的。

　　本故事是一則魯凱族傳統古代婚禮的傳說，敘述男子迎娶妻子「從跑步開始，以跑步結束」，顯示古代魯凱族男子非常勤奮強壯。

　　本則傳說故事情節要述如下：

　　（一）婚禮日，新郎攜帶著聘禮，由親友簇擁著，從男家出門便

跑，要一直跑到女家門口。

（二）此時新娘已被女家親友用三根麻繩綁了起來，並藏在了隱蔽處。

（三）新郎和迎親親友在門外高喊，女方親友在院內唱答之後，新郎才與迎親親友湧進女方家門。

（四）在院內，新郎向女家父母獻上禮物。

（五）新郎開始尋找藏匿的新娘，接著背起新娘跑步離開女家。

（六）新郎把新娘背回到家門前，廣場上早已陳列好酒菜，眾親友和鄉鄰也環繞廣場而列迎候新娘。

（七）新郎背著新娘繞著慶賀婚禮的廣場跑兩周，與眾位親友鄉鄰見面才放下新娘。

（八）祝酒歌舞結束，新郎又要背起新娘一直跑進洞房。

五、魯凱族戲劇性爭執與共寢故意推拖

陳淑英主編《中國民俗搜奇》載「爭執與推拖」：（註七）

　　魯凱族結婚要結四天，才算完成。第一天，男方要採許多的檳榔到女方家裡去。第二天，一大早，女方就要把前日男方送來的檳榔分送給村子裡的每一個人。當天晚上，整個村子都會熱熱鬧鬧地慶祝這一樁喜事。第三天，男方要準備一些好酒和刀、鍋、糕、毯等物，交給女方，然後由女方轉交給頭目，算作是繳納結婚的稅金。那一天的下午，全村子的青年男女都要到新娘的家中，陪伴這一對新人唱歌跳舞，到了晚上，就由男方接新娘回家。第四天是重頭戲，一早，便會有許多賓客，登門道賀，等到客人全走光之後，就會有人把新娘的腰和大腿，用三條麻繩，緊緊實實的綑綁起來，綁好後還叫她躲起來，讓新郎來找她。這時新郎便會四下到處找尋，一旦找到，兩個人立刻產生一段戲劇性的爭執，而後新郎把麻繩割斷，才能把新娘帶走。當夜，新郎要求上床共寢時，戲劇性的故意推拖躲避，又重演一次。直到第二天

的晚上，女方的父母站在床邊看著他們爭吵停止，新郎把新娘抱上床後，才安心的離去。

本則傳說故事敘述魯凱族人奇特的婚俗，有人把新娘的腰和大腿用三條麻繩綑綁起來並叫她躲起來，讓新郎尋找。新郎一旦找到後，兩個人會上演一段戲劇性的爭執，新郎把麻繩割斷將新娘帶走。當夜，新郎要求上床共寢又戲劇性的故意推拖躲避。直到第二天的晚上，女方的父母站在床邊看著他們爭吵停止，新郎把新娘抱上床後，才安心離去。

六、魯凱族觸鐵器禮習俗

魯凱族〈新娘觸鐵器禮〉：

「觸鐵器禮」就是新娘觸摸釘子、鍋子、刀子等，表示正式成為男方的一份子。

本則傳說故事敘述魯凱族有一種的「觸鐵器禮」習俗，亦即新娘必須觸摸男家的釘子、鍋子、刀子等，這樣表示正式成為男方家的成員了。

七、魯凱族行洞房禮習俗

魯凱族〈行洞房禮〉：

魯凱族與排灣族一樣，新郎想要進入洞房，可並不是一件簡單的事情，首先要先拆開新娘衣裙的線。習俗進入洞房之前，新娘會將衣裙及褲用針線縫緊二至三件，這時由女方及伴娘保護新娘不讓新郎拆除縫線。一直等到新郎拆除新娘衣裙褲重重的縫線，才宣告可以進行洞房。這個行為儀式代表著對婚姻的重視，也對此得來不易的愛情能夠更加珍惜，能夠同甘共苦、白頭偕老。

本則傳說故事情節要述如下：

（一）魯凱族行洞房禮有先拆開新娘衣裙的線之習俗。

（二）習俗上，進入洞房之前，新娘會將衣裙及褲用針線縫緊二至三件。

（三）行洞房禮時由女方及伴娘保護新娘不讓新郎拆除縫線。

魯凱族
神話與傳說新版

（四）新郎拆除新娘衣裙褲重重的縫線，才宣告可以進行洞房。

在眾多結婚的儀式當中，魯凱族的「搶婚」習俗，可說是集驚喜、幸福於一身。在結婚前，男方會正式下聘禮到女方家，通常聘禮都以生活上日常用品為主，如水缸、鍋子、佩刀、犁等。女方家人對於送來的聘禮可逐項檢查，若無異義的話，必須以檳榔回敬男方。迎娶當天，女方家人以圍著新娘的方式，阻止新郎進入，而新郎則在親人好友的協助下，動手搶走新娘，然後將新娘扛回家。在大家載歌載舞的同時，新郎這時候還必須努力將新娘身上用 halipol 樹皮和堅固的布縫紮成的褲子用小刀割開，直至摸到私處為止，而此時的新娘會因為害羞而跑開讓新郎追逐……。這是一種新娘認同夫家的表現方式，但是如果新娘本身不潔或再嫁，這個儀式就不會舉行。隨後，新娘必須再入境隨俗，捲起衣袖和新郎共同樁米，而這個樁米的動作，主要是表示承擔了男方家庭的生活，正式成為一家人。這項搶親儀式是非常慎重的，過程雖然繁瑣，但從中不難看出傳統的性情和智慧。（註八）

八、魯凱族頭目貴族陶壺婚姻聘禮

奧威尼·卡露斯《雲豹的傳人》載「貴族的生命標誌——低倫」:（註九）

> 頭目與頭目的高低之分，除了要根據他們名份系譜中有無沾染過平民的名份外，還要看世世代代有否被擁戴過？這就要看一、二等級的陶壺多不多了。有名望的頭目，相對的陶壺也就愈多。名份對等的頭目或貴族，論到婚嫁時，男方一定以陶壺及一顆最高級的琉璃珠巴利吉魁為魁為達尼（Palhichi molhimdhithane）作為聘禮，以示尊敬之意。假使男方名份比女方略小一點，除了應付出以上的聘禮外，還要多付出一個陶壺表示補償之意，始能通婚。

魯凱族社會係以貴族、士、平民三個階級所組成，貴族擁有土地、享有特權，收受租稅，頭目頭銜是世襲制，由長男繼承財產。社會階級也決定藝術品之享有權，大頭目家屋之門楣、柱、石板上可有浮雕，陶

壺被視為貴族之標誌，而由於其製作技法失傳，因此被視為無價之寶。陶壺同時也是貴族間重要的婚聘禮物之一。（註十）

陶壺還有另外一種用途：古時以物易物的時代，陶壺是最有價值的東西。有些貴族若遭遇不幸，留下孤兒無依無靠，他們可以拿陶壺來交換食物，度過難關，或以陶壺換取衣料，以度過寒冬。平民能擁有陶壺可能是靠這個僅有的漏洞，否則連觸摸的機會都沒有，因為陶壺是尊貴神聖的象徵。最特殊而值得一提的是：如果陶壺不小心被摔碎，也不可能被當垃圾丟棄，還可以放在竹簍裡保存，在結婚時作聘禮是被認同的。可見陶壺的可貴並不在它的完整性（完美無缺），而在它的象徵意義上。（註十一）

九、魯凱族婚姻之社會階級升降

魯凱族的階級與其他族群稍有不同的地方，在於婚姻是他們改變身分與地位的一個方法。比如在高雄市茂林區的多納部落，除了貴族頭人與平民不可能有正式的婚姻關係之外，各階級間只要低階者有能力負擔對方所要的高額聘禮，均可通婚。一般而言，與比自己階級高的對象結婚，可以獲得與配偶相當的社會待遇。但這又分娶入或嫁出的差別，高雄市茂林區的多納部落族人認為嫁出或入贅反而失去權利。魯凱族人以貴族身分贅出或嫁入地位較低的家系時，所生子女應承襲地位較低的父方或母方地位，但基於魯凱族的認親原則，子女可由高地位的一方帶回原貴族本家，舉行所謂的認親儀式，且經過認親儀式的子孫，有權要求貴族本家在生活或婚姻議訂等事宜上予以協助。（註十二）

魯凱族人之婚姻制度為階級內婚，貴族與貴族聯姻、平民與平民結婚，若階級內部不相等之兩性結婚，階級高者降低階級，因此貴族階級多向外村求偶，以維持其貴族身分。（註十三）

霧台村之大多數婚姻均為階級內婚（Caste-endogamy），即頭目與頭目結婚，而村人與村人結婚。如頭目之男子與村人之女人有性關係，不得認為正當婚姻，即使已有子女，亦不能被認為正妻，而予遺棄，續娶頭目之女子為妻。村人男子娶頭目之女子，則可承認。頭目如與村人結

婚，則其身分降低，反之，村人與頭目結婚，則身分昇高。如父母身分懸殊，則子女之身分在父母兩者之間，但又因其出生之先後略有不同。所以霧台村之社會階級至為繁複，幾無二人之身分相等者。因之為維持家族地位或身分，頭目或貴族階級多向村外覓求階級身分相等之配偶，由此，頭目階級的婚域比村人階級者為廣，且其村際婚率亦較大。（註十四）

十、魯凱族騙婚記傳說故事

陳千武譯述《台灣原住民的母語傳說》載「達拉馬勾社騙婚記」：（註十五）

> 兩個女人對達布林老人說：「你養這條豬，要跟甚麼交換？」老人說：「願意跟我結婚的人，就跟她交換。」女人們說：「我兩願意跟你結婚，讓我們屠殺這條豬。你在房裡休息，等我們把豬屠殺好了，再告訴你。」老人答應了，女人們欺騙老人，把屠好的豬肉放在器皿，偷偷的帶走了。留下一隻跳蚤，交代跳蚤說：「假如老人問話，你就『哦！』一聲回答他，好嗎？」二人便走掉了。達布林老人等了很久，都沒有消息。等得不耐煩了，拼命地叫女人的名字，卻只聽到「哦！」的回答聲。屢次如此，覺得奇怪，走出去一看，女人們都不在。達布林老人追女人們，在小丘山看到女人們渡過了河，便追逐過去。女人們卻在河裡小便，河水變成熱滾滾的流水。達布林老人想要渡過河也不行，終於蹲在河邊哭起來。女人們笑著逃走了。

本則為一則「騙婚記」，敘述達布林老人被兩名女子騙走一條豬的故事。

陳千武在上述書中〔附記〕，也記載台東卑南族卑南社有類似傳說，同為兩個女人騙取男人的聘禮後，涉水逃掉。男人過河追到女人，但女人煮油，用滾熱的油潑在男人頭上，男人變成烏鴉飛走。

本則傳說故事情節要述如下：

（一）老人以豬作為願意與他結婚的女人為交換條件。

（二）兩個女人對老人說願意嫁給他。

（三）兩個女人請老人在房裡休息，就在外面屠殺豬，等殺好了再告訴老人。

（四）兩個女人把屠好的豬肉放在器皿，偷偷的帶走了。

（五）兩個女人逃走前交代跳蚤說：「假如老人問話，你就『哦！』一聲回答他」。

（六）老人等了很久，便叫女人的名字，卻只聽到「哦！」的回答聲。

（七）老人走出門去一看，女人們都逃走了。

（八）老人追到看到女人們渡過了河，女人們在河裡小便，河水變成熱滾滾的流水。

（九）老人只好蹲在河邊哭起來，女人們笑著逃走了。

《大南社》，余萬居譯，載「大南社騙婚記」：（註十六）

　　一群女子們問 Tabili 老公公，他的豬要換什麼？老人回答，若有人願意嫁他，他就用豬來換，於是那群女子便騙老人，她們願意嫁他，不過老人得先進屋去，等她們把豬殺了。她們將豬殺了，把肉帶走，跑掉了，留下一隻蝨子，並吩咐蝨子若老人呼喊她們的名，牠就喊「有」。Tabili 在屋子等了許久，一直沒消息，覺得很奇怪，就呼喊女子的名，但回答很奇怪，於是便出去看，看到女子正在過河，他跑去追，女子們便在河中小便，這時河變得像開水一樣，老人欲渡而不能，留在原地哭泣，而那些女子卻笑嘻嘻的走開。

　　本則故事與上則故事相似，唯騙人的女子人數不同，上則故事是兩個女子騙婚，本則故事則是一群女子騙婚。

　　林道生編著《原住民神話故事全集（二）》載「老人與女人」：（註十七）

　　　　魯凱族 Talamakau 社，幾個在一起的女人問老人：「伯伯！伯伯！你這一隻豬準備做什麼？」「如果有人肯做我的

妻子的話，我就跟她們交換。」「伯伯！伯伯！那我們都跟你結婚，做你的妻子。現在可以來宰豬了，你先到裡面休息一會，我們宰好了豬就通知你。」老人不懷疑的到屋裡休息。女人們動手宰了豬，把豬肉放進去事先帶來的容器，快速地逃走。並且留下一隻虱子，還對虱子說：「當老人叫我們的時候，你要代替我們回答：哦—伊。」虱子說：「好，沒有問題。」女人們涉水渡河逃走了。老人在屋子裡等太久了，不放心地呼喚女人們，虱子代她們應答了。老人覺得那聲音怪怪地，走到庭院看個究竟。女人們不在庭院，正在涉水逃跑，老人趕了上去。到了河邊正要涉水，女人們怕老人追趕上來，便一起蹲在河裡小便，河水便熱燙了起來，老人被熱水燙得過不了河只好作罷，獨自坐在河邊傷心地哭泣，女人們便笑著逃走了。

十一、魯凱族搶婚記傳說故事

奧威尼・卡露斯《魯凱族多情的巴嫩姑娘》載「美麗的慕阿凱凱」：(註十八)

這是一個流傳久遠的故事。達拉巴丹是從前魯凱族有名的大貴族，只有一個既美麗又孝順的女兒，名叫慕阿凱凱，不但得到父母的疼愛，族人也都非常喜歡她。據說，凡是看過她的年輕男子，往往像是喝了酒似的，陶醉在她迷人的風采中。部落中有一個貴族的兒子，長得英俊瀟灑，名字叫庫勒勒爾樂。他家的地位比慕阿凱凱家低了一些，不過包括雙方父母在內，族人都認為他們是天造地設的一對，年輕人也幾乎都默認兩人長大後會結為夫妻。但是，長大後的庫勒勒爾樂，不知為什麼父母遲遲不向女方提親，又著急、又擔心，深怕被別家捷足先登。這一天，一年一度的獵人祭才剛剛結束，最歡樂的「被滿足之日」就要上場。期待已久的年輕人，一早就成群結隊上山，摘採野蔓藤，合力編成又長又粗又結

實的鞦韆，懸掛在大貴族達拉巴丹家高大的百年老榕樹上。節目在午後開始了，全村的男男女女都穿上盛裝禮服，來這裡跳舞、盪鞦韆。女孩們一個接一個，爭取擺盪得最優雅、最美麗的誇讚；男孩們也輪流競逐，看誰擺動得最有力穩健、最高、最遠。輪到慕阿凱凱盪鞦韆了，大家自然而然的停止歌舞，男孩們紛紛排列兩旁拉擺鞦韆，每邊超過百人；女孩們更是全神貫注，歡喜的目睹著慕阿凱凱的風采，由此可見大家愛慕及擁戴的程度。一開始，慕阿凱凱就盪得又遠又高，在空中既舒暢又高興，情不自禁的彎著腰、翹起腳，順著節奏，盪得更遠更高，彷彿沒有極限。在眾人歡呼聲中，她又以一扭腰、一翹腳的力道迴旋轉身，美妙的姿勢贏得所有在場觀看的人鼓掌、喝采，聲音響徹雲霄，庫勒勒爾樂心中更是如癡如醉。沒想到，這時候竟然有一個壞心腸的老人大惡勒，悄悄躲藏在不遠的草叢中，想擄走慕阿凱凱，給自己的孫子作妻子。壞老人暗暗的唸咒：「但願有一陣強風把妳吹走。」於是，果然一陣強烈的龍捲風吹襲而來，把慕阿凱凱連同鞦韆都捲到空中去了。強風過後，走避奔逃的族人回到大榕樹邊，只看到鞦韆由高空中緩緩飄落，卻不見慕阿凱凱美麗的身影，全場陷入一聲聲哀嘆哭泣，眾人到處著急的呼喚她的名字，卻仍毫無下落。慶典只好黯然落幕。最可憐的是慕阿凱凱的父母，痛失愛女之後，終日以淚洗面，庫勒勒爾樂更是痛不欲生。族人一提起這件不幸，都紛紛搖頭低聲嘆氣，歡笑不再。話說慕阿凱凱隨著龍捲風飄啊飄的，最後飄落在一個遙遠而陌生的地方。壞老人大惡勒早就在她飄落的地點等著，當慕阿凱凱在驚恐中飄落地面，還來不及看清四周時，大惡勒已經將她捆綁起來，並用布蒙住眼睛，背著她快步向神祕的森林走去。慕阿凱凱慢慢從暈眩中恢復意識，發現自己全身動彈不得，用力睜開眼睛，竟是漆黑一片，不禁傷心又害怕的流淚呼喚：「依娜！依娜！快來救我！」

大惡勒立刻拿出預先包好的檳榔給她、並且假惺惺的溫柔安慰她說：「孫女兒啊！妳放心！我不會傷害妳！我要帶妳到一個地方，保證妳一定很快樂的。」慕阿凱凱嚼著檳榔，但眼淚還是不停的流出。每到休息的地方，慕阿凱凱便把檳榔汁吐向左右，希望留下記號，好讓急著找她的父母知道行蹤。據說，慕阿凱凱吐出的汁液，在右邊長出一種叫大拉牡安心的檳榔樹和一種叫咾咸嗚的荖葉；左邊則長出另一種叫芭咕拉麗阿的檳榔和劣等的達哇嗚哇露荖葉。最後，他們來到另一個部落郊外的榕樹下，大惡勒把綁住慕阿凱凱手腳的繩子鬆開，拿掉她眼睛上的罩布，她伸展雙手揉著眼睛後慢慢睜開，發現眼前所見到的都是陌生的臉孔。迎接慕阿凱凱的人已經在等待，尤其是老人大惡勒所設計配對的男子也就是他的孫子，以及其他家人。可是慕阿凱凱無法接受這種強迫的行為，只是非常冷淡的呆坐著，對任何人都不看不聽，憤恨澎湃洶湧心中。慕阿凱凱只愛父母以及青梅竹馬的庫勒勒爾樂，還有朝夕相處的族人，根本沒想過和任何外人共同生活，但是這個部落的大貴族和長老，每天不斷很有禮貌的向慕阿凱凱道歉，又很正式的拿出一大盒琉璃珠和一串串首飾當聘禮。舉目無親、又累又餓的她，知道自己已經回不去了，也沒有其他選擇餘地，只好無奈的被背著進入部落，嫁給了大惡勒的孫子。慕阿凱凱被強擄到陌生地方，嫁給不認識的人，只能終日暗自垂淚。雖然丈夫對她極為疼愛，但慕阿凱凱日思夜想的都是故鄉的父母、愛人，以及呵護她的族人。每當早上晨曦從東方照耀的時候，慕阿凱凱總是對著陽光偷偷啜泣、祈禱，盼望有一天族人能夠找到自己。日復一日，年復一年，已過了十幾個春天，慕阿凱凱也已經生兒育女。雖然難忘家人，但仍克盡本分的稱職持家，扮演著好妻子、好母親的角色。有一天，慕阿凱凱的男人終於說，非常感謝她這些年來的付出，為了體諒她對故鄉、家人的思念，決定帶一

些貴重禮物，全家陪著慕阿凱凱返鄉。興奮又畏怯的慕阿凱凱，在丈夫、子女相伴下，循著多年以前被擄的原路回娘家。沿路上，慕阿凱凱以前吐出檳榔汁而長出的檳榔樹和荖葉，都已長高、開花、結果。故鄉的族人遠遠看見眾多外地人緩緩走來，好奇的靜靜觀看等待。慕阿凱凱表明身分之後，馬上有人尖聲驚叫：「她還活著！慕阿凱凱回來了！」消息迅速的傳播開來，鄉親一一熱烈歡呼迎接、個個喜上眉梢。慕阿凱凱的父母聞訊、也疑惑的拄著拐杖出來迎接。回到娘家，慕阿凱凱眼看久別多年的父母，已經是白髮蒼蒼的老人；見到家裡還留著當時因失去她而佩戴的喪布，百感交集。眾人相擁而泣，既對命運的捉弄不勝唏噓，也對重聚團圓充滿歡喜、安慰。

一陣強風捲走了美麗的慕阿凱凱，使得大貴族達拉巴丹痛失愛女，族人驚愕傷心。原來是壞心腸的老人大惡勒把慕阿凱凱擄走，強行把她嫁給自己的孫子。流落異鄉的慕阿凱凱不屈服於逆境，並以真誠打動丈夫，奇蹟般的回家了。（註十九）

十二、大南社聯姻的故事

馬淵東一著、楊南郡譯《台灣原住民族移動與分布》載「大南社與外族聯姻」：（註二十）

始祖的子女們開始土地探險，其足跡遍及前臨大平洋的 'Ana'anaya（卑南族所謂 Panapanayan；西北及北方的排灣族所謂 Sikiparitsi）至中央山脈以西的地帶，也傳述其後代子孫，與知本社、呂家望社聯婚，分住於各社。大南社兩個頭目（兼口述者，均 45-50 歲左右），傳誦了包括他們自己世代的十七個世代祖先的系譜。系譜中提及大南社曾經和附近的魯凱族、卑南族，以及排灣族聯婚，而且有聯婚的各族、各社自己的系譜傳承，也大部分有一致性的對應。

十三、魯凱族的家族

「家族」是人類社會最重要的集團單位，因此家族的研究最受社會學者、經濟學者、法學者和民族學者等所注意。社會集團的研究，如W.H.R.Rivers 所主張，可有兩方面：其一為詳實的記述其型式，分析其構成因素，而研究其各因素的關係、功能和組合情形，另一則為歷史性的，即探究該集團的演變經路。（註二一）

魯凱族的家族構成形式，以霧台村為例：（註二二）

（一）核心家族（Nuclear family）：為一普遍的社會單位，其代表型包括一對結婚男女，有時加入他們的未婚子女。

（二）複合家族（Composite family）的二個主要型式為多妻家族或多夫家族（Polygamous family）和伸展家族（Extended family）。George P.Murdock 教授對此曾作過詳盡的討論。霧台行嚴格的一夫一妻制，所以沒有多妻家族或多夫家族。伸展家族為包括有因血緣而連組在一起的有二對或二對以上的配偶家族。這種家族又可分為二型，因親子關係而連組在一起的稱為親子型，因同胞關係而連組在一起的稱為同胞型。

霧台村家庭構成分子：戶長及其配偶、子女及其配偶、父母、孫及孫女、同胞及其配偶、同胞之子女等。

霧台村所行的家族制是小家族制，且為嚴格的一夫一妻制，而伸展家族或聯立家族（Joiot family）之存在，則可視為家族延續過程或分家過程的一狀態。（註二三）

居住在台灣南部的魯凱族以家宅、家氏為親族關係發展的基本要素，並施行偏重父系的雙系繼嗣法則。魯凱人將一所家宅單位稱為vakua katangana，一小家族即由一夫一婦與其未婚子女而成。一個直系大家族則為父母與長子夫婦及其所生之子女所組成者。每一所家屋原則上由長子、無男嗣時由長女承家

▲ 魯凱族母子情／田哲益提供

居住，餘嗣分出。魯凱族的世系組織，從有姓氏的家族單位繁衍發展而成。直系承家者繼續其家族，旁系分出、自立為分家之家氏單位，而與其家維持系統關係，形成階序的關係。（註二四）

十四、人仔山的孕婦石

林道生編著《原住民神話故事全集（二）》載大南社「人仔山的孕婦石」：（註二五）

人仔山（Adanasa）是以前大南社的人經常去交易小米的地方。從前人仔山有個洞穴，由洞穴進去可以通到地下的部落。現在有一塊看來令人恐怖邪惡的大石頭堵塞了洞口，長了許多密密麻麻的竹子。這些竹子以前。只有一株，上面枝葉茂盛。現在竹子旁邊也長了許多藤，陰邪地令人恐怖。大南社的人都把它當做是禁地，不能靠近人仔山洞口，連用手指它都是禁忌。地下部落的人都長了尾巴。當大南社人接近部落向他們打招呼，所有的人就趕緊跑到臼的旁邊，把尾巴隱藏在臼裡面，以免被人看到而害羞。大南社人一到地下進入他們的家就走到水瓶的地方喝他們的水。地下的人一看，就說：「啊！是我們的親屬呀！」大南社人喝完水就地解大便，不可思議地竟解了一粒粒小圓形的紅球。地下人擁有許多穀物，那時候的大南社並沒有穀物。最先地上人與地下人還沒有交易的時候，每當大南社的祖先去了地下遊玩要回地上就被地下人要求檢查，甚至於脫光裸露身體，生怕地上人從地下帶回去一粒穀物，因為那樣是他們的禁忌。大南社的祖先們很羨慕地下的穀物豐富，一方面又害怕有一天地上食物用盡，全部落的人都會餓死，於是商量好下次去地下遊玩回來時男女都在私處偷藏幾粒穀物帶回來。他們就照做了，雖然經過地下人的嚴格檢查指甲、鼻子、嘴巴、耳朵、屁股，還是過了關，因為大南社人把地下的穀物藏在私處帶了回來。他們把穀物播種在屋子的前後繁殖。那時候要煮小米（粟），只要一小穗就可以煮成一大鍋，米的話更

是一粒就夠一家人吃了，用手抓一把米就夠一家人吃一整年。後來地下人知道地上的大南社人從地下帶回去穀物，就開始與地上有了交易。有一次，大南社一位懷孕的婦女到地下部落去交易後要回去，當她來到地下與地上交界的洞口，覺得大為不舒服而呻吟起來。這一痛苦的聲音使她化做一塊石頭堵塞了出口。從此大南社人再也不能去地下部落交易了。那塊石頭現在還在那邊，樣子就像婦女揹負著孩子，形成為一個大人跟一個小孩，雙體相連，中間鼓起來的地方正是懷了孕的大肚子。孕婦石堵塞了入口的初期，大南社還擁有不少穀物。有一次，阿茲基勞（Atsigirau）家的人，由於擁有許多穀物，想知道用一大穗小米煮的結果會是如何而做了嘗試。沒想到煮了一大穗小米，當小米熟了的時候竟溢出了鍋流滿了整個屋子，一家有許多人都被小米燙死了。少數沒死的也變成了現在的猴子。他們的家屋有一段時期還殘存著，現在已經不見了。自從孕婦石堵塞了洞口的入口，大南社的人就不敢經過人仔山，甚至於在附近也不敢吹笛子。大南社人說：「如果有人能夠除掉那石頭，我們才會到那邊」。

十五、阿禮村的少女

〈正在哀傷〉（註二六）

心事難解的少女	媽媽織布
憂憂哀傷	為孩子婚事操心
鳳蝶飛到她身旁	織布架上
輕輕慰問	纏綿理也理不清
什麼事使你	
如此低泣哀傷	待嫁少女真多情
	身上金飾響不停
	猶如小鹿心難寧
	一心等待來娶親

註釋

註一：陳奇祿《台灣土著文化研究》·〈屏東霧台魯凱族的家族和婚姻〉，聯經出版公司，1992年。

註二：同註一。

註三：許晉榮《茂林風華》，高雄縣茂林鄉所，2002年2月。

註四：《台灣空中藝術文化學苑學員通訊》6期，財團法人台灣省文化基金會，2001年5月。

註五：陳美玲編著《魯凱之歌》，屏東縣立文化中心，1999年6月。

註六：范純甫主編《原住民傳說》（下），台北，華嚴出版社，1998年4月二版。

註七：陳淑英主編《中國民俗搜奇》，台北，將門文物出版有限公司，1989年。

註八：《台灣空中藝術文化學苑學員通訊》12期，財團法人台灣省文化基金會，2001年11月。

註九：奧威尼·卡露斯《雲豹的傳人》，台中，晨星出版社，1996年10月。

註十：陳奇祿著〈屏東霧台村民族學調查簡報〉，《考古人類學刊》2期，1953年。

註十一：同註九。

註十二：同註八。

註十三：同註十。

註十四：同註一。

註十五：陳千武譯述《台灣原住民的母語傳說》，台北，台原出版社，1995年5月。

註十六：尹建中《台灣山胞各族傳統神話故事與傳說文獻編纂研究》，1994年4月。

註十七：林道生編著《原住民神話故事全集（二）》，台北，漢藝色研文化事業公司，2002年1月。

註十八：奧威尼·卡露斯《魯凱族多情的巴嫩姑娘》，新自然主義有限公司，2003年1月。

註十九：同註十八。

註二十：馬淵東一著、楊南郡譯《台灣原住民族移動與分布》，原住民族委員會、南天書局，2014年8月。

註二一：同註一。

註二二：同註一。

註二三：同註一。

註二四：王嵩山《台灣原住民的社會與文化》，聯經出版公司，2001年7月。

註二五：同註十七。

註二六：林道生編著《台灣原住民族口傳文學選集》，花蓮縣立文化中心，1996年6月。

巴嫩公主 鬼湖之戀

第十七章

巴嫩（巴倫、芭倫、瓦倫、巴冷、芭嫩、瑪嫩、帕蓮）公主是魯凱族膾炙人口的愛情傳說神話故事，名聞遐邇，也是他們引以為傲的「蛇文化」。巴冷公主的故事就是〈鬼湖之戀〉。有關的故事版本很多，讀之令人依戀，是原住民族難得的、值得詠嘆的愛情故事。巴嫩是頭目的掌上明珠，卻意外地愛戀了異類（百步蛇），並且開花結果，永浴愛河。

　　奧威尼‧卡露斯《雲豹的傳人》載「巴嫩公主」：（註一）

　　　　西魯凱流傳著神話故事：有一位美女，名叫巴嫩，下嫁給達路巴淋湖王國的王子，名叫阿達利烏。結婚的當時，一般人看到迎親的隊伍是百步蛇以及各種蛇群，但新娘巴嫩所見的是王子及擁戴的子民，巴嫩嫁到中央山脈遙遠的達路巴淋之後，卻永不再重現人間。這段陰陽親事是在卡巴利瓦呢發生的。巴嫩是馬低亞察安的大頭目馬巴利烏家族的人。卡巴利瓦呢仙女巴嫩的家鄉，從北隘察溪中游對面的去露社遙望過去，在黃昏裡，可以清楚地看到幾棵蒲葵樹聳立在一片蔓草中，偶爾掠過一群白鷺鷥，使空城更顯格外的淒涼。有關這種情景，巴嫩仙女早在夢中提示過。有一次，巴嫩派她的兩位孫子們回到卡巴利瓦呢探訪她久別的族人，兩兄弟到達時，族人看到赫然是兩隻百步蛇，因為後代的人不認識了，對牠們不敬，兩隻百步蛇失望之餘，突然消失人間，回到巴嫩外婆身邊告知情景。於是，巴嫩托夢告知族人說：「因為後代慢慢不認識我們了，為了避免因為不受尊重造成的傷害，我們將永遠不再來了，可是當你們看到一群白鷺鷥徘徊在故鄉境內，那是表示我多麼思念你們。」

桃源鄉公所《桃源鄉誌》期末報告載「巴倫公主鬼湖之戀」：（註二）

　　　　相傳遠古時候，在大鬼湖住著一群由一隻叫「阿達里歐」（Adalio）巨大的百步蛇統治著。有一天，蛇王召集部屬，請他們幫忙物色一位王后。部屬們告訴蛇王，在大武山中的達德勒部落有一位巴倫（Balong）公主，既美麗又賢慧。幾天後，蛇王來到達德勒部落。這一天巴倫公主一大早

起來，身為頭目的父親郎加林（Langalin）對著巴倫公主說：「你去請長老們到家裡來開會。」族中的長老很快聚集，郎加林徵詢長老們的同意後，請長老們告知族人，今天是個播種的好天氣，家家戶戶要舉行點火儀式，祭拜祖靈以求小米豐收。在完成點火儀式後，瑪爾凱（Malcai）、帕爾荷斯（Poolhose）、卡西索科索（Kalhisokoso）。三位貴族姑娘，提著葫蘆瓢，邀巴倫公主一起到田裡播種。工作了一天之後，巴倫公主收拾工具準備回家。這時，她忽然看到山頂上有一個影子，影子的主人是一個前所未見的美男子，名叫阿達里歐。巴倫公主心裡對這陌生男子頗有好感，害羞的點點頭。從那時起，兩人常常趁著巴倫公主在田裡工作時約會。有一天卡西索科索巡視山田，順道來看巴倫公主。發現巴倫公主正在和一條巨大的百步蛇交談，而且周圍的樹上掛滿了大大小小的蛇。這時，卡西索科索聽到巴倫說：「阿達里歐，如果你真的愛我，我們就不能偷偷的約會。你願不願意跟我回家，認識我的父母和族人？」阿達里歐點點頭，牠知道牠必須要得到巴倫父母的同意。卡西索科索聽到這裡，趕快回去向頭目通報，所以當巴倫和阿達里歐走到家門口，頭目夫婦已經在那裡等待。郎加林看到女兒的身邊果然跟著一條巨大的百步蛇，大吃一驚，就問女兒：「巴倫，小米發芽了嗎？妳為什麼帶著百步蛇回來呢？」巴倫這時才知道阿達里歐的真實身分，她想了一下，心中有了決定，說：「阿瑪、因那，請不要吃驚，這位是我的朋友阿達里歐，是他羅巴林的頭目，牠不會傷害任何人的。」阿達里歐走向前向郎加林夫婦行了一個禮。可是牠無法用言語和巴倫以外的人溝通。郎加林心想，人蛇怎麼可以相戀，所以無法接受兩人的戀情。於是，阿達里歐又向郎加林夫婦行了一個禮，靜靜的離去。當天晚上，阿達里歐託夢給郎加林。郎加林在夢中看見一個英俊的青年男女跟他說話，「尊貴的郎加林頭目，我是阿達里歐，

我真心與巴倫公主相愛。如果你答應我娶巴倫公主為妻，達德勒與他羅巴林從此就是一家人，我將歡迎魯凱族人到他羅巴林打獵！」郎加林在睡夢中這樣回答：「根據魯凱族的傳統，你必須跟其他的魯凱青年一起競爭。相傳在大海之中，住著人類之母「磨凱凱（Muakaikai）。她的眼淚變成一粒粒的帕奇（Palichi）和姆西姆西達安（Mulhimulhithan）琉璃珠。你們誰先找到一串帕立奇，再加上許多的山豬、羊、鐵鍋、刀，我就把巴倫許配給他。」在郎加林的夢中，阿達里歐同意與其他青年競爭，化作塵煙離去。於是阿達里歐乘著由部屬掌舵的木舟，航遍天涯海角找尋帕立奇與姆西姆西達安的下落。三年過去了，但是一點結果也沒有。一天，牠的木舟在暴風雨的襲擊之下翻覆，阿達里歐與部下被捲入大海之中，失去了知覺。不知過了多久，阿達里歐終於醒來，發現自己正躺在一個小島的沙灘上。此時，遠遠的地方，有一個人吸引了牠的目光，是一個戴著光彩奪目的貝殼串鍊的男子。他有一種預感，這裡應該就是磨凱凱居住的島嶼，而這些美麗的貝殼也應該就是牠找尋了許久的帕立奇與姆西姆西達安。到了晚上，阿達里歐潛入該部落頭目的家中。他脫下身上的熊皮，輕輕的放在桌上，並且取走了桌上的一串帕立奇。阿達里歐製作了一艘新木舟，離開了小島，經過三年，牠終於找到帕立奇回到他羅巴林。很快的，牠把當初答應郎加林的聘禮準備好，派人通知郎加林迎娶巴倫的日子。娶親的這天，迎親的隊伍挑著貴重的聘禮，來到達德勒部落。而巴倫公主身穿魯凱族傳統的新娘禮服，頭上戴著聖潔的百合花，貝殼串成的耳環，等待著阿達里歐前來迎娶。阿達里歐嘴裡叼著帕立奇琉璃珠串滑行來到郎加林的面前，並且獻給郎加林，依照魯凱族頭目家的儀式娶親。阿達里歐和巴倫公主婚後共生了十個子女，兩人過著幸福快樂的日子。據說公主的第五代後人還曾回到達德勒部落探望母族的親人，魯凱

族部落傳說著部落中如果出現百步蛇，就是巴倫公主的後代回來了。族人也會用尊敬的態度對待這些百步蛇，因為牠們也是郎加林頭目的後代子孫。就在達德勒第五代頭目還來不及告訴第六代頭目有關巴倫公主的事蹟時，第五代頭目就死去了。因此當達德勒第六代的子孫看到一大群百步蛇進入部落時，各個驚慌失措的緊閉家屋門窗，不知招待客人。百步蛇悻悻然的回去報告他羅巴林的長老，表示母族已忘記祖親。於是長老們決定以後改派白鷺鷥去探望母族的親戚，並利用夢告訴達德勒的第六代頭目兩族的親誼，並請達德樂的族人要善待白鷺鷥。一直到現在，魯凱族人看到百步蛇與白鷺鷥，都用尊敬的態度對待之。

陳素恩〈魯凱族鬼湖的傳說〉載巴倫傳說故事：（註三）

　　據說，從前有位魯凱族的女孩，名叫巴倫，時常到他羅瑪琳池與池中的鬼神約會。有一次，十幾個族人暗地跟蹤她到此池來，見她能自由行走於池中，且沉入池中好一會兒才出來，族人驚訝地叫了起來，巴倫見族人跟蹤她至此，便迅速沉入池中不再出來，至今，她的傘（小島）仍留在池中。後來，巴倫生了一個男孩，此男孩就是巴油池（小鬼湖），族人為了對巴倫表示歉意，此後就禁止族人到他羅瑪琳池打獵。至今，他們仍不希望登山者去打擾，且到鬼湖不能高歌狂笑，否則將有大霧大雨臨身。

　　按人與蛇相戀的故事在漢族也流傳著「蛇郎君」、「白蛇傳」的故事。魯凱族與排灣族和其他原住民也都有流傳著人與蛇相戀的故事。

　　本則傳說故事謂巴倫因為被族人發現與鬼神約會，此鬼神即蛇郎君，因此就沉入湖中不再出來，族人為了對巴倫表示歉疚，便把「他羅瑪琳池」視為聖地，不得隨意打擾。

　　本則傳說故事情節要述如下：

（一）有一女孩名叫巴倫，時常到他羅瑪琳池與池中的鬼神（蛇郎君）約會。

（二）有一回數十人跟蹤她，見其自由行走於池中且沉入好一會兒才出來，族人驚訝地叫起來，巴倫見族人跟蹤她，便又沉入池中不再出來，至今，她的傘（小島）仍留在池中。

（三）後來，巴倫生了一個男孩，此男孩就是巴油池（小鬼湖）。

（四）族人為了對巴倫表示歉意，此後就禁止族人到他羅瑪琳池打獵，以給她寧靜的天堂。

（五）據說到鬼湖不能高歌狂笑，否則將有大霧大雨臨身。

陳美玲編著《魯凱之歌》載「女頭目巴嫩傳說故事」：（註四）

　　很久很久以前，有一位魯凱族的女頭目名字叫Balenge與一位男子相戀，這個男子住在大武山深山的一個湖底，這個湖常年籠罩著雲霧，神祕異常，後來人稱「小鬼湖」。這男子平常是人形，事實上他是百步蛇，當家人和族人知道他們的戀情之後，強烈反對，人蛇是不能相戀的。後來男子用搶婚的方式，把Balenge搶過來而成婚。之後，一直居住在小鬼湖底未曾再出現。

本則傳說故事情節要述如下：

（一）有一位魯凱族的女頭目名字叫Balenge，她與一位男子相戀，這位男子是一條百步蛇。

（二）百步蛇男子住在大武山深山的一個湖底，這個湖常年籠罩著雲霧，神祕異常，後來人稱「小鬼湖」。

（三）當家人和族人知道他們人蛇戀情之後，強烈反對。

（四）百步蛇男子用搶婚的方式，把Balenge搶過來後成婚。

（五）Balenge與百步蛇男子成婚後，一直居住在小鬼湖底未曾再出現。

　　祖先與靈蛇、太陽卵生等存在的神話領域。靈蛇與人，尤其是頭目的家系，有著直接或間接因婚姻而產生的血緣關係。神話中，蛇在不可見的神祕世界中與禁地、水或冷食都有著互為關聯的象徵關係。……人們藉著巫術或祭祀將心理對於物體之「惡」的疑慮昇華，讓蛇繼續存在於其不可侵犯的神聖世界，不來擾亂人界的生活。（註五）

洪田浚《台灣原住民籲天錄》載「阿烏部落鬼湖之戀」:(註六)

　　相傳，古代的大鬼湖，魯凱族人稱為他羅巴林
（Dalupaline），湖裡住著一位神靈阿達里歐（Adalio），是百
步蛇王的化身。他看中阿烏部落（古稱 Dadolu）頭目之女芭倫。
頭目開出條件，如果阿達里歐要娶芭倫，必須取得一種珍貴的
琉璃珠，叫帕立奇、茉利茉利達安（Pali chi Mulhi Mulhithan）
作聘禮。阿達里歐依約來娶芭倫，阿烏部落的人看到一隻大的
百步蛇，帶領一群山間毒蛇來迎娶，都感到吃驚。阿達里歐獻
上帕立奇、茉利茉利達安作聘禮，並按魯凱族頭目家儀式舉行
婚禮，將芭倫娶走。族人看到芭倫坐在百步蛇上，隨著迎娶隊
伍消失在密林之中。將到他羅巴林時，芭倫告訴送親的族人，
當她頭上的百合花帽沉入湖心，大家不用擔心，那是她進了阿
達里歐的家。往後，她會在湖邊沙灘上準備食物，供族人來他
羅巴林打獵時取用。族人取用時，必須要先摸摸食物盤，如果
盤子是熱的，就可以取用，如果是冷的，則是給別人的，不可
取用。用完食物，請族人依魯凱規矩，留下獵物的大腿肉，作
為回報，因為她是頭目之女。從此，魯凱族人就到他羅巴林打
獵，並接受芭倫的招待。芭倫經常派遣百步蛇到阿烏部落探望
父母親友，族人每次看到百步蛇出現，都表示尊敬，認為是芭
倫的後代。以後傳到第六代，阿烏部落忘記芭倫的事蹟，他羅
巴林方面才不再派遣百步蛇聯誼，而改派白鷺鷥作使者。

林森〈雙鬼湖自然保留區〉載「達樂樂村巴冷公主傳說故事」:(註
七)

　　話說從前，在現今屏東縣霧台鄉，有個古老的「達樂樂
村」（現已遷村，即今三地門鄉青葉村），該村頭目有個女
兒，名叫「巴冷」，這位待字閨中的公主，不但美麗善良，
且常幫家裡做事。在遠方的大鬼湖，住了一條修煉成精的百
步蛇，因久住深山，十分寂寞，想找一位人間美女作伴，作
大鬼湖的女主人，於是吩咐手下眾蛇將分頭尋找，最後都一

致推薦巴冷公主。百步蛇神聽後，為了親近公主，乃化身成一位英俊的青年蛇王子，進入村落幫忙公主做事，兩人一見傾心，相處日久生情。有一天，百步蛇神向巴冷公主的父親提起婚事，頭目看對方誠懇，女兒又鍾情，但人蛇通婚畢竟不尋常，因此，故意出題習難，要求百步蛇神在文訂時，必須以南海出產的琉璃珠為聘禮。深愛巴冷公主的百步蛇神，不畏艱難，漂洋過海，終於取回琉璃珠，如願地把巴冷公主迎回大鬼湖。

　　本則魯凱族故事敘述化身為人的蛇王子，終於如願地把巴冷公主迎娶回大鬼湖。本則故事也涉及到迎娶的聘禮琉璃珠，自此琉璃珠成了魯凱人婚禮上重要的聘禮。

　　本則傳說故事情節要述如下：

　　（一）青葉村頭目女兒名叫「巴冷」，美麗善良，且常幫家裡做事。

　　（二）大鬼湖有一條修煉成精的百步蛇神，想找一位人間美女做大鬼湖的女主人。

　　（三）百步蛇神吩咐手下眾蛇分頭尋找，最後都一致推薦巴冷公主。

　　（四）百步蛇神化身成一位英俊的青年蛇王子，進入村落幫忙公主做事，兩人一見傾心，相處日久生情。

　　（五）有一日，百步蛇神向巴冷公主求婚，但人蛇通婚畢竟不尋常，因此，頭目出題習難，即在文定時必須以南海出產的琉璃珠為聘禮。

　　（六）百步蛇神不畏艱難，漂洋過海，終於取回琉璃珠，如願地將巴冷公主迎回大鬼湖做女主人。

　　至於有關小鬼湖的神話故事說法，林森〈雙鬼湖自然保留區〉載謂：百步蛇神與巴冷公主結合後，生了兩個女兒，小鬼湖就是她的小女兒所變成。（註八）

　　這是一則短小且浪漫幸福的神話故事。百步蛇神與巴冷公主結婚後，過著幸福美滿的日子，生了兩個女兒，小鬼湖就是她的小女兒所變成。

《美麗福爾摩沙》載「Dadile 社巴嫩公主傳說故事」：（註九）

　　很久以前有一個古老的村莊叫「Dadile」，有一位美麗的公主名叫「Balan」。有一天「Balan」在湖邊工作的時候，看到湖的對岸有一位高大英俊的青年。「Balan」問她的同伴，有沒有看到那個青年，但是其他人只看到一條又粗又大的百步蛇。回家以後，「Balan」腦海裡一直不停出現那個青年的影像，後來百步蛇親自來提親，「Balan」也答應了，家人也因為這位蛇郎君經常幫助他們墾荒，於是也答應了。結婚當天，新娘在父母及親人的陪同下到蛇郎君的家，也就是鬼湖。新娘一一向家人告別，緩緩走入鬼湖。因此可以說魯凱族是百步蛇的子孫。

本則傳說故事情節要述如下：

（一）「Dadile」村莊有一位美麗的公主名叫「Balan」。

（二）「Balan」在湖邊工作時，看到湖的對岸有一位高大英俊的青年，不過其他人所看到的是一條又粗又大的百步蛇。

（三）這位蛇郎君經常幫助他們墾荒。

（四）「Balan」和蛇郎君結婚，送親隊伍陪同到蛇郎君的家鬼湖。

（五）新娘一一向家人告別，緩緩走入鬼湖。

（六）魯凱族是百步蛇的子孫或許以此故事為本。

　　鬼湖為魯凱族的聖地，也是魯凱族著名的人蛇戀傳說中的歸宿，……人蛇相戀傳說情節內容或有些微不同，但傳說的發生地都是在大小鬼湖。大小鬼湖位於高雄茂林區，屏東霧台及台東延平鄉三區之交界處，屬於中央山脈南段山，現設立為雙鬼湖自然保護區，以保護其中巨木群及動植物生態的完整性。魯凱人視大鬼湖為聖地、不能恣意進入打擾，在湖畔時要保持安靜，不能夠大聲喧嘩，否則大霧大雨隨即降臨。部落也流傳著小鬼湖是人蛇婚戀生下的孩子變成的。（註十）

　　《番族慣習調查報告書第五卷‧排灣族第一冊》載「Dadir 社鬼湖之戀」：（註十一）

　　往昔 Dadir 社的頭目家有名叫 Valeng 的女子，每夜不知

從何處有一美男子來到她那裡，該男子說：「我 Darepaljing
社的頭目。」darepaljing 是遠在東方中央山脈鞍部之地，位
於往山背（台東方面）的通路。日久兩人逐漸情投意合，男
子終欲娶該女，而納彩附有雙口之甕為聘禮。然該男子由此
女來看是一堂堂男子，由他人說來則為一隻大 Vulung（百步
蛇）。此人大腿粗且長，竟有 3、4 尺。而他出入時，都帶領
許多蛇。旁人將此事告訴女子，但女子不信，一定要嫁給該
男子。佳期至，被番丁們護送行經該男子所指示之路，越過
一山又一山，總算到了 Darepaljing 之地；既無家屋又無人在，
只有一個大池塘而已（現在稱此池為 Paiyu）。而其池邊有
Kaljapar（籃子）和 Kizing（飯匙）。在那 Kaliapar 中盛有
剛煮好的溫飯，尚有熱氣緩緩上升。女子乃告訴番丁：「想
來我夫當為此池之主人，我將去池底探訪他，我會在飯未涼
以前回來，在此之前，你們要在這裡等候。可是我若到飯冷
以後仍沒出來，那麼我已死，你們當快回去。」乃躍身投於
水中。於是番丁們站在此池畔，久候其歸，卻始終未見歸來，
飯已冷卻許久，終於杳無音訊，因此大家都認為女主人已死，
就那樣歸來番社。而觀看以前由男子作為聘財給予女家的
甕，則是在底部有 Kintjavatjavang 蛇紋的甕。其後此甕頗為
靈驗，凡事之吉凶皆可問之，無不明示。故重大事件必問之
再決定可否。甚至連裁縫、出獵也要問該甕，若不如此而行
事，必定免不了遭逢凶事。故家人以此為神靈，若有酒肉必
獻給它。如此持續數代，其後因該頭目家無嗣而絕，其壺亦
破了。其家址為 Dadir 之舊社，現為森林並稱為 Kuadrava，
據說不許旁人擅入。

黃世民《雲豹之鄉：隘寮群魯凱部落田野集》載「達得勒鬼湖之
戀」:（註十二）

　　在某一次的小米祭裡，被族人撞見而紛紛逃離的百步
蛇湖神，卻是芭嫩公主（Balhenge）眼裡的英俊勇敢的美男

子——阿拉利歐（Aralhio），自邂逅之後，他們經常約會相見並彼此相愛。某一晚，當湖神帶來陶壺、山豬與琉璃珠等聘禮前來迎娶，芭嫩公主依依不捨地對部落話別。芭嫩在美麗的鬼湖畔準備溫、冷兩種食物，溫熱的食物是為前來鬼湖（Dalubaling）狩獵辛勞族人享用準備的。相傳芭嫩是馬低亞察安（Madiatsan）部落大頭目家族成員，部落經過幾回遷徙而來到大武的達得勒（Dadele），現今屬於山地鄉的青葉部落（日治末期遷往），可能為其原部落後裔。

許功明《魯凱族的文化與藝術》載「大武村巴冷公主傳說故事」：(註十三)

從前，在 Dadel 社（現在的大武村）頭目 Mabaliu 的家，有一個女孩名叫 Palen（巴冷）。她長大之後，接受一名男子的求婚，但這名男子只有出現在 Palen 的眼裡才是個俊男，而在別人看來卻是一條蛇。當他們兩人在屋內談話時，她的家人看到的是一條蜷伏在盛放檳榔的藤籃上的蛇。她的家人當然反對這樁婚姻，但 Palen 自己卻堅持要嫁，最後，她的家人不得不放棄說服她。結婚當天，蛇新郎前往 Palen 的家迎娶。抬轎的時候看不出有人在抬，而載坐新娘的轎子卻騰空行走。當 Palen 在到達蛇新郎的住處 Dalubalin 湖（高雄、屏東、台東三個縣的交界）時，留言給一旁陪同的家人，道：「如果你們看到我頭上的帽子開始旋轉時，表示我已經平安到達了夫家。」說著，就緩緩的進了湖中。當 Palen 她再度出現在湖上時，她帶來了一個盛水的陶壺和一串琉璃珠項鍊送給家人作為禮物。又叮嚀道：「當你們以後打獵行經此地，發現兩盤已煮熟的食物，就是我為大家所預備的。但切記，你們只能吃其中一盤熟的，而千萬不要吃另一道冷的食物。打獵之前，也一定要先拿酒和肉來此祭拜。」因為 Palen 與蛇聯姻的關係，人們才開始在家中用蛇的圖紋作為裝飾。第二年，有兩條小蛇前去拜訪 Palen 的父母。他們是 Palen 所生的子女，不料，卻不幸為其

祖父母所誤殺。後來，Palen 的家人夢中知悉剛被殺死的兩條蛇原來就是自己的孫子，悔不當初，所以，可能就是因為這個原故，蛇才開始攻擊人類，與人處於相敵對的地位。

這是一則女子 Palen 與「蛇」結婚的故事，本則故事最重要的就是傳達：可能因為「人蛇聯姻」的關係，人們才開始在家中用蛇的圖紋作為裝飾。

本則傳說故事情節要述如下：

（一）大武村頭目的家中有一位女孩名叫 Palen。

（二）有一條蛇化身為男子向 Palen 求婚，這名男子只在 Palen 的眼裡才是個俊男，而在別人看來卻是一條蛇。

（三）頭目家當然反對這樁婚姻，但 Palen 卻堅持要嫁，家人也不得不放棄說服她。

（四）結婚日，蛇新郎迎娶隊伍到來，家人看到轎抬起來了，但是看不到有人在抬，而新娘轎卻騰空行走。

（五）迎娶隊伍到達蛇新郎的住處 Dalubalin 湖時，留言給送親的家人說：「如果你們看到我頭上的帽子開始旋轉時，表示我已經平安到達了夫家。」

（六）Palen 再度出現在湖上時，帶了一個盛水的陶壺和一串琉璃珠項鍊送給家人作為禮物。

（七）Palen 又交代族人：「當你們以後打獵行經此地，發現兩盤已煮熟的食物，就是我為大家所預備的。但切記，你們只能吃其中一盤熟的，而千萬不要吃另一道冷的食物。打獵之前，也一定要先拿酒和肉來此祭拜。」

（八）因為 Palen 與蛇聯姻的關係，或許也是因為懷念她，人們開始在家中用蛇的圖紋作為裝飾。

（九）第二年，Palen 生下的子女兩條小蛇前去拜訪 Palen 的父母，亦即兩條小蛇的祖父母，卻不幸為其祖父母所誤殺。

（十）Palen 的家人在夢中才知悉剛被殺死的兩條蛇原來就是自己的孫子，悔不當初。

（十一）從此，蛇才開始攻擊人類，與人處於敵對的地位。

這則人蛇聯姻的故事在魯凱族部落非常普遍。根據研究，在魯凱族的觀念中，所有的蛇都是精靈 Aididigan 的化身，而蛇的世界也對應著人的社會階層模式，百步蛇是所有蛇類的頭目（Talialalai），而其他種類的蛇都是平民（Lakakaulu）的身分。（註十四）

人類頭目的女兒與蛇結合，其實象徵著貴族間的聯姻，過去魯凱族的婚姻很多逾越社會的階層，所以在故事中經常看到的是頭目的子女與百步蛇的結合，鮮少敘述平民與蛇的聯姻。這則故事除了明白揭示靈蛇（其實就是祖先）的居住之地 Dalubalin 的位置，由於是蛇靈或祖靈之地，所以進入其地狩獵，必須要取酒、肉祭拜，以示尊敬，同時看見食物，一定要分清楚冷熱，冷的是靈界的食物，而熱的才是人類可以食用的。人類與蛇的敵意是由於人類誤殺想到人間探望長輩的蛇孫子。（註十五）

大武山上的大小鬼湖，都是魯凱族的聖地。族人認為那裡是神靈居住的地方，傳說獵人到鬼湖狩獵，如果大聲喧鬧，就會看見雲霧似排山倒海而來，接著就會下起雨來。族人深信那是喧鬧聲驚動神靈，神靈不悅。（註十六）

簡榮聰〈魯凱族的靈蛇崇拜〉載「大武社帕蓮公主傳說故事」：（註十七）

從前在達疊社（大武村）頭目瑪巴留的家，有一個女孩名叫帕蓮。她長大之後，接受一名男子的求婚，但這名男子只有出現在帕蓮的眼裡才是個俊男，而在別人看來卻是一條蛇。當他們兩人在屋內談話時，她的家人看到的是一條蜷伏在盛放檳榔的藤籃上的蛇。她的家人當然反對這椿婚姻。但帕蓮自己卻堅持要嫁，最後，她的家人不得不遷就她。結婚當天，蛇新郎前往帕蓮的家迎娶，抬轎的時候看不出有人在抬，而載坐新娘的轎子卻騰空而行。當帕蓮在到達蛇新郎的住處達祿巴林湖時，留言給一旁陪同的家人說：「如果你們看到我頭上的帽子開始旋轉時，表示我已經平安到達了夫家。」說著，就緩緩地進入了湖中。當帕蓮她再度出現在湖上時，她帶來了一個盛水

的陶壺和一串琉璃珠項鍊送給家人作為禮物，又叮嚀說：「當你們以後打獵行經此地，發現兩盤食物，就是我為大家所預備的。但切記，你們只能吃其中一盤熱熱的，而千萬不要吃另一道生冷的食物，打獵之前，也一定要先拿酒和肉來此祭拜。」因為帕蓮與蛇聯姻的關係，人們才開始在家中用蛇的圖紋作為裝飾。第二年，有兩條小蛇前去拜訪帕蓮的父母，牠們是帕蓮所生的子女，不料，卻不幸為其祖父母所誤殺。後來，帕蓮的家人夢中知悉剛被殺死的兩條蛇，原來就是自己的孫子，悔不當初，所以，可能就是因為這個原故，蛇才開始攻擊人類，與人處於相對的地位。

本則故事敘及琉璃珠與陶壺這兩樣魯凱人視為珍寶之物，係來自於達祿巴林湖。又本則人蛇戀情故事最終譜上了完滿的結局，惟後來女主角帕蓮的父母誤殺了外孫（兩條小蛇），從此蛇類就開始攻擊人類了。

本則故事水或冷食都有互為觀聯的象徵關係。「打獵之前，也一定要先拿酒和肉來此祭拜」以及家中「蛇的圖紋作裝飾」等，正說明蛇是祭祀的原因，也是祭祀的對象。（註十八）

喬宗忞《臺灣原住民史魯凱族史篇》載「Taromak 社巴嫩公主傳說故事」：（註十九）

根據 Taromak 的口傳，有一則 Dadəl 的傳說如下：貴族頭目 Lamavarin 家中有一個黃銅做的大鍋，經常裝滿著水。屋子是石造的，屋頂的石板十分平滑，連蒼蠅都會滑倒。入口處一邊有蜂、一邊有百步蛇，若有居心叵測的人進來，便會加以攻擊。Lamavarin 家有一位十分美麗的姑娘 Balən。住在 Tiachigul 湖畔的男子 Aididiŋa 打算拜訪她，表示追求之意。Balən 知道此事便向家人表示，明晨會發生奇怪的事，不要早起。家人聽了之後心生疑竇，反而天未明便點了火把起床探視。結果發現 Balən 的身體被一條百步蛇纏繞著，家中也有許多百步蛇盤繞。Balən 擔心家人受驚嚇，求助於 Aididiŋa，百步蛇便消失了。家人一路追趕 Aididiŋa 到 Tiachigul 湖邊。後來

Aididiŋa 又回去把 Balən 帶回來，並送了很多東西給 Lamavarin 家，包括奇妙的壺、黃銅鍋、琉璃珠等，但卻看不到 Aididiŋa 本人。Balən 臨去前向家人及聚落中的人說，從今之後要嫁入湖水之中，請大家為她送行。言畢，Balən 便懸空躺著前進，這乃是 Aididiŋa 在下方扶持之故。到了湖邊，Balən 便向送行的人說，待會會有熱的食物和冷的食物端上來，熱的食物是給人類吃的，而冷的食物則是給 Aididiŋa 吃的，大家可以享用熱食。然後便沿著湖面步行到水中央，水面掀起如浪之波潮，把熱的和冷的食物分別送到岸邊，眾人皆取用熱食。當 Balən 沒入水中時交待，口傳如有人進入此一區域，絕對不可以穿著紅頭帶、黑衣服，必須以白色裝束經過。……其後 Taromak 有兩名男子欲至 Labuan，途中在 Suranarana 之地野營。Suranarana 一地靠近大南溪本流之水源地。其中一人穿黑衣服，綁紅頭帶，披紅色毛織布而觸怒了 Aididiŋa 的神靈，當夜便發瘋。同伴雖將他按住，但仍無法壓制，將他綁在樹幹上，繩子也被他弄斷。無可奈何之下，只好趕緊趕回大南，並帶著聚落中的人前來救援，可是卻找不到他的行蹤。當場以 Parisi（巫術）尋找，結果只在岩石下找到他的頭髮。眾人感到不解，當下立刻再行 Parisi 召喚失蹤者的 abak（靈魂），加以詢問，答以因寫了違背 Parisi（禁忌）的衣服而觸怒了 Aididiŋa。自此之後，經過中央山脈的人必定穿著白色裝束，不敢違反。

本則傳說故事情節要述如下：

（一）Dadəl 貴族頭目 Lamavarin 家中有一個黃銅做的大鍋，經常裝滿著水。

（二）Dadəl 貴族頭目 Lamavarin 屋子是石造的，屋頂的石板十分平滑，連蒼蠅都會滑倒。

（三）Dadəl 貴族頭目 Lamavarin 家入口處一邊有蜂、一邊有百步蛇，若有居心叵測的人進來，便會加以攻擊。

（四）頭目 Lamavarin 家有一位十分美麗的姑娘 Balən。

（五）住在 Tiachigul 湖畔的男子 Aididiŋa 拜訪她，表示追求之意。

（六）Baləŋ 請家人明晨不要早起。

（七）家人心生疑竇，反而天未明便點了火把起床探視。

（八）家人探視結果發現 Baləŋ 的身體被一條百步蛇纏繞著，家中也有許多百步蛇盤繞。

（九）Baləŋ 請 Aididiŋa 離開消失，家人一路追趕到 Tiachigul 湖邊。

（十）後來 Aididiŋa 又回去把 baləŋ 帶回來，並送了很多東西給 Lamavarin 家，包括奇妙的壺、黃銅鍋、琉璃珠等，但卻看不到 Aididiŋa 本人。

（十一）Baləŋ 嫁入湖水之中的百步蛇 Aididiŋa，大家為她送行。

（十二）到了湖邊宴餐，熱的食物是給人類吃的，而冷的食物則是給 Aididiŋa 吃的。

（十三）Baləŋ 沉入水中前交待，口傳如有人進入此一區域，絕對不可以穿著紅頭帶、黑衣服，必須以白色裝束經過。

（十四）後來 Taromak 有兩名男子想要到 Labuan，途中在 Suranarana 之地野營。

（十五）其中一人違反禁忌，穿黑衣服，綁紅頭帶，披紅色毛織布而觸怒了 aididiŋa 的神靈，當夜便發瘋。

（十六）同伴將他綁在樹幹上，繩子也被他弄斷，只好趕回大南請來救援，可是卻找不到他的行蹤，結果只在岩石下找到他的頭髮。

許功明《魯凱族文化與藝術》載「阿禮部落百步蛇與頭目女之戀」：（註二十）

> 從前在一個部落，也就是現在的阿禮村，當時只有神祇而尚無人類，因太陽與陶壺結婚而生出一個女性的卵。這個卵又與 Lavoan 社 Pocoan 家從岩石所生的男子結婚。然後生下一名女子 Valon，Valon 又與百步蛇結婚，再生下兩個兄弟，弟名 Canovak，在阿禮社創立了頭目的家；然而那名與百步蛇結婚的 Valon 和百步蛇，以及他們的長子，後來都昇天了。

王煒昶主編《台灣原住民文化園區導覽手冊》載「阿禮社芭嫩公主

鬼湖之戀」:(註二一)

　　很久很久以前,雲霧環繞、林木蒼鬱的達羅巴令湖,住著一位湖神愛迪丁嘎,祂是魯凱族的先祖。在一個偶然的機會裡,邂逅了阿禮社頭目的女兒芭嫩,她那清澈的眼眸、典雅的身姿,深深地吸引著湖神。為了博取少女的歡心,湖神吹著口笛訴說著祂的愛慕,鍾情悅耳的笛音終於打動了少女的心,兩人在山林裡編織著愛的旋律。一日,湖神來到頭目家提親,芭嫩向家人說:「湖神今晚要在我們家住宿,請大家不要太早起來。」頭目心中納悶不已,決定起個大早看個究竟。於是,天未亮時點根柴火欲察看原委,赫然發現女兒的身上纏繞著一條巨大的百步蛇,而她卻滿臉愉悅的表情。頭目這才恍然大悟,原來湖神就是傳說中族人敬畏的百步蛇。婚禮當天,湖神及他的從屬帶著家傳的古壺、鐵鍋、檳榔、高貴漂亮的琉璃珠串,來到頭目家迎娶。頭目一一清點聘禮,並設宴款待賓客。之後,迎親隊伍浩浩蕩蕩的向湖神的居所出發,芭嫩對送行的父母及村民說:「為了表示虔敬,以後我們的族人經過神湖時,請穿白色的衣裳,為了表示對你們的懷念,我會準備溫熱的食物讓你們取用,並請留下獵物的後腿。」說完,便向湖中走去,湖水泛起了漣漪,映出了百步蛇的花紋,芭嫩終於到了夫家。

本則傳說故事情節要述如下:

(一)達羅巴令湖住著一位湖神愛迪丁嘎,祂深深地吸引著阿禮社頭目的女兒芭嫩。

(二)湖神吹著口笛訴說著祂的愛慕,兩人在山林裡編織著愛的旋律。

(三)一日湖神來提親,芭嫩向家人說:「湖神今晚要在我們家住宿,請大家不要太早起來。」

(四)頭目有些懷疑便起個早察看,赫然發現女兒的身上纏繞著一條巨大的百步蛇,而她卻滿臉愉悅的表情。

（五）婚禮日，湖神的迎親隊伍帶著古壺、鐵鍋、檳榔、琉璃珠串
為聘禮。

（六）芭嫩家的送親隊伍到達湖神的居所，芭嫩對父母及族人說：
「為了表示虔敬，以後我們的族人經過神湖時，請穿白色的衣
裳，為了表示對你們的懷念，我會準備溫熱的食物讓你們取
用，並請留下獵物的後腿。」

林道生編著《原住民神話故事全集（一）》載「阿禮社芭嫩公主的故
事」:（註二二）

　　在阿禮（Adel）有個阿巴柳斯（Abaliusu）貴族家，石
板屋的大門口左右兩側各由蜜蜂和百步蛇擔任守衛，壞人一
旦來侵犯便遭蜜蜂或百步蛇咬死。屋內有個大鐵鍋，鍋內經
常裝滿了水，石板屋頂光滑到連蒼蠅停了都會滑倒。這家貴
族有個叫巴冷（Varen）的美麗女兒，被住在 Tiaitikul 湖的
水之神主艾狄狄南（Aititinan）愛上了。有一天，艾狄狄南
要到阿巴柳斯家向她正式提親，巴冷為了避免驚嚇到家人，
事先提醒家人明天不要太早起來。第二天早上，水之神艾狄
狄南來到阿巴柳斯家提親，家人因為有巴冷的事前警告更是
想看究竟有什麼事情會發生而早起，他們看到一條白色發亮
的大百步蛇正纏繞在巴冷身上，而且屋內滿地都是百步蛇，
把家人嚇得目瞪口呆。巴冷一看情形不對，趕緊請艾狄狄
南讓所有的百步蛇回湖裡去。原來艾狄狄南神主是百步蛇之
王，巴冷的父母本來不答應這門婚事，但是想起自己的祖先
也是由百步蛇孵化太陽卵而生的，認為也是一件門當戶對的
親事而答應了。艾狄狄南回去 Tiaitikul 湖準備提親的禮品，
數天後正式來到阿巴柳斯家迎娶新娘子巴冷。這些婚禮用的
禮品有：陶壺、鐵鍋、琉璃珠，都是象徵貴族身分的高貴品，
統統漂浮在空中進入了阿巴柳斯家。當艾狄狄南和他的屬下
來到村中，竟沒有一個村人看得見他，只有巴冷眼中看到這
位英俊的新郎。因為巴冷怕這一群百步蛇會嚇著村人，而要

求艾狄狄南不要顯出蛇身。不一會，一對新人離開了阿巴柳斯家，親友們和村人送他們到 Tiaitikul 湖邊。一路上村人只看到他們敬愛的巴冷以躺臥著的斜姿漂浮在空中緩緩地走出村莊。這時歌聲響起：

巴冷唱著：

親愛的媽媽們呀！

我就要離開你們了。

當你們看到我的身體，

在湖面旋轉時，

我已經進入 Tiaitikul 湖了，

你們再也看不到我了。

村人回唱：

巴冷，我們的寶貝女兒呀！

你就要離開我們走了，

消失在我們這座山的村莊，

嫁到 Tiaitikul 去了，

你將永遠住在湖底，

再也不回來村莊了，

你要記得部落的鄉親哦！

到了湖邊，巴冷向眾親友說：「宴會的食物馬上就送來了，請大家享用熱的食物，另外準備的冷食物是給男方親友吃的。」這時湖面起了一陣漣漪，送來了冷食物和熱的食物，人蛇雙方親友一起分別享用，但是人眼看不見這些蛇類。巴冷走向湖心，回頭看看族人，向他們交代說：「以後來到 Tiaitikul 湖附近時，要穿白色或素色衣服，不可以穿黑色衣服、戴紅色頭飾。」說完，巴冷在湖心慢慢沉下去，最後不見了。湖面起了一陣漣漪……

本則傳說故事情要述如下：

(一)阿禮社阿巴柳斯貴族家，大門口左右兩側各由蜜蜂和百步蛇守衛，壞人一旦來侵犯便遭蜜蜂或百步蛇咬死。

（二）阿巴柳斯貴族家屋內有個大鐵鍋，鍋內經常裝滿了水。

（三）阿巴柳斯貴族家石板屋頂光滑到連蒼蠅停了都會滑倒。

（四）阿巴柳斯貴族家有個叫巴冷的美麗女兒。

（五）住在 Tiaitikul 湖的水之神主艾狄狄南愛上了巴冷。

（六）有一天，艾狄狄南到阿巴柳斯家向她正式提親。

（七）艾狄狄南來到阿巴柳斯家提親，當晚住在阿巴柳斯貴族家。

（八）巴冷為了避免驚嚇到家人，事先提醒家人明天不要太早起來。

（九）但阿巴柳斯家人更想察看，便早起，看到一條白色發亮的大百步蛇正纏繞在巴冷身上，而且屋內滿地都是百步蛇，家人嚇得目瞪口呆。

（十）巴冷請艾狄狄南讓所有的百步蛇回湖裡去。

（十一）數天後艾狄狄南正式迎娶新娘子巴冷，所送之禮品有：陶壺、鐵鍋、琉璃珠，都是象徵貴族身分的高貴品。

（十二）迎親隊伍和送親隊伍到達 Tiaitikul 湖邊。這時歌聲響起，巴冷唱著別離歌，村人也回唱，非常感人。

（十三）到了湖邊，人蛇雙方親友一起分別宴餐，巴冷的族人享用熱的食物，冷食則是給男方親友吃的。

（十四）巴冷走向湖心，回頭看看族人，向族人說：「以後來到 Tiaitikul 湖附近時，要穿白色或素色衣服，不可以穿黑色衣服、戴紅色頭飾。」

（十五）巴冷在湖心慢慢沉下去，最後不見了。

洪田浚《台灣原住民籲天錄》載「阿禮部落鬼湖之戀」：（註二三）

他羅巴林林百步蛇化身的艾迪丁戛（Aididinga）娶了頭目之女瓦倫（Varung），瓦倫結婚之日，在他羅巴林湖畔，吩咐娘家的人：「為了表示虔敬，以後我們族人從神湖經過時，請穿著白色衣裳，但不要佩帶彩色琉璃珠，或穿黑色衣服。」言畢，自沈於湖水。部落裡的人，以後再也沒有看到瓦倫的蹤影。

劉寧顏總纂《重修台灣省通志卷三住民志同冑篇》載「阿禮社芭嫩

公主鬼湖之戀」:(註二四)

　　在 Adel 部落有一個 Apaliusu 貴族家，這貴族家勢非常特別，家中有非常大的鐵鍋，鍋內常裝滿水；所住的石板屋，屋頂所用的石板極其光滑，連蒼蠅都無法立足而跌倒，大門口則一邊有蜜蜂，另一邊有百步蛇守護，壞人欲來侵犯時不是被刺死就是被咬死。這家有一個美麗的女孩名叫 Varən。住在 Tiatikul 湖水之神主 Aititiŋan 愛上了 Varən。有一天，Aititiŋan 來到 Apaliusu 向她求婚，Varən 心中默許，因此便告訴家人說明早會有驚人的事將發生，大家不要早起。家人心中起疑，便提早起床觀看究竟是什麼事。結果發現 Varən 身上纏著白色發亮的百步蛇，同時，房屋內也滿地是百步蛇。Varən 恐怕家人太過驚慌，便向 Aititiŋan 求情，所有的百步蛇因而消失遁走。後來 Aititiŋan 返回湖中準備禮品，正式來到部落迎娶 Varən 為妻，禮品中包括了奇妙的陶壺、鐵鍋和琉璃珠。然而 Aititiŋan 雖來到村中，村人卻無法用肉眼看見牠，只有 Varən 能看得見。不久，Varən 告訴家人和村民說即將出嫁離家了，請親友送她到 Tiatikul 湖邊。話一說完，Varən 便以躺臥之姿，浮在半空中向前行進，乃是因為有村民看不見的 Aititiŋan 背負著她的緣故。到了湖邊，Varən 向眾親友說，馬上會有冷的與熱的食物送來，熱的食物大家可以吃，冷的卻是給 Aititiŋan 的。說完，Varən 便向湖面飄浮而去，到了湖中心便失去了蹤影，隨後湖面泛起了漣漪，推送來冷的與熱的食物，大家便照著 Varən 的話，只吃熱食。前此 Varən 在湖面消失之前還特別叮嚀說：「以後到這附近來時，一定要穿白色或素色的衣服，絕不可帶紅色頭飾或穿黑衣。」後來，Varən 與 Aititiŋan 生了好些子女，並一度回來娘家省親，自此以後便常住 Tiatikul，不再返回 Adel 部落了。

　　奧威尼・卡露斯《魯凱族多情的巴嫩姑娘》載「卡巴哩彎部落多情的巴嫩姑娘」:(註二五)

卡巴哩彎部落的大頭目瑪巴琉，家中有三個小孩：老大是女孩，名字叫巴嫩，她還有一個弟弟，一個妹妹。巴嫩正值適婚年齡，容貌猶如純潔嬌美的百合，吐露著幽幽芳香，令人難忘。尤其，她那柔美而清澈的眼神，宛如神祕的朝陽，見了她，眩目、心醉以及眷戀的心情霎時湧現，交織著意亂情迷的好感；甚至於遙遠的東魯凱、排灣以及布農，都聽過巴嫩這個美人的名字。卡巴哩彎部落剛收完小米，豐年佳節的各項祭典和相關生命禮俗的儀式即將展開，這個時候正是男男女女相親的最好時機。因為剛收完小米，釀製小米酒和搗製小米黏糕送禮給女方，是收穫節重要項目之一。從各地慕名而來的客人，早已使巴嫩的家裡座無虛席了。夜晚明月當空，正是豐年祭「被滿足之日」的最高潮，部落的年輕人及遠道而來的客人都聚集在巴嫩家，歡樂的歌聲，貫穿整個山谷。巴嫩穿著華麗的盛裝，坐在女孩子們的中央，顯得格外出眾。這樣深受大家喜愛，讓巴嫩感到非常榮耀。但儘管如此，無論大家如何想盡辦法表達情意，她也不知道為什麼，卻始終都不為其所動。午夜已過，歌聲依然嘹亮，不覺中，從擋風石板牆的縫隙間吹來陣陣微風，伴著幽遠的笛聲，牽動巴嫩的心思進入奇幻的情境。奇妙的是，眾人高亢的歌聲竟然壓不住笛聲扣人心弦的傾訴，它猶如一隻孤獨的熊鷹，忽而展翅在蔚藍壯闊的天海，忽而又若隱若現穿梭在浪花與浮雲間，然後漸漸遠去。巴嫩的心情迷戀的追隨著尾音，一時無法拉回現實。而這一段不可思議的歷程，旁邊的女孩子們以及眾多客人完全沒有發現。第二個夜晚，巴嫩的家比前一個晚上更熱鬧，歌聲更宏亮、動人，男男女女的情歌掀起另一波高潮。月光悄悄的向西方傾斜，熱情的歌聲也逐漸進入慢板的詠嘆：「愛情雖是喜悅的，奈何人生如朝露。悠揚的歌聲中充滿著離情的韻味，莫非這是巴嫩的最後一夜，預示她即將要和親人分開？」這個同時，石縫裡又吹來陣陣微風，動人的笛聲，幾乎奪走了巴嫩的靈魂。突然，笛聲像熊鷹爬升高

空翔翔，然後瞬間俯衝下來，突然而止；陣陣涼風從大門吹進，越來越強烈！眾人驚嚇，紛紛奪門而出，只剩巴嫩的父母以及陪她的女伴。他們發現一條粗大而華麗的蛇緩緩滑行，來到巴嫩的正前方，但巴嫩眼中看到的，卻是一位非常英俊瀟灑且有威儀的男子，還未開口交談，巴嫩就已經愛上他了。這名男子向巴嫩表明愛意之後，立即消失無蹤。巴嫩的父母和女伴們，驚慌得說不出話來。這件事很快在部落傳開，遠道而來的客人再也不敢接近巴嫩了，大家完全不知她所見到的，正是達露巴淋王國的君王卡瑪瑪尼阿尼。不久之後的某一天，突然閃電雷聲大作，穿過層層烏雲，彷彿狂風暴雨即將到來，奇怪的是，說是狂風，卻不見樹木起舞。隨著沙沙的聲音愈來愈近，愈來愈刺耳，族人們突然看到，原來是蛇族們簇擁著卡瑪瑪尼阿尼前來迎娶巴嫩。事實上，蒞臨大頭目瑪巴琉家迎親的事情，卡瑪瑪尼阿尼早已託夢給巴嫩的父母親，而巴嫩本人也非常明白並欣然接受。蛇隊們帶著很多的禮物，包括最貴重的陶壺及珍貴的琉璃珠等，做為對地位崇高的巴嫩的聘禮；還有許多華麗的衣裳、花冠、項鍊、手鐲、耳環，做為獻給巴嫩的禮物。巴嫩的父母見到這麼隆重的安排，女兒又一見傾心，只好無奈的看著他們的愛女嫁給達露巴淋王國的君王。巴嫩出嫁前的最後一夜，族人來到大頭目瑪巴琉家參加惜別舞會，達露巴淋王國的君王卡瑪瑪尼阿尼威風的端坐在石柱前的寶座，其他大大小小的蛇伴則爬到大榕樹上，數量多到讓高大榕樹的莖葉都垂了下來。因為巴嫩這一嫁出去，再也不能回來，大家離情依依卻又忐忑不安，跳舞跳到天明，實在捨不得結束。迎親目的早晨，替巴嫩送行的人多如濃霧，大部分的人只送到部落郊外的山頭，而體力好的便陪著一路隨行到巴嫩的夫家。當他們到達露巴淋湖時，送行的家屬站在湖邊，巴嫩一一向父母及親友握手話別：「生離死別是永恆的開始，我只是先走一步而已，請不要替找擔心。巴嫩輕聲叮嚀族人：「當你們來到山上打獵，一定要記

得經過湖邊，我必定為你們準備食物，摸一摸若是溫的，就拿去享用；若是冷的，那是陌生人家煮的，要小心！不可以吃，務必記住。」最後，巴嫩含淚說：「你們在這個地方目送著我，當你們看到為我遮陽的榕樹枝葉，慢慢從湖面消失時，表示我已經進到夫家了。」隨後，微風帶著淡淡的薄霧吹向湖面，巴嫩和送行的人拉開，在緩緩離去的同時，她一面揮手一面說：「代我問候我們的族人以及其他親朋好友！也請你們多珍重！唉依！唉依！」巴嫩的身影在親友的目送下，緩緩消失在湖中央。巴嫩離開之後，依然非常想念愛護她的族人，於是選擇在豐年佳節時，派她的兩個孩子到卡巴哩彎，拜訪他們的外公、外婆和族人，巴嫩在安排兩個孩子前往故鄉之前，預先託夢給她的父母，告知兩個孩子即將來訪。有一天，巴嫩的父母剛從田裡回來，發現兩條卡瑪瑪尼阿尼的小孩宿於靠窗的寢台，兩位老人家非常尊敬的以美酒和鮮肉來供奉。那天晚上，兩兄弟託夢給他們的外公外婆說：「是母親派我們來看你們的，謝謝外公、外婆對我們的禮遇。」第二天醒來，兩兄弟已經不見了。巴嫩的後裔代代都是如此探望親人。有一天，一個不認識這個家族的媳婦，抱著嬰孩想放進搖籃，突然發現卡瑪瑪尼阿尼的小孩在搖籃裡，驚慌中將搖籃給踢翻了，卡瑪瑪尼阿尼的小孩毫無尊嚴的掉落地上而消失。巴嫩聽到這個消息非常難過，託夢給族人說：「我再也不派我的後代來拜訪你們了，因為你們已慢慢不認識我了。」又說：「往後，當你們看到白鷺鷥飛翔在部落的上空時，就表示我對你們的無限懷念。」有關巴嫩託夢的事被族人知道了，於是大家在豐年祭的時候特別舉行祭拜儀式，希望得到寬恕，並盼望在祭典期間，巴嫩能夠再度顯現。但，一切似乎都太遲了。豐年祭的最後一天，夕陽西下時，只見一隻白鷺鷥孤零零的在卡巴哩彎的上空飛翔盤旋。族人看了之後，也感嘆的說：「巴嫩，我們的祖母啊！我們也非常懷念您啊！」達露巴淋王國的蛇君王，以笛聲擄獲大頭目瑪巴琉大女兒巴嫩的芳

心，不久，蛇隊們帶著琉璃珠、花冠、項鍊、手鐲許多珍貴的聘禮來迎娶，巴嫩的美麗倩影從此便消失在達露巴淋湖面中。思親心切的巴嫩，時常讓孩子回來探親，直到今天，魯凱族人看見白鷺鷥在天空盤旋時，都會不禁想起美麗、多情的巴嫩。（註二六）

柯玉玲〈Ngurharhekai 魯凱族民謠──Baiyu（巴油池）之戀〉：（註二七）

那個住在鬼湖湖底的蛇，住在鬼湖的蛇聽到一件事，有人說：「有一位女孩叫巴冷。」牠們說：「那我們去看看這位叫巴冷的女孩。」然後牠們離開走了，牠們來到這村！就看到這位最漂亮的女孩，「天啊！難道這就是我們要接回去的嗎？」牠們就又離開這村子回去了。牠們就討論，有人說「要參與村子裡的工作。」那住鬼湖的，就來到了這部落，部落的人看到竟然有一大群蛇，他（她）們非常地害怕！巴冷看到的竟然是「人」，而且都是非常英俊的。巴冷的情人，就蜷曲著坐在窗戶下方的石椅上。牠們說：「我們要跟你們工作。」族人們同意後，就去工作了。部落的人看到這些蛇，心裡非常地懼怕。牠們就回去鬼湖了。牠們說：「我們去提親！」巴冷的男朋友來了！直接去巴冷家的庭院裡，部落的人（會眾）非常驚訝！巴冷看到牠，就像那紅紅的太陽那樣美麗（英俊），他（她）們就送巴冷到鬼湖，就撐著古老的傘，請大家一定要一直看著我撐的這把傘，這傘會如輪胎轉動，一直到這傘消失不見，那就表示我已進去湖底了。我所有的家族的人，請聽我說：「如果看到熱騰騰的食物，表示那些是我煮的，你們就可以吃，然後你們會獵到很多獵物，如果看到冷卻的食物，表示那些是別人的食物，千萬不能吃。」

從口述中，可以看到故事中沒提到最初及結局，並不完整，是何原因？原因是採集者提到：「被採訪者在兩歲時，父母就相繼過世了，從那時候就由祖父、母來照顧、教育她，而這「人蛇之戀」的故事，就是祖父、母說給她聽的；但是，在這故事還沒聽完的時候，祖父、母就與

世長辭了。當我在訪問這位老人時,她提到讓她感到遺憾的是,她沒辦法完地知道這故事的內容及前因後果,她聽到的就只有這些。」(註二八)

金榮華《台灣高屏地區魯凱族民間故事》載「瑪嫩公主與蛇郎君」:(註二九)

> 從前有一位頭目的女兒,名叫瑪嫩,非常漂亮,但是和她來往得很密切的卻是一條巨大的百步蛇。不過,別人見到的那條百步蛇,在瑪嫩的眼中則是一位從外地來的英俊王子。後來她們決定要結婚,婚禮依照魯凱族的習俗舉行,迎親隊伍帶來豐富的聘禮,又浩浩蕩蕩的把瑪嫩接走。瑪嫩的雙親和村人依依不捨地送到男家,那是在山裡的一座湖,可是瑪嫩看到的卻是一座宮殿。瑪嫩要進入宮殿時,對她的家人和村人說:以後你們到這裡來玩,我會為你們準備熱的食物。但如果食物是涼的,那就不是我準備的,千萬不要吃,吃了有危險。她又對她的父母說:將來我的子孫回娘家時,請你們好好招待。瑪嫩的家人和村人一直記著瑪嫩所說的話,他們打獵或因思念瑪嫩而去到湖邊時,會在那裡看到一些飯菜。如果飯菜是熱的,他們就拿來吃,從來沒有發生過意外。

本則傳說敘述如下:

(一)頭目的女兒瑪嫩和一條巨大的百步蛇戀愛。

(二)最後他們結婚了,婚禮依照魯凱族禮俗舉行。

(三)蛇郎君的迎親隊伍浩浩蕩蕩的帶來豐富的聘禮。

(四)雙親和村人依依不捨地送她到男家在山裡的一座湖。

(五)這座湖在瑪嫩眼裡卻是一座宮殿。

(六)瑪嫩要進入宮殿時,對家人和村人說:「以後你們到這裡來,我會為你們準備熱食。」

(七)涼食則不是她準備的,千萬不要吃,吃了有危險。

(八)她對父母說:將來我的子孫回娘家時,請你們好好招待。

（九）家人和村人打獵或因思念瑪嫩而去到湖邊時，會看到飯菜。

（十）他們選擇熱食吃，從來沒有發生過意外。

「阿禮頭目家屋」：阿禮部落的大頭目家名為 Abarioso，這棟頭目家
屋即使經過現代化的建築修飾，仍可在屋簷上的木雕飾紋及庭外的獨
石、榕樹看出這戶人家的頭目地位。而石板牆上所繪百步蛇纏身的女
子，正是魯凱族最著名的巴冷公主與百步蛇王的故事。（註三十）

魯凱族大武村〈百步蛇之戀〉（註三一）

〔送行人唱〕

　　再見了！

　　我們最親愛的 Lhimoasane（新娘子的名字）

　　妳就要離開妳的家園

　　翻過山嶺到（大鬼湖名，百步蛇的家）。

　　嫁給妳心愛的蛇郎

〔新娘子唱〕

　　再見了！

　　我所留念的故鄉啊！

　　你將成為我永遠的回憶

　　再見了！

　　親愛的鄉親們

　　我要走了

　　當我的斗笠在湖面消失

　　我就要被迎接進水宮了呀！

　　再見了！

　　親愛的鄉親們

　　請祝福我

　　直到永遠

▲ 北葉國小巴冷公主壁畫／田哲益提供

註釋

註一：奧威尼·卡露斯《雲豹的傳人》，晨星出版社，1996年10月。

註二：桃源鄉公所《桃源鄉誌》期末報告，2003年。

註三：陳素恩〈世外桃源神秘禁地好美的小鬼湖〉。

註四：陳美玲編著《魯凱之歌》，屏東縣立文化中心，1999年6月。

註五：許功明《魯凱族文化與藝術》，台北，稻香出版社，1991年。

註六：洪田浚《台灣原住民籲天錄》，台原出版社，1995年5月。

註七：林森〈雙鬼湖自然保留區〉，載於《台灣月刊》141期。

註八：同註七。

註九：《美麗福爾摩沙》第19期，台灣空中藝術文化學苑，2002年8月。

註十：同註五。

註十一：台灣總督府臨時台灣舊慣調查會《番族慣習調查報告書第五卷：排灣族》，中央研究院民族學研究所編譯，2003年。

註十二：黃世民《雲豹之鄉：隘寮群魯凱部落田野集》，潮州高中，2003年7月。

註十三：同註五。

註十四：同註五。

註十五：巴蘇雅·博伊哲努《台灣原住民族文學史綱（上）》，台北，里仁書局，2009年10月。

註十六：同註十五。

註十七：簡榮聰〈魯凱族的靈蛇崇拜〉，《台灣新生報》，1997年11月23日。

註十八：參同註十七。

註十九：喬宗忞《臺灣原住民史魯凱族史篇》，台灣省文獻委員會，2001年5月。

註二十：同註五。

註二一：王煒昶主編《台灣原住民文化園區導覽手冊》，屏東，台灣原住民文化園區管理處，1996年7月。

註二二：林道生著《原住民神話故事全集（一）》，台北，漢藝色研文化事業有限公司，2001年5月。

註二三：同註六。

註二四：劉寧顏總纂《重修台灣省通志卷三住民志同冑篇》第一冊，台灣省文獻委員會，1995年5月。

註二五：奧威尼·卡露斯《魯凱族多情的巴嫩姑娘》，新自然主義有限公司，2003年1月。

註二六：同註二五。

註二七：柯玉玲〈Ngurharhekai魯凱族民謠——Baiyu（巴油池）之戀〉。

註二八：同註二七。

註二九：金榮華《台灣高屏地區魯凱族民間故事》，中國口傳文學學會，1999年。

註三十：紀佩君《驚艷屏東原味十足：屏東縣原住民地區文化生態旅遊深度導覽手冊》，屏東縣政府原住民行政局，2003年3月。

註三一：林道生編著《台灣原住民族口傳文學選集》，花蓮縣立文化中心，1996年6月。

魯凱族懷孕、
生育禮俗

第十八章

一、魯凱族的生育觀

魯凱族在生育方面，多喜歡生男孩，因男孩不會遠離，可以靠他養家，而女孩長大都要嫁出。不過，沒有女孩之家，仍是希望生個女孩的。一般說來，早期各家所生的孩子很多，像大南社（台東縣卑南鄉中一村）裡，孩子最多的一家達十五個，普通約為六、七個，然而仍有多生多死的現象。（註一）

二、魯凱族的懷孕觀

通常以懷孕十個月而生，以月經停止時算起，再看月亮圓時為一個月，用刀刻木，或用結繩等古法記錄之。是否懷孕？以及能生什麼樣的孩子？這一切多認為是神的安排，他們叫掌管生育的神為 Fai，亦即太陽神，是他們最崇敬的大神之一。為求平安生產，在產前就請巫師求神保佑。須用酒、肉、竹籐、檳榔、香蕉、木瓜、橘子等作為祭品，盛於碗內或樹葉上，一半放在內右邊角落，乃祭善神，該處為每家經常供神之處，另一半放在屋外門前，乃祭惡神，那時巫師穿著古裝，左手拿火把，右手拿古刀，口中唸唸有辭，大意為：「所有的神，都請來此吃酒……。」這樣歷一小時後始畢。（註二）

三、魯凱族產婦產前的禁忌

產婦於產前須守許多禁忌，否則會難產，其主要的禁忌，有下列幾種：（註三）

（一）拿任何物品都要搖動幾下。

（二）不可殺動物。

（三）不可看死人。

（四）不參加喪葬。

（五）縛繩須解除。

（六）挖地洞時，須埋三根竹子，並要拔出一根。

（七）與孕婦同餐，須脫下帽子，餐畢須轉動菜盆飯鍋等。

（八）須照常出外工作，多作活動，不可呆坐家中。

四、魯凱族婦女生育

　　早期一般婦女生育之時，初胎都是在自己娘家生產，等產後復原，才抱孩子回夫家，以後所生子女則改在夫家生育，若是在外工作，覺得即將臨盆，必多趕緊設法跑回來。也有少數孕婦自理一切，沒有人去幫她，但大多數的孕婦是要請老婦相助。……早期請老婦用老法接生的居多，等生產以後，由產家分送些豬肉作為酬勞。在生育之前，家中都早已特別準備好許多生薑，同時，須殺一頭豬，把最肥的豬肉一塊塊懸掛在燒飯的火坑烘烤。當生育時，一邊由女巫求神，一邊由接生老婦用長布片縛緊腹部，不斷用手按摩，或是由其夫從後抱腰，以便產婦在床旁蹲下身用力，地上鋪有蓆子或毯子，用鋒利的竹片切斷嬰孩臍帶，並用麻線縛緊臍根。此時嬰孩落地，過去用冷水洗淨，現則改用溫水洗。臍帶則用柴灰混和，放入一個竹筒中掛在屋後簷下，或者埋在屋內左邊角落的地下，切忌埋在屋內右邊角落，因該地為神位，不得冒犯。現在也有拿到村外僻靜處，深埋於地下。產後，立即要把那些早已準備好了的一塊塊豬肉，都用鐵絲插好，放在竹枝及竹皮之上，再用火烘烤，下放一大鍋水，使豬油慢慢落入鍋中，再把生薑搗碎很多放入鍋中，並抓一把小米與之合煮，煮好先祭神，祭後送給產婦吃。產婦多休息一週左右，仍用布片縛肚，吃上頂豬肉生薑外，以小米細飯為主。第一週以後，才開始吃些乾飯，並吃些乃夫獵獲來的獸肉。同時，在產後休息期間，每天須把搗碎的生薑放在產婦坐墊上，認為這樣可以早日止血復原。此外，到深山裡採一種叫做 laloco 的野草，取其最嫩部分作為草藥服用，據說止血很靈，故這種草藥多已在事先準備好。產婦在休息達一週以後，須行出村的儀式，即出大門至本村四境都要往返二次，並即開始作工，意在讓人看她的身體已經康復，否則就會被人瞧不起，認為是一個懶惰無用的人。當嬰孩生下以後的三、四天裡，同村的親族大多會來看望，並帶一些禮物來。若是婦女們來，多帶的是米、布、衣服或食鹽等，若是男子們來，則帶一些木材。產家於收受此等禮物之時，就要

拿出也在事前準備好酒、糕、豬肉等款待眾親，盡歡而散。（註四）

四、魯凱族禁忌生雙胎兒

若是生下雙胎兒便認為大不吉利，在過去都是將孩子弄死後拋棄於野外的，現在雖已不再這麼做，但仍不為親族們喜歡，也沒有人會去看望。至於私生子，村中長老們在經過一番盤問以後，得知其實情，即力促男女迅速補行結婚。（註五）

五、魯凱族嬰孩命名

在產婦行出村儀式後，同一日內，由其父為嬰孩命名，其命名的方法是依照男女及階級（即頭目與平民）而異，係各自由其祖先名譜中求取，大多男係祖父之名，女係祖母之名，茲舉例於下：（註六）

（一）頭目之名：男孩如 ravoso、azago；女孩如 laloso、laboso。

（二）平民之名：男孩如 giyon，女孩如 dogo。

一般平民當生下一子時，即須告知村中頭目，若與頭目有些親戚關係，亦可取頭目祖先的名字，但必須送豬肉及酒等給頭目，獲得同意後始可。在向來的習慣上，該族男女大都有兩個以上的名字，一為個人名，一為家名，家名因分家或凶事及重病等事發生後，即可以更換另一名字。（註七）

註釋

註一：陳國鈞《台灣土著生育習俗》，國立北京大學，中國民俗學會民俗叢書專號：民族篇第 8 卷。
註二：同註一
註三：同註一
註四：同註一
註五：同註一
註六：同註一
註七：同註一

魯凱族喪葬
口傳文學

第十九章

　　魯凱族早期有室內葬之習俗，行側身葬、直放葬，根據陳奇祿之研究，霧台村行屈肢葬。

　　魯凱人的傳統節日與排灣人相似，以集體活動為主。魯凱人與排灣人關係密切，所以有的學者將魯凱人劃分在排灣人內。集體活動也主要反映在成年儀式、婚姻和喪葬中。（註一）

一、魯凱族的靈魂觀

　　施翠峰《台灣原始宗教與神話》載「魯凱族的靈魂觀」：（註二）

　　　魯凱族對於人的靈魂都稱為「阿巴克」（Abak），死靈或鬼魂等均稱為「艾利利加」（Aililiga）。人的頭腦裡面，左右各有一魂，右魂善良，左魂惡魔，所以要給神供物時必須使用右手，要給妖怪供物時必須使用左手。人一經死亡即成為「艾利利加」，祖靈若單數稱為「托模」（Tomo），複數的祖靈則稱為「拉托模」（Ratomo）。人死後均埋葬在屋內，但意外事故死亡者不得葬在屋內，此習俗與他種族無異，等到屋內葬滿後即遷移他處，然而決不再回到舊廢屋祭祀。

本則傳說敘述：

（一）魯凱族對於人的靈魂都稱為「阿巴克」。

（二）魯凱族對於死靈或鬼魂等均稱為「艾利利加」。

（三）魯凱人認為人的頭腦裡面，左右各有一魂，右魂善良，左魂惡魔。

（四）魯凱人要給神供物時必須使用右手，要給妖怪供物時必須使用左手。

（五）魯凱人一經死亡即成為「艾利利加」，祖靈若單數稱為「托模」（Tomo），複數的祖靈則稱為「拉托模」（Ratomo）。

（六）魯凱人死後均埋葬在屋內，但意外事故死亡者不得葬在屋內。

（七）魯凱人屋內葬滿後即遷移他處，然而決不再回到舊廢屋祭祀。

　　魯凱族對於人死後的處理比較特殊。過去人死後馬上就要由親族中的青年人，腰部繫帶一種鐵片捲成筒狀裝配在木板上的響器（鐵管長約

8 寸、直徑約 1 寸半，隨著行走而發出撞響之聲，是一種南島語系民族獨特的簡單警報器，施翠峰認為此物很可能是鐘、鈴、鐸等類之雛型，也未可知），邊跑邊高聲吶喊，很快地將某人死訊通報給村民。若果有親戚好友住在遠處，則站在高山上向遠處方向發出「哇！噢！」之呼叫聲，然後報出「某人死了」，如此反覆數次，其叫聲淒厲而哀傷。魯凱族也如同排灣族或泰雅族，過去人死後都埋葬在屋內。據傳聞云：昔時人死去後約在 15 分鐘左右，即開始挖掘墓穴加予埋葬，即使是午夜亦要進行。屍體係採取蹲姿，下顎放在雙膝上，右手掌在前。他們相信左手為惡靈所控制，所以左掌要放在右手掌之後面，保持此姿態後，用事先織好的無紋素色麻線布條（寬幅）緊紮綑綁屍體，葬在 1 公尺見方的墓穴裡，然後又把上面的石板恢復原位。昔日丈夫死後寡婦必須三年之內留守在家中，不得在外拋頭露面，甚至於每天要哭泣一次，以表哀傷之意。（註三）

二、魯凱族祖靈歸宿傳說故事

　　魯凱人認為在世行善的人，去世之後，靈魂會來到巴魯谷安，與祖靈快樂幸福地住在一起，過著燦爛陽光的生活。

　　魯凱人經過聖地時，都會保持虔誠肅穆的態度，去程要祈福，回程再謝祖靈。祭品通常以山豬皮、鐵屑和一片以紅黑兩色絲線交織而成的布。

　　魯凱族人認為其祖靈永遠居住之地方，是在霧頭山（Parasedan）與茶埔岩山（Kalalauwan）之間，自古即是魯凱族人的姻親道路的越嶺點，聯絡大武山分水嶺兩邊的東西族群，與排灣族作交易。

　　魯凱人稱大鬼湖為達魯巴林（Talopalhine），是男性的名稱，剛好與女性稱呼的小鬼湖黛勒哦勒（Taidrengere）配成一對。傳說，魯凱人死亡時，死者的靈魂必先到大鬼湖，再經過小鬼湖，最後歸宿聖地巴魯谷安。（註四）

　　奧威尼‧卡露斯〈好茶村的故事〉載「祖先的歸宿巴魯谷安」:（註五）

相傳古時候有位名叫歐格勒‧卡布路安（Vekele-kabolhonqan）的人，他死後許多年，弟弟撒邦（Sabanq）發現歐格勒在好茶東方不遠的地方活著回來。撒邦驚奇的問他，「你不是已經死了嗎？」歐格勒說：「我是從巴魯谷安來的，那裡是我們魯凱好茶歷代祖先的靈魂歸宿。」歐格勒指示所有族人經過彼處，必須祭拜，並且告訴他們祭拜的方法，以示尊敬聖地。之後，歐格勒向族人告別，回到祖先的歸宿巴魯谷安。直到今日，魯凱好茶的人還在祭拜。

本則故事是撒邦（Sabanq）已死去的哥哥歐格勒‧卡布路安（Vekele-kabolhonqan）從巴魯谷安告訴族人「巴魯谷安」是祖靈之地，自此族人即以巴魯谷安視為聖地，尊崇敬拜之。

趙惠群〈雲豹子民不做失根的百合〉載「祖先的歸宿巴魯谷鞍」：（註六）

魯凱人過世之後，靈魂會飄到大小鬼湖，這裡等於是生命的起源地，然後靈魂再回到大武山到枕頭山之間稱為巴魯谷鞍的山區安息。當人們看到巴魯谷鞍山頭上有飛鳥，就知道村裡有人去世，回到聖地安息。所以魯凱人世代都不得進入這兩個山區。

本則傳說故事情節要述如下：

（一）魯凱族人過世後，其魂靈會到達祖靈歸宿之居，其過程是：

　　1、人過世之後，首先靈魂會飄到大小鬼湖，因為這裡是生命的起源地。

　　2、靈魂巡禮過生命的起源地大小鬼湖之後，即到大武山到枕頭山之間稱為巴魯谷鞍的山區安息。

（二）當人們看到巴魯谷鞍山頭上有飛鳥，即知有人去世，回到聖地安息。

（三）魯凱族人視大武山和枕頭山為神聖之地，因此世代都不得進入這兩個山區。

本則故事，其實在神話的背後，還隱藏著「生態保育」的哲學，因

為這兩個山區是野生動物的棲息地。

中央山脈南段濃鬱的熱帶森林中，散落著諸多湖泊，這些湖泊幾乎都終年在雲霧山嵐的縹緲間若隱若現，魯凱族視為聖地，充滿浪漫的傳說，這些湖泊包括大鬼湖、小鬼湖、藍湖、紅鬼湖、萬山神池等等，其中又以大、小鬼湖最為著名。

〈祖先的歸宿巴魯谷安〉

傳說，魯凱族人去世之後，靈魂會飄盪到各處聖地做最後的巡禮，最先飄到北邊的大鬼湖，再南巡到紅鬼湖、小鬼湖，然後登上霧頭山，一路南巡到北大武山主峰拜見祖靈，最後安居於巴魯谷安的天堂。

按「巴魯谷安」就是在茶埔岩山南北兩邊的鞍部扣人心弦的雲瀑之中。本則故事謂魯凱族人去世後，會到各處聖地做最後的巡禮、其順序是大鬼湖、紅鬼湖、小鬼湖，登上霧頭山到北大武山主峰拜見祖先，最後安居於巴魯谷安的祖靈天堂。

〈靈魂歸於祖靈地〉

傳說人的生命來自於祖靈，祖靈之居地位於太陽升起的地方。人出生是祖靈從家的樑柱降落在新生兒的身上，人死後行室內葬，面朝日落處，靈魂最後再歸於祖靈地。

本則故事強調人的生命來自於祖靈，所以人去世後，靈魂又歸於祖靈之地。本則傳說故事情節要述如下：

（一）人的生命來自於祖靈。

（二）祖靈之居地位於太陽升起的地方。

（三）人出生是祖靈從家的樑柱降落在新生兒的身上。

（四）魯凱族人死後行室內葬，面朝日落處。

（五）魯凱族人死後靈魂歸於祖靈地，有落葉歸根之根深觀念。

許晉榮《茂林風華》載「大小鬼湖為祖靈安息聖地〉（註七）

雙鬼湖自然保護區終年籠罩在雲霧彌漫的霧林帶之中，因地處偏遠又林相原始茂密為大小鬼湖增添濃郁的神祕色彩。大鬼湖魯凱語稱「嘟拉巴陵」小鬼湖稱「巴油」位於茂

林鄉的邊陲地帶，與屏東縣霧台鄉僅一水之隔，自古以來即被魯凱族人視為祖靈安息聖地，在諸多禁忌之下並不能隨便踐踏干擾，需經過祭儀卜卦在神靈允許之後才能靠近。如今大小鬼湖已被規畫成為「雙鬼湖自然保護區」，這塊屬於魯凱族的祖靈聖地，其流傳千古的神祕傳說，與棲息其間的珍禽異獸，高聳天際的原始茂林，希望都得以永久保存，生生不息。

本則傳說故事敘述：

（一）大小鬼湖自古以來即被魯凱族人視為祖靈安息聖地。

（二）大小鬼湖不能隨便踐踏干擾，需經過祭儀卜卦在神靈允許之後才能靠近。

（三）如今大小鬼湖已被規畫成為「雙鬼湖自然保護區」。

林森〈雙鬼湖自然保留區〉載靈魂安居聖地：（註八）

據說東部大南社原住民的每一代族長，都會告誡族人，路過魯凱族聖地時，一定要著白衣並遵守種種禁忌。傳說族人去世後，靈魂不會隨意飄盪，但會在冥冥中依序先至他諾瑪琳池，再往南至紅湖、巴油池，最後登上霧頭山，再往南至北大武山拜見祖靈群體後，再安居於聖地之中。

據曾經探訪魯凱族聖地的古道專家楊南郡推測，神話與傳說最能反映現世生活與人心，由死者靈魂的巡禮路徑推測，最北的他羅瑪琳池，可能是魯凱族最初居住之處，後來逐漸南移至巴油池、霧頭山，最南止於北大武山，人去世後一樣會懷念故居，因此會去探訪祖先開拓過的每一個聖地，並拜見祖靈，也因此早期登山隊伍所請的登山隊嚮導，在帶領至他羅瑪琳池時，都會避開祖靈聖地繞道而行。（註九）

許功明《魯凱族文化與藝術》載「死後化做靈蛇」：（註十）

我們祖先死後，靈魂化成 Kanavanan（靈蛇），回歸到一處名為 Paru 的祖靈地。所以，當我們看到靈蛇時一定要祭拜（Dulisi）牠，無論如何，不可將其傷害或殺之。據傳這個部族的人非常喜歡一種看起來是淡黃色但內部卻是紅青

紫色，有橫條紋路的珠子。他們說這種有色珠子，是昔日靈
蛇所生，留存下來的遺物（伊能嘉矩，1906）。

祖先死後靈魂化成靈蛇，所以，無論如何，不可傷害牠或殺牠。

三、魯凱族婦女堅貞禮傳說故事

〈魯凱族婦女堅貞禮〉

魯凱族婦女先生下葬，會取下頭上的百合花陪葬，以示
終身不再嫁的決心，也是對先生永遠哀悼的表現。

按魯凱族女性頭上所戴的百合花，表示貞節，不僅是她一生品格上
的高貴，也是先生的榮耀。

魯凱的婚姻是一夫一妻制，如在婚後因某種原因，包括因生理問題
而不能生育，因性格不合而不能繼續一起生活，因病故或意外死亡，可
以離婚，雙方另娶另嫁。但傳統上，如因病故或意外死亡而終身不另娶
不另嫁者，是魯凱人最崇高的婚姻價值，也是對愛情的定義所在。好茶
人瑞勒格勒格（Legelege）是魯凱女人最典型的例子。當她生第三個孩子
時，她的丈夫卡里馬勞（Kalhimadrau）在中央山脈從台東回來的路上，
不慎跌落山谷而死，在下葬丈夫的同時，她取下頭上的百合花陪葬，以
表示終身不再嫁的決心，也是對丈夫永遠哀悼的表現。她剛守寡時必然
有不少男人對她有意，然而她當初的決心始終沒有動搖過。現在她是一
百多歲的人瑞了，誰能體會她在幾十年間的寂寞與辛酸？她對丈夫的忠
心及真摯的愛情，猶如葵花永向著太陽，癡情地等待時日來到，那時，
她將在聖地巴魯谷安（Balhokon）重逢卡里馬勞，在另外一個世界裡永恆
相愛。（註十一）

四、魯凱族鬼魂妖怪口傳文學

《民族所集刊》，任先民載「小孩被水潭鬼靈抓走」:（註十二）

從前有夫婦二人帶了一個只有兩個月大的小男孩至田裡
工作，工作時，則將小孩放在草棚裡，而收工時卻發現小孩
竟不見了。原來是被傳說中的水潭鬼靈給抓走了。

本則傳說故事情節要述如下：

（一）兩個月大的小男孩被放置於草棚裡，父母親則在田裡工作。

（二）父母親收工準備回家，發現小孩子失蹤了。

（三）小孩子是被水潭鬼靈給抓走的。

五、編織包裹遺體的布

魯凱婦女，除了忙於耕作、養育孩子外，還要從閒暇的日子裡抽空來織布，不僅要全家人都有衣服穿，還要準備一人一件將來死亡時用來包裹遺體的布。沒有做到這樣的話，享有再好美德的婦人也會被評為美中不足。（註十三）

六、魯凱族室內葬

魯凱有一習慣是把死人埋葬於石板屋底下，根據一個人死亡的方式分配不同的地點，男性埋葬於中心柱的前面，女性則埋葬於靠窗的寢台下，這是一般自然死亡的人。意外死亡者從鄉野搬運回來除了必須走特定的路線外，還要從窗口進到屋內，然後葬於中心柱後方右側平常堆放柴火的地方，目的是讓他得到不安寧的教訓，致使這個家族不再有類似意外發生的意思。難產死亡的婦女葬於靠窗寢台的邊緣，並宣布放棄這個房屋包括屬於這個家屋的財產，然後全家遷離，任其房屋崩塌，世世代代不再有任何人使用這個建地，甚至人們不能走過或靠近這塊地，任其荒蕪直到永遠。胎死的嬰兒則葬於靠窗的坐台下。自殺的人（包括殉情的）葬於中心柱的後方左側，類似意外死亡的方式，但地點不同而已，他們沒有資格、也不配且不適合和一般正常死亡的人在一起，這也是教訓的意思，表明活的人不重視自殺死亡者並刻意要忘記他們。（註十四）

舊好茶室內葬：一般自然死亡的男性葬在石板屋內中心柱的前面，女性則埋在靠窗的寢台下，自殺或殉情者葬於中心柱左後方，意外身亡者，運回部落要經特定路線，屍體從窗口搬入屋內，埋在中心柱右後方堆柴火之處。他們認為非自然死亡者，沒資格和正常死亡者葬一起，

其中有教訓的意味在內。死者曲膝彎成躬坐姿勢，用布包好，在頸後打結，右手伸出掌心向上，表示「請用右手賜福你的家族」。再由長子或親人安放在石板屋底下兩公尺深的墓穴。下葬後用泥土和石板復原，空隙填緊，上鋪草蓆，由安葬者睡在上面達二十天之久。「死亡的親友從不寂寞，因為他們距活人只有一石板之隔。」奧威尼說。（註十五）

魯凱族難產致死的母子，過去須立即埋在屋內，此屋就不再住人，必須另遷新居，現在都已改為草草埋葬於山野。（註十六）

七、魯凱族埋葬方式

埋葬方式是將死者彎成躬坐姿勢，然後用預先準備好的布包裹，打結在頸部後，右手掌伸出在外表示「請用右手賜福你的家族」之意，最後由死者親屬──即可能是他最大的兒子，或最親近的人把屍體安放在準備好的墳墓，即歸向西天之意，面向西方。背向日出的地方，就是石板屋地底下；深度大約是一個成人高度，盡量挖深以免臭氣外洩，影響家族人對死者的不滿。下葬後，把泥土、石板復原，石板與石板間的空隙以火爐中的炭灰填緊，然後鋪草蓆，由親手安放他入墓的親人睡在上面達二十天之久，這二十天之內必有家人及親朋好友陪伴著，以免恐懼或不安。（註十七）

魯凱族側身葬：魯凱族人將四肢屈置於胸前作蹲坐狀，用麻布包裹，在兩肩部位打結，然後掘墓埋葬；屍首橫置，屍身頭朝西，腳向東，面向西方，乃因西方象徵太陽西沉，與活人不同，表示不希望死者再出來擾亂人間之意。（註十八）

由室內葬改為室外葬：大約民國 20 年，也就是昭和 3 年日本人統治台灣時，駐差於舊好茶的警察部長南幅重助經過多方的努力訓導，並給予相當厚重的喪禮，喪家才被說服葬在野外，那時第一位葬於野外的是奧威尼・都瑪拉拉特（Auvini

▲ 霧台三號公墓納骨牆／田哲益提供

Dumalalhathe），聽說當時送葬的家族多人號啕大哭，痛不欲生，因為他們死去的親人即將被棄在荒郊野外。（註十九）

註釋

註一：范純甫主編《原住民風情（下）》，華嚴出版社，1996年8月。

註二：施翠峰《台灣原始宗教與神話》，台北，國立歷史博物館，2000年9月。

註三：同註二。

註四：奧威尼·卡露斯《雲豹的傳人》，晨星出版社，1996年10月。

註五：奧威尼·卡露斯〈好茶村的故事〉，《台灣時報》，1992年8月13日。

註六：趙惠群〈雲豹子民不做失根的百合〉，《聯合報》，1995年2月16日。

註七：許晉榮《茂林風華》，高雄縣茂林鄉公所，2002年2月。

註八：林森〈雙鬼湖自然保留區〉，載於《台灣月刊》141期。

註九：薛煒〈山中古道傳奇——知本越嶺道生死戀〉，1993年11月15日。

註十：許功明《魯凱族文化與藝術》，1991年。

註十一：同註四。

註十二：尹建中《台灣山胞各族傳統神話故事與傳說文獻編纂研究》，1994年4月。

註十三：同註四。

註十四：同註四。

註十五：鄭元慶〈回到部落〉，《與鹿共舞：台灣原住民文化（二）》，光華畫報雜誌社，1995年2月。

註十六：陳國鈞《台灣土著生育習俗》，國立北京大學，中國民俗學會民俗叢書專號：民族篇第8卷。

註十七：同註四。

註十八：《台灣空中藝術文化學苑學員通訊》12期，財團法人台灣省文化基金會，2001年11月。

註十九：同註四。

魯凱族文身刺青口傳文學

第二十章

魯凱族是一個階級分明的族群，貴族享有裝飾權，所謂的裝飾權就是文身權、百合花飾權以及穿戴服飾權。（註一）

刺青又稱文身或紋身，指用有墨的針刺入皮膚底層並在皮膚上書畫出圖案。

男性只有頭目的血親可以刺黥，刺黥部位有三個：自手臂到肩、自前胸到後背以及脊樑兩側到腰部，圖案均為直線。女性則刺在手背。（註二）

魯凱族較少在腿部刺青，他們認為只有貴族、武士才有紋身的資格。魯凱族紋身刺青也有傳說。

何廷瑞〈台灣土著諸族文身習俗之研究〉，《考古人類學刊》載「紋身之起源」：（註三）

> 從前本社有一個叫做 Supulunga 的英雄，他獵獲敵首眾多，為了紀念獵頭，他將人的首紋刺在自己胸上，以後社人有獵頭者亦仿傚他。

本則故事謂馘首英雄 Supulunga，將敵首紋刺於胸上以為紀念，以後族人也相繼仿效他。從此紋身刺青就流傳後世了。

何廷瑞〈台灣土著諸族文身習俗之研究〉，《考古人類學刊》載「魯凱族女子刺手紋」：（註四）

> 從前有兩姊妹，本來與父母、叔父同住一起，但一日父母於採草時遭敵人馘首，而叔父前往報仇，卻一去不返。遺下之姊妹長大後，為了懷念叔父便離家去尋訪。她們沿途叫喊著叔父的名字，竟聽到應聲，循聲而去，發現老人，她們勸他回家，他不肯，只說願意替她們留點紀念，旋即挖地窯，燒火焙窯，然後叫二女進去，並告知臍皮脫落之時即可叫他，他就會來開窯。然後以土石塞住窯口，不久即傳出喊叫聲，老人立刻放出她們並帶到河邊洗澡，一洗全身顯出美麗的花紋。兩人告別回社後，社內女子均羨慕其身上美麗的花紋，大家爭相仿傚，但只能做到手紋而已，此後刺手紋的習俗就在女性中流行。

本則是一則魯凱族女子刺手紋的傳說故事，亦與上則故事一樣，都

與出草馘首有關。則魯凱族男女之刺紋習俗與馘首有很密切之關係。

本則傳說故事情節要述如下：

（一）兩姊妹父母於採草時遭敵人馘首，叔父前往報仇，卻一去不返。

（二）兩姊妹長大後，懷念叔父便離家去尋訪。

（三）兩姊妹沿途叫喊著叔父的名字，發現一老人說願意替她們留點紀念，旋即挖地窯，燒火焙窯，然後叫二女進去。

（四）之後帶到河邊洗澡，兩姊妹一洗全身顯出美麗的花紋。

（五）兩姊妹回社，社內女子均羨慕其身上美麗的花紋，大家爭相仿傚，但只能做到手紋而已，此後刺手紋的習俗即在魯凱族女性中流行。

男性在胸背手臂處刺黥以表現出貴族地位，圖案由粗線條組成，以肩膀為起始點。胸部由肩膀向前胸橫畫數線；兩臂則自肩膀到手腕有數條環臂圓圈；背部的圖案則是數條線由肩上或腋窩下向後背延長，沿著脊椎兩側平行至腰部，這種圖案的構想據說來自蛇的圖案；刺黥的風俗曾影響曹族。……女性的刺黥施於手部，為橫線及幾何圖案，用以表現社會地位，不一定等到成年才進行。（註五）

在日治時期，曾為破壞階層制度而禁止刺黥，刺黥只能私下進行，且以女性居多。另一個可能的原因是，刺黥原為彰顯特殊身分，魯凱族人接受上衣之後，男性的刺黥便無法展現於外，自無需冒險為之。（註六）

註釋

註一：《台灣空中藝術文化學苑學員通訊》12 期，財團法人台灣省文化基金會，2001 年 11 月。

註二：喬宗忞《臺灣原住民史魯凱族史篇》，台灣省文獻委員會，2001 年 5 月。

註三：尹建中《台灣山胞各族傳統神話故事與傳說文獻編纂研究》，1994 年 4 月。

註四：同註三。

註五：同註二。

註六：同註二。

魯凱族服裝藝術
口傳文學

第二一章

魯凱族完全自行生產的主要素材有兩大類，一為種植或野生之植物纖維紡織成的布；一為利用獸皮加工製成的皮革。常用的植物纖維有兩種：Ləkələkə（苧麻）及 Lupu（一種木本植物）。常用的皮革是山羌、山羊身體部分的皮，山鹿皮太硬較不適合作皮革製品，但偶爾也用，山豬的皮太粗不用。此外，猴子、熊、「老虎」（指雲豹和石虎，合稱 Likulau，但獵者能分辨兩者的差異）的皮也都可以使用。（註一）

皮革的主要來源是獵物。首先當然是上山打獵以取得獵物，獵場屬貴族階層所有，需繳納部分的獵物作為獵租（Swalupu），租的內容與多寡視各土地擁有者而定，多半取獵獲物的心、肝、脖子或後腿。製皮的工具包括剝皮、刮皮、穿洞用的匕首（Bakalə）或剝皮用的工作刀、張皮用的曬皮架（lalakats）及以粗藤（Uwai）或 Lupu、Savii 纖維作成的繩子、箭竹（Tskəs）、刮皮胎的短柄斧頭或工作刀、剪去鑽洞部分用的剪刀、鞣皮用的家豬胃及肛門部上方脂防（Aridgi）、浸泡獸皮的木桶（Sato）及鞣雨衣皮用的鍋灰及鹿樹皮葉，以及最後縫製成品的針線。狩獵製皮是男子的工作。（註二）

魯凱族衣著方面，男性著裙、短上衣、皮帽，女性穿長衣、長裙，均經過剪裁。衣上繡有各式紋樣，這些紋樣多與族人信仰有關，衣上嵌珠貝，女性頭上多以百合花裝飾，頭目之頭飾以獸骨、獸牙。（註三）

魯凱族女性長於刺繡、珠工及縫飾，女性服裝樣式已漢化，經過剪裁，形制有如滿清時代婦女穿著之無領、無腰身旗袍，並在領圈、衣襟、下襬及袖口處繡上各種紋樣並綴珠。刺繡和綴珠之紋樣為卷曲顏色，善用紅、黃、綠三色相間，或以灰白二色形成菱形文。這幾種顏色之繡紋配在魯凱族婦女喜愛的藍、黑質地的長袍上，顯得非常高雅。魯凱族婦女也穿著長裙，裙襬處以貼花為裝飾，長褲褲管處繡有蛇紋等紋樣，頭帶則除了繡紋樣之外，每於節慶時，還以鮮花裝飾頭部。（註四）

男性服裝則幾乎與排灣族服裝相同：長袖短上衣，領圈、袖口、胸前繡有紋樣，該紋樣多與木刻紋樣相同，男人戴帽，常以豬牙等作為裝飾品，穿短裙，盛裝時穿黑色半長開襠褲，繡以條紋，並配合黑色繡有紋樣之上衣。在正式集會場合，魯凱族男女非常引人囑目。（註五）

魯凱族刺繡的繡紋以「祖靈的眼睛」為代表，象徵祖先的眼睛猶如貓頭鷹般，日夜不停的照顧後輩。

刺繡是項精細的工藝，不僅傷眼力，且需憑藉手指力量，常常一不小心就會被針扎到，是必須耗費時間與耐心才能成就的辛苦工作。（註六）

魯凱族的服飾以十字線繡、琉璃珠繡為主。圖案繁複華美，與排灣族的衣飾十分接近，尤其是三地門鄉、瑪家鄉等地，幾乎很難分辨。（註七）

原住民族的刺繡文化，像是魯凱、排灣、卑南、布農、鄒族等皆有，然而其中最為發揚刺繡藝術的就屬魯凱族了。魯凱族的刺繡包含直線繡、十字繡、緞面繡及錬形繡等方式，色彩多選用紅、黃、綠、黑等色系為主。……魯凱族的直線繡多用黑線在白布上繡出曲折紋及三角紋等；十字繡則是以色線在黑布上繡上菱形與波紋；錬形繡則以勾畫花紋；緞面繡則是因選用的底色布料不同而稱之；其中以直線繡和十字繡最常被魯凱族婦女所使用。刺繡是所有魯凱婦女日常都必須學習的工藝技術，早期使用的工具為手工製的竹質細針，後來受到漢人影響，現在都改為使用金屬針了。而繡線的部分，早期為自己製作，至日治時期後才改為直接購買繡線成品。（註八）

魯凱族的服裝與排灣族有頗多相同之處，這可能與其地緣相近以及同具有階級制度的社會組織有關。衣服形制屬方衣系統，以麻線為主要材料織縫成衣裙，並使用移動式水平背帶織布機為主要織布工具。在裝飾技法上，以夾織、刺繡、貼飾和綴珠等四種為主。刺繡是該族婦女日常必須學習且時有應用的一種工藝技術，方法有十字繡、鎖

▲ 魯凱族織布／田哲益提供

鍊繡、直線繡、圈飾繡,以及緞面繡等,皆不需使用繡框。花紋多以菱形紋飾(菱形紋象徵貴族階級之始祖百步蛇的背紋,自古廣受尊敬與珍視)為主,曲折形紋為輔。緞面繡是魯凱族最精彩的技法,工整細密,極具變化又富規律性。貼飾花紋主要有卷渦形紋、蛇形紋、人頭紋等。無論男、女均以縫綴有小型琉璃珠的貴重衣服,作為參加節慶婚禮時的盛裝。貴族與平民的裝扮有明顯的差別。豬牙頭飾、豹皮背心、珍貴的琉璃珠飾品、鷹羽、百合花飾物、衣服上的人形與蛇形題材,以及卍字紋等,只限較高階級的貴族使用。在魯凱族的階級社會體系中,裝飾是一種特權,而其中服飾與身分的彰顯以及誇耀的功能關係尤為密切。(註九)

　　魯凱族熊皮及雲豹皮背心只有貴族及獵獲者可以穿著:

　　　　傳說魯凱族稱雲豹是牠們的獵犬,是神的化身,曾帶領他們的祖先來到現今的屏東縣霧台鄉好茶村定居;只有頭目和貴族才能穿戴雲豹皮做的衣服和牙齒做的頭飾。

　　本則傳說故事情節要述如下:

(一)傳說魯凱族稱雲豹是牠們的獵犬,也是神的化身。

(二)雲豹的神蹟:曾帶領魯凱族的祖先來到現今的屏東縣霧台鄉好茶村定居。

(三)魯凱族的服飾有階級之分,只有頭目和貴族才能穿戴雲豹皮做的衣服和牙齒做的頭飾。

　　雲豹和熊等禁獵動物的皮革只有貴族階層才可以穿用。(註十)

　　魯凱族傳統服飾的精緻華麗,無疑是台灣原住民族當中最豐富亮眼的民族。

　　魯凱和排灣族人,很喜歡以百步蛇紋作裝飾,為什麼呢? 只因台灣山地叢林中的百步蛇非常

▲ 魯凱族男女服裝／田哲益提供

多，一不小心被咬到，短時間內就會死去。人們因為恐懼而生敬畏，索性將百步蛇奉為神仙，時時祭拜，祈求平安。演變到後來，百步蛇紋便成了這兩族人傳統使用的裝飾圖案了。想要裝飾的心理，正是藝術萌芽的動機，台灣的自然民族在宗教器物、武器和日常生活用品上，都充分發揮了他們的藝術天分。（註十一）

魯凱族的結拜：所謂的「結拜」，就是兩個家庭的同性家長，結盟成為兄弟或姊妹的一種儀式。在魯凱族的傳統裡，不管是哪兩個不同的階層，或財富懸殊的家庭，在結拜的過程中，一定是由身分較低的一方先提出或行動的，因為如此一來，他們就可以選擇一個有財產的人家作為結拜的對象，將來才能收到包括「穿戴飾服權利」在內的豐富回禮。只是，有的平民在結拜當時，因經濟拮据，不便準備龐大的獻禮，所以，有時他們會向結拜的對象商議，以為對方耕種付出勞力的方式，來替代結拜獻禮。（註十二）

一般的村民只能穿著白色或黑色的衣服，在他們的衣服上是看不見美麗的紋飾的，因為只有貴族享有這些權利，所以在魯凱族中見到穿著華美服飾的人，十之八九都是貴族。不過，平民如果想要使用頭目家的服飾、雕刻、刺紋等特權時，可以透過一些儀式來請求頭目特許使用，通常這個儀式以送豬、送酒為多。魯凱族的服飾依照場合、年齡而有差異，不同階層者穿戴不同的服飾。一般說來，女性在婚後穿戴越趨樸素，年長者所戴的飾品及裝飾圖案也越簡單。魯凱族的衣服相當的精簡，他們多以黑、藍或綠色作為底布；而現代的服飾，則有大紅或是其他的顏色。他們會在底布上以夾織、刺繡、綴珠或是貼布等方法來修飾圖飾，並以貝殼、銀帽或是錢幣來作點綴，讓整件衣服看起來十分耀眼。常見的紋飾有人頭紋、人像紋、蛇形紋、花形紋、菱形紋以及三角形紋等。在服飾穿著上，男子頭上會戴上頭巾或是皮帽；身穿短上衣或皮衣，以及短腰裙和褲片，而這些都是由過去傳統皮衣和樹皮衣演變而來的。女子則穿長衣、長裙，頭上也會戴上頭巾或是頭帶，並且配上繁重的銀飾。（註十三）

　　魯凱族的服飾具體表現了魯凱人的分類，性別、年齡和階層可以由服飾來作判別，……魯凱族男女盛裝衣飾，兩性之間除耳環、頸飾、琉璃珠項鍊、肩帶等裝飾品之外，服飾的形制與內容有很大的差異。此外，兩性衣物分別存放在不同的大月桃盒中，絕不相混，以避免碰觸及更衣的尷尬。（註十四）

　　由出生開始，魯凱族的衣服便與魯凱人的習習相關。魯凱嬰兒在出牙後才具有人的身分，也才能擁有個人的財產，所以出牙前夭折的嬰兒只能以特定的樹葉包裹埋葬，連一片布都不能用，否則會影響母親的生育能力。出牙學步後可以擁有個人的財產，擁有一套屬於自己的衣服是對其身分的確定。如在參加第一次分餅式後，男孩子便可以穿上全套的服飾；同樣的女孩子有了自己的衣服之後，便可以參加各個跳舞的場合，成為男孩子可以開始追求的對象。成人之後，飾品的多寡、衣服的顏色、其上繡片的多寡與花樣，反映出穿著者的年齡。一般而言，年齡越大戴的配飾越少，衣服趨向暗色系，而且繡片較少、紋樣較簡單。（註十五）

　　魯凱族的衣飾文化，具有地域性的差異，大南群、西魯凱群及下三社群的差異，不僅表現在語言、風俗上，同樣也清楚地在服飾上呈現出來。這些差異說明了族群之間的互動關係。

註釋

註一：喬宗忞《臺灣原住民史魯凱族史篇》，台灣省文獻委員會，2001 年 5 月。

註二：同註一。

註三：劉鳳學《與自然共舞：台灣原住民舞蹈》，國立傳統藝術中心，2000 年 12 月。

註四：同註三。

註五：李莎莉《台灣原住民傳統服飾》，國立傳統藝術中心籌備處，1999 年。

註六：戴卓玫〈祖靈眷顧的美感創作——杜春玉將思念繡進色彩裡〉，《原住民族》季刊，2012 年 1 期。

註七：王煒昶《山林的智慧：台灣原住民文化園區導覽手冊》，1998 年 5 月。

註八：同註六。

註九：黃國恩編輯《做博物館的朋友》，國立台灣史前文化博物館，2003 年 12 月。

註十：同註一。

註十一：賴明珠《寫給大家的原始藝術》，台北，東華書局，1993 年 4 月。

註十二：《台灣空中藝術文化學苑學員通訊》12 期，財團法人台灣省文化基金會，2001 年 11 月。

註十三：同註十二。

註十四：同註一。

註十五：同註一。

魯凱族裝飾藝術
口傳文學

第二二章

一、魯凱族琉璃珠項鍊傳說故事

　　琉璃珠與魯凱族的社會關係是源遠流長的，族人非常重視琉璃珠，並視它為傳家與婚聘中不可或缺的寶物，而在傳統的魯凱社會中，也是貴族身分的另一種代表。相傳只有貴族才能擁有，因為琉璃珠能代表持有者特殊的地位，還能有賜福及護身的功能。(註一)

　　林建成〈魯凱族的長女琉璃珠〉載「魯凱族的長女琉璃珠」：(註二)

　　　　東魯凱創始地傳說是在巴油湖原始高山，後遷移至族稱「肯杜爾」山區，部落附近中有一座山洞，內蘊藏著豐富的琉璃珠石，婦女族人喜愛入內採擷這種美麗的石頭，加以簡單的琢磨串成項鍊，佩戴在身上相當美艷。但是取琉璃珠卻不是任何人可以予取予求的，婦女必須是身心清白未婚女性，否則會觸犯神怒，給予懲罰。果真一位孕婦耐不住禁令，偷偷進入採取琉璃珠，孕婦在返身走出洞口時，突然身上逐漸起了變化，全身變為一塊化石，手中扶持的枯木，竟也奇蹟似的長出新芽，終至覆蓋住洞口。從此，「肯杜爾」山盛產的琉璃珠不再，而族中留下來的少數琉璃珠則愈形珍貴，族人將之視為傳家寶，只把它傳給長女，世世代代保存。

　　本則故事謂魯凱族人的琉璃珠採擷於肯杜爾山區，部落附近中的一座山洞，唯必須是身心清白的未婚女性才得進入。

　　不過有一天，有一位孕婦違反規定進入採擷，結果化成一塊石頭，手中扶持的枯木也長出新芽，終至把洞口塞住了，族人再也無法採擷了，因此，留下來的少數琉璃珠，愈形珍貴，族人將之視為傳家寶。按魯凱族習俗琉璃珠傳家寶只傳給長女世世代代保存。

　　《大南社》，余萬居譯，載「項鍊的故事」：(註三)

　　　　從前有一對夫妻生了一個女兒叫 Moakakai，她美如天仙，而且所到之處均有彩虹懸天，父母都很疼愛她。等她12、13歲時，便與頭目 Kolululu 相戀，此時母又生了一個很醜的妹妹。一日父親與 Kolululu 出去打獵，從此母親便

開始厭惡 Moakakai，沒收了她一切的東西，還給她臭惡的東西，叫她下田看守作物。她只好每日衣衫不整遍體鱗傷的去工作。一日，她在田裡看著了一隻熊，由於備受凌虐，她懇求熊將她殺了，脫離苦海，而那熊原來是她的祖父，就將她背起至一斷崖，有猴來迎接，將他們接下，孫女便衣食無缺的住在那兒。然而父親回到家看不到 Moakakai，便不顧辛勞的去尋找，但一無所獲。於是向東南西北四方各射一箭，除了射東的箭，其餘的均折回，父親向著箭飛的方向尋找。Moakakai 在熊那過著富足的日子。一日熊出門叮囑她，若有箭射中門那便是父親找來，你要招待他，不然就乖乖在家中刺繡。果然父親找來，Moakakai 就款待他，並說明出走的原因。父親急忙回家，想用開水燙母親，突然間母親就變成了老鼠。父親便回到熊（祖父）那，大家過著幸福的日子。一次熊生了病，牠告訴 Moakakai 若牠死後，將牠置於那個櫃子，身體四周塞滿了石灰的檳榔，等服喪期滿，再打開櫃子。不久，熊就死了，Makakai 如是做了，但打開蓋子卻發現裡面裝滿了項鍊。後來 Moakakai 和 Kolulululu 成了夫妻，二人過著富足的日子。聽悅 Kolulululu 還做了頭目……。

本則故事是有關項鍊的故事，Moakakai 最後獲得了許多項鍊，與頭目夫婿過著快樂的日子。

本則傳說故事情節要述如下：

（一）Moakakai 美如天仙，她所到之處均有彩虹懸天。

（二）Moakakai12、13歲時，便與頭目 Kolulululu 相戀。

（三）一日父親與 Kolulululu 去狩獵，母親厭惡 Moakakai，沒收其一切東西，給她臭惡之物並叫其下田看守作物。她每日衣衫不整遍體鱗傷的去工作。

（四）有一天，Moakakai 美女在田裡看見一隻熊，她懇求熊將她殺了，以便脫離苦海，再不會備受凌虐，而那熊原來是她的祖父。

（五）熊祖父就將她背起至一斷崖，有猴來迎接，將他們接下，孫女便衣食無缺的住在那兒。

（六）父親回到家看不到愛女 Moakakai，便去尋找，他向東南西北四方各射一箭，除了射東的箭，其餘的均折回，父親向著箭飛的方向尋找。

（七）一日，熊出門叮囑她，若有箭射中門那便是父親找來，你要招待他，不然就乖乖在家中刺繡。

（八）果然父親找來，知悉一切之後，急忙回家，想用開水燙母親，突然間母親就變成了老鼠。之後又回來熊的住處，大家過著幸福的日子。

（九）有一天，熊生了病，牠告訴 Moakakai 若牠死後，將牠置於那個櫃子，身體四周塞滿了石灰的檳榔，等服喪期滿，再打開櫃子。

（十）喪期服滿 Moakakai 美女打開蓋子卻發現裡面裝滿了項鍊。

（十一）後來 Moakakai 和 Kolulululu 成了夫妻，過著富足的日子。kolulululu 還做了頭目。

《大南社》，余萬居譯，載「玻璃珠的來源」：（註四）

　　住在 Tatalasu 的 Moakululu 的陽具很長，他把它捲起背布背上。住在 Tasubuu 的 Moatananuiau 的女陰很大，她將其裝竹箱裡用女用袋子背著。兩人在草叢交媾，Tona 社的人把陽具砍斷，Moakululu 就可以結婚了。而 Moatainanuiau 的女陰中有牙齒，人們趁其酒醉，將齒拔掉，那些齒變成了玻璃珠。一切都正常了。

本則是魯凱族玻璃珠的故事，據說女性陰齒變成了玻璃珠。本則傳說故事情節要述如下：

（一）Moakululu 的陽具很長，他把它捲起背布背上。

（二）Moatananuiau 的女陰很大，她將其裝竹箱裡以女用袋子背著。

（三）Tona 社的人將 Moakululu 的陽具砍斷，就可以結婚了。

（四）Moatainanuiau 的女陰之牙齒，人們趁其酒醉將齒拔掉，那些

齒變成了玻璃珠。Moatainanuiau 就一切都正常了。

《台灣空中藝術文化學苑學員通訊》載「大南部落的流珠洞故事」：
（註五）

> 有三個女孩經過一個山洞，見到洞口有各種各樣的珠子
> 流出來，就用隨身帶著的籃子去裝珠子。後來，籃子都裝滿
> 了，但是珠子還是不斷的流出來，於是她們決定先把籃子裡
> 的珠子拿回家，並且在離開時把洞口塞住，免得別人見了也
> 來拿。可是，當她們回來打開洞口時，卻什麼也沒有流出來
> 了。

本則傳說故事情節要述如下：

（一）三個女孩經過一個山洞，見到洞口有各種各樣的珠子流出來。

（二）三個女孩用籃子去裝珠子。

（三）籃子裝滿了珠子，她們決定先把籃子裡的珠子拿回家。

（四）為了怕別人也來取，離開時把洞口塞住。

（五）當她們回來打開洞口時，卻什麼也不再流出來了。

這一則故事是要教導族人不自私，自己有了好處，也要懂得與別人
分享。它要傳達的教訓意義是比較群體性的，是具有社會意義的。

《台灣空中藝術文化學苑學員通訊》載「琉璃珠的故事」：（註六）

> 魯凱族的每一顆琉璃珠上的紋樣都有所不同，不同的紋
> 樣有著不同的代表意義。「太陽之光」（Mulimulitan）是琉
> 璃珠當中最為珍貴的珠子，是漂亮與高貴的代表，更是貴族
> 身分的表徵，貴族結婚時，必須以太陽之光作為聘禮，才能
> 顯示出隆重與尊貴的地位。「太陽的眼淚」（Lusenuagadaw）
> 是源於一個傳說：從前太陽的位置就在屋頂上，因此氣候酷
> 熱異常。有一天，身懷六甲的婦女取了五粒小米蒸煮，當小
> 米滾開產生了熱氣，太陽即隨著熱氣慢慢升到天空。當太陽
> 要離開地面時，因為難捨人間而傷心落淚，掉落的淚珠即成
> 了顆顆珍貴美麗的琉璃珠。「孔雀之珠」（Kurakurau）背
> 後有著一則美麗的愛情故事：相傳英俊的孔雀王子想要娶頭

目的女兒為妻，以孔雀羽毛般的美麗琉璃珠作為聘禮，才獲
得美人的芳心。現在由於工藝技術進步，琉璃珠的製作過程
變得相當簡易，因此成為一種十分普遍的裝飾品，但是直
到今日魯凱族部落裡，仍然會以琉璃珠作為聘禮相傳家的
寶物。

二、魯凱族百合花裝飾藝術

野百合花可說人見人愛，儘管沒有如紅玫瑰艷麗，然而當它綻
放純白花朵時，可以感受到高貴、神聖之姿，猶如魯凱族人的情操。
（註七）

百合花在魯凱族具有很高的地位，獵人得獵上六頭山豬，才能獲頒
一朵百合花插於頭上。（註八）

奧威尼・卡露斯《雲豹的傳人》載「佩戴百合花之條件」：（註九）

　　魯凱人的女性佩戴百合於花冠上，是代表一個女人在道
德上，尤其在貞操觀念上，有重要的價值意義以及完美的象
徵。假如一個女人在婚前有性行為，或婚後與別人發生通姦，
百合花隨時從頭上之花冠取下以示警戒。這種方法形成魯凱
社會對女人道德觀的一種約束功能。對男人來說，百合花佩
戴於頭上，只是肯定他是獵人，因為他狩獵的數量到一定的
標準，經過許可儀式之後便可戴上。

說百合花是魯凱族的族花，一點也不為過，族人對於百合的敬愛
已經提昇至精神意義，甚至代表了社會秩序與倫理。

貴族與平民的區分除了衣飾，百合花的配戴也是其中的一項區別。
百合花在魯凱族人心中純潔、高貴，具有神聖的地位，只有貴族才能夠
配戴，一般人若要使用百合花當作頭飾，則需要頭目許可，而就算可以
配戴也只能側戴，因為只有貴族才能將花心向前。在魯凱貴族中，女人
戴百合花飾代表貞潔，而男生戴百合花飾則是英雄的象徵。因此舉行戴
百合花飾的儀式對於魯凱族的婦女而言，是相當重要的生命禮儀之一；
至於男子，則述說著狩獵豐碩的光榮聲譽。（註十）

　　魯凱人要配戴百合花的規定甚嚴，一般說來，魯凱族男子須獵得六隻以上的大山豬，才有配戴百合花的資格；女性則須具有良好的婦德操守或經過「買花儀式」才能配戴。族人必須準備好檳榔、小米、豬肉等貢禮，向貴族（頭目）進行買花的儀式，而這個儀式通常在少年成長階段進行。在好茶部落的社會中，買百合花儀式（Kiaidrao）是女性生命禮儀中相當重要的儀式，一般多在婚禮前舉行，為了婚姻前配戴百合花，於是有買百合花的儀式。（註十一）

　　魯凱男子只要獵到六隻大山豬，經過大頭目及長老們的核可，並舉行佩帶百合花許可儀式，便可以公開戴上百合花，這不僅代表其英勇表現，更重要的是，看他有否分享肉食給整個族人，這才是魯凱獵人代表的意義，也是佩帶百合花的真正價值。（註十二）

　　「Paliaŋ-alai」（百合花頭飾）表示男子善於狩獵，獵到一定數量撩牙超過四指寬的山豬，並舉行公開的戴花儀式，才可以戴上百合花。戴在女子的頭上則表示女子的貞潔。「Atishi」（黑底白線紋羽飾）是男子勇猛的象徵，在獵首風俗禁絕前，獵有人頭才可以配戴，現今則經公眾認可便可以佩戴。「Tak-ulralrava」（蝴蝶頭飾）是善於跑步的象徵，男女都可以配戴。「Tu-tuli」（紅蝴蝶結頭飾），由有名望、具協調能力的人配戴，通常為男性。「Kəhəpə」（牙狀百合花頭飾），女性配戴，意義與 Paliaŋ-alai 相似，但象徵的地位略低於 Paliaŋ-alai，女性可藉向貴族購買、假結婚、結拜、結婚，取得配戴 Kəhəpə 的權利。（註十三）

　　魯凱人的女性佩戴百合於花冠上，是代表一個女人在道德上，尤其在貞操觀念上，有重要的價值意義以及完美的象徵。假如一個女人在婚前有性行為，或婚後與別人通姦，百合花隨時從頭上之花冠取下以示警戒。這種方法形成魯凱社會對女人道德觀的一種約束功能。對男人來說，百合花佩戴於頭上，只是肯定他是獵人，因為他狩獵的數量到一定的標準，經過許可儀式之後便可戴上。（註十四）

　　魯凱族在男女兩性的社會道德規範和價值判斷象徵意義上，端視頭上的百合花。「因此魯凱的男性一生只想做獵人和英雄，而女性則一生只想做一個賢慧的女人。一生中能插上百合花，那就是生命的價值，也是

無上的榮耀。」(註十五)

　　魯凱族男子要獵到大山豬六頭，並經頭目和長老的審核，才可配戴百合花。但是英勇不是評斷的唯一標準，更重要的是看能否在困境中，體驗生命的可貴並尊重生命。

　　魯凱族男子必須獵殺六隻大山豬，在大頭目和長老們的核定之後，經由佩戴百合花許可儀式，才可以佩戴一朵百合花，獵獲幾十隻獵物者可佩戴一百合及一朵未開的花蕊和葉片。對魯凱族男人來說，公開佩戴百合花，不只表示他的勇氣，更代表他願意與族人分享，是真正的獵人，也是英雄。當女子通過象徵成年禮的買百合花儀式（魯凱語稱作給阿里芳 kia-lidrao）之後，並且賢慧、清白、擁有好手藝又會處理家務，才具有資格佩戴百合花，另外，魯凱女子有了佩戴資格，卻在貞潔操守上犯了過錯，須自行取下花冠，若依然在公共場合戴著花冠，大頭目以及佩戴百合花的族人可以將她的花取下，以示懲罰。(註十六)

　　魯凱族的另一個標誌是百合花的佩戴。百合花象徵著女子的純潔與男子的狩獵豐碩。在婚前如果發生親密關係，該女子就沒有資格配戴百合花。百合花只能側戴，只有頭目階級的人才能花心向前。除了真正的百合花以外，族人也利用現代的紙材剪成花瓣的形狀，放在額前，是另一種人造的百合花意象。(註十七)

三、魯凱族羽毛頭飾裝飾藝術

　　大冠鷲的羽毛（鷲身兩側共六枝羽毛）Paliti，只有貴族階層可當作頭飾。(註十八)

　　奧威尼・卡露斯《雲豹的傳人》載「大冠鷲羽毛、帝雉尾羽佩戴之條件」:(註十九)

　　　　大冠鷲的羽毛，只有兩種人才能插於冠上，一是男人必須出草取得人頭之後才能戴，二是貴族階級者，但平時不能帶，只有在自己婚禮中，以及人死即將入土之前才能配帶，以示貴族之身分。至於帝雉的尾羽，則必須是善於長跑，而且速度快，而在傳訊的義務上常是領先的人，才能配得帝雉的尾羽。

　　魯凱族的頭飾一樣可以看出階級的不同，因為貴族會在帽子上，以獸骨和獸牙作為裝飾。而魯凱族的勇士則會依照英勇事蹟，在羽毛頭飾的佩帶上分為三類：第一類即是貴族，但多在重要場合才會配戴，平日不會配戴。第二類是獵頭勇士，獵頭勇士可以佩帶熊鷹的羽

▲ 百合花是魯凱族最貞節的裝飾／田哲益提供

毛，熊鷹的羽毛形狀有如短刀一樣，花紋有如百步蛇身上的三角紋。第三類是救難勇士，指的是第一個到達意外現場進行搶救的英雄，他們所佩帶的羽毛為細白橫紋，乍看之下有如雨傘節的花紋。如果男子是部落裡的賽跑健將，那麼就能佩帶這種全白色的羽毛。（註二十）

　　排灣、魯凱兩族認為他們的貴族和百步蛇有血緣關係，他們相信百步蛇愈長愈胖，最後會變成老鷹，要不然老鷹羽毛上的三角紋怎會跟百步蛇的背紋一樣呢？所以男女都以插老鷹羽毛為最高的榮譽。一般貴族只插一根，領袖貴族才插兩根。（註二一）

　　「熊鷹」常見於台灣中、低海拔闊葉林間，尤其翱翔於屏東來義、大武山之天空；飛行時，雙翼寬廣，其伸展寬幅最大可達 140 至 160 公分，後緣突出，翼下密布黑褐色橫斑。熊鷹為台灣大型猛禽，數量稀少珍貴，其成為八道黑白斑紋相間的羽紋，是與另一大型猛禽大冠鳩在外觀上之最大差異。熊鷹與百步蛇的黑白紋路極為近似，成為傳統頭目頭飾之重要標記；一般族人須有殺敵獵首之功，才有機會插上熊鷹羽。（註二二）

　　奧威尼‧卡露斯《雲豹的傳人》載「阿低細」：（註二三）

　　　阿低細（Adisi）牠是台灣猛禽類中體型最大者，主要棲息在一千至三千公尺左右的原始森林。其主要的特徵是羽毛有八個深褐色的斑點。當牠在空中飛行時，從底下可以清楚看見展開的雙翼有明顯的橫紋。魯凱人傳說：百步蛇長（或老）到一定的時間，牠會慢慢進化到愈來愈短，然後生出羽

毛，最後長成會飛行的禽類。因此，他身上的羽毛的八個斑點，原來是百步蛇的斑點。阿低細的羽毛，一直是貴族（頭目）和英雄的象徵。貴族的血液如果沒有瑕疵，例如自祖先以來在婚姻上從來沒有和平民通婚過，就可以在重要的慶典上戴上阿低細的羽毛。平民身分之人，則必須因為族群的需要而報仇殺人成為英雄者，才有資格戴上，否則要想取得這份榮耀的艱難度，猶如阿低細飛行在三千公尺的高空，想要捉牠是一種夢想吧！有的男人一生想作英雄戴上阿低細的羽毛，但除了要有超人的勇氣外，也要有立功的機會。頭目的名份，並非是炫耀貴族的名份而已，乃是由於他屹立不搖的正義情操，和恆久堅守族群的道德原則。

魯凱族佩帶帝雉的尾羽，「則必須是善於長跑，而且速度快，並在傳訊的義務上常是領先的人，才能配得帝雉的尾羽」。熊鷹羽、帝雉羽此種象徵性的文化也是一種民族意識的塑造。這種精神文化在整個魯凱人是一致的。（註二四）

註釋

註一：《台灣空中藝術文化學苑學員通訊》12 期，財團法人台灣省文化基金會，2001 年 11 月。

註二：林建成〈魯凱族的長女琉璃珠〉。

註三：尹建中《台灣山胞各族傳統神話故事與傳說文獻編纂研究》，1994 年 4 月。

註四：同註三。

註五：同註一。

註六：同註一。

註七：〈綜覽原住民族民俗植物之美〉，《原住民族》季刊，2008 年秋季號。

註八：林順良〈彭春林──編織原味的勇士〉，《原住民族》季刊，2012 年 4 期。

註九：奧威尼・卡露斯《雲豹的傳人》，台中，晨星出版社，1996 年 10 月。

註十：同註一。

註十一：同註一。

註十二：同註九。

註十三：喬宗忞《臺灣原住民史魯凱族史篇》，台灣省文獻委員會，2001 年 5 月。

註十四：同註十二。

註十五：同註十二。

註十六：奧威尼・卡露斯《魯凱族多情的巴嫩姑娘》，新自然主義有限公司，2003 年 1 月。

註十七：王煒昶主編《山林的智慧：台灣原住民文化園區導覽手冊》，1998 年 5 月。

註十八：同註十三。

註十九：同註十二。

註二十：同註一。

註二一：高業榮《台灣原住民的藝術》，台北，東華書局，1997 年 6 月。

註二二：黃世民《雲豹之鄉：隘寮群魯凱部落田野集》，潮州高中，2003 年 7 月。

註二三：同註九。

註二四：同註十二。

魯凱族器物工藝
口傳文學

第二三章

早在舉行 Kia-tomas（成年祭）的年齡前後，不同的兩性教育便已開始。如女孩子在天將暗時便不能在室外停留遊玩，而男孩子卻沒有這種限制；且四、五歲左右，女孩子便開始分擔如打掃、洗碗、煮飯、生火等較簡單的家務，再稍大便跟著母親到田間從事農務，開始學習各種編織、刺繡等技能。男孩子則稍晚開始幫忙家務，主要學習跟從的對象是父親，如上山打獵及各種野地生活的知識技能，且在日常生活也常受到勇敢、忍耐等魯凱人崇尚的男性美德的教導。直至今日，不少年輕父母仍延續著男女有別的教養方式，並自幼開始規範不同性別子女的相處方式，如禁止男孩子進入女孩子的房間，或在一起扭打。魯凱人的兩性分工可以分為兩大類，其一為嚴格規定只有單一性別可以從事者，如織布、木工、狩獵等屬之；次為兩性可共同從事，但多由一方主導或負責者，如墾地、各類家務、農事等。第一類的分工往往牽涉信仰及禁忌，不僅工作時不同性別不能互相替代，甚至不能碰觸工具或靠近工作場所。如織布是女性的工作，在織布小屋（Taburagan）中進行，嚴禁男性接觸工具，甚至不得進入接近紡織小屋；紡織小屋的材料由男子準備，但建造修繕全由婦女自行負責，小米收穫祭終祭（Kararibatan）的第二十天（Tatuburanganan）是建造修繕紡織小屋的日子。而狩獵是男性的工作，女性絕對禁止碰觸，咸信婦女碰觸獵具將會為出獵者帶來意外、甚至凶死的危險，必需舉行拔除的儀式，去除惡運後才能再度使用。由於狩獵前有男女不得同房的禁忌，為免觸犯，女性也不得前往獵場，這些禁忌直到基督教信仰廣為族人接受後，才稍解除，極少數中年婦女偶爾和丈夫一齊上山。木工是另一項男性的工作，女性嚴禁碰觸木工工具，至今日，年長者仍奉行不渝。然而國民中學的傳統技藝課程，便不再遵循這項禁忌，而以學生的意願為考量的原則。（註一）

一、魯凱族富於藝術傾向的生活

舉凡家居、服飾、歌舞都是魯凱族藝術的表現。在一個魯凱村落裡，處處可見藝術生活化的表現如雕刻、刺繡、編織、花草園藝，都是族人傳統生活的一部分。（註二）

魯凱族在原始藝術的表現上，非常優秀和細緻。女人的織布與編

籃、男人的木雕，尤其是木雕優異的匠人，在部落中最受人們的尊重與愛戴。琉璃珠為他們重要的裝飾器物，祖靈甕是他們重要的禮器。（註三）

二、魯凱族雕刻藝術

魯凱族的文化和排灣族很像，有貴族和平民的分別，也都擅長雕刻，穿著華麗的服飾。

台灣原住民在家屋上作裝飾的不多，只有排灣族和魯凱族，因為他們是貴族與平民兩種階層的社會，貴族專屬的雕刻裝飾才因而聞名。（註四）

以前，在魯凱社會中，貴族才能擁有雕刻裝飾，平民是沒有資格持有的，戰後的台灣，頭目制度逐漸式微，雕刻普及化，於是平民大量使用雕刻的物品，滿足了尊榮與權威感，魯凱族人的頭目家會雕刻立柱、橫樑、壁板來誇耀家族的權勢及地位，而所用的如百步蛇紋、人頭紋等，每一種紋路都代表了魯凱精神，以及其存在價值。（註五）

自古以來，魯凱族傳統的工藝雕刻一直都為魯凱男子所長，或許因為如此，在傳統雕刻的表現上，從日常生活用具的臼杵、連杯、配刀等等，大到住屋的橫梁、壁板，所流露的盡是粗獷豪邁的風格；逐漸勢微的社會階級制度，不免會讓人擔心傳統族群面臨瓦解的危機。但是我們從部落裡到處可見的原始圖像雕刻當中，在濃厚的傳統氣息裡，或許反而能夠感受到因社會階級的解放，所激發出來的一種新的藝術契機吧！（註六）

魯凱族的階級影響到日常生活，即使在屋舍的建築上也和一般人有所差異。貴族所居住的石板屋，除了石板搭建外，平時聚會的廣場以及家中的屋頂、屋簷上的木雕，都是不可缺少的。並且只有在青年會所和頭目家中才能看見高大的祖靈柱，為人體雕像頭上還纏繞著百步蛇紋，有的還纏著背帶，特別強調生殖器。祖靈柱如同部落及家中的守護神一樣，是祖先的代表，每逢祭典時，頭目會帶領大家向祖靈柱獻祭，但是只有男人才能祭拜，女人及小孩是被摒除在外的。在過去貴族頭目家，

所使用的紋樣雕刻或是祖靈柱，含有崇高階級地位與祖靈化身的雙重象徵；但是到今天，階級觀念已經式微，其神聖意涵也變得模糊。取而代之的，是精緻的手工與獨特創意所展現出來的藝術美感，族人們將其普遍的利用在日常生活中。不但美化住屋，更保存了老祖先的精妙工藝，這樣的文化資產似乎被重新賦予了新的生命。（註七）

魯凱族的人像浮雕圖紋包括男、女兩性，有資格被雕刻成像的多數是曾經領導族人開拓領土，建立霸業的頭目人物，女性則是曾經施法救助族人的巫師，以此具體的藝術表現方式來緬懷祖先。這類的浮雕大都放置在集會所或家中主要柱子上，被視為守護神，浮雕像前還設置有小祭台，凡是家族中有任何重大的事件需要決定，便到雕像前問卜。（註八）

魯凱族藝術原有「裸體浮雕」之傳統，它曾一直被視為族群象徵的圖騰之一。在傳統的父系社會裡，這類裸體浮雕，以往常出現於家屋內之主要立柱，男子裸體雕像更被視為家的守護神，在頭目家屋中尤其重要。正面的裸體雕像造型採左右對稱，明顯而突出的生殖器官是最大之特色，常成為視覺感官焦點。（註九）

林建成《台灣原住民藝術田野筆記》載「原住民石雕與傳說」：（註十）

原住民雕刻另一大擅長素材是石板，往昔頭目家中的祖先像曾以石板雕刻，近代族人也喜愛以石板雕來強調傳統特性，無論工藝品或石雕創作，不少作品也極具風味。茂林鄉魯凱族萬山部落流傳一個傳說，與石雕極有關聯，古早以前有一個 Labawulai 家族，娶了緊鄰的布農族 Ladawulonan 族女子為妻，由於信仰及生活習慣不同，女孩在作飯時把百步蛇和地瓜一起放入坑中，以燒燙的石塊去燜熟，她自己先吃掉蛇肉，再把地瓜留給從野外回家的家人。過了一段日子後，家人漸漸感到身體不適，但也找不出什麼病因。直到有一天家人趁著媳婦到河邊提水，將土坑挖開一看，才發現燜熟的百步蛇。由於此舉犯下族中大忌，布農婦人被趕出門，臨行前她將百步蛇放入裙裡，

並且與丈夫約定在「孤巴察娥」及「祖布里里」大石上見面，但是等了很久始終不見丈夫前來，婦人只好一面以蛇肉充飢，一面在大石上敲打雕刻，留下了許多人紋、人頭紋及圓形紋等圖案。「孤巴察娥」、「祖布里里」及隨後的「莎娜奇勒娥」三個區域岩雕，於 1978 年起在魯凱族原住民的指引下被屏東師院教授高業榮發現，稱為「萬山岩雕」，並且為此做了調查，認為是早於現在原住民的一座史前岩雕遺跡，推測時間約在一千年以上。

高業榮於 1978 年於高雄縣濁口溪上源發現台灣第一座史前岩雕，為台灣史前文化和藝術憑添新頁。

高業榮《台灣原住民的藝術》載「神祕的萬山岩雕」甚為詳瞻，茲錄如下：(註十一)

岩雕、岩畫是人類早期階段非常重要的文化財產，也是最寶貴的藝術結晶。因為在陶、銅、鐵未發明前，堅硬的石塊是惟一能歷久不壞的東西，所以雕刻在岩石表面的花紋或符號，能夠保存到今天。……目前，高雄縣濁口溪上游、魯凱族萬山舊部落以北的三座岩雕，座落在險峻溪谷的兩岸，大的總面積有普通教室那麼大，兩座小的也有一人多高，5、6 公尺寬。最大的那座，魯凱話叫作「孤巴察娥」，就是「有花紋的石頭」的意思。雕刻的主題以全身人像和大型的圓渦紋為主。其他還有人頭像、小蛇紋，以及許多大小不一的圓渦紋。其中正面的全身人像在一公尺半以上，人像的頭部有長短不一的叉狀物，好像是他的榮冠一樣。這人像的雙臂高高舉起，身體用線條交叉表現，兩腿略彎、膝蓋明顯，但是卻沒有腳。腿的左邊有蛇紋，右邊有一個像耙子一樣的花紋。人像下方有自然形成的凹坑，平時積滿了水。除了這些花紋之外，給人印象最深刻的便是長長的、彎彎曲曲的線條，似乎想用這方法把每個花紋連在一起的樣子。此外，還有許多像杯子一樣的凹坑，凹坑附近的岩石表面發黑，似乎曾經用火祭祀過。而像星星般遍布的凹點，有

可能是祭司激烈的作法動作所留下的痕跡。……比較小的一座，魯凱語叫作「祖布里里」，不知道代表什麼意思。這塊岩雕刻約是一連串密密麻麻的腳印，呈帶狀分布，橫跨岩石的兩端。最左側有好幾個深的凹坑，腳印由這裡開始，似乎是象徵移民們的老部落、起源地。而最右端只刻了一個腳印，很孤單的樣子。在岩雕不遠處，有一個半圓形的石矮牆，如同現今魯凱族田裡的小工寮一樣，容得下一兩個人。第三座岩雕像一個直立的大桃子，尖端向上。就在這頂端，有個很大凹下去的坑，所有抽象的、糾纏在一起的線條都從這裡開始引出來，你幾乎無法看清這些線條在表達什麼。除了線條外，只有一個目字形和一個日字形的符號，它會不會是雕刻者的簽名呢？這些岩雕的表層，都有剝落的痕跡，有的石皮剝落後，又再加刻了花紋，因此，岩雕應該不是一次雕刻就完成的。其次，這些花紋都是用堅硬的器物一條條打出來的，打擊的方法像是雞吃米一樣。打出來最初只是粗略的點或線，所以在線條的底部都布滿麻點，粗糙且不平滑。這一方法很奇特，是很古老的攻石技術。據文獻記載，岩雕文化在我們東方世界分布在黑龍江、大陸西方、北方偏遠的邊疆地帶；沿海一帶的連雲港、福建仙字潭、廣東也有。香港釣岩雕很有名，台灣萬山也有岩雕。在太平洋的夏威夷和復活節島，也都有岩雕的發現，這種文化一直綿延分布到美洲大陸，簡直令人難以理解。目前看來，在環太平洋地區發現的岩雕人像，有三大特徵：一是人的頭頂都有叉狀或是光芒狀的飾物；二是人像自小腿以下都不刻腳；三是都喜歡刻長而彎曲的線條（我們稱它生命曲線），這些特徵是世界其他地區的岩雕文化所沒有的。

洪國勝〈萬山神石的傳奇〉：(註十二)

「喔布諾霍」（Oponohu）舊萬山部落的拉巴兀賴家，在地方上擁有相當的地位，長男理達格娶了北方雁爾農族郡社群部落的女孩荷絲為妻。雁爾部落，也就是現在南橫道上的桃

源村。夫婦倆非常恩愛，經常跑到溪邊去捕魚捉蝦，或到山上打獵，尤其孤巴查呝，周布里力和莎勒奇瑠一帶有大岩石的地方，更是他倆必遊且留連忘返的地方。農忙時候，夫妻倆總陪著家人一齊下田工作，荷絲負責燒飯提水，但是她有一種習慣，從來不跟家人一起吃飯，甚至和丈夫獨處時，也不在一起吃飯。那時代做飯的方式很簡單，先在地上挖一個凹地為灶，上面蓋一塊石板，然後在下面燒木材，直把石板燒到火燙時，把未燃燒盡的木材抽出，然後移開石板，將芋頭、地瓜之類的食物放進火炭中，再蓋好石板，在石板上鋪一層樹葉，最後用土把整個灶埋起來，約過三、四十分鐘，挖土掀開石板，就可以吃到香噴噴的芋頭或地瓜了。每逢荷絲做飯，一家人吃起來總覺得食物裡有一種說不出的怪味道。兩個多月後，一家人都瘦了許多。老爸拉巴兀賴心生懷疑，心想：我們的飯量都沒有減少，食物也和以前一樣，怎麼會瘦下去呢？對了！食物的味道怪怪的，難道荷絲做的飯有什麼不對？她又從來不跟大家一起吃飯，嗯！一定有問題。從此老爸開始留意媳婦的行動。有一次，一家人到達嘎拉姆地方的田裡工作，老爸藉故潛返，躲在附近觀察媳婦行動。起先並沒有什麼異樣，媳婦仍然把地瓜、芋頭放進燒得火熱的灶裡。這時候怪事發生了，突見媳婦連吹兩聲口哨，剎那間，爬來了好幾條不同花色的蛇，乖乖地蟠伏在她身邊，她不慌不忙的挑了兩條百步蛇放進灶裡，蓋好石板，掩上土然後提起竹筒去溪邊裝水，其他的蛇則各自散去。這下差點把老爸嚇昏了，三步併作兩步，急急奔回田裡，把一家人帶到灶邊，激動地挖土、掀石板，取出兩條百步蛇，此時大家怔住了。百步蛇是族人心目中的神，怎麼可以煨來吃呢？這時荷絲背了竹筒回來，看到一家人發現了她的秘密，也呆住了。老爸終於開了口，雖然語氣有些不高興，還是很和氣地說：「妳吃蛇，我不反對，但也應該和其他的食物分開才對，尤其是百步蛇是我們崇拜的神物，怎麼可以讓我們也嚐到祂的味道呢？我們實在不

歡迎妳這種做法。老爸嘆了一口氣又說：「難怪我們都瘦了。」
荷絲自知理屈，很難過的說：「對不起大家，讓我離開好了。」
說著，撿起百步蛇，用裙子捧著，頭也不回地離開大家。她一
面走，一面吃蛇肉，一面吐蛇骨。奇怪的事情又發生了，蛇骨一
落地就又變成一條條活生生的百步蛇，就這樣她一直走到莎那
奇瑠。她想，丈夫很愛她，一定會來帶她回去的，她等呀等的，
無聊極了，只有唱歌來打發時間，唱歌同時順手在石頭上隨意
畫著。說也奇怪，她的手指一碰到石頭，石頭就像年糕似的柔
軟，於是她畫了一些圖案，就這樣等著，她丈夫理達格始終沒
來。餓了，就吹口哨召百步蛇煨來吃，那些吐在地上的蛇骨，
又變成一條條活生生的百步蛇。後來，她動身走到狐巴查呃去
了，就在那一塊最大的石頭上，又用手指做她的畫，畫了許多圖
案，有百步蛇、人頭、同心圓、人體像及雲鉤紋，只有她自己才
知道圖案的意義。她把整個石頭畫得密密麻麻的。但是理達格
還是沒來。她想，也許理達格在周布里力等她，於是她動身下
山，過了溪走到周布里力去，一路上她還是吃蛇肉吐蛇骨，因
此沿途又增加了許多活生生的百步蛇。在周布里力等呀等，把
所有的歌也唱遍了，就是沒有丈夫的影子。荷絲的心情亂極了，
在石頭上亂點亂畫，她丈夫還是沒來，終於她失望了，哀傷地
把整個身子伏靠在巨石上痛哭。她想，理達格是不要我了，於
是她決定回雁爾老家去。她哀傷的離開周布里力，但是她伏靠
過的那一塊巨石，已被印上了她的身影。過了溪，爬上山坡，翻
過稜線，一山又一山，一溪又一溪，走回老家去。當她走到塞
茂（今高雄桃源區高中里）時，又在路邊的大石頭上畫人頭與
百步蛇。因為她丈夫沒有來帶她回去，使她失望、傷心而憤怒，
所以她在這裡所畫的人頭和百步蛇，樣子很凶暴，小孩子路過
時，都朦著眼睛急奔而過，不敢看一眼。這塊大石頭，在今南
橫道上的高中檢查哨附近，可惜當年開築南橫公路時被炸毀了。
荷絲回到雁爾部落後，部落族人認為是莫大恥辱，於是本來是

和好的兩個部落——喔布諾霍和雁爾從此開始了無止境的相互廝殺。由於荷絲一面走一面吃蛇肉吐蛇骨，蛇骨又變成百步蛇的緣故，直到現在她所經過的路徑，成為百步蛇聚集最多的地帶。

三、魯凱族「刀」傳說故事

據奧威尼‧卡露斯〈男孩與長刀〉載：（註十三）

　　魯凱人一生男孩，馬上配備一把長刀掛在中心柱，目的是讓男孩的靈魂能利如一把鋼刀，使惡魔不敢侵犯。小男孩慢慢長大，父母常常指著中心柱的長刀說：「那一把長刀是你的！」男孩漸漸知道長刀的用途，也漸漸認識到自己的身分使命。有時，小孩受到驚嚇，夜間心神不寧時，取中心柱其配備的長刀放小孩身邊，就可以恢復平靜。出外時，經過神祕的地方，也要小孩帶刀。結婚時，要另外配置一把，以作為重要的禮品給女方。如果男孩病故，也要配刀陪葬，以免在另外一個世界受人欺侮。可見長刀是魯凱人非常重要的護身工具，男孩自小到大長刀不離身。

從本則傳說故事裡我們可以看出魯凱族男子一生中與「刀」密切相關，有時候男子一生的榮耀與「刀」亦發生緊密的聯繫。魯凱族男子從一生下來乃至於死後，即與「刀」不可分割。

本則傳說故事情節要述如下：

（一）魯凱人一生男孩，馬上配備一把長刀掛在中心柱。

（二）長刀掛在中心柱，其宗教巫祝目的是讓男孩的靈魂能利如一把鋼刀，使惡魔不敢侵犯。

（三）魯凱族對於男子「刀」的教育：小男孩慢慢長大，父母常常指著中心柱的長刀說：「那一把長刀是你的！」男孩漸漸知道長刀的用途，也漸漸認識到自己的身分使命。

（四）「刀」具有護持的作用：有時，小孩受到驚嚇，夜間心神不寧時，取中心柱其配備的長刀放小孩身邊，就可以恢復平靜。

（五）出外時，經過神祕的地方，也要小孩帶刀，以驅魔逐邪。

（六）結婚時，要另外配置一把，以作為重要的禮品給女方。

（七）如果男孩病故，也要配刀陪葬，以免在另外一個世界受人欺侮。

　　魯凱族有非常明顯的兩性區別，表現在生命儀式、子女養育、兩性分工及財產繼承等方面。在一些生命儀式中，男女的區別很早便表現出來。如在過去，孩子在出牙以前極易夭折，為保護小嬰兒在男嬰與女嬰的搖籃之中放入小刀，男嬰放「Pakala」、女嬰放「Takiei」，與成年男女使用者同。長子與長女所舉行的類似漢人「滿月」儀式所配戴的小米糕也不同，長子的「Tualalapats」乃蕉葉作成小袋子狀，裡面放小米糕，讓孩子斜背在身側；長女的「Tualakalaka」則是用一種有香味的葉子包裹成長條狀，讓孩子背在背上，像背娃娃。（註十四）

　　魯凱傳統父系社會，刀具當然必須必要。「長刀」是男子的護身符，獵刀用以狩獵分解獵物；田野農務隨身「工作刀」；婚姻聘禮少不了「禮刀」。工匠師傅製作佩刀，除要刀身犀利，刀柄刀鞘上的傳統圖騰雕飾美感也須兼具。一把基本的禮刀於三個工作天內可以完成，外觀精雕細琢者，可能要花上五天的工夫。（註十五）

　　長刀是用鋼精製的，刀柄和刀鞘經過一番雕飾，掛帶子是母親親手做的，有時也把銀手鐲打直，固定在刀柄的握把，以增加長刀的價值和美感。長刀雖然很普遍，但魯凱人嚴守傳統道德觀念，長刀從來不濫用於暴力，除非對方有敵意本人須自衛之時。長刀大都使用在協助老幼婦孺，其次才護身。（註十六）

四、魯凱族「陶壺」傳說故事

　　「低倫」（Dilhung）魯凱語是陶壺之意。正名是瑪卡哦特得達呢（Makac dredrethane），前面的字「瑪卡哦」（Makae）是加強語句，類似「正」字標誌。（註十七）

　　百步蛇紋為貴族代表物之一，陶壺對魯凱族人也是相當重要的一件物品。在魯凱族的創世中，傳說太陽讓陶壺受孕，生出一對男女，就是

魯凱族的祖先，所以他們相信祖靈就住在陶壺裡面，他們並視陶壺為神；陶壺本身會根據外形及花紋分類，且因象徵著權利，故此只有貴族才能擁有，而逢盛大節慶時，他們才會拿出來祭拜，平時不易見著。（註十八）

▲ 魯凱人製陶／田哲益提供

在傳說中，魯凱族人的祖先有從陶壺中生出的，所以魯凱族人視陶壺為神，只有貴族才能擁有，每逢豐年祭或婚禮時，貴族將陶壺拿出來祭拜，平時是不容易看見的。魯凱族的陶壺多呈菱形，外觀看起來古拙厚重，表面飾以百步蛇紋，有把手，很有原始的美感。（註十九）

魯凱族人的陶甕有一個傳統美麗的神奇故事，魯凱族人認為陶壺是祖靈的化身。

〈祖先出自陶壺裡的蛋〉

傳說，遠古時代，有一名獵人在山上打獵，拾獲了兩顆蛋，他將蛋帶回家，放在陶甕裡，並且請了兇猛的百步蛇來保護蛋的安全。有一天，陶甕崩裂，誕生了一對男女，這就是魯凱族人的祖先。

魯凱族人因為陶甕孕育了祖先，所以對陶甕特別尊崇；魯凱族人也為了紀念及感謝百步蛇「護駕」有功，因此也將百步蛇紋浮雕在陶甕上，以表達對其感恩之意。

本則傳說故事情節要述如下：

（一）有一名獵人在山上打獵，拾獲了兩顆蛋。

（二）獵人將蛋帶回家，放在陶甕裡，並且請了兇猛的百步蛇來保護蛋的安全。

（三）有一天，陶甕崩裂，誕生了一對男女，這就是魯凱族人的祖先。

奧威尼·卡露斯〈貴族生命的標誌：低倫〉載「頭目貴族家屋埋藏陶壺」：（註二十）

　　如果這個（陶壺）象徵是頭目（包括其他貴族）的話，家屋底下一定埋藏一個陶壺，以告知後代的人，這個地方一度住過貴族之意，同時讓天神辨認貴族的家，以便大大降福。

　　奧威尼·卡露斯認為，凡是貴族家底下一定埋藏有一個陶壺，好讓天神辨認貴族的家，而且降福之。

　　魯凱族相信古陶壺是祖先神靈所在，因此在傳統魯凱族社會裡，只有貴族才能擁有珍貴的陶製「神壺」。每逢重要儀式如豐年祭、婚禮等，部落長老們才會將陶壺自頭目家請出來做為祭儀中的神器。而貴族階層間的聯婚也會被用來作為象徵最高尊榮的聘禮。古陶壺數量極少，品質與數量往往被用來衡量頭目家族的財富與地位之依持。陶壺種類可分為婚禮使用，祭祀占卜使用及收藏穀物、琉璃珠之盛裝物。壺身紋飾有蛇紋者為公壺，有太陽紋或乳狀突出為母壺；兩者兼備者為陰陽壺。（註二一）

　　根據樣式及表面花紋，魯凱族一般將陶壺分為五個等級：（註二二）

　（一）Vimihi langa langavane（威尼里拉昂拉昂瓦尼）：在壺的頸部以下兩邊各有兩條百步蛇，是最高級、最不常見的，只有大頭目、貴族及特殊階級的家族才能擁有。

　（二）Pinosingisingane（比奴欣欣昂尼）：從壺口的內側頸部外直至腹部蛇紋形都有重圓紋，形同琉璃珠。

　（三）Maka tobong（瑪卡都彭）：多以虛線構圖，但非蛇紋或重圓紋，此種陶壺在二等貴族中甚多，平民的望族也有。

　（四）To tea taene（都達哦達尼）：體積較大，表面可能沒有花紋，但兩側或四方有圓形鈎子。

　（五）Makabelebele（瑪卡伯樂伯樂）：體積較小，表面沒有任何花紋。

　　古陶壺在魯凱族或排灣族中，只有貴族階級的大小頭目才能擁有，而且頭目是世襲制，只傳給長男或長女，先出生者繼承頭目地位，所以古陶壺及古代琉璃珠首飾兩項，無條件做為飾物傳給長男或長女。魯凱族與排灣族均有其祖先出生自古壺之神話，魯凱族還特別說那隻代表神意的百步蛇，是住在古壺裡面的。由古代傳下來的魯凱族與排灣族的古

壺之中，外側有蛇紋浮雕者被視為最珍貴的（其數量寥寥可數），實是依據百步蛇的神話而來的。我們若說排灣群族也是拜壺的種族，絲毫沒有不妥的地方。以往魯凱族的傳統習俗，每年舉辦粟祭，村中陶壺是祭祀典禮中的重要角色。在婚禮上更是不可缺少的珍貴聘禮。在貴族階級與貴族階級之間談論婚嫁時，通常男方能送給對方一個古陶壺即足夠了，那是個大聘禮。可知排灣群族對壺類的珍視程度，實際上他們在古時候要燒製一只壺是多麼困難啊！（註二三）

魯凱族稱陶壺為 Dihung，又稱 Makae dredrethane，依據其外型及表面的圖紋而區分為五種。該族也認為陶壺象徵貴族特殊的地位，貴族之家會埋著一個陶壺，讓天神得以辨認降福，同時用以告知後人。越有名望的家族其所擁有的珍貴陶壺也越多，它是貴族間確認彼此身分、親屬關係的禮器，必要時會行「觸摸陶壺之禮」（Paretsen）。陶壺還是貴族結婚時的必備聘禮，並能預測氣候與豐收與否；陶壺即使破碎，還會被盛入竹簍中保存。（註二四）

林建成《台灣原住民藝術田野筆記》載「祖先誕生於陶甕裡的兩顆蛋」：（註二五）

　　魯凱族的傳說中，遠古時期有一名勇士上山打獵，無意中撿獲了兩顆蛋，他將蛋帶回放在甕裡，並且找了當時最兇猛的百步蛇來負責守衛，保護蛋的安全。後來因為太陽強烈的照射，甕因高熱而崩裂，兩顆蛋也誕生了一對男女，這即是魯凱族的祖先。

後人也就將陶甕視為祖靈尊貴的「助手」，不同於現代人對陶甕想當然耳的理解，以實用性功能導向，不是用來儲小米酒就是插花的用途，而後魯凱族人為了紀念百步蛇「護駕」有功，也將百步蛇紋浮雕在甕體上，以表達其感恩之意，這也是目前所看到魯凱族或排灣族陶甕的傳統形制。（註二六）

陶壺另外一種用途是頭目間相訪，互相承認彼此有對等名分時，必須舉行「觸摸陶壺之禮」，魯凱語叫「把爾擇恩」（PaRetsen）。程序是：來訪的一方帶著豐富的禮物，到達時先在頭目家等待，然後由各族頭目

及族人的長年（平民代表）及長老們分析來訪家族的名分、血源，並由受訪的頭目把陶壺拿下來，讓來訪者「觸摸陶壺」，以示承認是親戚，完成之後開始宴客。此外，魯凱有習俗，從一個家族分出去而繁衍了新的一代，必定歸祖家尋根，讓子子孫孫不忘自己所從出的家族，貴族此時舉行觸摸之禮必定用最高級的陶壺，平民則用普通的壺類。（註二七）

劉寧顏總纂《重修台灣省通志卷三住民志同冑篇》載「好茶神聖陶壺」:（註二八）

在舊好茶部落一個叫做 Tspətspə 的地方，有一個陶壺，乃本部落榮耀的來源。這是世上最貴重的陶壺，因此所有的人都對它極其尊敬。這個陶壺有一個功用，便是可以預兆好茶部落未來一年的運氣。這個看預兆的工作是由部落祭司來負責，若看見壺中所盛的水質清澈，表示來年無憂，但是若看見壺中出現雜碎物或髒東西，一則表示部落將會有不幸事件發生。有一年部落接連發生不幸事件，陶壺也在一次山洪中被水沖走。陶壺漂流到現今北葉村附近一處叫做 Vanianə 地方的河面上，載浮載沈。附近諸部落的貴族知道這事後都趕來，想搶回這聖壺，但是卻沒有任何人能做到；每當有人游近聖壺時，聖壺便又漂到河中水深處，使人無法接近。直到好茶部落叫 Talabaðan，家名叫 Pulən 的男子出現，這事才有了轉機。由於 Pulən 是個有特別神力的人（稱為 Silələrəmə），當他在河中游向聖壺時，聖壺卻自動漂向他，於是 Pulən 便輕易地取回聖壺，同時他也向在場的各部落貴族矜誇許願說：「你們雖然先到卻無法取得這個陶壺，現在由我取得了，我要宣布從此這個東西屬於我，你們不能擁有，因而我站立的地點所能觀看到的山地與河流主權也同時歸我所有」。因為 Pulən 所昭顯的神力並取回了部落的聖壺，從此 Talabaðan 家也就成了好茶部落的重要貴族，並取得土地和收納貢賦的權利。

劉寧顏總纂《重修台灣省通志卷三住民志同冑篇》〈阿禮神聖坡地的神話〉：(註二九)

> 阿禮部落之有人跡，據說始自 Lautautal，這是一處約2公頃寬的坡地。坡地中間有個廢棄石屋，相傳乃是神人 Pǝluluŋan 的故居。這棟靈屋內的神主是一個小陶壺和一塊中央有白紋的圓石，這圓石有時會消失，乃是出去霧台或好茶部落遊玩之故。

五、魯凱族編織與刺繡

織布是魯凱族婦女表現慧心巧思的重要手藝，因此每一個女孩必須從小跟著母親學習織布。倘若學不來，待嫁花齡時可能嫁不出去，因為一家人的穿著全依賴她雙手織成的衣料。苧麻是唯一可以織布的材料，當然魯凱婦女必定要學會種植、採收，以及有關織布的祭禮及禁忌，因為在苧麻的採收、處理、弄線、紡線，到最後織布這整個過程中，不宜有男性參與，因此婦女須有獨立作業的能力。(註三十)

魯凱族男人的傳統天職是打獵，絕不碰觸編織、刺繡等女紅，彭春林卻成了第一人。

打破魯凱族男人不碰編織、刺繡等女紅的禁忌，彭春林以布為素材，讓服飾、包包、髮飾、甚至居家擺飾、寢飾融入多元藝術世界，更一肩扛起傳承部落古老技藝的重責大任。……。他擅長把棉麻搭混的魯凱族布料，大膽的運用在時尚流行或生活之中，讓作品悠悠的訴說著魯凱族的神話。(註三一)

魯凱族的刺繡多達五種，包括：挖補繡、貼布繡、十字繡、珠繡及直線繡，除了十字繡及珠繡仍在部落流傳，其他工法多已式微。(註三二)

魯凱人用苧麻和羊毛夾織的方巾，花紋非常美麗，比起現在的花巾毫無遜色。而魯凱人擅長直線繡、緞面繡和鏈形繡，各種刺繡講究花紋奇特，排列對稱，顏色搭配和諧、鮮明。

〈Ba e le le〉歌：是婦女在織布時唱的歌，這首歌雖然是在工作時唱

的，但真正的歌詞內容卻是在諷刺父母不會教導女兒成為好的女朋友，身為女兒的必須要自己去體驗，才能領悟其中的道理，就好像在整理織布用的凌亂線絲一樣。歌詞大意是：二位少女在搓著織布線，線很凌亂，頭上戴著的草飾，已經快枯萎了，母親在織布，線也是很凌亂，母親大概是不會織布吧！所以不會教我們如何織布，就像不會教我們如何成為令人喜愛的女朋友一樣，只能自己去學習、去體會。（註三三）

六、魯凱族琉璃珠工藝

魯凱族的社會階級制度非常顯著，在服裝的表現上，唯貴族有裝飾的特權且色彩華麗，而平民只能以素色麻或棉布製成衣服，除非用償物如酒或豬向其所屬頭目要求特許，否則不得有裝飾。關於飾物方面，琉璃珠是盛裝時的重點，它是家族傳承、聘禮的珍品，為貴族世襲的寶物，也是身分地位與財富的表徵。琉璃珠含鉛率極高，與東南亞的含鉛無銀珠子相近，一般分為單色小型珠子、單色中型珠子以及多色大型珠子等三種。大型琉璃珠是最傳統而貴重的珠子，依其紋彩和形制，各有其特色的名稱與神話故事，其中又分男珠與女珠，主要以紋路、顏色及形狀等區分之。男珠色彩紋路較深、紋飾比較明顯且富光澤，價值比女珠高。Mulrimulrithane 為最貴重之珠，通常飾於項鍊中間處的一顆。琉璃珠不僅是財產與榮譽，在族人的信念裡，有珠神會賜福或降禍，保護或懲戒。較貴重的珠串往往收藏在古壺內，族人相信古壺為祖先神靈所在，能發揮保護之意，較常配戴使用的琉璃珠則放在房內石板下，族人相信琉璃珠有生命，故石板上皆留小孔或打洞，使珠子得以呼吸並方便進出。另外，琉璃珠需加以供奉與祭祀，買賣時要做祭禱，平常亦有許多禁忌，例如不能從上面跨越、不能隨便擱置及不能偷盜等，否則會遭懲罰。因此，琉璃珠是區分貴族與平民的階級指標，同時又帶有濃厚的宗教與巫術性色彩。（註三四）

琉璃珠是魯凱族人非常珍視的物品。琉璃珠的顏色光彩奪目，有綠色、黃色、紅色、白底帶藍、白底帶彩色或是綠底眼睛紋等各種顏色。琉璃珠的排列方式有很多種，有由顆粒小到顆粒大、從貴重到普通，或

是同樣大小的顆粒成一串,或是二層以上,一節一節排列。特殊的是,每一顆琉璃珠都有其代表意義,也各有其放置的位置,串成頸鍊或手鍊佩戴著,象徵地位及權勢。(註三五)

註釋

註一:喬宗忞《臺灣原住民史魯凱族史篇》,台灣省文獻委員會,2001 年 5 月。

註二:王煒昶主編《山林的智慧:台灣原住民文化園區導覽手冊》,1998 年 5 月。

註三:姚德雄《九族文化村》,日月潭九族文化觀光事業公司,1989 年 11 月。

註四:高業榮《台灣原住民的藝術》,東華書局,1998 年 11 月。

註五:陳美玲編著《魯凱之歌》,屏東縣立文化中心,1999 年 6 月。

註六:《台灣空中藝術文化學苑學員通訊》12 期,財團法人台灣省文化基金會,2001 年 11 月。

註七:同註六。

註八:林建成〈喚起記憶的傳統圖紋〉,《台灣原 young》41 期,2012 年 5 月。

註九:黃世民《雲豹之鄉:隘寮群魯凱部落田野集》,潮州高中,2003 年 7 月。

註十:林建成《台灣原住民藝術田野筆記》,藝術家出版社,2002 年 5 月。

註十一:同註四。

註十二:洪國勝〈萬山神石的傳奇〉,《今日經濟》,1984 年 11 月。

註十三:奧威尼·卡露斯〈男孩與長刀〉。

註十四:同註二。

註十五:同註九。

註十六:奧威尼·卡露斯《雲豹的傳人》,晨星出版社,1996 年 10 月。

註十七:同註十六。

註十八:同註六。

註十九:同註五。

註二十:奧威尼·卡露斯〈貴族生命的標誌——低倫〉,《台灣時報》,1993 年 10 月 27 日。

註二一:許晉榮《茂林風華》,高雄縣茂林鄉公所,2002 年 2 月。

註二二:同註十七。

註二三:施翠峰《台灣原始宗教與神話》,台北,國立歷史博物館,2000 年 9 月。

註二四:巴蘇雅·博伊哲努《台灣原住民族文學史綱(上)》,台北,里仁書局,2009 年 10 月。

註二五:同註十。

註二六:同註十。

註二七:同註十六。

註二八:劉寧顏總纂《重修台灣省通志卷三住民志同胄篇》第一冊,台灣省文獻委員會,1995 年 5 月。

註二九:同註二八。

註三十:同註十六。

註三一:林順良〈彭春林——編織原味的勇士〉,《原住民族》季刊,2012 年 4 期。

註三二:同註三一。

註三三:同註五。

註三四:李莎莉〈魯凱族的琉璃珠〉,《台灣原 young》40 期,2012 年 3 月。

註三五:同註五。

魯凱族娛樂與歌舞口傳文學

第二四章

　　魯凱族的娛樂，例如盪鞦韆、刺球，都具歡愉性質，歌唱也是魯凱族人的拿手好戲。

　　魯凱族樂器有口簧、弓琴及竹笛，其中較殊的是鼻笛，可惜現在能吹奏者已不多，只有少數年長者尚保有此項技巧。魯凱族的歌謠多采多姿，有工作歌、戀愛歌、田間休息歌、結婚歌、凱旋歌、哭泣歌及童謠等，這些歌謠內容多是魯凱族人的信仰、生活習俗及個人內心世界的反射。（註一）

　　魯凱族歌謠的唱法有獨唱、齊唱、二部合唱及三部合唱，他們與排灣族在合音之運用上較為自由，喜歡用大二度的不協和音，這一點是與布農族不同的。（註二）

一、魯凱族「鞦韆」活動

　　東魯凱群大南部落年度最大的盛事，就是 7 月中旬舉辦的豐收節盪鞦韆活動。以前魯凱族人的農作物以小米、芋頭為主，每年 7 月收成後，全部要送到頭目的祖靈屋前祭拜，然後由頭目依每戶人數予以分配。接著就舉辦慶祝豐收的「收穫節」，整個「收穫節」的重頭戲就在「盪鞦韆」這個活動，由於魯凱人組織體系的嚴格限制，所以藉著一年一次的「盪鞦韆」活動，讓男女族人有相互表達愛意的機會。近年來，東魯凱族人還將「成年禮」安排在「收穫節」中，圍在場邊的青年男女，在結束「成年禮」後，年輕族人可以邀請心目中仰慕的對象去盪鞦韆。盪完鞦韆，男孩將女孩送回女方家長處，圓滿達成了這項獨特又羅曼蒂克的友誼與交流。（註三）

　　盪鞦韆是貴族女子及頭目家女兒的特權，而真正的意義是大頭目要安慰並鼓勵族人這一年的辛勞；另一方面則讓青年男女藉著此活動交流，搖盪出男女的相思情懷。在魯凱族概念裡，盪鞦韆有「我疼惜妳」之意，所以是當時青年男女認識異性的好時機。因此在活動結束後，許多有意中人的男子，更會到對方家中提親。在結婚當天，嫁出女兒的父母親，因依依不捨會唱出曲子來表達眷戀之意。當鞦韆盪得愈高，姿勢愈標準，就表示此女性愈具有瞻識及勇氣，故愈能得到未婚男子的青睞。不會盪鞦韆是魯

凱族女性的恥辱，所以魯凱族婦女都會盪鞦韆。（註四）

　　鞦韆，是架在廣場上的，用粗繩紮好四根粗大竹子相交而成；前來參加盪鞦韆的盛裝小姐們輪流爬上盪索繩，「再由男子拉起連繫在索繩間的台座，一收一放。女子美麗的衣裳，隨即飄盪在空中，像一隻美麗的花蝴蝶，來回飛翔不停。女子在盪鞦韆時被看作是在接受神明的測試，所以在眾人的期許中，不苟言笑，以示端莊。當女子從鞦韆下來時，由方才那個拉繩子的男子，將之扶下，暫時躺在該男子（有時是情人）膝蓋上，嬌羞地用玉手蒙著臉片刻。一般魯凱族婦女們特別擅長從大自然中取材來製造頭飾，在慶典時可戴在頭上。一種利用落花生殼串連而成的頭飾，頗具創意，也常在盪鞦韆中出現。盪鞦韆不是純娛樂，如果女子盪得愈穩重、愈持久，則那名女子愈能夠顯示其內在的堅貞與純潔之美，也是族中男士們追求的淑女之典範。不過關於鞦韆的禁忌特別多，若男子盪的話會引起族人「無所事事」的輕蔑，更要承擔將來「無法獵取獵物」之後果，又太陽下西山後還在盪的話，會把女子的靈魂也盪出去，無法專心做事；盪時，頭飾不可掉落在地，也會引來「輕浮」之譏。」（註五）

　　〈La lai〉：這首歌是在形容女子盪鞦韆時的美妙姿態，就像鳥在天空中飛翔，是人人讚美、羨慕的焦點。盪鞦韆是魯凱族人豐年祭時重要的民俗活動，只能未婚女生參加，男性是嚴格禁止參加此項活動的，在魯凱傳統觀念中，盪鞦韆能展現女子個人的才藝、膽識和身段，已婚或是未成年的女子皆不得參加，魯凱婦女視不會盪鞦韆為一大恥辱。「鞦韆」，由部落中的男士負責架起，選用山林中高大的樹木，中間垂下一條樹藤編成的繩索，盪鞦韆的人抓著繩索擺盪，盪得愈高，愈顯得才藝出眾。（註六）

　　豐年祭時，屬於婦女的民俗活動，男士們負責將鞦韆架設好，部落中的成年未婚女性便集合盪鞦韆，盪得愈高姿勢愈符合標

▲ 魯凱族盪鞦韆／田哲益提供

準，就表示愈具有膽識和勇氣，愈能得到未婚男性的青睞，不會盪鞦韆是女性的一大恥辱，所以魯凱女性都會盪鞦韆。（註七）

魯凱族傳統製作的鞦韆，是將一種野蔓藤的莖捆成像胳臂那麼粗，編成環形，以便套上雙腳中任何慣用的一隻腳，就這麼直接吊在樹上，中間繫著一條蔓藤方便左右拉擺，魯凱語稱做達拉依西（talaisi）。另外一種鞦韆是用四根粗壯的長竹或木材作為支架，把四根支架的頂端捆綁在一起，並留下環節，再套一條粗蔓藤以便於擺盪，這種鞦韆比起吊在樹上的還要高，擺盪的距離也會比較遠。這是魯凱人從大自然中學到的一種習俗，包括育嬰所用的搖籃也是一樣。嬰孩在搖籃中擺盪，除感覺輕盈舒服之外，也像是在母親的臂膀中搖晃。盪鞦韆是貴族女子的權利，男性是不可以盪鞦韆的。過去只有貴族大頭目的女兒結婚時，才有盪鞦韆的儀式。要嫁人的那一天，部落所有的人會來到寬廣的大廣場，圍起大圓圈跳舞，中央架設鞦韆，女子們輪流盪鞦韆，由男人拉繩子擺盪。對要娶她的人來說，其重要的意義就是：「因為愛妳，所以永遠擺盪妳。」魯凱族人的豐年祭中，盪鞦韆活動是祭典的高潮，這時大頭目會將所擁有的盪鞦韆特權，分享給全族人參與，以安慰並鼓勵族人一年來的辛勞。另外一個目的，是讓青年男女能夠藉著盪鞦韆活動的聯誼，牽起另一段佳偶良緣。不過，在豐年祭中這個饒富趣味的盪鞦韆活動，只有女子才可以盪鞦韆，魯凱族人認為從女子盪鞦韆的姿勢和儀態，可顯示她的氣質、素養和婦德，同時也可以看出這位女性的未來是否順利平安；而魯凱男性則負責搭設鞦韆及拉動繩子擺盪鞦韆，若有男子盪了鞦韆，會被認為缺乏男子氣概。除了在婚禮及豐年祭等既定的場合和時節之外，嚴禁盪鞦韆，否則會招來災害和不幸，所以不能以遊樂的心態輕慢魯凱族人的盪鞦韆活動。（註八）

二、魯凱族「刺福球」娛樂

「戮刺樹皮球」這種遊戲也出現在排灣族的豐年祭之中，可是魯凱族採用的方式略異，含義亦有所不同，簡言之：「更顯得原始，亦更接近傳統。本來魯凱族在粟祭中舉辦此項比賽，為的是青年的體力競賽，

也是預卜青年人將來出草時能否獵取人頭（首級）的一種占卜。……戰後，一方面因為獵取首級之風氣已廢止數十年，索性將鳳梨拿來充當樹皮球，把它拋到空中，讓眾多青年人，爭先恐後地競相用竹矛去戳接，是一種純粹餘興節目。雖然戮刺傳統樹皮球的競賽也曾經出現過，但原來用來占卜的那種信仰性意義，早已不復存在。戳刺鳳梨，表演起來往往妙趣橫生，給觀眾的觀感亦不錯，所以樹皮球消失，獨由鳳梨充當主角。」（註九）

刺福球是豐年祭時屬於男士的民俗活動。福球用樹藤或樹葉製成，往上拋起後勇士們爭相用長長的竹矛去刺球，刺得球的人會有好運道。刺福球在以往是用來鍛鍊戰鬥技巧的成分居大。（註十）

三、魯凱族聚會歌

魯凱族每個人都是歌舞高手，尤其是即興的歌詞脫口而出，充分展現出魯凱人的機智和幽默感。

〈聚會歌〉（註十一）

　　這樣美好的聚會多麼的令人懷念啊！

　　大武山、霧頭山與大姆姆山是三足鼎立，同等的高。

　　不要忘了遠古時代我們團結之心。

這是一首族人聚會所唱誦的歌謠，說明魯凱人耕獵活動空間領域，並且透過歌謠凝聚族人團結力量。（註十二）

〈Da la i sa kai na ya lo wan u〉：這句話用途很廣泛，在魯凱人的日常生活中，舉凡捕獲獵物，農作物豐收，接受饋贈禮物、朋友聚會，在任何歡樂的時刻，都會用高亢的聲音，高喊「Da la i sa kai na ya lo wan u」來表達心中的快樂。（註十三）

〈I na lai na〉（部落聚會歌）：在部落聚會時演唱。聚會之初，大家以歌聲來相互問候。（註十四）

四、公主嫁給蛇郎君歌

鬼湖之戀是公主與百步蛇動人的戀情，一直為魯凱族人所稱頌，流

傳至今，公主嫁給蛇郎的古老歌曲也一直流傳著。（註十五）

〈百步蛇之戀〉（註十六）

〔送行人唱〕

再見了！

我們最親愛的 Lhimoasane（新娘的名字）

妳就要離開妳的家園

翻山越嶺到 Da lopalhingi（大鬼湖名，百步蛇的家）

嫁給妳心愛的蛇郎

〔新娘子唱〕

再見了！

我所留戀的故鄉啊！

你將成為我永遠的回憶

再見了！

親愛的鄉親們

我要走了

當我的斗笠在湖面消失

我就要被迎接進水宮了呀！

再見了！

親愛的鄉親們

請祝福我

直到永遠

〈鬼湖之戀〉（註十七）

再見了媽媽及所有的族人

我就要離開了

當我的斗笠逐漸消失在湖面的漩渦裡

那表示我已進入了湖底

我的歌聲將永遠在這個部落裡

再見了寶貝芭嫩

妳將永遠離開我們

離開這個山林部落

嫁到大洛巴林湖去

千萬別忘了部落裡的景物

隘寮魯凱群美麗的神話故事與動人的傳唱歌謠〈鬼湖（Dalubaling）之戀〉傳頌著公主芭嫩（Balhenge）與百步蛇神的愛情傳說。這首傳唱了很久的動人旋律，隘寮群各部落老一輩的族人大都能朗朗上口；以往許多魯凱族人亦常將這首歌當作嫁歌，讓旋律一路伴隨新娘到夫家。（註十八）

至今，這個傳說，依然在族裡流傳。而傳唱著嫁蛇郎故事的古老歌曲，更是讓人回味咀嚼：（註十九）

再見，我最親愛的芭嫩，

你即將要離開我們，

翻山越嶺，

再也見不到我們的故鄉，

要嫁到達羅巴令湖。

再見，我的故鄉，

即將成為我永遠的回憶。

再見了！你們大家，

我要走了，

當我的帽冠進入湖面時，

我已經被娶進皇宮了。

祝福我，直到永遠。

相傳芭嫩是馬低亞察安（Madiatsan）部落大頭目家族成員，部落後經幾番流離遷徙到答得勒（Dadele），其後裔在日治末期多數遷往今日三地鄉之青葉。芭嫩公主美麗動人的愛情傳說，讓「鬼湖之戀」成為隘寮群西魯凱旋律悠揚之傳唱歌謠。從那時候，「百步蛇」成了庇護魯凱人

▲ 魯凱族歌舞／田哲益提供

的摯友、族群的圖騰，也強化了頭目的崇高地位。（註二十）

情歌吟唱是亙古以來，有情男女互訴情衷時百唱不倦的。藉此男女可以互探心意、互訴愛意，或是婉拒不受青睞的追求者，這是從前傳統保守的社會中，一種男女交往的方式，含蓄而浪漫。過去魯凱族男子多為部落擔當狩獵與保衛的職責，而女子多在家中編織，掌理家務，因此聚少離多，所以有了思念愛人的古謠產生。魯凱族天性浪漫多情，因而創作出許多感人肺腑的情歌。其中名為「鬼湖之戀」的傳統情歌，在族裡流傳許久，每一個人都可以朗朗上口。（註二一）

百步蛇生長在山區，而非在水裡，為何魯凱族的神話傳統與湖有關，……這可能與中國東南地區的古越族蛇圖騰有關。古越族生長在湖泊沼澤之地，水與蛇因環境觀聯的信仰，可能傳承到排灣族群。因而影響魯凱族，使其世代相傳的記憶裡仍遺留湖泊與靈蛇的印象。（註二二）

很久很久以前，有一位湖神愛迪丁嘎，是百步蛇的化身，他是魯凱族的先祖。在一個偶然的機會裡，愛上了阿禮社頭目的女兒。兩人共結連理，因而傳唱著公主嫁蛇郎君浪漫故事的古老歌曲，也就是〈鬼湖之戀〉，其歌詞說著：

> 親愛的媽媽們！我將要走了，
>
> 如果妳們看到斗笠在轉，
>
> 就是我進入鬼湖湖底的時刻，
>
> 就再也看不到我了。
>
> 我的寶貝，
>
> 妳將要走了，
>
> 嫁到鬼湖，

妳將永遠在那裡，

難道妳不會留意我們的村落嗎？

因這首曲子感人甚深，後人又為其加入舞步，男子的步伐就正如百步蛇神般的神氣靈活，氣勢浩大。女子的舞動也猶如公主般的嬌柔細緻，媚態百生，使得「鬼湖之戀」的詮釋變得更為豐富與多元。（註二三）

〈Sa la lain ai ga ba lenge〉（鬼湖之戀歌）：這是魯凱族中流傳甚廣的一首歌，原本是在敘述一段感人的愛情故事，現在魯凱人把這首歌用在婚禮中，作為嫁歌，伴送新娘到夫家。（註二四）

五、巴油池之戀

〈Baiyu（巴油池）之戀〉（註二五）

採錄者：柯玉玲

所有的長輩們（女的），

我就要離開了，

我的傘，如果是轉動的，

我就要進去（湖底）了，

我的歌聲直到永遠，

我的孩子請你們要接納。

我們親愛的巴冷，

妳就要離開了，

遠離這座山，

這個故鄉，

妳即將嫁到鬼湖去，

希望常思念妳的故鄉，

請帶走我們的歡笑和淚水。

六、魯凱族蟲子歌

〈魯凱族蟲子歌〉（註二六）

多奈伊 多奈伊

五彩美麗的吉丁

多奈伊 多奈伊

夏天美麗的吉丁

快快停在我頭上

聽聽我為你歌唱

讓我把你抓住

這樣你就可以快樂地聽我為你歌唱

「多奈伊」是魯凱語飛來的意思，「吉丁」是一種蟲子的名稱。（註二七）

七、U a la I yo I 歌

開始的感嘆詞是由領唱者唱出。U a la i yo i是「感嘆」的意思。全曲的大意是：讓我們一起唱歌跳舞，盡情歡樂。本曲可配合魯凱族傳統的舞步，歌舞並行。（註二八）

八、Li sa li si 歌

古老的歌曲，用途甚廣，在慶典、儀式、戀愛中都可唱。魯凱歌謠沒有固定的歌詞，同樣的旋律可以用在不同的場合，只要根據歌唱時的情況即興加入歌詞，曲調可通用。（註二九）

九、佳暮村叫喊聲

〈叫喊聲〉（註三十）

叫喊聲來自上方的伊拉

是貴族在宣告生了女娃

貴族的我已經長大

品格像米潔白無雜

快揹我去卡索豪呢呀！

我要看看未來的親家

我的女兒生來真好命

頭目已經派人來提親

往後的日子更加溫情

女兒的緣份在達來村

女兒，女兒，別忘了娘家

生了男孩叫拉海沙達

生了女孩就叫娥蒂瑪娜

為的是紀念妳出生的娘家

叫喊聲來自上方的伊拉

是貴族在宣告生了女娃

十、多納勇士頌歌

〈Palualuabe〉（勇士頌歌）：過去在戰場上打先鋒，或獨自到敵人的部落取回人頭，及狩獵時獵到雲豹、熊、雄鷹、很多山豬的勇士，在跳舞場中就唱這一首歌，以便誇頌自己，男士沒有以上的英勇事蹟是不能唱這一首歌的。另外，因部落中的貴族大頭目在族人心中是完美的，所以也可以唱這首歌。雖然在過去這是一首男子且是勇士才能唱的歌，但現今亦有女子加入合唱。（註三一）

十一、魯凱族織布歌

有一首古代的歌曲，可能是在邊織布邊吟唱的：（註三二）

Ua Tini-Tinono Ko lamali Tako-Ka lhailhai Ko athape lin

她們正在編織著無數的夢，無奈心情已疲憊而緣份遲遲未到。

Paelhelhege Ko Tinaini Kai apurathodo Ko Saovalhai

他們的母親正在精挑細選合意的郎君，但選來選去，始終沒有結果。

Nao Ka lamali Silamalala Kai thingale dre Kase Ko Tinaini

可嘆，作女也苦，作男更苦。她（他）們的父母親實在不瞭
解他們的心情。

十二、魯凱族童謠

〈Da lu gu〉童謠：這是一首「頂真」結構的童謠，頂真是修辭學的
名詞，特點是：歌詞排列整齊，每一句開始的語詞，都是承接前一句結
尾的語詞，將上下句相同的語詞串聯起來，成為一首歌。這一類的童謠
常常為了要遷就歌詞的排列整齊而捨棄了文意，也就是歌詞不具任何意
義，孩童在嬉戲時唱出，頗富趣味性。在魯凱族、排灣族、阿美族、泰
雅族的歌謠中，這種形態經常出現。（註三三）

〈多奈伊〉童謠（註三四）

多奈伊，多奈伊（飛來）

五彩美麗的吉丁（蟲名）

多奈伊，多奈伊

夏天美麗的吉丁－

快快停在我的頭上

聽聽我為你歌唱

讓我把你捉住吧！

這樣你就可以

快樂地聽我為你歌唱

〈Si lhabua〉搖籃曲（註三五）

Si lhabua na nene ku cinakacakarane

Taw Talha palhange ku lhalhake ki pacage

Taw talhuesay ku sabengetana lhini

Taki puku taki nagana taw talhuesay

孩子啊！期待你配帶著英雄的長刀！

我們一起去貴族家，向貴族的姑娘求親，

因為他們的家族有良好的名譽、權力和名份，

我們可以沾他們的光。

賞析者說明了「原曲是一首父母或兄姐唱給幼兒聽的曲子，明顯規則的二拍子，具有催眠的作用。歌詞中希望小孩子快快長大，與貴族攀親，提升自身以及家庭的名分和地位。歌詞中提到的花是指百合花與雕刻的配刀，都是魯凱族貴族的象徵。魯凱族父母親對孩子的關愛與期許在他們的社會中非常自然，有如傳統漢族社會的父母望女成鳳、望子成龍一般。本曲由男女同聲齊唱或輪流唱進行，更使人感到父母同心的期望多麼熱烈。齊唱的曲調是傳統的旋律，以 Do、Re、Mi 三個音組合而成，四個小樂句幾乎是同樣的旋律進行，但它卻在平穩中予人一種巧妙變化的印象。這主要是來自裝飾音的活潑動感（Mi 快速的滑到 Re），以及偶數句第一小句將原來一個平穩進行的音程（Do-Do、Re-Re 同音或 Do-Re、Re-Mi 二度）改為跳動的進行（四度 Re-Sol）造成的，它為這個平穩的曲調製造了一個驚奇，最終卻仍落腳在連續出現的同音 Do，安穩地帶著孩子入眠。」（註三六）

〈E！E！E！E！〉催眠曲

　　E！E！E！E！E！E！E！E！

　　Kasi pele pele nga，tha la lay lhi，

　　Tama su lhalhakelhi，anika tuele ge

　　Pana ini ku tama su，ani sara taruru，

　　Kay ki daane ta，E！E！E！E！

　　睡吧！快快的睡吧！我家疼愛的小寶寶，

　　若是夢見在深山裡狩獵的爸爸，

　　請他滿載著獵物，及早回到家裡。

賞析者說明了「E！E！E！E！是輕搖或輕拍幼兒時發出的撫慰聲，傳統的催眠景象是婦人背著幼兒，來回踱步，手伸向背後，輕輕拍著幼兒的背部或臀部，以時而輕柔，時而有力的聲音唱著催眠歌。在歌詞中，母親希望幼兒早早入眠，好讓自己方便做女紅或家事，同時又寄上另一個願望，希望他夢見在深山裡狩獵的爸爸，滿載著獵物，及早回

到家裡。本曲若由老年人來唱則聲音更深沉。本曲的主旋律是由 Do 與 Mi 兩音組成，一開始兩個音都利用 Re 的裝飾來回哼唱。落在主音上的重音，使本曲有明顯規則二拍子的節奏感，整體形成哄幼兒睡時特有的磁性與韻律。此外，本曲的中段，也不甘平靜地，突然跳進到高了四度的 Sol，並緊接著裝飾 Mi（從 Mi-Re 突然跳到 Sol-Mi- Re），句尾再以 Do 音的重複出現，返回平靜，企圖以安定的尾音引導幼兒進入安穩的夢境。除歌頭、歌尾的哄睡聲（虛詞）外，本曲共有六句，樂曲的長度顯然是配合歌詞的長短！」（註三七）

十三、魯凱族情歌

〈Gi a sau〉情歌：這首歌是對唱的情歌，聽起來很優美，感覺很浪漫。不規則的節奏，自由延長的音，是在呼喚情人，歌唱的情境是：相互揮別後的情侶依依不捨，藉著此曲道別，因為距離漸遠，所以歌曲中出現許多的長音，好像在呼喚，使對方能聽得見，聽得清楚。長音之後，接著出現宣敘調唱法的小音程，感覺像是在說話，此曲雖然旋律不明顯，但演唱者將強音弱音作得很清楚，聽起來很能感受到男女演唱者的深情款款。（註三八）

十四、魯凱族追求歌

〈U na ne si u nan〉男子追求女子歌：這首歌的大意是，我們現在開始談情說愛，去追求那如嫩草般美麗的女子。（註三九）

十五、魯凱族對唱情歌

〈Nu ba lu mian〉男女對唱情歌：這是一首熱戀中的男女對唱之情歌，在歌曲中男女互相稱讚對方的美貌及英勇，並表示沒有一刻會將對方忘記，藉著歌詞的內容，表達心中的熱情。（註四十）

十六、魯凱族失戀歌

〈la li zo go〉失戀歌：這是一首失戀的歌，大意是：眼看著心愛的人就要出嫁，刺痛我的心。（註四一）

十七、魯凱族傳統舞蹈

魯凱族的舞蹈注重手與腳的協調變化，目前流傳下來的舞有「四步舞」與「八步舞」，後者跳起來輕便漫妙，是魯凱族人最喜愛的舞步。（註四二）

在慶典或結婚時，魯凱人都會唱歌跳舞來加添歡樂的氣氛，不分男女老少，圍成圓圈，在領導者的帶領之下，歌一首接一首唱，舞步反覆不停，通宵達旦不感疲憊。領舞者由族中德高望重的人擔任，在舞蹈中，要隨時注意人數的增減，以調整隊形，讓每一位參加的人都能盡興歌舞。（註四三）

舞蹈隊形：領舞者站在第一位，左手置於腹前，牽第二位的左手，領舞者的右手向外伸直，牽第三位的右手，而第二位的右手，越過第三位牽第四位的左手；如此類推，形成交插牽手的隊形。（註四四）

舞步：領舞者決定舞步的快慢，開始時領舞者會數 1234，1234 兩個四拍的預備口令讓大家準備開始，第三個四拍的第一拍起第一步，左腳向左邊跨步，第二拍時右腳向左邊靠，置於左腳前方，第三拍左腳收於左後方，第四拍將右腳收回或立正狀，而後不斷反覆，做交步互換前進，並依順時針方向行進。（註四五）

十八、魯凱族狩獵舞

年長男性跳的「狩獵舞」，歌聲雄壯、動作寫實，有如原野上追捕獵物的獅子。（註四六）

長久以來，魯凱族文化深受排灣族的影響，因此在社會結構、祭祀儀禮，尤其是舞蹈方面，兩族舞步有許多共同點。魯凱族與排灣族傳統舞蹈的空間結構完全相同，舞步也多有類似，以「狩獵舞」而言，兩族

舞步相同，不同的是臂部動作。根據伊能嘉矩於一百年前，即 1900 年 8 月 15 日的日記所載，當時魯凱族女性的舞蹈步伐與劉鳳學教授於 1976 年所見之舞步，沒有任何差異。（註四七）

十九、魯凱族結婚舞

魯凱族在所有的儀式中多由歌謠主導。女子結婚首先在屋內由年長的婦女唱歌讚頌女方家世，即將出嫁的女孩也邊唱邊哭泣，此時庭院中有若干少女圍成一圓形唱歌跳舞。同時，一位男士站在女方家屋屋頂上手持燒菜鍋，一面唱歌、一面敲擊鍋底，直至新郎背負新娘走出家門為止。（註四八）

二十、魯凱族勇士舞

「勇士舞」是在慶典時或頭目的婚禮上跳的舞。跳時向前八步，然後緩和跳四步，在跳勇士舞時也有領舞者，領舞者要很熟悉舞步並且體力過人，所有的舞者，要跳得快、跳得高，來表現魯凱勇士的精神。（註四九）

二一、魯凱族百合花舞

穿著黑色上衣、紅色長裙的東魯凱族婦女搖曳著曼妙的舞姿，人手一朵百合花，忽而在身邊、忽而高舉在頭上，舉手投足間自然流露出傳統上她們對百合花無限崇敬與喜愛的心情。百合花在魯凱人的心裡象徵著崇高聖潔，族語稱作 Beliyan-alai，在過去只有貴族階級的族人及狩獵勇士、女性則是有良好德儀者，才可以戴在頭上，一般平民百性是不可隨意插戴的。（註五十）

二二、魯凱族竹枝詞

台東埤南撫墾局陳維禮〈魯凱族竹枝詞〉：

魯凱排灣並蒂花，山川阻隔始分家，

語言各自支離甚，偶像同宗石樹蛇。

面對強鄰首不低，英雄氣概排灣躋。

搶婚久就非時尚，入贅仍如鬧小蹊。

貝飾羽冠美又豪，生涯巨細賴腰刀。

母呼乙乃父阿媽，姑打居然在喚醪。

階級名稱守特嚴，女男鍛鍊素相兼。

狂歌熱舞無拘束，老彩須從祭典霑。

▲ 百步蛇與百合花／田哲益提供

註釋

註一：劉鳳學《與自然共舞：台灣原住民舞蹈》，國立傳統藝術中心，2000 年 12 月。

註二：呂炳川《台灣土著族音樂》，百科文化公司，1982 年。

註三：《台灣空中藝術文化學苑學員通訊》6 期，財團法人台灣省文化基金會，2001 年 5 月。

註四：同註三。

註五：施翠峰《台灣原始宗教與神話》，台北，國立歷史博物館，2000 年 9 月。

註六：陳美玲編著《魯凱之歌》，屏東縣立文化中心，1999 年 6 月。

註七：同註六。

註八：奧威尼‧卡露斯《魯凱族多情的巴嫩姑娘》，新自然主義有限公司，2003 年 1 月。

註九：同註五。

註十：同註六。

註十一：盧正君《魯凱族歌謠採擷》。

註十二：劉秀美、蔡可欣《山海的召喚：台灣原住民口傳文學》，國立台灣文學館，2011 年 12 月。

註十三：同註六。

註十四：同註六。

註十五：同註十二。

註十六：林道生編著《台灣原住民族口傳文學選集》，花蓮縣立文化中心，1996 年 6 月。

註十七：黃世民《雲豹之鄉：隘寮群魯凱部落田野集》，潮州高中，2003 年 7 月。

註十八：同註十七。

註十九：王煒昶主編《山林的智慧：台灣原住民文化園區導覽手冊》，台灣原住民文化園區管理處，1998 年 5 月。

註二十：同註十七。

註二一：《台灣空中藝術文化學苑學員通訊》12 期，財團法人台灣省文化基金會，2001 年 11 月。

註二二：簡榮聰〈魯凱族的靈蛇崇拜〉，《台灣新生報》，1997 年 11 月 23 日。

註二三：同註二一。

註二四：同註六。

註二五：柯玉玲〈Ngurharhekai 魯凱族民謠——Baiyu（巴油池）之戀〉，《山海文化雙月刊》，1996 年 7 月號。

註二六：同註十六。

註二七：同註十六。

註二八：同註六。

註二九：同註六。

註三十：同註十六。

註三一：吳榮順《台灣原住民音樂之美》，國立傳統藝術中心籌備處，1999 年 6 月。

註三二：奧威尼‧卡露斯《雲豹的傳人》，晨星出版社，1996 年 10 月。

註三三：同註六。

註三四：同註十六。

註三五：張杏如總編《Ne Ne Ne 台灣原住民搖籃曲》，信誼基金出版社，2001 年 5 月。

註三六：張杏如總編《乘著歌聲的翅膀》，信誼基金出版社，2001 年 5 月。

註三七：同註三六。

註三八：同註六。

註三九：同註六。

註四十：同註六。

註四一：同註六。

註四二：桃源鄉公所《桃源鄉誌》期末報告，2003 年。

註四三：同註六。

註四四：同註六。

註四五：同註六。

註四六：同註一。

註四七：同註一。

註四八：同註二。

註四九：同註六。

註五十：林建成《台灣原住民藝術田野筆記》，藝術家出版社，2002 年 5 月。

魯凱族建築
口傳文學

第二五章

日治時期建築學家千千岩助太郎所撰述的《台灣高砂族の住家》是第一本專門介紹台灣原住民族建築書籍，其文內將原住民族建築形式概分為「平地式」、「豎穴式」與「干闌構式」三種。……長期鑽研各民族建築的黃蘭翔教授表示，其實所有民族的傳統建築形式皆採用就地取材之法，漢人是農耕社會，在耕種時就順勢用泥土蓋出土角厝，台灣原住民族則是依據居住地，使用木頭、竹子、頁岩或茅草等材料興建家屋，順應大自然環境居住。（註一）

霧台及下三社群（茂林）的魯凱人，住地附近粘板岩很多，所以住屋都以石板及木材為主要建材。而大南群（台東大南社）的魯凱人則以木材、竹材及茅草為主。

一、魯凱族的居住環境

魯凱族的居家環境非常悠閒，有前庭、座椅，頭目家立獨石、榕樹。對於在前庭的布置方面，魯凱族比排灣族更富於變化，前庭空間也因桌椅、石板屏風的配置顯現出幾個小的空間，這在同樣使用石板建家屋的排灣族比較少見。另外，較大的住屋在房子正面的左右兩側有各開一門的情形，與排灣族只開一門的情況不同。（註二）

魯凱人是以貴族為中心的社會組織，……他們的房屋雕飾最發達，但這僅是貴族和頭目的特權和愛好，平民是無權如此裝飾自家房子的。……大南村的會所於室內有代表會所之神的石像雕刻。床側及爐火前的木柱上也刻有人像，這種房屋裝飾表示了大頭目在村社裡的顯赫地位。（註三）

石板為魯凱的傳統建材，魯凱族並視石板屋為一項藝術，是種力量與智慧結合的表現，魯凱男人也以擁有石板屋為最大的榮耀及驕傲。石板屋具有冬暖夏涼、耐風吹、持久性高，及不易被敵人攻破等特性，但在建材的取得上卻不容易，常常需要花費好幾年的時間才能蓋好一間石板屋。魯凱人會在石板屋中間立一中心柱，是為神柱，稱之為Lomuton，是全家人的守護神，而所有的祭拜儀式都會在中心柱舉行。當中最具特色是貴族人家會在神柱上刻上人體雕像，包括了性器官，這

種現象凸顯了該族與眾不同的文化特色。（註四）

　　魯凱族住在中央山脈東西兩側，這裡的岩層屬於頁岩，對於能夠善加利用環境的魯凱族人，就此建造出相當具有文化的「石板屋」。石板屋是利用石板建造的房子，但什麼是石板呢？就是跟木板一樣是一片一片的石

▲ 裝飾華麗的魯凱族住屋／田哲益 提供

板，符合這種特質的就只有頁岩。頁岩屬於沉積岩的一種，是一種呈現薄片狀、層狀的岩層，顏色有灰黑、綠、淺黃、淺灰等各種顏色，它是構成台灣中央山脈以西各地層的主要岩石。以魯凱族分布於中央東西兩側地理環境來說，頁岩當然是極為良好的建材，也因此才會出現石板屋這種頗富特色的建築物。不過東魯凱大南社靠近平地，因就地取材也發展出茅草屋。石板屋建造過程中未使用鋼筋水泥，完全按照石板的厚度及大小一片、一片堆砌而成，而在堆疊石片的過程中，如果有一片疊得不好，整個屋頂就會垮下來。由此可知，在石板屋建築過程中是困難重重，除了需具有藝術鑑賞力以外，更要具備專業建築技術，才可能堆砌出如此具有族群特色之住屋。石板屋的建造都是採互助的方式完成，比如今天有一戶人家要蓋石板屋，部落內的族人就會一起來幫忙。這樣你來我往互助合作，加強了族人間的聯繫和團結。（註五）

　　魯凱族住屋有竹、木材、茅草及石板等材料，其石板屋之石板為深褐色，平整美觀，有魯凱族文化之特質。除住屋外，尚有製作鐵具小屋、穀倉、織布小屋及田邊休息小屋。（註六）

　　魯凱族貴族家庭之門楣、屋柱、木製日常用具器皿及作戰用的盾牌，均刻有各種紋樣：有人像紋、百步蛇紋及鹿紋等，這些紋樣或為魯凱族神話信仰、圖騰崇拜之對象，或與生態環境有關。那造型樸拙，別具風格之紋樣變形或以複合式呈現，既寫實又具抽象之美，洗鍊的刻工，實為魯凱族文化瑰寶。（註七）

二、魯凱族石板屋之建造

魯凱族的傳統建築是石板屋，以前的結構比較簡單，大小是以主人的身體為標準，寬度大約是雙手伸開的兩倍半，長度又比寬度大一些，屋簷很矮，牆壁以石片砌成，橫樑由木柴架成，屋頂是樹皮、蘆葦，地面則鋪了石板。後來建築形式有了改進，屋頂為一半石板、一半蘆葦，最後才逐漸演進到石板屋頂，簷桁與中心柱也加上雕飾。石板屋的耐久性高，而且冬暖夏涼，不容易被強風吹垮，也是良好的防禦基地。（註八）

魯凱族的石板屋，除了樑柱使用木材、屋頂覆蓋茅草之外，其他全部都是用石板建成的。從外觀看來，好像就是用石板包住一樣。貴族的住家還豎立著祖靈像、陶壺等。

過去魯凱族人蓋石板屋需要好多年，男主人成家後即著手收集石板，等孩子長大後由長子繼承主屋，其他的婚後要各自獨立興建石板屋，這時候收集的石材就派上用場了。魯凱族石板屋區分為主屋、臥室、起居間、廚房，特別的是緊連著屋子的芋頭灶，前庭還有休憩的靠背石。（註九）

魯凱傳統的建材是石板。自古以來在沒有好的工具之下，巧妙地採取石板。石板的用途很多，房屋的百分之八十全都用石板，人死之後也用石板。石板的種類有兩種，一種是公的，另一種是母的，公的石板堅硬而不變色，母的則容易風化變顏色。公石板有時因地形而品質略有不同，最被看好的公石板是黑色及深藍色且有光澤，密度高（堅硬），不但美觀且耐久。（註十）

〈魯凱族石板屋的建造傳說故事〉

傳說，古代魯凱族人建造石板屋，都不能夠成功，有一天，出現一隻巨大的百步蛇，牠把身體展開起來，讓族人看看鱗片，族人這才恍然大悟，原來蛇的鱗片是由下往上疊的。前幾回族人建造石板屋都是由上往下疊，所以下雨的時候，水就會順著石板滲進去流到屋內，於是模仿百步蛇鱗片由下

往上疊，從此就不會滲水了。而且還冬暖夏涼，非常堅固。

按本則故事與排灣族之傳說故事相似。本則故事建築石板屋屋頂的排列方式，得之於巨大百步蛇鱗片的組合排列的啟示。

本則傳說故事情節要述如下：

（一）古代魯凱族人建造石板屋都無法成功，屋內還會漏水。

（二）有一天，一隻巨大的百步蛇把身體展開，讓族人觀看鱗片，族人才恍然大悟，原來蛇的鱗片是由下往上疊的。

（三）族人過去建屋搭石板都是由上往下疊，所以下雨會漏水，模仿百步蛇鱗片由下往上疊，從此就不會滲水了。

以前，在魯凱社會中，貴族才能擁有雕刻裝飾，平民是沒有資格持有的，魯凱族人的頭目家會雕刻在立柱、橫樑、壁板等處，用來彰顯家族的權勢與地位。（註十一）

魯凱族的石板屋非常著名，舊好茶部落因擁有保存完整的石板屋部落建築，已被列為二級古蹟。舊好茶有了名正言順的保存依據。

舊好茶的石板屋，由於是依山形而建，整個聚落十分壯觀，但卻很難在短時間讓外人摸清路徑和住宅間的關係。這種帶有防衛性的群屋，敵人很難入侵，此為其特色之一。石板堆砌而成的家屋約只1公尺高，面陽處為門窗的啟開方向，冬暖夏涼是其另一大特色。（註十二）

石板屋之進化與演進：石板屋的雛形早在古時候還在希給巴里基（Shikipaxlichi）時早已成形，但結構非常簡單，面積大約寬不到10尺、長度15尺，屋椿的高度大約6、7尺，屋簷高度不到4尺，以石片堆成牆壁，以木材做成橫樑，屋頂以樹皮及蘆葦蓋成，地上鋪石板。來到魯敏安已進步到屋頂一半蓋石板，一半用蘆葦。移到加者膀眼時進步到全部用石板，並且開始雕刻簷桁及中心柱。從雛形演變到今天的石板屋，稱之為石板文化。石板屋的特性是耐久性高，冬暖夏涼，颱風不易吹垮、也不易被敵人攻破。（註十三）

三、魯凱族石板屋之空間格局

一般石板屋的空間，從前面窗戶到後面共分三個格局：（註十四）

（一）前面靠窗的台面：這裡通常比中間的活動空間高出約5寸，並設有寢台，寢台又比台面高約5寸。這個地方因為空氣良好，光線充足，是女性刺繡編織的地方，也是照顧嬰兒的場所。如果家中有待嫁姑娘，這台面也是傳情歌唱、談情說愛的地方。此外，此處床位地底下約1.5公尺處，是埋葬女性的地方。

（二）中央活動空間：這裡是民生事務忙碌的地方，包括家族協商議事等，也是祭拜祖靈的場所，因為祖靈柱正好位在最後方的神聖空間和中央活動空間之間。這裡的地底下也是埋葬男性死者的場所。

（三）最後方的神聖空間：這個地方設有米倉，也藏放貴重物品和祭拜道具。祖靈柱是人頭蛇形，頂著屋脊橫樑，所有祭儀都以這柱子為重心，而所有的武器也都繫在柱子上，任何人趁黑夜來犯，屋主摸黑都可以取得武器來防衛。如果是頭目住屋，屋外的前庭廣場會樹立石柱，這是頭目權威象徵，也是全部落開會地點。家屋外的大榕樹可供夏日遮蔭休憩，也是盪鞦韆的地方。對這一群石板文化的子民而言，石板屋除了可以遮陽避雨，也是愛情的溫床、生命承續的暖房，同時更是代代生者與死者的永久居所；所以，魯凱人稱「家」為「巴里屋」（Balhio），意思是「永遠的居所、永恆的歸宿」。

四、禮納里部落魯凱族的家屋

位於屏東瑪家鄉的禮納里部落共聚集了三個部落：瑪家鄉的瑪家部落、三地門鄉的大社部落，以及霧台鄉的好茶部落。在2009年，八八風災造成這三鄉的重大災情，政府便將這三個部落的災民遷至鄰近的瑪家農場安置，並由世界展望會援建永久屋。命名「禮納里」，也是部落與各

界討論後的結果，意即「我們一起走，大家一起往那兒去的地方」。

　　首先因禮納里廣納三大部落一同居住，為讓各族群在此皆能快速產生共識，故在建設時，即採用「入口處意向」營造策略，明顯地區分各部落之差異性。……禮納里部落施作主題即以符合該族群部落文化圖騰意象，及以原鄉部落延伸關係為充分表達各家屋故事性為主軸。藉由推動建築語彙，找回部落傳統工法及凝聚力為主軸。……禮納里家屋可明顯地看出融合排灣族和魯凱族兩大族群的禮納里部落，依舊維持著其各自族群文化特質。例如，在家屋彩繪用色和構圖上即有明顯差距。……以魯凱族為例，百合花是其獨特配飾，在孩童年幼時，即有百合花配戴儀式，以表對其的期待。甚至過往原鄉部落內，還會以百合花訂立道德規範之法，男性須是英雄或對部落具有特殊貢獻者；女性則是要被公認是個守護貞潔的女子，才有資格配戴百合。於是，在建築語彙上百合花也是不能胡亂使用之象徵，必須具有貴族地位，才能以百合花裝飾家屋。從建築彩繪即可以看出此家人在魯凱族的地位。像沒有紋路的陶壺，屬於平民身分，繪有山豬的家屋即代表為獵人之家，頭目、貴族之家屋圖騰則顯得豐富繽紛，有陶壺、百步蛇、百合花等。……像是魯凱族和排灣族在傳統文化上皆有階級制度，因此各類圖騰具有特殊涵義及身分地位，不可以隨意使用，而頭飾上的羽毛，是榮譽象徵，必須是有特殊貢獻的男士才能擁有，如果該家戶未具備此一背景，絕對不可擅用。（註十五）

五、新好茶部落魯凱族的住屋

　　新好茶位於南隘寮溪旁，……每家的家門兩旁都刻上石雕以顯明這個家族的身分地位。假如是陶壺、百步蛇，那一定是貴族之家；如果是人頭，這個家族以出草獵過人頭出名；如果是動物，不管是山鹿或山豬，這個家族是以獵人出名；有時候是燕子或者是跑步者的石雕，表明這個家族是以長跑及速度出名；有的是百合花，這個家族以淑女出名；如果是小米，那當然是以小米最多出名；有的是雕蘇武牧羊，這個家族是傳道人或牧師出名。唯一有一家與眾不同的是，刻有一男一女各自頭

頂著陶壺，這個家族是世世代代為大頭目做提水的工作，雖然他們這個家族是平民，過去能勝任這個工作的人，人品一定是很好的。……新好茶有些家屋外面樹立石柱，類似寶座的意義，因此只有大頭目之家才能有，因為石柱是權力的象徵。以前在舊好茶只有五家有石柱：（一）柯光輝家（Laocho-Kadrangilan）、（二）安貴家（Kui-droloane）、（三）石惠珍家（Elheng-Patsekele）、（四）賴賢續（Volhoko-Kabolhongon）、（五）力大古（Lhidako-Patalinoko）。首列四個家族是大頭目，是在好茶歷史上有功的家族，唯一例外的是力大古，雖然是平民，但以雕刻藝匠出名。以前的石柱，只是簡單的人頭形像樹立在外圍，其下放一塊石頭供坐，每有重要的會議，每個男丁都集聚在大頭目家外，大頭目便坐在柱下石頭上領導會議。（註十六）

六、頭目的住家

頭目才可以在住屋入口的簷桁上雕刻有蛇、鹿、人頭等花紋，其住屋的面積也較大。室內正堂迎門的柱上有人像雕刻，宅前有司令台。……他們的祖先來源傳說中，有一種傳說為魯凱人的祖先是由百步蛇所生的，所以他們將百步蛇的圖案視為祖靈的一種象徵，運用在家屋的祖靈柱、簷桁、門扉等的木雕、身體的刺青、衣服的刺繡及其他生活器物上。（註十七）

七、去露頭目住家遺址

王煒昶《山林的智慧：台灣原住民文化園區導覽手冊》載：（註十八）

相傳，去露社下方有一山泉湧出處，一日，巨石裂開，生出一名男嬰，該社居民舒基納力家族將他撫養長大，並娶好茶頭目的女兒為妻，繁衍的後代就是去露社的頭目，也就是今日卡拉巴揚（Kala-payan）頭目家族的祖先，昔日為嬰兒洗澡，有一凹槽的石頭，目前還保存在部落裡，而山泉湧出口，依然汩汩地訴說著頭目誕生的故事。該社創始的社民後代舒基納力‧瑪目路現在還居住在去露。

台灣原住民文化園區去露頭目住家，屋前有寬廣的前庭，入口開在左側，正面有窗戶數個，進入室內，並沒有直接進入正室，而是經過一間附屬的工作房，有爐灶及柴薪堆放處。是一個轉換的空間，也是魯凱族頭目家的特色。平民的家屋沒有雕刻的門楣，面積也比較小，有的平民家屋占地甚至是頭目家屋的三分之一不到，內部陳設也較簡化。（註十九）

八、神山頭目住家

台灣原住民文化園區原建於霧台鄉霧台村神山部落，為一大型、橫向的石板屋，屋簷下有精美的雕刻，象徵著家族的尊貴，前簷以木柱等間隔支撐。在其他地方也有以石板斜靠前簷的做法。穀倉位於後室，中柱雕飾著祖靈像，前庭的廣場是頭目女兒結婚時盪鞦韆的地點，在婚禮的前一天，男方的親友要到女方家搭鞦韆架，族裡的結婚舞會也多半在頭目家前的廣場舉行，前庭中央植一老榕，是頭目家屋的地標。（註二十）

九、阿禮頭目住家

阿禮社是霧台鄉最偏遠的部落，頭目家是一橫向大型石板屋，門開在左側，正對著穀倉與穀物桶。正面靠窗的左、右兩側是石板床，兩床中間是起居室。主柱位於屋內中央偏左，後室有一寢床，廁所及豬舍位於右側，另有一獨立出入口。頭目住家現況：面對群山的阿禮頭目住家，前庭中央立一雕有女祖靈像的石板立柱，立柱四周圍有石板長凳，女祖靈像代表了當家的頭目為女性，但實際執行部落事務的工作仍交由頭目的丈夫出面處理。因此，為了使眾人信服，入贅於頭目家的人多半是其他部落階級相近的頭目。大門入口開在左側，進入室內是一附屬屋，目前經營雜貨店，再往裡走入正室，有三根立柱等間隔的立於油門往屋內三分之二空間處，立柱雕刻著祖靈像並縛綁住鹿角、豬骨。立柱後面是成排的寢床，床後面的牆上有兩排的家傳古壺、禮刀及一些裝飾物。前室左、右兩側各有一張高腳的木床，上面鋪著石板，床腳還雕飾著精美樸拙的雕刻，兩床之間原來是石板鋪面，現在改放一組大型沙

發。屋內全部鋪設 0.8m×1.5m 寬的石板。廚房位於屋內最右側,有一獨立的門通室外。以前是豬舍與廁所的使用空間。頭目家族的門簾掛著與家屋等長的木板雕刻、紋飾為百步蛇紋、人頭紋。人頭紋代表了獵首、英勇的意象,百步蛇是貴族的標誌。整個空間運用依然保留了原來的方式,只做了些許修改。(註二一)

十、魯凱族祭司家屋

台灣原住民文化園區原建於霧台村,祭司負責部落性祭儀的舉行及個人祈福卜問的儀式,一般人不得隨意進出。(註二二)

十一、霧台魯凱岩板巷

來到霧台鄉,千萬不可錯過步步驚奇的岩板巷。以石板為底、陶壺為引的岩板巷,自 2000 年開放以來,吸引了大批遊客前來感受不同凡響的魯凱風情。踏在岩板巷上等於一步步踏入魯凱族人的生活,沿路目不暇給的石板屋、雕像,可不是博物館內的館藏,一點一滴全是族人的日常生活,遊客不僅能欣賞,也可以走進屋裡,感受魯凱族人天生的藝術天分,以及族人們對魯凱文化的堅持與驕傲。而沿途不時躍入眼簾的雕刻作品則訴說著魯凱族人的生活點滴:婦女織布、部落長老、狩獵英雄、獵人報戰功,集魯凱文化於一身的岩板巷始終令過往旅人驚艷不已,是領略魯凱文化的最佳入門途徑。(註二三)

十二、霧台達拉拔樣頭目家屋

「達拉拔樣」對霧台部落的族人來說是真正的大貴族、大頭目,從屋外的大榕樹及立石標記就可看得出來。當年魯凱族人從台東遷居到舊好茶之後,因人口逐漸增多,所以由平民出外進行拓荒,在現今霧台村定居下來之後,再派舊好茶頭目家族成員到上霧台當家,成為現在的達拉拔樣家族。筆者同學唐仁忠主任就是達拉拔樣家族的成員,唐主任將其對魯凱文化的豐富認識透過現代教育系統傳承給下一代,希望讓魯凱文化得以生生不息。

十三、魯凱族的附屬建築

（一）工作小屋：為族人織布或工作的房子，魯凱人有不得在家裡織布的禁忌，因此另建小屋為工作場所，通常可容納2～3人。（註二四）

（二）鍛冶小屋：魯凱族善於製造刀具，早期將家中的鐵器鍛冶成刀，並立一小屋作為工作室。多為茅草屋頂，僅有立柱而無牆面，屋內有灶及風箱。（註二五）

（三）會所：位居台東的大南社，由於鄰近卑南族、阿美族在強敵環伺下，對於男子的訓練極為嚴格，藉此保衛村落的安全。男子在8歲開始進入少年會所，至15歲才離開。15歲進入青年會所開始一系列嚴格的訓練，如試膽、禁食、服從、勞務。到了18歲，可以結交異性朋友，21歲以後就可以結婚生子，至此脫離會所生活。由於台東缺乏石板，因此青年會所以茅草為頂、木板為壁。內部分上、下二層，下層放置柴薪，上層為青年睡鋪。會所內有二個火塘，青年們圍著火塘聽取前輩們的生活技藝傳授。會所內有十根大型木柱雕刻，分別代表了歷代男女祖先的雕像，讓人看了油然升起一股敬畏之心，藉此雕像訓勉族人牢記祖先遺訓，做好傳承的工作。目前會所只有在豐年祭時才使用，原來茅屋的形式已不存在，改為鋼筋水泥式的活動中心。會所制度的施行也僅止於豐年祭期間的七至十天左右。這批雕像也落入收藏家手中。（註二六）

十四、魯凱族之家族組織

魯凱人以家宅、家氏為親族關係發展之基本要素，並施行偏重父系的雙系繼嗣法則。每一家宅原則上由長子承居、餘嗣分出，無男嗣時則由長女承家。直系承家繼續其家氏，旁系分出之後便自立為分家之家氏單位，與其本家維持階序關係。部落中的祭儀、行政等事務，均由頭目

階級所掌握,他們的服飾及家屋雕刻也與平民不同,階級性的社會和財富的累積以及分工的專門化,使得魯凱族的工藝,尤其是雕刻,獲得特殊的成就。(註二七)

魯凱族傳統社會是以家庭為基本單位,再向上推展為親屬階層而至整個部落。然而家庭的含義則涵括:家屋、家名及家庭成員。傳統的魯凱族家屋為石板結構,其規模大小或家飾之繁簡則取決於在部落貴族階層體系中的地位。貴族頭目家屋可裝置刻有傳統雕飾之橫楣、樑柱和圖騰等象徵權貴的裝置,並擁有寬廣的聚會場所等;頭目家屋內更是設置有神龕祭壇,奉祀著盛水的陶壺則視為祖先神靈之所在。而家名則用以辨識家族及區分社會階層地位或特權等。(註二八)

魯凱家族有大小之分,一個小家族即由一夫一婦與其未婚子女而組成,一個直系大家族即父母與長子夫婦及其所生之子女居住組成。每一所家屋有一家氏,此家氏經命定後,不得再變更,不只代表此所家屋,且象徵居該屋者之姓氏。凡出生或居住在某一家宅之人,向別人以家氏自稱,或在其名下連以家氏。每一家宅原則上由長子繼承居住,無男嗣時由長女取代。承家繼嗣者為一家之首長,無論此家宅改建或搬遷,其家氏不變。除非完全絕嗣廢家,這個家氏將綿延不斷。在一家宅出生之子女,除承家繼嗣者之外,女子出嫁於夫家,男子則娶婦分居,自立為分家,分家與其所出之本家仍保持宗系關係,最初建家之原始宗家,不僅為該家分家之領導中心,且有留養出身該家之鰥、寡、孤、獨與離婚者之義務。(註二九)

以農耕為主要營生的魯凱族,施行「家名制度」。所謂的家名制度是指每一個家屋都有自己的家名,凡是在這個家屋裡出生或是住在這裡的人,都會以「家名」自稱。而且,家屋一旦經過命名之後,就不會再變更,這樣一個家名制度,不但是魯凱族社會最基礎的單位,同時還具有凝聚家人團結與向心力的作用。(註三十)

十五、魯凱族舊好茶古蹟村

　　魯凱族的「好茶舊社」被列為二級古蹟，成為台灣第一個以聚落為單位、原住民的古蹟。好茶舊社位於屏東縣標高 930 公尺的霧頭山上，好茶舊社族人在此耕作和打獵維生。自從日本時代以後，在現代經濟生活的驅使下，許多族人到平地做工，因此人口不斷外移，久而久之，村落因此荒廢。所以好茶部落保存的狀況還算良好，尤其是已快失傳的傳統石板屋。近年來許多族人又回到好茶舊社老家，並且積極推動重建舊好茶的運動，希望建立成魯凱族文化園區。

註釋

註一：陳婉菁〈原民建築傳遞多元文化 DNA〉，《原住民族》季刊，2015 年 3 期。

註二：王煒昶《山林的智慧：台灣原住民文化園區導覽手冊》，1998 年 5 月。

註三：范純甫主編《原住民風情（下）》，華嚴出版社，1996 年 8 月。

註四：《台灣空中藝術文化學苑學員通訊》12 期，財團法人台灣省文化基金會，2001 年 11 月。

註五：同註四。

註六：劉鳳學《與自然共舞：台灣原住民舞蹈》，國立傳統藝術中心，2000 年 12 月。

註七：同註六。

註八：奧威尼·卡露斯《魯凱族多情的巴嫩姑娘》，新自然主義有限公司，2003 年 1 月。

註九：林建成《台灣原住民藝術田野筆記》，藝術家出版社，2002 年 5 月。

註十：奧威尼·卡露斯《雲豹的傳人》，晨星出版社，1996 年 10 月。

註十一：陳美玲編著《魯凱之歌》，屏東縣立文化中心，1999 年 6 月。

註十二：鄭元慶〈重回舊好茶〉，《與鹿共舞：台灣原住民文化（二）》，光華畫報雜誌社，1995 年 2 月。

註十三：同註十。

註十四：同註八。

註十五：黃依玟〈走進禮納里會說故事的家屋〉，《原住民族》季刊，2015 年 1 期。

註十六：同註十。

註十七：姚德雄《九族文化村》，日月潭九族文化觀光事業公司，1989 年 11 月。

註十八：同註二。

註十九：同註二。

註二十：同註二。

註二一：同註二。

註二二：同註二。

註二三：紀佩君《驚艷屏東原味十足：屏東縣原住民地區文化生態旅遊深度導覽手冊》，屏東縣政府原住民行政局，2003 年 3 月。

註二四：同註二。

註二五：同註二。

註二六：同註二。

註二七：《美麗福爾摩沙》第 19 期，台灣空中藝術文化學苑，2002 年 8 月。

註二八：許晉榮《茂林風華》，高雄縣茂林鄉公所，2002 年 2 月。

註二九：同註二七。

註三十：同註四。

魯凱族人與神情
口傳文學

第二六章

一、神也會掉眼淚

在原住民的世界裡，「神」與人是一樣的，也具備了喜、怒、哀、樂、愛、惡、欲等七情六慾，也充滿著無盡的感情與悲憐。

趙惠群〈雲豹子民不做失根的百合〉載女神讚嘆百合落淚誕生魯凱人：（註一）

> 太古時代，大武山上有位女神因讚嘆春天百合的純潔美麗，感動落淚，淚水滴在百合花瓣上，跟著花朵裡便誕生了魯凱人的祖先，因此魯凱的聚落也有人說是「百合聚落」。

本則傳說故事謂魯凱族的創生始祖是女神的「眼淚」，因為百合花純潔美麗，大武山上的女神非常讚嘆，感動得掉下眼淚，滴落在百合花瓣上，花朵裡就誕生了魯凱族的祖先。

按魯凱族人視大武山為「聖山」，魯凱族的「神」以及「祖靈居所」都是在大武山裡。

本則傳說故事描述魯凱族人的創世祖先，誕生於百合花朵上，非常詩情畫意，真是令人欽羨。

百合花象徵美麗與純潔，在魯凱族的身體裝飾以及社會生活價值觀上，具有非常特別的意義，稱呼魯凱族為「百合花的子民」，實在是最適合不過了。

二、魯凱族凡人與神婚傳說故事

《大南社》，余萬居譯，載「女子 Baltnt 與神結婚」：（註二）

> Bula 生了女兒 Baltnt，她與神結了婚，生了蛇和鷲鳥。
> Baltnt 曾告訴人們：你們到深山的 Daluparing 池邊打獵時，一定要吃熟的飯，千萬不要吃冷飯，因為冷飯是給神吃的。

本則是一則魯凱族人神聯姻的傳說故事。與神結婚的女子 Baltnt 還交代人們在 Daluparing 池邊打獵時，一定要吃熟的飯，千萬不要吃冷飯，因為冷飯是給神吃的。

按有許多魯凱族有關祭祀的傳說都謂「祭祀用冷食」。

潘英《台灣原住民族的歷史源流》載「男人與女神結婚」：(註三)

　　昔日，女神 Rukuraw 由 Takaraws（大武山）降臨於 Tavatava。後來，女神和 Rawpurun 結婚，此人陽物甚大，女神受不了而殺之。結果從此男人手指出生平民，四肢生出頭目家臣，胸部生頭目，為 Tsalisn 的祖先。

林道生編著《原住民神話故事全集(三)》載「故人巴利基」：(註四)

　　Talamakau 社：卜拉（Bula）生了個女孩，就是故人巴利基。巴利基長大了去 Aililigani（神住的地方）嫁給神。巴利基對故鄉的人說：「當你們到深山的 Daluparig 的湖打獵時，只能吃湖邊的熱飯，決不可以吃冷飯，因為冷飯是神要吃的。」後來，巴利基生下了蛇和鷲。

Daluparig 湖，魯凱族人俗稱為鬼湖。所指的神是百步蛇，也就是 Daluparig 湖的湖主。鷲，魯凱族語叫 Adisi，是一種大鳥，上嘴鉤曲、腳短、有鉤爪，深居山中，捕食野兔、小羊，也叫鵰。(註五)

洪田浚《台灣原住民籲天錄》載「霧台村人神聯姻」：(註六)

　　霧台村流傳大鬼湖的神話。古時，魯凱族少女芭倫，經常來到他羅巴林，和湖中的鬼神約會。有一天，她的秘密被族人發現，族人看見她在湖中來去自如地行走，非常驚訝，不禁尖叫一聲，芭倫趕忙沉入湖中，從此就沒再出現。至今她的傘，仍然留在湖畔，就是所謂的「芭倫之傘」，也就是他羅巴林三個湖泊中最大湖的湖畔沙洲地。族人為了對芭倫表示歉意，於是禁止族人在湖邊狩獵，並且咒詛任何人不得在湖邊高聲喊叫，否則馬上烏雲密布，立刻下雨。後來，芭倫和湖神生了一個女孩，名字叫 Tiadigul，也叫 Bayu，就是小鬼湖。

三、魯凱族已故凡人與神情傳說故事

陳千武譯述《台灣原住民的母語傳說》載「已故巴魯克與女神結婚」：(註七)

布拉生了個女孩子，那是跟已故的巴魯克生的。這位巴
魯克，到了神的那邊去，跟神結婚了。巴魯克告訴人說，你
們去狩獵，到深山達爾巴林水池的地方，要吃熱飯，不要吃
冷飯，因為冷飯是神吃的。故人巴魯克也生了蛇和鷲的孩子。

本則傳說故事情節要述如下：

（一）巴魯克死後到了神的那邊去，並跟神結婚了。

（二）巴魯克生下了蛇和鷲的孩子。

（三）巴魯克告知族人謂：到達爾巴林水池的地方狩獵，要吃熱
　　　飯，不要吃冷飯，因為冷飯是神吃的。

四、魯凱族太陽與凡女懷孕傳說故事

《大南社》，余萬居譯，載「Sulijapu 懷太陽子」：（註八）

Tona 社的 Panutiddu 娶了 Toa 社的 Sulijapu，在把新娘背
回時，在 Taekulavana 休息，新郎先去探路，新娘此時表示不願
住在 Tona 社沒有雕刻的房子。之後女子吃了放在石垣上的檳
榔，便懷了孕，男子問女子此事，女子答不知，太陽便下來認了
孩子。……

這是「多納」社一則懷孕的故事，新婚妻子吃了放在石垣上的檳
榔，便懷了孕了，其夫追問不止，太陽便下來認了孩子。

本則傳說故事情節要述如下：

（一）Tona 社的 Panutiddu 娶了 Toa 社的 Sulijapu。

（二）Panutiddu 背新娘回家途中在 Taekulavana 休息，新郎先去探路。

（三）新娘吃了放在石垣上的檳榔，便懷了孕。

（四）男子追問妻子懷孕之事，妻子自己也莫名其妙，太陽便下來
　　　認了孩子。

《大南社》，余萬居譯，載「姑娘懷太陽子」：（註九）

有位姑娘晨起，走出屋外，見屋頂上有檳榔果，便嚼了
檳榔，就這樣懷了孕。父母對此非常生氣，但姑娘卻不知為
何沒接觸男子，就會懷孕。孩子生下身上均飾有玻璃珠，太

陽來認孩了。後來長子去 Tona 社，次子往 Maya 社。

本則也是一則未婚女子懷孕的故事，與上則故事一樣，太陽最後終於都前來認了孩子。

本則傳說故事情節要述如下：

（一）有一位姑娘見屋頂上有檳榔果，便嚼了檳榔而懷孕了。

（二）姑娘的父母對女兒懷孕非常生氣，但姑娘實在也不知道為什麼沒有接觸男子而懷孕了。

（三）姑娘生下的孩子，身上均飾有玻璃珠，太陽便來認孩了。姑娘的孩子後來長子去 Tona 社，次子往 Maya 社。

阮昌銳《台灣的原住民》載「多納社少女懷太陽子」：（註十）

相傳古時有位少女，清早醒來，跟她父母說要到外面採草冠，她走到外面時，在石板屋頂上拾到一顆檳榔，隨手便送進口中嚼，不料卻懷孕了。她的情人就罵她，我沒有和你同床，怎麼會懷孕，那個少女可憐地說她沒有做對不起他的事。孩子誕生的一刻，太陽馬上就出來了，小孩身上附帶著琉璃珠，太陽說：「是我的孩子。」後來，長子到多納社，次子到茂林社。

本則傳說故事情節要述如下：

（一）有位少女要到外面採草冠，在石板屋頂上拾到一顆檳榔，便送進口中嚼，不料卻懷孕了。

（二）姑娘的情人很生氣，但是少女實在也不知道是怎麼一回事？

（三）姑娘生下孩子，身上附帶著琉璃珠，太陽就出來認孩子。後來，長子到多納社，次子到茂林社。

林道生編著《原住民神話故事全集（一）》載「多納社太陽之子」：（註十一）

一位少女，早晨起來走到戶外，她想編織草冠，但是看到屋頂旁邊的檳榔樹果實纍纍，便順手摘了一顆來吃，不久就懷了孕，父母大為生氣，少女辯稱：「我從來沒有過男人。」不久，少女生下孩子，身上還掛著蜻蛉玉，這時太陽神說：

「那是我接觸的孩子。」後來大兒子去了多納社，小兒子去了瑪家社，成為多納社和瑪家社的祖先。

本則傳說故事與上則故事相似，唯不同是本故事謂「後來大兒子去了多納社，小兒子去了瑪家社」；上則故事則謂「後來，長子到多納社，次子到茂林社」。

陳千武譯述《台灣原住民的母語傳說》載「女孩嚼檳榔懷孕」：(註十二)

　　有個女孩，晚上睡，早上起來，出外去。說：「我要去採草冠。」屋頂有檳榔粒，嚼了檳榔，就懷孕了。母親很生氣，「是誰的孩子？」「不知道，我沒有跟男人接觸過啊！」孩子生出來了，身體上有蜻蜓珠裝飾。太陽來說：「那是我的孩子。」長男做特那社祖先，次男做麻卡社祖先。

林道生編著《原住民神話故事全集(一)》載「大南社女子嚼檳榔懷孕」：(註十三)

　　有一次從天上掉下來一顆果實(檳榔)，妹妹吃了一口，吐出來的口水像血那麼地紅，問了哥哥也不知道是什麼東西。不久，妹妹就懷孕了，哥哥懷疑妹妹是與獸類有姦情才懷孕，但是妹妹堅決否認。終於，懷孕的妹妹生下了一個男孩。這時大太陽正照著他們，因此就為孩子取名叫 Sumalalai (斯馬拉萊)，意思是「太陽之子」。由於在大洪水中昇起了陽光照射他們，讓他們覺得這個孩子的誕生是好預兆。就在這個時候從天上掉下來九樣東西：Sapuka (包嬰兒的布)、Aiai (揹嬰兒的帶子)、Salukuluku (揹嬰兒的包布)、Tatuai (搖籃)、Tapa (胸兜)、Itili (矛)、Papascla (大藤蓆)、Lcn (臼)、Ascl (杵)，才使兄妹兩人確信斯馬拉萊是太陽的孩子。

本則傳說故事情節要述如下：

(一) 妹妹吃了一口天上掉下來的一顆果實(檳榔)，吐出的口水像血那麼地鮮紅。

（二）不久，妹妹莫名奇妙懷孕，生下了一個男孩。

（三）生產時，大太陽正照著他們，因此就為孩子取名叫 Sumalalai
（斯馬拉萊），意思是「太陽之子」。

（四）此時從天上掉下來九樣禮物：包嬰兒的布、揹嬰兒的帶子、
揹嬰兒的包布、搖籃、胸兜、矛、大藤蓆、臼、杵等。

以上六則魯凱族故事都是女子因為吃檳榔而懷孕的故事，而且都是
太陽使該少女懷孕，而「琉璃珠」或「蜻蜓珠」就是太陽所生孩子的標
誌。

琉璃珠是魯凱族人非常珍視的物品。琉璃珠的顏色光彩奪目，有綠
色、黃色、紅色、白底帶藍、白底帶彩色或是綠底眼睛紋等各種顏色。
琉璃珠的排列方式有很多種，有由顆粒小到顆粒大，從貴重到普通，或
是同樣大小的顆粒成一串，或是二層以上，一節一節排列，特殊的是，
每一顆琉璃珠都有其代表意義，也各有其放置的位置，串成頸鍊或手鍊
佩戴著，象徵地位及權勢。（註十四）

註釋

註一：趙惠群〈雲豹子民不做失根的百
合〉，《聯合報》，1995 年 2 月 16 日。
註二：尹建中《台灣山胞各族傳統神話故
事與傳說文獻編纂研究》，1994 年 4 月。
註三：洪敏麟《台灣省通志・卷八同胄志
第二冊固有文化篇》。
註四：林道生編著《原住民神話故事全集
（三）》，台北，漢藝色研文化事業公司，
2002 年 1 月。
註五：同註四。
註六：洪田浚《台灣原住民籲天錄》，台
原出版社，1995 年 5 月。

註七：陳千武譯述《台灣原住民的母語傳
說》，台北，台原出版社，1995 年 5 月。
註八：同註二。
註九：同註二。
註十：阮昌銳《台灣的原住民》，台北，
台灣省立博物館，1998 年 4 月。
註十一：林道生編著《原住民神話故事全
集（一）》，台北，漢藝色研文化事業有限
公司，2001 年 5 月。
註十二：同註七。
註十三：同註十一。
註十四：陳美玲編著《魯凱之歌》，屏東
縣立文化中心，1999 年 6 月。

魯凱族愛的痛苦與殉情口傳文學

第二七章

一、魯凱族階級制度的婚姻悲情傳說故事

陳千武譯述《台灣原住民的母語傳說》載「毛投蘭社男女不能結合相繼死亡」:(註一)

有個青年和女孩相愛,青年是頭目,女孩是平民。因為門戶不對,他的母親說:「雖然相愛,也不能結婚。」青年很悲傷,鬱鬱不樂,終於死了,女孩也跟著死了。青年和女孩都變成蜻蜓珠。女孩變的蜻蜓珠是不好的蜻蜓珠,因為她是平民。

本則傳說故事,謂貴族頭目與平民女子相戀,因為階級制度的嚴格制約,使得他倆不得結婚,後來相繼死了,他們都變成了蜻蜓珠,而女孩變成了普通的蜻蜓珠,因為她是平民;男子因為是頭目貴族,因此變成了高貴的蜻蜓珠。

本則故事充滿魯凱族特有的階級觀念,連鬱鬱而死的男女,死後化為蜻蜓珠,還分有貴賤之別呢!

二、魯凱族決裂的愛傳說故事

《大南社》,余萬居譯,載「燒開水燙死妻子」:(註二)

Spurununa 出外打獵,吩咐妻子不要把孩子帶到田中,但妻子不理仍把孩子帶至田中。她挖了地瓜,並烤了帶到樹上吃,把皮丟下給孩子吃,又讓孩子在田裡等,自己一個回村子。孩子們哭著想要變成烏鴉,於是,剪了衣服作翅膀,飛到了樹上。Spurununa 回到家便問妻子孩子在那,便出去田裡找。看到了在樹上的孩子,把他們帶回家。接著燒開水,燙死了妻子,然後搬到山上去了。

本則故事中的爸爸非常愛護小孩子,出獵前特別告訴其妻,不可以將孩子帶到田裡去,可是太太不聽話,結果孩子變成了烏鴉。爸爸非常生氣,燒開水把妻子燙死。

三、魯凱族樂極生悲傳說故事

《大南社》，余萬居載「女子堅持盪鞦韆藤斷變成榕樹」：（註三）

　　從前有對相愛的男女，兩人用藤蔓做了秋千，還特定選了根粗的藤條，但仍看起來十分危險。但女子仍堅持要試試，結果藤斷，她掉了下來變成了榕樹，她的頭髮變成了樹根。那男子很傷心，但社民說這是遭天譴，能怨誰？

在魯凱族的傳說中，也有說盪鞦韆是有季節性與時機的，本則堅持要盪鞦韆的女子掉了下來變成了榕樹，其髮變成了樹根，這也許就是本則故事中的社民說的遭天譴，能夠怨恨誰呢？

盪鞦韆是魯凱族人豐年祭時重要的民俗活動，只能未婚女生參加，男性是嚴格禁止參加此項活動的。在魯凱傳統觀念中，盪鞦韆能展現女子個人的才藝、膽識和身段，已婚或是未成年的女子皆不得參加，魯凱婦女視不會盪鞦韆為一大恥辱。「鞦韆」，由部落中的男士負責架起，選用山林中高大的樹木，中間垂下一條樹藤編成的繩索，盪鞦韆的人抓著繩索擺盪，盪得愈高，愈顯得才藝出眾。（註四）

盪鞦韆是豐年祭時屬於婦女的民俗活動。男士們負責將鞦韆架設好，部落中的成年未婚女性便集合盪鞦韆，盪得愈高，姿勢愈符合標準，就表示愈具有膽識和勇氣，愈能得到未婚男性的青睞，不會盪鞦韆是女性的一大恥辱，所以魯凱女性都會盪鞦韆。（註五）

魯凱族在每年的豐年祭時，會舉行族裡特有的盪鞦韆活動（Talaisi），在過去的魯凱社會裡，青年男女接觸機會不多，因此盪鞦韆便擔任起幫助男女聯誼的重要角色。盪鞦韆活動的來源很難確定，一般是追溯至魯凱族的結婚習俗。在結婚前夕，新郎會夥同二、三好友，到林中砍伐樹木，運至新娘家前架成鞦韆，以供女方姊妹在結婚當天嬉戲玩耍。盪鞦韆時，女孩子是主角，男孩子則在旁拉繩將鞦韆盪起，且以渾厚高亢的歌聲和粗獷雄偉的舞步配合。當女孩盪到愈高處，歌聲便愈高亢。由於魯凱人組織體系的嚴格限制，這個活動後來漸漸演變為在收穫節中，可以讓男女族人互傳愛意的時機。在此時，圍在場外跳舞的年

輕女孩，都會一一輪流走入場內盪鞦韆，拉繩的男人則是族內的長老。在盪鞦韆的同時，只要場外跳舞的年輕男孩子們，有人屬意這個女孩，便會前來將她抱走。同時也是向大家宣告，這個女孩是她所仰慕的。盪鞦韆這個民俗遊戲，在台東縣卑南鄉大南村，及高雄縣茂林鄉的魯凱部落，每年所舉行的豐年活動上也看的到。在活動舉行之前，族人須事前到山區採集碩大的刺竹以架設鞦韆架，這項架設工作雖然極為危險，但是「盪鞦韆」的活動，卻是整個活動當中，最為浪漫的儀式。盪鞦韆活動開始時，族人會在四周圍成一個圓圈，以傳統歌舞替場中人加油。尤其當男孩抱下女孩那一刻，更會得到所有族人的歡呼、這個幫助年輕族人互相傳達情意的活動，由活動中大夥兒熱情的參與及盛大的程度，可看出盪鞦韆是如何的被族人所重視著。（註六）

陳素恩〈魯凱族鬼湖的故事〉載異族相戀私奔投湖殉情：（註七）

> 以前魯凱族有位女孩名叫「他羅瑪琳」，與異族一位公子相戀，二人時常到此池約會。但因二族仇視已久，兩人一直無法結為夫妻，於是他們決定私奔，另闢自己的樂園。後來此事被兩邊族人知曉，二族決定在此池大戰，兩人見此情景，因此攜手跳湖自殺。後來，不但二族仇視幾百年的冤結化解，更開了異族通婚之先河。因此族人為了紀念他們，特將此池命名「他羅瑪琳池」，池下面的溪就以公子「山花奴奴」之名命之，表示他們愛河永浴、永結同心。

按本則故事亦見薛煒〈山中古道傳奇：知本越嶺道生死戀〉。本則魯凱族故事敘說了異族通婚之初始，是緣於互不通婚的兩族青少男女戀情的悲劇故事，「他羅瑪琳」與「山花奴奴」雙雙殉情，也使二族仇視幾百年的冤結化解，從此更開放了異族通婚的禁制。

按台灣原住民各族早期是不與他族通婚的，因為彼此之間有世仇（出草）關係，想必後來各族都經歷了無數偉大的少男少女不斷的抗議、死諫，一次又一次的殉情，終於打開了異族通婚的禁忌，可說是偉大純潔而聖清的，祖靈一定會接納你們的堅持與勇智，祝福你們在天之靈永浴愛河。

本則傳說故事情節要述如下：

（一）兩位異族男女相戀，女孩名叫「他羅瑪琳」，男孩叫「山花奴奴」。

（二）「他羅瑪琳」與「山花奴奴」二人時常到鬼湖約會。

（三）他們的戀情被兩邊族人知曉，二族決定在此池大戰。

（四）「他羅瑪琳」與「山花奴奴」見此情景，便攜手跳湖自殺。

（五）二族的族親都很傷心，也因此而化解了數百年的冤結，更開了異族通婚之先河。

（六）族人為了紀念這兩位異族相戀的男女，特將此池命名「他羅瑪琳池」，池下面的溪就以公子「山花奴奴」之名命之，表示他們愛河永浴、永結同心。

林森〈雙鬼湖自然保留區〉載雙方原為世仇的男女相戀無法結合，遂相偕殉情的故事：（註八）

有一位魯凱族的少年「山花奴奴」，與少女「他諾瑪琳」相戀，但因雙方家庭是世仇，而無法結合，遂相偕殉情，少女化身為「他諾瑪琳池」，少年則化身為「山花奴奴溪」。蓋因「他諾瑪琳池」正是「山花奴奴溪」的上源，兩人從此再也不分開了。

本則傳說故事情節要述如下：

（一）魯凱族少年「山花奴奴」與少女「他諾瑪琳」相戀。

（二）「山花奴奴」與「他諾瑪琳」雙方家庭是世仇，因此無法結合。

（三）「山花奴奴」與「他諾瑪琳」遂相偕殉情，少女化身為「他諾瑪琳池」，少年則化身為「山花奴奴溪」。

（四）「他諾瑪琳池」正是「山花奴奴溪」的上源，兩人從此再也不分開了。

本則魯凱族故事，殉情的男女主角化成了「湖」與「河」，女主角「他諾瑪琳」化身為「他諾瑪琳池」；男主角「山花奴奴」化身為「山花奴奴溪」。「山花奴奴溪」永遠流往（心儀）「他諾瑪琳池」，永恆的長相廝守緊抱永不分離。

在魯凱族的社會裡，原則上不同階級不得通婚，為了表示貴族的地位，陶甕與琉璃珠佩飾是訂婚時貴族家庭相互贈送的定情之物，茂林鄉情人谷有一則淒慘的故事：

　　傳說從前有一位平民美女，愛上了貴族的王子，平民美女的家庭拿不出陶甕與琉璃珠佩飾互相交換，因此兩人不得結婚，貴族王子與平民美女，於是雙雙墜崖而亡。

本則傳說故事情節要述如下：

（一）平民美女愛上了貴族的王子。

（二）平民美女拿不出陶甕與琉璃珠佩飾等與貴族王子互相交換，
　　　因此兩人不得結婚。

（三）平民美女與貴族王子雙雙墜崖而亡，表達了他們堅貞的愛情。

這是一則男女婚戀的悲劇殉情故事，在古代社會類似之殉情故事不知發生過多少回？如今貴族與平民之間的階級制度已然淡薄，或許就不會再發生這類因階級封建制度下的殉情故事吧！

鬼湖之戀是魯凱族膾炙人口、家喻戶曉的故事，有一則很特殊的傳說故事：亞磊絲‧泰吉華坦《台灣原住民風情錄》載「女孩愛戀百步蛇投湖殉情」：（註九）

　　曾經有個純真的女孩，愛上了住在鬼湖畔的男孩，女孩眼中俊秀的戀人，在族人眼中怎麼看都是一條百步蛇，族人打死牠後，將屍體扔入湖中，而癡情女孩也跳入湖中以死相殉，不久湖中長出許多百合花。如今族人將插百合視為一種儀節，尤其女性插百合花更是純潔的象徵。

本則是一則悲劇故事，純真的女孩癡情於鬼湖畔的百步蛇男孩，但可恨的族人將百步蛇男孩打死，癡情女孩也跳入湖中殉情。

癡情女孩死後，湖中長出象徵純潔的百合花，後來族人為緬懷她，把百合花視為聖花，凡純潔之女子頭上皆可插戴百合花，凡行為不貞之女子，不得插戴百合花。

本則傳說故事情節要述如下：

（一）有個純真的女孩，愛上了住在鬼湖畔的男孩。

▲ 魯凱族男女情侶／田哲益提供

（二）女孩眼中俊秀的戀人，在族人眼中怎麼看都是一條百步蛇。

（三）族人打死百步蛇後，將屍體扔入湖中。

（四）癡情女孩也跳入湖中以死相殉。

（五）女孩殉情後，不久湖中長出許多百合花。

（六）族人為了紀念殉情女孩的純情與純潔，後來族人將插上百合
花視為一種儀節，尤其女性插百合花更是純潔的象徵。

註釋

註一：陳千武譯述《台灣原住民的母語傳
說》，台北，台原出版社，1995 年 5 月。
註二：尹建中《台灣山胞各族傳統神話故
事與傳說文獻編纂研究》，1994 年 4 月。
註三：同註二。
註四：陳美玲編著《魯凱之歌》，屏東縣
立文化中心，1999 年 6 月。
註五：同註四。

註六：《台灣空中藝術文化學苑學員通
訊》12 期，財團法人台灣省文化基金會，
2001 年 11 月。
註七：陳素恩〈世外桃源神祕禁地好美的
小鬼湖〉。
註八：林森〈雙鬼湖自然保留區〉，《台灣
月刊》141 期。
註九：亞磊絲・泰吉華坦《台灣原住民風
情錄》，台北，中華民國環保生活協進
會，1998 年 4 月。

魯凱族異族情誼與偏私的愛

第二八章

范熾欽〈歐布諾伙的故事〉載「與敵族和親維繫和平」:(註一)

高雄茂林區是魯凱族聚居的地方,那裡山高林密、溪流蜿蜒,流傳著許多故事。據說,魯凱族的祖先是從石頭生出來的,與西遊記裡孫悟空誕生的傳說,非常相似。不同的部落有不同的始祖起源傳說。萬山村著稱歐布諾伙,村中的老人說:他們的祖先是從一個深洞裡生出來的,當祖先長大以後,就把那個出生地封住了。後來,歐布諾伙人口聚多,族群擅長打獵和耕作,閒暇時唱歌吟詩,是個快樂的山中族群。那是,家家戶戶的穀倉裡都儲滿了糧食,婦女們經常製作各種美食,每年的豐年節,可以用來祭拜山神和祖靈,並邀請鄰部落的親友來做客。親友們與高采烈前來,與族人共同享有豐盛的美食,並且稱讚歐布諾伙是個人情味濃厚的地方。山中無歲月,不知哪一年,歐布諾伙遷移來萬山村現址,但族人人口比起古代少了很多。年輕的族人都感到好奇,想探究人口變少的原因。他們向老人家詢問,於是長老們傳述了一段古老的故事。古代歐布諾伙的族人,非常敬畏神明,不論做任何事情,都要到大頭目家祭問神明,例如:打獵、耕作、出草等等,得到神明的許可才敢去做。在祭問神明的時候,先由祭司拿出一塊小布條,分由四位長老各握一角,將布條拉開,祭司手持一粒米粽,這種米粽必須是用月桃葉子包成的。他的口中念著咒語,然後將米粽拋往空中,如果米粽掉入布中,眾人便一聲歡呼,表示神明已經許諾,可以按計畫行事。如果米粽掉落地上,象徵不吉利,便不可以貿然行事。在各種祭祀之中,最重要的是占問年成是否豐收,歐布諾伙的豐年祭典叫作姆拉匹娜哈娥。有一年,歐布諾伙大豐收,族人非常高興,準備大事慶祝。家家戶戶都忙著杵米、釀酒和做年糕。大頭目指示所有住在青年聚會所的勇士們,挨家挨戶去幫忙做小米年糕,年長的就分配獵物給每一戶人

家，使每戶人家獲得公平的肉類供應。孩子們則在溪流裡戲水取樂，姑娘們勤練歌舞，準備漂亮的衣服，好展現迷人的風采。正當族人忙著迎接豐年，全村喜氣洋洋，突然傳來外敵入侵的噩耗。原來是一支長期與歐布諾伙敵對的族群，趁著他們熱鬧過節疏於防備，抄著小路來偷襲。目擊偷襲現場的族人急忙來報，說是有兩名敵人擄走了一位村中姑娘。這一不幸的變故，猶如晴天霹靂，頓時引起族人的騷動，紛紛跑回家中觀緊門窗。一些青年勇士還來不及通報大頭目，就趕緊要求祭司占卜，拿起武器追著去救人。歐布諾伙的地勢很險要，房屋建在陡峭的山稜之上，對外聯絡只有一條長約兩百公尺的吊橋，敵人要想入侵原本非常困難，是個易守難攻，獵區又十分廣大的理想家園。青年勇士們陸續追下山去，當他們要通過吊橋的時候，狡滑的敵人卻埋伏在對岸，不停發射弓箭，可憐這些追擊的勇士，進退不及，便一一犧牲了。大頭目率領其他族人，聞訊趕來，看到悲劇已經發生，只得忍住悲痛，發箭還擊，逐退對岸的敵人。全族的人知道這件悲劇以後，悲痛萬分，悔恨犯了大錯，那就是只知忙著祭神慶祝豐年，祈求來年常保豐收，竟然忘記了防止外敵的重大責任，真是後悔莫及。經過這次慘痛的教訓，大頭目為了顧全大局，保護族人的生命安全，便提出議和，嫁出自己的女兒，和敵人結成了親家，從此解除了敵人的威脅。那一次戰役，損失了大多數的勇士，歐布諾伙的人口大量減少，物產再也難以恢復以前的豐富。至今萬山村的原住民，每次想起村民的人口稀少，就互相提醒要記取居安思危、有備無患的教訓。

這是一則敘述「歐布諾伙」地方，古昔，人人豐衣足食、年年豐收的歡樂生活。有一年正在興高采烈慶祝豐年節的時候，突然敵族擄走一名姑娘，青年勇士追擊營救，但都犧牲了。後來，大頭目提出議和，嫁出自己的女兒，和敵人結成了親家，從此解除了敵人的威脅。

按這是一則古代族群為求安居樂業，而與敵族藉「和親」，彼此維繫和平的例子。

本則傳說故事情節要述如下：

（一）有一年，歐布諾伙大豐收，族人準備大肆慶祝。

（二）青年聚會所的勇士們，接到大頭目的指示，挨家挨戶去幫忙做小米年糕，年長的就分配獵物給每一戶人家。

（三）正當族人忙著迎接豐年，全村喜氣洋洋，突然傳來外敵入侵的噩耗。有兩名敵人擄走了一位村中姑娘。

（四）追擊敵人的青年勇士們被埋伏的敵人一舉射殺。

（五）此事件的教訓，檢討之後是由於忙著迎接祭神慶祝豐年，疏忽了加強防禦敵人的守衛，真是後悔莫及。

（六）大頭目為了顧全大局，保護族人的生命安全，便提出議和，嫁出自己的女兒，和敵人結成了親家，從此解除了敵人的威脅。

二、魯凱族偏私的愛

陳千武譯述《台灣原住民的母語傳說》載「達拉馬勾社彩虹女」：（註二）

> 從前有一對叫達諾那巴（夫）和賴利馬（妻）的夫婦，生了叫毛阿卡凱的女孩。女孩在嬰兒的時候，就像彩虹懸掛在天空那麼美麗。丈夫達諾那巴是頭目身分，但妻賴利馬出身平民壯丁家。起初，父親和母親都疼愛毛阿卡凱，一刻都不願把她放在地上。有毛阿卡凱的地方都懸起彩虹，常拿最好的東西給她吃。他們的旱田周圍，種有香蕉和鳳梨，花以及各種各樣的東西。毛阿卡凱像抽絲一樣逐漸長大，而非常幸福。到了十二、三歲的時候，毛阿卡凱到一個頭目家，叫可魯魯的人那兒去玩。從此兩個人便開始相愛了。不久，她的母親又生了一個叫毛得可度的女孩。這個女孩全身生疣贅，看起來很醜。而毛阿卡凱已經到結婚的年齡了。有一天，她的父親約定可魯魯去狩獵。

出發的時候，父親告訴妻子說：「小心照顧毛阿卡凱，不要讓
她出去，還有不要講她討厭的話，我們去狩獵期間，好好照顧
她。」父親和可魯魯出門了之後，很奇怪，母親忽然感到毛阿
卡凱很討厭，而只疼毛得可度。她把毛阿卡凱的衣類用具，都
拿給毛得可度用。同時用抓鍋子的片斷布，或蓋鍋子的布，縫
做衣服給毛阿卡凱穿。毛阿卡凱只聽從母親的話，偷偷地哭，
很思念她的父親。她想「父親和可魯魯在的話，就不會受到這
種折磨。」而偷偷的哭。母親看到了，說：「妳哭什麼？討厭鬼！
這些衣服和所有的東西，都是毛得可度的……」毛阿卡凱聽了，
也默默不講話。母親做糰子，給毛得可度的糰子是肉餡，給毛
阿卡凱的糰子是用蟑螂做餡。毛阿卡凱想要吃，把糰子剝開一
看，是蟑螂的餡。毛阿卡凱說：「媽媽，我肚子很飽，不想吃！」
母親說：「妳吃過什麼，肚子很飽？怎麼亂吃東西？妳這個孤
兒鬼。」毛阿卡凱只是默默不敢動。她想：「如果父親在的話，
就不會受到這樣的虐待而哭。」過後，母親說：「每天早上，要
去旱田看守香蕉和鳳梨以及花卉各種的東西。不能讓妳妹妹的
東西，被人家盜去。」而給她穿著鍋子敷布或抓鍋子布片的衣
服，帶著薯皮的便當，送去旱田。毛阿卡凱聽從母親的話，一
點也不敢違背，很乖地去。無論風吹雨打，頭髮散亂，沒有衣
服，眼睛紅腫了，身體有傷痕，染著血跡，也邊哭邊掛上彩虹，
到旱田去燒火柴，哭著看管旱田，經常如此看管旱田是她不可
避免的生活。有一天，跟平常一樣看管著旱田，忽然聽到田邊
發出沙沙的聲音。毛阿卡凱說：「咦！你是什麼？不管什麼都好，
把我吃掉算了。早一點死去，會把一切苦惱發散掉。」而蹲在
那兒哭。出現的是一隻熊，一直走過來，來到毛阿卡凱的身邊。
然而，熊並不吃毛阿卡凱，也不加害她，不做什麼。毛阿卡凱說：
「把我殺死，吃掉我，我要把一切都忘掉，不願再受媽媽無理
的虐待，伯父啊！」熊這才開口說：「我怎麼能殺害頭目家的人，
姪女兒，我不會做那樣無意義的事。請妳不必煩惱，我揹著妳

去我家好了，我們去吧！在我家，妳會幸福的，不會有困難。」
但是毛阿卡凱不肯。她說：「伯父，你還是殺死我，我要忘掉
痛苦的一切。」熊說：「妳怎麼會有這種念頭？姪女啊，請妳不
要固執，我會受天罰而死喲，我揹著妳到我家去，不必煩惱，坐
在我的背上也許會不舒服，拿布來墊在背上坐吧！我帶妳去。」
熊把毛阿卡凱揹上來，走了一段路，熊說：「姪女啊，妳閉上
眼睛吧！這個地方也許妳會眩眼。」熊繼續揹著毛阿卡凱，走
過懸崖的地方，那個地方很難走。熊叫一聲：「哦！伊！」猴子
就出來幫他做下崖的抓頭兒，讓熊走下溪谷裡，走到有白石英
的地方去。熊說：「姪女啊，到了，下來洗個澡，換換衣服吧！」
說完，熊便向石英板吹一口氣，門就自然開了。熊說：「毛阿卡
凱的衣服出來吧！」說完，衣服就出來了。毛阿卡凱走進屋子
裡看屋子裡什麼都有，一切很方便，很自由而且很幸福。熊說：
「姪女啊，妳喜歡吃什麼？妳喜歡吃的東西什麼都有。有很多，
你就拿來吃吧！還有，我們傭人的猴子，妳也要給牠粟子或其
他的食物。」父親的狩獵期已經滿了。父親回到部落的附近小
坡上，看了自己的家。可是，他的家變舊了，也沒有懸掛著彩虹。
父親嘆氣說：「這是怎麼回事？我的家怎麼變成這樣子？可魯
魯喲，到底毛阿卡凱到哪兒去了呢？」他們緊急跑回家，來到
院子便喊著：「毛阿卡凱啊，快出來，來到這裡迎接我們啊！」
但是沒有一點回音。父親問妻子說：「賴利馬喲，毛阿卡凱到
哪兒去啦？」妻子說：「到朋友家去玩了。」達諾那巴和可魯魯，
一連幾天來的疲勞也忘記了，立刻把揹著的網袋掛在門口的釘
子，跑出去尋找毛阿卡凱。走遍部落社內也找不到她。問朋友，
朋友說：「前幾天，還看到她到旱田去工作，但去了就沒有回
來。」他問出母親所做的事情，便知道原因了。然後回到家，把
自己的衣服用具整理了之後，對妻說：「如果毛阿卡凱沒有回來，
這些獵物，妳就不能動手，不能放在地上。」他們去旱田，看到
毛阿卡凱燒過火的痕跡。父親說：「毛阿卡凱，妳到底去哪裡

啊？」然後拿起弓箭，射向西方，再射北方，再射南方。但射出去的箭都飛回來了。最後向東方射去，箭就一直飛，飛到毛阿卡凱的地方去了。他們便跟著箭飛走的地方去找。毛阿卡凱和熊的生活自由而幸福。有一天熊出門獵東西去了，出發的時候向毛阿卡凱說：「我要去狩獵，妳留在家裡，把門觀好，預防會有敵人來，妳就在家裡刺繡吧！如果妳的父親來找妳，妳會聽到箭射中家屋的聲音，那就是妳父親的箭，妳就叫我們的傭人，猴子掛藤蔓做梯子，讓妳的父親下來。而他們來了，妳就拿這酒給他們喝，並且吊在那邊的餅和肉拿下來，請他們吃。還有，拿下檳榔和荖葉，請他們咬著，等我回來。夜晚我就回來。」說完，熊就出門去了。毛阿卡凱正在刺繡的時候，聽到咻一聲，箭飛來射中家屋了。她向門吹一口氣，門自然扇開了。她跑出外面，看到父親的箭，覺得很高興，又馬上聽到父親們在崖上喊叫著。她告訴猴子快速掛上藤蔓的梯子，讓父親們下來。父親們都很高興地說：「好！好！妳還活著，真幸運。毛阿卡凱啊！妳怎麼來到這裡？在這裡做什麼？母親怎麼虐待妳？」毛阿卡凱把母親欺負她的一切告訴了父親。父親說：「母親為什麼會對待妳這樣子？到底是怎麼回事？」毛阿卡凱請父親們進入屋子裡，依照熊所吩咐的，招待父親他們吃又喝。父親說：「嗯！妳們的生活並不錯，還很幸福啊！」毛阿卡凱說：「請不要傷害熊伯父，如果你們要傷害牠，就先殺死我。」父親知道事情經過的一切了。父親說：「毛阿卡凱啊！你暫時住在這裡吧！我們要回去一下，把衣服整理好，再回到這裡來接妳。」父親們趕回母親住的地方，把掛在釘子上的衣服和網袋都拿下來，一點也不給母親。而說：「賴利馬喲！快燒開水，我要煮肉。」等到水燒開了，達諾那巴便把鍋子拿來，將開水潑到母親他們的臉上。母親他們吱吱吱吱叫著，說：「我要把你們的米、粟子、其他所有的食物都吃掉。」說著變成老鼠了，趕忙爬進石垣裡去。父親們回到毛阿卡凱那邊。到了傍晚，熊叫著：「哇！」一

聲，從狩獵回來了。「碰！」一聲，是把山豬放下地上的聲音。然後叫：「毛阿卡凱，請把門打開。」便進入屋子裡來。熊看到父親們就說：「啊！歡迎！歡迎，你們來得很好，很好。」大家便成為同一家族，快樂地生活起來。有一天熊生病了，熊告訴毛阿卡凱說：「我快死了，我死了之後，請妳把我放入櫃子裡，掩上蓋子。還有在我的屍體周圍，放挾石灰的檳榔，等到應有的服喪期滿了，再打開蓋子看看。」說完，熊就真的死去了。之後，毛阿卡凱遵照熊的吩咐，把蓋子打開了。卻看到內面裝滿了頸飾盒子，有很多很多的頸飾。毛阿卡凱和可魯魯成為夫妻，生活很富裕，後來，可魯魯也當頭目了。

本則傳說故事情節要述如下：

（一）一對夫婦生了叫毛阿卡凱的女孩。女孩在嬰兒的時候，就像彩虹懸掛在天空那麼美麗。

（二）毛阿卡凱到了十二、三歲便與頭目家的可魯魯相愛。

（三）有一天，毛阿卡凱的父親約可魯魯去狩獵。吩咐妻子要好好照顧毛阿卡凱。

（四）母親忽然感到毛阿卡凱很討厭，而只疼妹妹毛得可度。把毛阿卡凱的衣類用具，都拿給毛得可度用。並用抓鍋子的片斷布，或蓋鍋子的布，縫做衣服給毛阿卡凱穿。

（五）母親做糯子，給毛得可度的糯子是肉餡，給毛阿卡凱的糯子是用蟑螂做餡。

（六）毛阿卡凱每天早上，要去旱田看守香蕉和鳳梨以及花卉各種作物，只能吃薯皮的便當。

（七）有一天，出現一隻熊，牠走過來，來到毛阿卡凱的身邊。然而，熊並不吃毛阿卡凱，也不加害她，什麼都不做。

（八）熊把毛阿卡凱揹上來帶到牠的居處。

（九）毛阿卡凱發現那兒什麼都有，一切很方便，很自由而且很幸福。

（十）父親狩獵返家看不到毛阿卡凱，便從朋友處問出原因。

（十一）父親到旱田，用弓箭射向西方、北方、南方，箭都飛回來了；射向東方的箭一直飛，飛到毛阿卡凱的地方去了。父親便跟著箭飛走的地方去找。

（十二）熊出門狩獵，向毛阿卡凱說：「妳就在家裡刺繡吧！如果妳的父親來找妳，妳會聽到箭射中家屋的聲音，那就是妳父親的箭。」

（十三）果然聽到咻一聲，馬上又聽到父親們在崖上喊叫著。她叫猴子趕快掛上藤蔓的梯子，讓父親們下來。

（十四）父女見面後得知了女兒的一切遭遇，包括遇見熊這位恩人。

（十五）父親說：「他們要回去一下，把衣服整理好，再回到這裡來接她。」

（十六）父親回到家要妻子快燒開水，因為要煮肉。

（十七）水燒開了，父親將開水潑到母親他們的臉上。母親他們吱吱吱吱叫著，說：「我要把你們的米、粟子、其他所有的食物都吃掉。」說著就變成了老鼠，趕忙爬進石垣裡去。

（十八）父親們（與可魯魯）回到毛阿卡凱那邊。見到熊很親切，大家便成為同一家族，快樂地生活起來。

（十九）有一天熊生病了，熊吩咐毛阿卡凱說：「我死後將我放入櫃子裡，掩上蓋子，在屍體周圍放挾石灰的檳榔，等到服喪期滿，再打開蓋子看看。」

（二十）服喪期滿，毛阿卡凱把蓋子打開，看到內面裝滿了頸飾盒子，有很多很多的頸飾。

（二一）最後毛阿卡凱和可魯魯成為夫妻，生活很富裕，後來，可魯魯也當頭目了。

註釋

註一：范織欽〈歐布諾伙的故事〉，《山海文化》雜誌社。

註二：陳千武譯述《台灣原住民的母語傳說》，台北，台原出版社，1995年5月。

魯凱族人與動物情口傳文學

第二九章

一、魯凱族人與蛇的淵源傳說故事

伊能嘉矩〈台灣土著對蛇的敬虔觀念及伴生的模樣應用〉曾載「祖先是靈蛇的卵誕生的」：（註一）

　　從前，有一天，兩條靈蛇 Kanavanan 產下許多卵，於是，就從這些卵中誕生出來許多人，是我們這族的祖先，所以，不可殺傷這種蛇類。

魯凱族人不殺靈蛇 Kanavanan，是緣起於他們的祖先傳說謂：其祖先是由靈蛇 Kanavanan 之卵，誕生許多族人。

《生番傳說集》載「祖先太陽卵生由蛇孵化」：（註二）

　　有一天，太陽在山上產了兩個卵，一個卵是白色的，另一個卵是紅色的。有一條蛇 Vunun 前來覆蓋，不久，一對男女神成形，孵化而生。他們就是這個部落頭目的祖先；其他的村民則是從另一種青色的蛇，產下的卵所孵化生出的。

本則故事為魯凱族祖先太陽卵生說，唯頭目與平民尚有不同，即頭目祖先為太陽紅卵生出；平民祖先則是由青色的蛇產下的卵所孵化生出的。

本則傳說故事情節要述如下：

（一）有一天，太陽在山上產了兩個卵，一個卵是白色的，另一個卵是紅色的。

（二）太陽產下的兩個卵是一條蛇 Vunun 前來覆蓋，一對男女神才成形，孵化而生。他們是部落頭目的祖先。

（三）至於平民則是從另一種青色的蛇產下的卵所孵化生出的。

總而言之，百步蛇是魯凱族的圖像之一，魯凱語中有對百步蛇的各種稱呼，百步蛇在魯凱語有三個名字：「Baladam」、「Amaini」及「Maludan」。「Baladam」是我們的伙伴；「Maludan」是長者，也就是長老的意思；「Amaini」為「是它」的意思，例如現在在找東西，然後就說「Amaini」，表示這就是它的意思。（註三）

二、魯凱族女與蛇情傳說故事

林建成《台灣原住民藝術田野筆記》載「百步蛇與頭目女結婚」:(註四)

傳說中太陽生下一個蛋放在甕中孵化,在太陽的高溫下誕生了百步蛇,後來百步蛇與頭目女兒成親,在族人眼裡是一條巨大的百步蛇,但是在女兒眼裡卻是高大英俊的男子。在迎娶回山後,鬼湖聖地卻漂來了一個刻有百步蛇紋的陶甕,蛇女婿將它送給頭目當聘禮。此後,百步蛇與人和平共處,直到有一天百步蛇生下的一對雙胞胎姊妹回到部落探親,被一位老婆婆看到是蛇,便以煮的滾水燙死了。引起百步蛇族的憤怒,才開始攻擊族人。

本則傳說是林建成於台東縣金峰鄉正興部落記錄 Bilalaun 耆老 Gimamavan(宋林美妹)的故事。敘述太陽生下一個蛋,誕生了百步蛇。百步蛇與頭目女兒成親,從鬼湖漂來一個刻有百步蛇紋的陶甕送給頭目當聘禮。此後,人蛇和平相處,直到生下了一對雙胞胎百步蛇姊妹到部落探親,被一位老婆婆以滾水燙死了,從此百步蛇才開始攻擊族人。

在口述中還提到昔日百步蛇與人類住在一起,牠住在竹編的容器 Gabaders。Baumuli 部落的耆老 Galersks(曾金枝)提到過去部落在年祭時,曾有七條百步蛇來到部落外圍,族人認為是祖先回到部落。和大家一起聚集,共同生活,頭目家族或懂得與祖靈溝通的巫師,會施法用手捧起百步蛇,供奉在事先做好的竹編或月桃編蓆上。族人也會準備好小米酒,用陶甕裝著,當天用竹杯盛裝祭拜的小米酒,獻給百步蛇喝,隨後在祭儀結束後,百步蛇就會自行離去。(註五)

林森〈雙鬼湖自然保留區〉載湖神愛戀頭目女:(註六)

「他諾瑪琳池」(即他羅瑪琳)的湖神「愛迪丁戛」愛戀著魯凱族頭目的女兒。為了保護這位美麗的少女,湖神各派了一隻蜜蜂與一條百步蛇,分別在頭目家的門口左右護法,把向少女求婚的求婚者一一刺死。後來,湖神到頭目家

中求婚，少女要求家人不要太早起床，她的父母覺得此話有異，隔日天未亮就起身察看，結果發現一條巨大的百步蛇纏繞在他們的女兒身上。原來湖神是百步蛇的化身，而百步蛇則是傳說中魯凱族祖靈的代表。結婚當天，少女盛妝後，在親友家人陪伴下出嫁，到了他諾瑪琳池畔時，少女吩咐家人說，為了表示虔敬，以後族人經過此湖時要穿著白色的衣裳，但不可配戴彩色琉璃珠，以及綁紅色纏頭飾或黑色衣服，說完後，就投入湖水中。

按本故事亦見薛煒〈山中古道傳奇：知本越嶺道生死戀〉。本則故事是人蛇婚戀，喜劇收場，本故事中，少女吩咐族人必須配合實踐的事項，「為了表示虔敬，以後族人經過此湖時要穿著白色的衣裳，但不可配戴彩色琉璃珠，以及綁紅色纏頭飾或黑色衣服」，具有宗教性的意味。

本則傳說故事情節要述如下：

（一）「他諾瑪琳池」湖神「愛迪丁戛」愛戀魯凱族頭目的女兒。

（二）湖神「愛迪丁戛」派了一隻蜜蜂與一條百步蛇，分別在頭目家的門口左右護法，把向少女的求婚者一一刺死。

（三）湖神去求婚，少女請家人不要起床太早，其父母覺得甚異，天未亮即起身察看，赫然發現一條巨大的百步蛇纏繞在女兒身上。

（四）結婚日，送親隊伍到了他諾瑪琳池畔時，少女吩咐家人說，為了表示虔敬，以後族人經過此湖時要穿著白色的衣裳，但不可配戴彩色琉璃珠，以及綁紅色纏頭飾或黑色衣服，說完後，就投入湖水中。

三、魯凱族男與女蛇情傳說故事

許功明《魯凱族文化與藝術》載「男子愛上女蛇」：(註七)

昔日，頭目 Katagilan 的家有一名男子 Tanobaku，他在路上經精靈所居的禁地 Dalubalin 時，被當地精靈所誘惑，由於好奇心驅使，不顧一切的投入這個湖泊中。在湖內的另

外一個世界裡，他看到有兩位正在織布的貌美女子，動心而娶牠們為妻，然而這兩位女子是蛇所變的。

這則故事是頭目男子為蛇女所迷惑而與之結合的例子。可見 Dalubalin 是靈蛇聚居之處，人蛇有相遇的機緣，且能譜出浪漫的愛情。（註八）

本則故事敘述一位男子跳入 Dalubalin 湖，並且娶了兩位貌美的蛇女子，從本則傳說故事傳達一件事，即古代魯凱族人可能有多偶婚之現象，本則故事是一夫多妻的故事。

簡榮聰〈魯凱族的靈蛇崇拜〉載好茶村男與蛇情：（註九）

> 昔日，頭目卡塔其南的家有一名男子塔諾巴庫，他在路上遇精靈所居的禁地達祿巴林湖時，被當地精靈所誘惑。由於好奇心的驅使，不顧一切的投入湖中，在湖內的另外一個世界裡，他看到有兩位正在貌美的女子，動心而娶她們為妻。然而，這兩位女子其實是蛇所變的。

本則故事亦為人蛇之戀的故事，但是與一般之傳統故事不同，即本則是性別對調過的人蛇聯姻故事。

四、百步蛇強迫採花者嫁女給牠

《大南社》，余萬居譯，載百步蛇強迫獵人嫁女給牠的傳說故事：（註十）

> Spolunna 去打獵，採了花，這時百步蛇出現，質問他為何採花，花是牠的，既然你喜歡花，就把你的女兒嫁給我吧！Spolunna 回到家與孩子商議，長女和次女都不肯，只有三女願意。於是蛇變成了人，穿著豹皮的漂亮衣服，有刺繡的褲子、裡子和披風，帶著帝雉的羽毛。走進屋來，長女看見是一美男子，便問父親為何說是蛇，但父親回答看見的是蛇。那蛇便與三女結婚，二人生下一個漂亮的男孩。

本則人蛇聯姻的故事，還生下一個漂亮的男孩。由於 Spolunna 去打獵，採了百步蛇的花，百步蛇就要 Spolunna 的女兒嫁給牠，可是長女和

次女都不肯，只有三女願意，他們還生了個漂亮的男孩子。

本則傳說故事情節要述如下：

（一）Spolunna 去打獵，採了百步蛇的花，就要獵人的女兒嫁給牠。

（二）獵人回到家後就與女兒商議誰有意願嫁給百步蛇。

（三）長女和次女都不肯嫁給百步蛇，只有三女願意。

（四）有一美男子走進屋來，他就是蛇的化身。

（五）三女便與蛇結婚，二人生下了一個漂亮的男孩。

金榮華《台灣高屏地區魯凱族民間故事》載「父親採花被百步蛇強迫嫁一女」：（註十一）

> 從前，有一個男人，生了三個女兒，都已經長大。有一天，他在山上看見三朵漂亮的百合花，就去採了下來，打算給他的三個女兒。不料突然出來一條百步蛇，咬了這人一口，並且責問這人為什麼摘牠的百合花，最後要這人嫁一個女兒給牠，否則就命在旦夕。這人回家後把事情經過告訴他的三個女兒，百步蛇則從這人家的石屋壁縫鑽進去偷聽。三個女孩都很喜歡百合花，但都不願意嫁給百步蛇。後來最漂亮的小女兒為了救父親，答應婚事。百步蛇聽了很高興，迎親時變成一個英俊的青年，婚後和小女兒過著幸福的日子。兩個姐姐非常生氣忌妒，但也沒有辦法。

本故事敘述：

（一）有一個男人在山上看見三朵漂亮的百合花，就採了下來，是要送給他的三個女兒。

（二）有一條百步蛇突然出來咬了這個男人。

（三）百步蛇責問男人為什麼摘牠的百合花。

（四）百步蛇說要娶一個女兒，否則就命在旦夕。

（五）男人回去把事情告訴了三個女兒。

（六）百步蛇從石屋壁縫鑽進去偷聽。

（七）三個女孩都不願意嫁給百步蛇。

（八）結果，最漂亮的小女兒為了救父親，答應了婚事。

（九）百步蛇迎親時變成一位英俊的青年。

（十）人蛇婚後過著幸福的日子。

（十一）兩個姐姐非常生氣忌妒，但也沒有辦法。

《大南社》，余萬居譯，載「姑娘摘花百步蛇恐嚇結婚」：（註十二）

　　有位姑娘與母親一同下田，去屋後摘花時，遇見一個百步蛇，百步蛇恐嚇她說，若不與牠結婚，牠就咬姑娘的父母，姑娘正猶豫不決，百步蛇變成一美男子進屋來，姑娘便願意接受他。等天黑時，姑娘卻發現身邊蜷伏著一條百步蛇，她趕緊跑走，蛇追趕，然後抓住了姑娘，兩人返家。後來生了一個瘦長的小孩，任何樹都可以爬，但去櫥子裡，又蜷伏著。

本則是一則人蛇聯姻的傳說故事，百步蛇化身為人，原來是一位美男子，魯凱姑娘便愛上了他，他們生下了很會爬樹的小孩子。

本則傳說故事情節要述如下：

（一）姑娘在田裡屋後摘花，有一隻百步蛇恐嚇若不與其結婚即咬死姑娘父母。

（二）百步蛇變成一美男子進屋來，姑娘便願意接受他。

（三）天黑時姑娘發現身邊蜷伏著一條百步蛇，害怕而跑走，蛇追之抓住她，兩人便一起返家。

（四）後來她們生下了一名瘦長的小孩，任何樹都可以爬，但去櫥子裡，又蜷伏著。

五、魯凱族人與狗情傳說故事

陳千武譯述《台灣原住民的母語傳說》載「大南社犬眷戀故土」：（註十三）

　　古早，頭目卡洛爾一家，飼養一隻白狗，會懂人意，有靈性，受人喜愛。大南社以前的社區是很不吉利的地方。有一次社區全部遷移到新的一個地方，頭目一家便蓋一個很好的家。可是他們的白狗卻留在原來社址一直吠哭。家人去帶牠來新社區，狗卻又偷偷回去原地方。抓來用繩子綁起來，

就咬斷繩子又回到原地方去吠。又去捕捉，就挖著土地，好像有什麼要告訴人家的樣子。家人卻不懂狗意，誤認為這隻狗瘋了，就放著不管牠。給牠好吃的東西，也不肯吃，只是哭吠著。因而經過一個月後就死去了。家人很害怕，把牠埋了。雖然狗死了，但是狗的靈魂還在吠。大家把那個地方叫做達洛卡可屯（吠）。從此沒經過一年，新社區傳染皰瘡，頭目患了病突然死去，全社的人為了頭目的死而哭，因為頭目愛護他們，使他們幸福。然而，為頭目的死而哭的人也全都患病死了，沒有哭的人生存下來，人數不多。死去的人多，像被魚藤毒死一樣，不知道怎麼埋葬。生存的人便遷移到別的地方去蓋新社區。所以現在大南社的人口才這麼少。

本則是敘述「犬」眷戀故土，不願離開故居的一則傳說，這隻靈犬不停地「吠」，最後死去了。

犬死後一年，頭目也死了，為頭目哭喪的人也都相繼患傳染病皰瘡死了。也許靈犬早就知道頭目舉族遷移的新地方是一個不吉利的地方，類似人的「死諫」。所以少數的生存者便遷移到別的地方去蓋新社區去了。

六、魯凱族女與豹情傳說故事

陳美玲編著《魯凱之歌》載「魯凱族是雲豹的傳人」：（註十四）

在很久很久以前，有一對夫婦居住在西給巴利吉，這對夫婦是傳說中魯凱人的祖先。他們只有一個女兒，這個獨生女兒長大後一直沒有結婚的對象，當時他們家中養了一隻通靈的豹，而這隻豹曾經用口舐的方式為獨生女治癒了皮膚病。因此這對夫婦為了完成女兒的終身大事以及報答靈豹治病的恩惠，於是決定將女兒嫁給這隻靈豹。他們結婚之後生了七男七女共十四個孩子，後來這些孩子又相互通婚，繁衍出後代，「魯凱族是靈豹的傳人」便是依據這個傳說而來。

本則傳說故事情節要述如下：

（一）西給巴利吉有一對夫婦膝下有一個女兒一直沒有結婚的對象。

（二）這一對夫婦家中養了一隻通靈的豹。

（三）這隻通靈的豹曾經用口舔的方式為獨生女治癒了皮膚病。

（四）這對夫婦為了完成女兒的終身大事以及報答靈豹治病的恩惠，於是決定將女兒嫁給這隻靈豹。

（五）獨生女與通靈的豹結婚後，生下了七男七女共十四個孩子，後來這些孩子又相互通婚，繁衍出後代。

（六）後來魯凱族人自稱「魯凱族是靈豹的傳人」便是依據這個傳說而來。

黃世民《雲豹之鄉：隘寮群魯凱部落田野集》載「古茶布安女與雲豹」：(註十五)

> 有個遍體膿瘡的女孩，偶然遇見一雙俊秀的雲豹，這隻雲豹對這女孩充滿好感，長期不斷地舔著女孩的皮膚。後來女孩的皮膚病完全好了，同時也與雲豹發生了不尋常的關係，並且有了後代。

遍體膿瘡的女孩被雲豹長期不斷地舔著，竟然痊癒了，他們也竟有了後代。

註釋

註一：伊能嘉矩〈台灣土著對蛇的敬虔觀念及伴生的模樣應用〉，1906年。

註二：尹建中《台灣山胞各族傳統神話故事與傳說文獻編纂研究》，1994年4月。

註三：《美麗福爾摩沙》第19期，台灣空中藝術文化學苑，2002年8月。

註四：林建成《台灣原住民藝術田野筆記》，台北，藝術家，2002年。

註五：同註四。

註六：林森〈雙鬼湖自然保留區〉，載於《台灣月刊》141期。

註七：許功明《魯凱族文化與藝術》，台北，稻香出版社，1991年。

註八：巴蘇雅‧博伊哲努《台灣原住民族文學史綱（上）》，台北，里仁書局，2009年10月。

註九：簡榮聰〈魯凱族的靈蛇崇拜〉，《台灣新生報》，1997年11月23日。

註十：同註二。

註十一：金榮華《台灣高屏地區魯凱族民間故事》。

註十二：同註二。

註十三：陳千武譯述《台灣原住民的母語傳說》，台北，台原出版社，1995年5月。

註十四：陳美玲編著《魯凱之歌》，屏東縣立文化中心，1999年6月。

註十五：黃世民《雲豹之鄉：隘寮群魯凱部落田野集》，潮州高中，2003年7月。

魯凱族生殖
器口傳文學

第三十章

　　世界上不管哪個民族，男女性的生殖器總是被熱烈的討論著，也經常不時拿來調侃，引來眾人哈哈大笑，笑顏逐開，皆大歡喜。甚至罵人的話亦有許多與生殖器有關。魯凱族亦不例外。魯凱族的雕刻藝術很發達，其在男性雕刻上特別強調男性的生殖器，也成為其特殊的藝術文化。魯凱族自古以來也有關於生殖器的傳說故事。

一、魯凱族女性生殖器傳說故事

　　《大南社》，余萬居譯，載「古時女陰有生牙齒」：(註一)

　　　　古時女陰是長在額頭，月經來時會沾到臉上；所以把它移到頸，要交歡的時候找不到；所以把它移到腳踝上，走路時會碰到泥土和草；所以又移到後腳彎，但又會被草刺；便移到了股間，如此一來便長出了牙齒，使得一結婚丈夫就死了。最後讓女性喝了酒，從女陰拔出了牙齒，因此人口繁殖迅速。

　　本故事謂遠古女祖之生殖器，經過長期的調適後，才就正歸定位，可是女陰有牙齒，只要男女一結婚，先生就死了，最後是讓女性喝醉，把牙齒拔掉，從此男女就正常繁殖人類、生兒育女了。

　　本則傳說故事情節要述如下：

　　（一）古時女陰是長在額頭，月經來時會沾到臉上。

　　（二）把女陰移到頸部，但要交歡的時候找不到。

　　（三）把女陰移到腳踝上，走路時會碰到泥土和草。

　　（四）把女陰移到後腳彎，但又會被草刺。

　　（五）把女陰移到股間，但是長出了牙齒，使得一結婚丈夫就死了。

　　（六）最後把女性灌醉，從女陰拔出了牙齒，因此人口繁殖迅速。

　　陳千武《台灣原住民的母語傳說》載「達拉馬勾社的女陰」：(註二)

　　　　古早，女陰原來貼在額上，月經來時會蹭到臉；便移到脖子後面，但交接的時候找不到，不行；再移到踝子，踝子走路時會碰到草或土，也不行；便移到膝上，還會被草刺扎；最後移到股間，卻長了牙齒，結婚咬死丈夫。因此讓她喝酒，從女陰拔掉牙齒，人口才增加了。

本則故事與上則故事相同。

二、魯凱族男性生殖器傳說故事

陳千武《台灣原住民的母語傳說》載「麻卡社和特那社男陰傳說」：（註三）

> 男人有大陽物和女人有大女陰，均需放在袋子裡用粗絲
> 綁起來，很重，又必須躲藏在草叢裡交合，很不方便。終於
> 把陽物切短，女陰切小，才過了正常的婚姻生活。

本則傳說故事敘述有大陽物和大女陰的人，他們的性器官均需放在袋子裡用粗絲綁起來，而且很重。要交歡的時候還必須躲藏在草叢裡交合，甚不方便。最後把陽物切短，女陰切小，才有了正常的婚姻性生活。

《大南社》，余萬居譯，載「大陽具大女陰」：（註四）

> 住在 Tatalasu 的 Moakululu 的陽具很長，他把它捲起背
> 布背上。住在 Tasubuu 的 Moatananuiau 的女陰很大，她將
> 其裝竹箱裡用女用袋子背著。

本則傳說故事敘述古代有陽具很長的人，他都是把陽具捲起背布背上。也有大女陰的人，她是將其性器官裝在竹箱裡用女用袋子背著。

《大南社》，余萬居譯，載「陽具上有刺」：（註五）

> 叫 Spuruynnz 的男子去打獵回到 Zogla，看到了名叫
> Tenuyuro 的女子，便將其陽具拿出，欲姦淫該女子，未料女子
> 見到，拔刀去砍，原來長在陽具上的刺有一整籃。而 Tenuyuro
> 的女陰長出了牙齒。

本則傳說故事敘述名叫 Spuruynnz 的男子欲姦淫一位名叫 Tenuyuro 的女子，女子拔刀去砍，原來長在陽具上的刺有一整籃。而 Tenuyuro 的女陰也長出了牙齒。

註釋

註一：尹建中《台灣山胞各族傳統神話故事與傳說文獻編纂研究》，1994 年 4 月。

註二：陳千武譯述《台灣原住民的母語傳說》，台北，台原出版社，1995 年 5 月。

註三：同註二。

註四：同註一。

註五：同註一。

魯凱族戰爭與出草口傳文學

第三一章

在西魯凱族過去曾有「獵人祭」，是勇士們出草或狩獵凱旋所舉行。（註一）

底尼瓦依（紅樺木）是古茶布安通往西方的第二條路中途休息站。古代人要出草時，先在慈伯慈伯（Chepechepe）鳥占，如果所得到的訊息是吉祥的話，所有男丁必定在底尼瓦依集合，長老對所有的男丁說明策略、勉勵、祝福之後，便宣布開始行動。行動結束之後，也必須在這裡互相等待人數到齊，戰果宣布之後，方能一起回家。……昔日對於遠道來的訪客，接客和送行都以底尼瓦依為等待或惜別的終點。遠客和送行的人在離情依依、百感交集之下，往往相擁而泣不成聲。自古以來，這個地方是思念久別在遙遠對山那一頭的情人，傳達感情的地方，每每燃放煙火以示問候，傳達殷切的想念和祝福。底尼瓦依更是慈母對即將遠行到平地服役或賺錢的愛兒滴滴淚流，叮嚀無數，祝福祈禱的地方，也是每到黃昏，慈母對離鄉背井的浪子倚樹望兒歸的地方。（註二）

魯凱族石板屋前兩邊的牆壁，常常放著一個或二個以上白色圓形或橢圓形的石頭，只有英雄的家才有資格放置，其意義是他殺過多少敵人就放置多少白石頭，它如同男性頭上花冠的象徵意義。（註三）

一、魯凱族英雄伯楞

舊好茶的西邊是好茶村最早的聚落。……蒲葵樹挺立於樹林中，……蒲葵樹所站的位置，正好是古代聚落的中心，那裡有英雄伯楞（Peleng）的靈屋，也有英雄勞謹安（Draokingan）的靈屋，以及英雄們出草凱旋歸來的圓形慶功跳舞場，附近也有男丁們練武的地方，上面不遠處又有歷代大頭目宣告事務的地方。（註四）

奧威尼‧卡露斯《雲豹的傳人》載「加者膀眼社英雄伯楞擊敗巴拉‧里屋魯社」：（註五）

位於新好茶上方約 1 公里處，有一古代的部落，原名叫巴拉‧里屋魯（Palhalhivolo），他們的特色是勇猛善戰，而且他們有勇丁集會所，傳說曾經把加者膀眼社（Kochapongan）趕到魯敏安（Romingan）一段非常長的

時間。加者膀眼社的人伯楞（Poleng）率領族人再和巴拉‧里屋魯爭戰，最後的酋長珠邁（Tasomai）便死在撒阿路（Savalho）和大古來力（Thakodrair）兩個家族的刀，而巴拉‧里屋魯部落遂告滅亡。

本則傳說故事敘述加者膀眼社英雄伯楞擊敗勇猛善戰的巴拉‧里屋魯社，並殺死了頭目珠邁。

二、魯凱族馘首之起源傳說故事

羽根田盛原作、黃啟明翻譯〈排灣族的傳說‧魯凱族獵首的起源〉載「殺鳥為馘首之嚆始」：（註六）

> 從前，「伊拉」社的頭目常命其部下捕抓小鳥，供其殺鳥以自娛。待鳥隻殺光及至殺猴時，更覺有趣，於是每日派部下至各處捕猴的結果，附近已無猴子的蹤影，須遠至海邊。然而，迨部下歸來捧著猴首促大家唱歌跳舞時，竟然感到索然無味，於是心想若取來人首，一定非常有趣，便向其他部落出草取回一人的首級，大家圍在一起，又唱又跳。由於眾人受到鼓舞，跳起舞來格外起勁，所以情形頗為有趣。於是，這之後若要發動眾人歌舞，就要先出草獵人頭，其他部落也紛紛起而傚尤。

本則傳說故事情節要述如下：

（一）魯凱族馘首習俗起源於「伊拉」社的頭目。

（二）「伊拉」社頭目常命部下捕抓小鳥供其殺鳥以自娛。

（三）「伊拉」社頭目鳥隻殺光及至殺猴時更覺有趣。

（四）殺猴盡興了，心思用人首一定更有趣，便向其他部落出草取首級，大家圍在一起，又唱又跳，眾人歌舞也格外起勁。

（五）此後若要發動眾人歌舞，即先出草馘首，其他部落也紛紛起而傚尤。

羽根田盛原作、黃啟明翻譯〈排灣族的傳說‧魯凱族獵首的起源〉載「樹果為馘首之嚆始」：（註七）

起先眾人把稱為「拉立基」的樹果置於中央，大家圍成一圈邊看邊跳。因為毫無興趣可言，就改以猴首代替，遂覺得稍稍有趣，之後認為若以人的首級代替，一定更加有趣，終至演變成獵人頭。

本則傳說故事敘述馘首之噶始：

（一）最初以「拉立基」的樹果置於中央，大家圍成一圈邊看邊跳。

（二）以「拉立基」的樹果引以歌舞毫無興趣，即改以猴首稍覺有趣。

（三）以首級引以歌舞更加有趣終至演變成馘首習俗。

依據上兩則故事，馘首原來是用以載歌載舞，後來演變成了宗教祭典儀式的馘首行為了。

台灣總督府臨時台灣慣習調查會載「好茶馘首故事」：（註八）

從前，'Ila 社的頭目命部下捕小鳥來，殺鳥為娛樂。鳥用完了，就用猴，不料更有趣。因此每日派部下到各處捕猴來。等到附近沒猴了，就令部下遠赴海邊。可是部下們回來了，簇擁該猴頭進行歌舞，卻不順利。他們乃想，若持一個人頭來，一定會很有趣。終於到其他番社出草，馘了一個人，眾人包圍此首級唱歌跳舞，這次每個人都精神抖擻，跳得很起勁，覺得相當有趣。從此以後要舉行歌舞時必先出草，造成他社也有人仿效。這就是舉行馘首的起源。

這是 Capungan（好茶）部落出草馘首的傳說故事。馘首之發展為：殺小鳥→殺猴→殺人。

三、魯凱族馘首之祭儀

喬宗忞《臺灣原住民史魯凱族史篇》載「多納社 Laptwan 家族負責馘首後歸來之儀式」：（註九）

Laptwan 家自 Maka 之南的 Takərarovan 移到 Lamulamur，再到 Tona。有廿戶。Laptwan 家族原是 Koŋataonə 附近另一聚落的貴族，該聚落與 Koŋataonə 有聯盟的關係，彼此應在有特

殊祭儀時通知另一方。
但有一次 Kɔŋataonə 未
通知便舉行了祭儀，
該聚落於事後得知，因
遭到盟友欺瞞，深深
感到受了侮辱，便集體
遷到某處山崖居住。
不久之後，聚落中所有

▲ 多納部落祭人頭場／田哲益提供

的人在一次狂飲之後墜崖死亡，只留下了一名已懷孕的婦女。
Kɔŋataonə 知道此事之後，便將該名婦女接 Kɔŋataonə 居住，為
她及孩子建了名為 Laptwan 的家屋。從此 Laptwan 家族便負
責名為 Muailukusunabala 的儀式，該儀式在獵首歸來之後舉
行，目的在於祈禱遭獵首的敵人的靈魂不會來侵擾聚落，同時
並保佑聚落平安。Muailukusunabala 與獵首之前舉行的祭儀同
樣重要。這個由 θakilatan 家族主持的祭儀的目的，是祈求參加
獵首的成員一路平安，同時使敵人未開始作戰便先感到怯懦害
怕的儀式。除了主持 Muailukusunabala 之外，Laptwan 家族不
需要向 θakilatan 家族繳納貢賦，另有若干關於該家族的禁忌。

本則傳說故事情節要述如下：

（一）Laptwan 家族原是 Kɔŋataonə 附近另一聚落的貴族，其與
　　　Kɔŋataonə 有聯盟的關係，彼此應在有特殊祭儀時通知另一
　　　方。

（二）有一次 Kɔŋataonə 舉行祭儀，未通知 Laptwan 家族，深感遭欺
　　　瞞與侮辱，便集體遷到某處山崖居住。

（三）有一次，聚落中所有的人在一次狂飲之後墜崖死亡，只留下
　　　了一名已懷孕的婦女。

（四）Kɔŋataonə 將該名婦女接 Kɔataonə 居住，為她及孩子建了名
　　　為 Laptwan 的家屋。

（五）從此 Laptwan 家族便負責名為 Muailukusunabala 的儀式。

（六）Muailukusunabala 儀式在獵首歸來之後舉行，目的在於祈禱遭獵首的敵人靈魂不會來侵擾聚落，同時並保佑聚落平安。

（七）獵首之前舉行的祭儀由 θakilatan 家族主持。

（八）獵首前祭儀的目的，是祈求參加獵首的成員一路平安、同時使敵人未開始作戰便先感到怯懦害怕的儀式。

（九）Laptwan 家族不需要向 θakilatan 家族繳納貢賦。

四、魯凱族戰鬥訓練

宗光〈太陽王子魯凱族與裸像之謎〉載「魯凱族戰鬥訓練」：（註十）

魯凱人事實上也相當保守，因為他們 15 至 18 歲的青年男子，禁止交女朋友，須接受族裡嚴格的軍事訓練，不但要晚睡，還要早起。訓練項目中包括膽量、服從和「不吃不喝」的「絕食」求生訓練。滿 18 歲了，至 21 歲的年齡，才可交女朋友，21 歲至 23 歲之間可結婚。

本則故事敘述：

（一）魯凱族 15 至 18 歲的青年男子，禁止交女朋友。

（二）15 至 18 歲的青年男子須接受族裡嚴格的軍事訓練，不但要晚睡，還要早起。

（三）青年男子的訓練項目中包括膽量、服從和「不吃不喝」的「絕食」求生訓練。

（四）魯凱族男子至 21 歲的年齡，才可交女朋友。

（五）魯凱族男子到 21 歲至 23 歲之間可結婚。

男性在青壯時期，有用布帶束腰的習慣，可能認為如此可以表現出男性美，但不確定實際的目的為何，一說則為訓練青年能長時間耐饑，以備在高山狩獵或爭戰衝突時的需要。（註十一）

五、魯凱族 Taromak 之爭戰傳說

喬宗忞《臺灣原住民史魯凱族史篇》載「Taromak 爭戰傳說」:(註十二)

> 在北方擁有內本鹿中央及下方廣大的獵場,曾和晚來的 Suŋao 有過爭戰,最後以 Suŋao 向 Taromak 繳交地租的方式解決。和東部地區的排灣族之間,卻屢有爭戰。Karakaran 為抵抗 Taromak,而至 Dadəl 招來魯凱族,形成 Marudup 聚落。後來由於 Taromak 反和太麻里溪仔流域排灣聚落的婚姻關係日益頻繁,爭戰的情形漸緩。然而與距離較遠的 Vavikar(虾仔崙溪岸)、Toahua 與大竹高溪的 Oaau(拖狗或大狗),則至今仍是 Vaða(仇敵)。Vavikar 因不堪 Taromak 襲擊而遷至近黃。

本則傳說故事情節要述如下:

(一)Taromak 曾和晚來的 Suŋao 有過爭戰,最後以 Suŋao 向 Taromak 繳交地租的方式解決。

(二)Karakaran 為抵抗 Taromak,而至 Dadəl 招來魯凱族,形成 Marudup 聚落。

(三)Taromak 和太麻里溪仔流域排灣聚落的婚姻關係日益頻繁,爭戰的情形漸緩。

(四)Vavikar 因不堪 Taromak 襲擊而遷至近黃。

六、魯凱族賴拉丹避難傳說故事

奧威尼・卡露斯《雲豹的傳人》載「賴拉丹避難」:(註十三)

> 舊好茶的西方,也就是蒲葵樹下方的斷崖間,有一處洞穴可容納得下好幾家人避難,四處都是峭壁斷崖,對外只有一條進出的小洞口,而且出入都必須攀岩一段艱險的路才能到達。只要來到這裡避難,僅僅安排一兩人站崗守著出口處,裡頭的人就高枕無憂,毫無牽掛。如果是長期避難,可能只

供一家三口的生計，因為所能開耕的土地實在有限，只有上
下雙層小田園，而且最遺憾的是洞穴該處沒有水源，要取水
必須依賴斷崖附近的溪谷，何況人必須靠很長的野藤懸下去，
才能取得水解渴，更危險的是四面受敵，白天靠斷崖的邊緣
可能逃不過射來的利箭。據說有一度好茶的人，四面受敵，
全體好茶人集體逃亡到舊好茶魯敏安，只剩下一家族，因為
不忍心也不願意離開他們可愛的家鄉，竟逃到這個地方，敵
人知其所去之處，乃尋尋覓覓找路攻進，卻如何也找不到，
最後敵人雖然發現洞口，卻又沒有勇氣攻進來。敵人發現洞
穴沒有水源，於是守著洞口幾天，逼使其洞穴裡避難的人渴
死，然而洞穴裡的人，卻利用夜間敵人看不見時到斷崖邊緣，
將已經預備好的野藤一端繫著被褥懸下去到溪谷裡浸泡，然
後把沾濕的被褥慢慢拉上來以供口渴的人吸水解渴，夜夜就
是這樣以度過堅難的日子。因為這一段經驗，該地取得名稱
「賴拉丹」（Lhailhathane），即「以野藤繫被褥取水」之意。
本則傳說故事情節要述如下：

（一）賴拉丹洞穴四處都是峭壁斷崖，是避難之處，對外只有一條
　　　進出的小洞口，而且出入都必須攀岩一段艱險的路才能到達。

（二）賴拉丹洞穴沒有水源，要取水必須依賴斷崖附近的溪谷，必
　　　須靠很長的野藤懸下去，才能取得水解渴，更危險的是四面
　　　受敵，白天可能逃不過射來的利箭。

（三）有一次好茶四面受敵，集體逃亡到舊好茶魯敏安，只剩下一
　　　家族逃到賴拉丹洞穴，敵人沒有勇氣攻進來，逃過了一劫。

（四）這個家族利用夜間將野藤一端繫著被褥懸下去到溪谷裡浸
　　　泡，然後把沾濕的被褥慢慢拉上來以供口渴的人吸水解渴，
　　　夜夜就是這樣度過堅難的日子。因此該地取名為「賴拉丹」
　　　（Lhailhathane）的典故即源於此，表示「以野藤繫被褥取水」
　　　之意。

七、魯凱族與排灣族之爭戰傳說故事

魯凱族人擴展土地難免要與他族有爭奪的行為，據〈魯凱族自東西遷取得排灣族新據點〉載：

> 傳說魯凱族遠祖自海上登陸台東建立大南社，土地漸漸不足，後來有一個族系西往大武山開拓生存空間，在大小鬼湖一帶的卡利阿拉和肯杜爾定居，後來在沿著隘寮溪流域向西而下，從排灣族的手中取得了新的據點。

依本則故事，魯凱族人從東部西遷的過程中，想必是與排灣族人有過強烈的爭鬥，最後從排灣族的手中取得了新的據點。

本則傳說故事情節要述如下：

（一）魯凱族遠祖自海上登陸台東建立大南社。

（二）魯凱族人口繁衍，土地漸漸不足，有一個族系西往大武山開拓生存空間。

（三）這些移民在大小鬼湖一帶的卡利阿拉和肯杜爾定居。

（四）後來又沿著隘寮溪流域向西而下，從排灣族的手中取得了新的據點。

奧威尼・卡露斯《雲豹的傳人》載「巴沙克尼兩兄弟」：（註十四）

> 自古以來，隘寮溪兩岸的排灣族「瑪卡達呀達呀群」（Makadradratha），包括「瑪卡利古路」（Maka lhikudru），還有「拉瓦爾群」（Lngo rarabare），始終對古茶布安的人有敵意，因此古茶布安的人想要下山買賣東西時，為了安全的理由，寧可花上最少也要七天之久，往返於台東市巴拉阿烏（Balhangao）之間。雖然路途遙遠，但那裡的人很善待古茶布安的人，如同對待家人一樣，可能是因為古茶布安的人是來自台東，並且是他們的親族吧！好不容易和溪岸的排灣族彼此敵意的氣氛有機會緩和了，古茶布安的人心裡想：假如能化解彼此敵意的狀態，往水門方向比起往台東就省時許多了。在這樣的動機下，古茶布安的人集體下山到隘寮社，表面上意在

採購必需品，其實是窺探那裡的敵意心態有否改變？當然有些人是想去考驗自己的膽識。那時，集體下山的人大約有四十幾位之多，其中是大頭目身分的有：古阿勒·巴池可勒（Koale-Pachekele），還有平民身分長老者：古散·都答為毛（Kozan-thodalhimao），其他隨行的人在古茶布安當中，多數是屬於勇者，巴沙克尼家族兩兄弟巴格特拉斯和布拉路丹亦跟隨其中。他們從古茶布安經古道，沿隘寮溪下到出水口不遠的地方，有一處地名叫隘寮社，一到那裡，古阿勒和古散宣布各自購買東西，買完了必是回到原來分散的地點，此時，古阿勒和古散可能已經感覺到這個地方對他們濃濃的敵意，他們總是保持警戒狀態以防萬一。突然有兩位女子揹負著東西，經過他們正前方，因為走得緊張，使地上積水潑到古阿勒的身上，弄得一身皮衣髒兮兮，使他不悅，古散毫不考慮地抽刀猛刺其中一個女子，使她倒地不起，這一下引起隘寮社整個平地人以及鄰近的排灣族群的憤恨。古茶布安的人在短短的時間，回到原位，然後集體往回家路上逃，而追趕的人群人山人海。據說最先押後的人是一位英雄，名叫特得散·阿魯拉登（Tedresan-aruladan），他背著鐵鍋，一面押後，一面護衛，抵擋隨時來襲的敵人。眼見一個騎白馬的人追趕而來，卻在特得散的槍下倒地。古茶布安的人始終保持一個集體的行動，弱者在前面，強者在後面，好不容易從平地逃到半山腰，逃得快，但追的人更快。最後，兩兄弟看情形不妙，他們即將被追上，於是自告奮勇押後，他們一面催促族人快走，一面用弓箭向後面追近的敵人射擊，那麼多追趕的人對準他們，射來的箭猶如下雨一般，在一波又一波的利箭落在他們身上，哥哥不支倒地時，弟弟多次揹負起傷重的哥哥，試圖逃開追趕的人群，然而他自己也身受重傷。有良知的聲音不斷地從亂箭中傳來，布拉路丹！放棄帶走你的哥哥逃走吧！我們一定取走你哥哥的屍首，……布拉路丹把他哥哥的屍體橫躺在路上，坐在屍體上面，他的箭已經用光了，只好抽

出露在他們身上的箭回射追趕而來的人，最後他也倒下去，與他的哥哥雙雙為那一群人犧牲。古茶布安的人知道兩位兄弟已經死在敵人的手裡，在缺乏勇猛的人來抵擋追來的人時，他們想到要先到瑪卡達達丹（即瑪家社）暫避一下，因為那裡自古以來，一直是有難時借火把的地方（即取得援助之意），他們到達大頭目的家時，卻發現隨行的伙伴慈茉勒賽（Chemelhesal）的刀血淋淋地掛在靈柱，當下，他們立刻明白慈茉勒賽已死在瑪家社族人的手裡，他們只好繼續逃往回家的路上，直到逃到古茶布安的地盤時，追趕的人才罷止！那一群人雖然都安全地回到家，卻換來倆兄弟已去了頭顱的屍體運抵故鄉，人人莫不為他們鼻酸流淚。古茶布安的人以及看到他們屍首的人，永遠不諒解古阿勒和古散的不智，但卻從兩兄弟的表現看到了魯凱人雲豹族群的特性和不朽的情操。後來，古茶布安的人因為痛恨這一次的遭遇，而先後一個接一個報仇，但兩個肇事者古阿勒和古散又怎能對歷史交代和負責呢？

本則傳說故事情節要述如下：

（一）自古以來，隘寮溪兩岸的排灣族始終對古茶布安的人有敵意。

（二）古茶布安的人想要下山買賣東西時，寧可花上最少也要七天之久的時間，往返於台東市巴拉阿烏之間。

（三）有一天，古茶布安約有四十幾人集體下山到隘寮社，表面上意在採購必需品，其實是窺探那裡的敵意心態有否改變？

（四）古茶布安的人一到隘寮社，古阿勒（大頭目）和古散（平民身分長老）宣布各自購買東西，買完了回到原來分散的地點。

（五）有兩位揹負東西女子經過古阿勒和古散的正前方，地上積水潑到古阿勒的身上，古散抽刀猛刺其中一個女子，引起隘寮社整個平地人以及鄰近的排灣族群的憤恨。

（六）古茶布安的人集體往回家路上逃，而追趕的人群排山倒海而來。

（七）兄弟勇士巴格特拉斯和布拉路丹最後為保衛族人而犧牲性命。

（八）古茶布安的人帶著兄弟勇士無頭顱的屍體返社。

（九）古茶布安的人永遠不諒解古阿勒和古散不智之舉。

（十）古茶布安的人與排灣族人繼續爭戰。

八、魯凱族與漢族之爭戰傳說

在黃琡敬所撰的《蕃俗六考》中，有如下的敘述：「雍正癸卯秋（約當於西元 1723 年），心武里女土官蘭雷為客民所殺，八丹社加者膀眼社率領數百，暗伏東勢莊，殺死客民三人，割頭顱以去。」依發音推測應即指 Kachapŋan。（註十五）

本則敘述女土官為客民所殺，因此加者膀眼社亦殺死客民三人，割頭顱而去。

九、魯凱族魔眼人

黃世民《雲豹之鄉：隘寮群魯凱部落田野集》載「大武希巴依巴利故事」：（註十六）

傳說在舊拉瀑灣（Labuan）地區，希巴依巴力（Sipaipali）有一個眼睛會發光的神奇魔眼人。魔眼人能以眼力殺死昆蟲牲畜，甚至人類的魔力，令人感到十分恐懼，於是族人必須輪流帶著酒肉等食物去獻給他。後來族人覺得這樣下去不是辦法，決議要殺掉他。一日，許多族人帶著食物來到魔眼人住的地方，依照慣例說：「我把食物帶來了，請你閃躲一下！」魔眼人也習慣的以手遮眼轉過身去，並說：「你現在可以送進來了！」族人見機立即用刀從背後使勁猛砍，魔眼人在哀號聲中轉過身來，許多族人迅速死於他那憤怒的眼光之下，號聲中有人從背後將魔眼人的頭顱砍下，並以頭巾包裹，丟入河谷深淵。此後，那地方便成了不祥禁地（杜巴男）。

這是一則神奇魔眼人的故事，他能以眼力殺死昆蟲、牲畜和人，人們感到十分恐懼，而且要輪流帶著酒肉等食物去奉獻給他。族人認為如

此下去不是辦法，便設計出草殺死了魔眼人。

十、霧台馘首傳說故事

黃世民《雲豹之鄉：隘寮群魯凱部落田野集》載「霧台馘首故事」：
（註十七）

> 霧台曾有一位叫 Tsemethesai 的男子，與 Parivane（排灣部
> 落）的姑娘結婚（入贅）。某一日，霧台部落的人前往 Parivane
> 進行馘首（Uaulhi），碰巧其所馘首的女人，竟是霧台男子
> Tsemethesai 之妻，Tsemethesai 氣憤下將妻子所流的血攜往霧
> 台，並撒在 Salhusane 地帶，同時施予詛咒，該地帶族人因此併
> 發許多致人死亡的疾病，族人心生恐懼而陸續遷離，Salhusane
> 地帶後來成為日治時期推行屋外埋葬之公墓，亦即今日霧台之
> 公共墓地（巴神一）。

這是一則出草誤殺的故事，喪妻的丈夫以妻血撒在霧台 Salhusane 地
帶，結果併發許多致人死亡的疾病，族人心生恐懼而陸續遷離此地。後
來此地變成了今日霧台之公共墓地。

十一、舊好茶的門戶紅櫸木

鄭元慶〈重回舊好茶〉：（註十八）

> 從好茶到舊好茶路程約 5 公里，順著山勢蜿蜒曲折上行。
> 以全程而言，前、後段較平坦，中段落差極大，較難行走。其間
> 有三個休息地點，最後一
> 個位於懸崖之上，旁有棵
> 紅櫸木，樹下整齊排著幾
> 層石板椅。往昔，紅櫸木
> 區是舊好茶門戶，也是魯
> 凱族好茶與排灣族筏灣兩
> 部落征戰中重要的險地。
> 在此處，可以將山下情景

▲ 魯凱族的庭院／田哲益提供

▲ 魯凱族收集的石板／田哲益提供

和敵人動靜一覽無遺。因地利之便而易守難攻。據說，古時候
獵得筏灣和馬兒村排灣族人的首級，一定要掛在該樹上，警示
敵人切勿輕舉妄動。此外，紅樺木區在好茶文化中扮演重要的
地位。它就像中國往昔的「亭」。當族人要下山工作或求學當兵，
或外出一段長時間，親朋好友都會送到此地。另外如迎娶嫁到
好茶的外地新娘，或是歡迎貴賓好友，也都在此。換言之，舊
好茶的歷史，紅樺木最為瞭解。

　　舊好茶在鼎盛時期是一強大部落，前清及日治時期都沒受到太多外
力的干擾。因人口日增，又與現代文明接觸後，人口逐漸外移。1961 到
1970 年間，共遷出八十餘戶。（註十九）

註釋

註一：林建成《台灣原住民藝術田野筆記》，藝術家出版社，2002 年 5 月。

註二：奧威尼・卡露斯《雲豹的傳人》，晨星出版社，1996 年 10 月。

註三：同註二。

註四：同註二。

註五：同註二。

註六：羽根田盛原作、黃啟明翻譯〈排灣族的傳說・魯凱族獵首的起源〉，《台灣時報》，1994 年 3 月 28 日。

註七：同註六。

註八：台灣總督府臨時台灣舊慣調查會《番族慣習調查報告書第五卷：排灣族》，中央研究院民族學研究所編譯，2003 年。

註九：喬宗忞《臺灣原住民史魯凱族史篇》，台灣省文獻委員會，2001 年 5 月。

註十：宗光〈太陽王子魯凱族與裸體之謎〉，《台灣新生報》，1989 年 9 月 9 日。

註十一：同註九。

註十二：同註九。

註十三：奧威尼・卡露斯《雲豹的傳人》，台中，晨星出版社，1996 年 10 月。

註十四：同註十三。

註十五：同註九。

註十六：黃世民《雲豹之鄉：隘寮群魯凱部落田野集》，潮州高中，2003 年 7 月。

註十七：同註十六。

註十八：鄭元慶〈重回舊好茶〉，《與鹿共舞：台灣原住民文化（二）》，光華畫報雜誌社，1995 年 2 月。

註十九：同註十八。

國家圖書館出版品預行編目（CIP）資料

魯凱族神話與傳說 / 田哲益（達西烏拉彎．畢馬）著 . -- 二版 . --
臺中市：晨星出版有限公司, 2022.07
　面；　公分 . --（台灣原住民；50）
ISBN 978-626-320-197-2(平裝)

1.CST: 魯凱族 2.CST: 神話 3.CST: 文化研究

　　　536.3363　　111009147

線上讀者回函，
加入馬上有好康。

台灣原住民 50

魯凱族神話與傳說【新版】

作　　　者	田哲益
主　　　編	徐惠雅
執行主編	胡文青
校　　　對	田哲益、林倢妤、胡文青
美術編輯	李岱玲
封面設計	陳正桓

創 辦 人	陳銘民
發 行 所	晨星出版有限公司
	台中市 407 工業區 30 路 1 號
	TEL：04-23595820　FAX：04-23597123
	http://star.morningstar.com.tw
	行政院新聞局局版台業字第 2500 號
法律顧問	陳思成律師
二　　　版	西元 2022 年 07 月 05 日

讀者專線	TEL：（02）23672044 /（04）23595819#230
	FAX：（02）23635741 /（04）23595493
	service@morningstar.com.tw
網路書店	http://www.morningstar.com.tw
郵政劃撥	15060393（知己圖書股份有限公司）
印　　　刷	上好印刷股份有限公司